未名社科菁华·国际关系学

中国与世界关系的逻辑建构
理论、战略与对策
LOGIC OF CHINA-WORLD RELATIONSHIP
Theory, Strategy and Policy Applications

门洪华 著

北京大学出版社
PEKING UNIVERSITY PRESS

图书在版编目(CIP)数据

中国与世界关系的逻辑建构：理论、战略与对策/门洪华著．—北京：北京大学出版社，2016.2
（未名社科菁华·国际关系学）
ISBN 978-7-301-26483-6

Ⅰ.①中…　Ⅱ.①门…　Ⅲ.①国际关系—研究—中国　Ⅳ.①D82

中国版本图书馆 CIP 数据核字(2015)第 262310 号

书　　　名	中国与世界关系的逻辑建构：理论、战略与对策 Zhongguo yu Shijie Guanxi de Luoji Jiangou：Lilun、Zhanlüe yu Duice
著作责任者	门洪华　著
责 任 编 辑	董郑芳（dongzhengfang12@163.com）
标 准 书 号	ISBN 978-7-301-26483-6
出 版 发 行	北京大学出版社
地　　　址	北京市海淀区成府路 205 号　100871
网　　　址	http://www.pup.cn
新 浪 微 博	@北京大学出版社　　@未名社科－北大图书
电 子 信 箱	ss@pup.cn
电　　　话	邮购部 62752015　发行部 62750672　编辑部 62753121
印 刷 者	北京大学印刷厂
经 销 者	新华书店
	650 毫米×980 毫米　16 开本　30 印张　489 千字 2016 年 2 月第 1 版　2016 年 2 月第 1 次印刷
定　　　价	78.00 元

未经许可，不得以任何方式复制或抄袭本书之部分或全部内容。
版权所有，侵权必究
举报电话：010-62752024　电子信箱：fd@pup.pku.edu.cn
图书如有印装质量问题，请与出版部联系，电话：010-62756370

题献女儿门灿然：
她以乐观、懂事、上进让我对这个世界充满了希望

目 录

第一部分 国际关系理论探索

合法性、有效性与局限性
　　——评估国际机制作用的理论框架 ………………………（3）
地区秩序建构的逻辑 …………………………………………（35）
建构新自由制度主义的研究纲领
　　——关于《权力与相互依赖》的一种解读 ………………（57）
罗伯特·O. 基欧汉学术思想述评 ……………………………（80）
探究国际秩序建构的逻辑 ……………………………………（95）
回归国际关系研究的中国重心，架起理论与实践的桥梁 ………（111）

第二部分 中国战略体系建构

两个大局视角下的中国国家认同变迁（1982—2012 年）………（119）
压力、认知与国际形象
　　——关于中国参与国际制度战略的历史解释 ……………（140）
中国国家战略利益的拓展 ……………………………………（152）
中国观念变革的战略路径 ……………………………………（165）
中国国家战略体系的建构 ……………………………………（180）
关于中国大战略的理性思考 …………………………………（192）
新安全观·利害共同体·战略通道
　　——关于中国安全利益的一种解读 ………………………（208）

中国国际战略研究的议程与方法 ………………………… (215)

第三部分　美国霸权战略剖析

权力转移、问题转移与范式转移
　　——关于霸权解释模式的探索 ……………………… (231)
西方三大霸权的战略比较
　　——兼论美国制度霸权的基本特征 …………………… (257)
国际机制与美国霸权 ……………………………………… (274)
关于美国大战略的框架性分析 …………………………… (288)
中国对美国的主流战略认知 ……………………………… (305)

第四部分　大国东亚战略聚焦

中国崛起与东亚安全秩序的变革 ………………………… (323)
美国霸权与东亚：一种制度分析 ………………………… (339)
聚焦东亚：中美的冲突与合作 …………………………… (356)
East Asian Order Formation and Sino-Japanese Relations ……… (368)
关于中国东亚秩序战略的若干思考 ……………………… (409)

第五部分　实地调研与决策咨询

关键时刻：美国精英眼中的中国、美国与世界 ………… (425)
国家利益与战略视野
　　——关于中日关系的调研与思考 ……………………… (449)
关于建立国家安全委员会的建议 ………………………… (464)
后　记 ……………………………………………………… (473)

第一部分

国际关系理论探索

合法性、有效性与局限性
——评估国际机制作用的理论框架

前言

国际机制(international regime)指的是"在国际关系特定领域里行为体愿望汇聚而成的一整套明示或默示的原则、规范、规则和决策程序"①,或"有关国际关系特定问题领域的、政府同意建立的有明确规则的制度"②。20世纪八九十年代,恰逢新现实主义和新自由主义、理性主义与建构主义论争的时代,国际机制理论应运而诞生、应时而发展。作为一种边缘性的理论,其发展脉络必然是多元的。新现实主义、新自由主义、建构主义等三大理论范式均在国际机制上提出自己的创见,从而形成国际机制的三大理论流派。国际机制的三大理论流派均就国际机制的作用进行过论述,利特伯格(Volker Rittberger)认为,三者之间的一个巨大

---

① Stephen Krasner,"Structural Causes and Regime Consequences: Regimes as Intervening Variables", *International Organization*, Vol.36, No.2, 1982, pp.185—205.
② Robert Keohane, *International Institutions and State Power: Essays in International Relations Theory*, Boulder: Westview Press, 1989, p.4.

差异"在于对国际机制作用大小的认可程度"。① 20 世纪 90 年代后期以来,随着国际社会多元化、制度化的发展,就国际机制的作用做出明确的回答,不仅是一个重要的理论问题,也成为一个急需解决的现实问题。② 鉴于此,笔者不揣鄙陋,就国际机制的作用提出自己的认识,抛砖引玉,以供方家指正。

本文的主要内容是:结合国际机制理论不同流派关于国际机制作用的认识,论证国际机制是否独立变量(independent variable);确定国际机制的作用体现在哪些方面,从而为国际机制的有效性提供整体性的理论认识;剖析国际机制的局限性的具体表现形式,确立国际机制有效性的负量度;剖析国际机制的合法性,确立国际机制作用发挥的基础性条件;结合国际机制的有效性、局限性、合法性,确立评估国际机制发挥作用的基本理论框架。

一、国际机制理论三大流派的基本主张

关于新现实主义的争论及其批评主导着国际关系理论的舞台。③ 新现实主义的基本理论主张是:国际社会处在无政府状态下,国家是自私理性的行为体,受制于国际系统的结构,追求权力是国家基本的行为模式。由此,新现实主义国际机制理论的基本出发点是:权力在合作中的核心地位不次于其在冲突中的地位;行为体之间的权力资源分配极大地影响着机制的出现、某问题领域机制的存在及其性质,特别是合作中的利益分配;国家会考虑无政府状态下的相对权力,从而对国际机制的效率形成制约。以上观点集中体现在霸权稳定理论中。罗伯特·克劳福德(Robert Crawford)认为,霸权稳定理论是新现实主义关于机制产生最权威、最普遍认同的解释。④ 霸权稳定理论的基本机制理论主张是:霸权国家建立了自己的霸权体系,并制定该体系的基本原则、规则、规范和决策程序,霸权国的实力与威望是其他国家接受这些国际机

---

① Andreas Hasenclever, Peter Mayer, and Volker Rittberger, *Theories of International Regimes*, London: Cambridge University Press, 1997, pp.1—2.

② 关于国际机制主要理论流派、国际机制作用的初步剖析,参见门洪华:《国际机制理论主要流派评析》,《中国社会科学季刊》2000 年夏季号;《国际机制与美国霸权》,《美国研究》2001 年第 1 期;《国际机制与中国的战略选择》,《中国社会科学》2001 年第 2 期。

③ Jeffrey Legro and Andrew Moravcsik, "Is Anybody a Realist?", *International Security*, Vol. 24, No. 2, Fall 1999, pp.5—49.

④ Robert Crawford, *Regime Theory in the Post-Cold War World: Rethinking Neoliberal Approaches to International Relations*, Dartmouth Publishing Company, 1996, p.57.

制的重要前提;霸权国利用这些机制维持霸权体系,最大限度地获得自己的利益;为了维持该体系,它愿意向体系内的其他国家提供公共物品(public goods)①,容忍搭便车行为(free-riding);霸权国衰落或急剧变化,则该体系的国际机制发生相应变化。

　　新自由制度主义是在挑战新现实主义的过程中成长和发展起来的,它接受了新现实主义的合理内核,在此基础上发展成为独立的国际制度理论体系,其后又借鉴核吸纳其他国际关系理论流派特别是建构主义学派的最新成果,及时保持学术前沿地位,新自由制度主义关于多边主义(multilateralism)和全球治理(global governance)的研究成为带动学术创新的核心动力。② 新自由制度主义的基本理论主张是:国际社会处在无政府状态,但国际社会并非无序,而是有一定的组织形式和行为规范;国家是自私、理性的行为体,其目的是追求绝对收益;国家之间存在利益的冲突,但各国为了求得自己的利益而寻求合作,所以互惠合作是国家之间博弈的结果;为达到绝对收益的目的,国家要寻找一种有效的机制,使国家放弃各自的帕累托占优战略,而取得集体的最佳结果,而国际机制是保证国际合作的有效途径。其基本机制理论主张是:国家是追求绝对收益的理性自我主义者,只关心自己的得失;承认权力

---

　　① 公共物品指的是"当个人、家庭或公司在消费这种物品时,不会减少其他潜在的消费者获得这种物品的数量"。参见 Charles Kindleberger, *The International Economic Order: Essays on Financial Crisis and International Public Goods*, Cambridge: MIT Press, 1988, p.186。约瑟夫·E.斯蒂格利茨指出,公共物品有两个基本属性,即非竞争性(一个人的消费不妨碍其他人的消费)和非排他性(不可能或者很难排除他人对该物品的使用);公共物品有地方公共物品和全球公共物品之分,其中国际经济稳定、国际安全(政治稳定)、国际环境、国际人道主义援助、知识属于全球公共物品。参见 Joseph E. Stiglitz, "Knowledge as a Global Public Goods", in Inge Kaul, et al., eds., *International Cooperation in the 21st Century*, New York: Oxford University, 1999, pp.308—325。张宇燕认为,公共物品指的是不具有使用上的排他性和拥挤性的产品,换言之,一旦某项产品的好处对所有人来说都是可以得到的,那么它就成了公共物品。有意思的是,张宇燕把国际机制视为"俱乐部物品"(club goods)而非公共物品:"俱乐部物品指的是这样一种物品,对它的消费是排他的,但又并非由一个人完全排他性地消费,而是由属于特定群体的人来享用。俱乐部物品本身就有公共物品的性质。"参见张宇燕:《经济发展与制度选择》,中国人民大学出版社 1992 年版,第 84—85 页;Richard Cornes and Todd Sandler, *The Theory of Externalities, Public Goods and Club Goods*, Cambridge University Press, 1986, p.6; Robert O. Keohane and Joseph S. Nye, Jr., "The Club Model of Multilateral Cooperation and the World Trade Organization: Problems of Democratic Legitimacy", paper presented to "Efficiency, Equity and Legitimacy: The Multilateral Trading System at the Millennium", John F. Kennedy School of Government, Harvard University, June 1—2, 2000。

　　② Joseph Nye, et al., eds., *Governance in a Globalizing World*, New York: Brookings Institution Press, 2000.

在国际机制中的作用,但认为国际机制是国际关系中的独立变量,强调国际机制在帮助国家实现共同利益中的重大作用;活跃在特定问题领域的国家拥有只能通过合作才能实现的共同利益;不确定性(uncertainty)是国际机制形成的理论核心,世界政治存在广泛的不确定性。国际机制帮助达成政府之间意愿的契合。行为体相信,这种安排会帮助达成互利的安排。换言之,没有国际机制,则协议无法达成。国际机制正是通过降低不确定性来促进国际合作的。① 新自由制度主义用相互依赖概念将现实主义和自由主义结合起来,具有重要的理论整合意义。② 它是当前国际关系研究中最系统、最有解释力的国际机制理论体系,代表着当前国际机制理论的发展高度,而国际关系研究议程的主动权更多地掌握在新自由制度主义学者手中。

建构主义是在对传统的理性主义的反思和批判中发展起来的,被视为一种方兴未艾的国际关系理论范式。20世纪90年代见证了建构主义的崛起和发展,是为"国际关系理论的建构主义转向"。③ 建构主义的基本理论主张是:在本体论上,不赞成国际关系主流理论关于人性和行为的概念,认为国际关系是一种社会建构,是人的信仰与行为选择的产物,强调主观性变量对国家行为的作用,强调过程的意义;在方法论上,强调多元学术范式以及理论解释的多元化;在认识论上,强调国际关系的含义在变化之中,各种解释和变化都有探究的价值;在价值论上,强调恢复研究国际伦理的重要性,指出文化、认同和规范等因素在调整国家关系以及利益方面的重要作用。建构主义作为理论的新生代,扩大了国际关系理论研究的范围与视野。建构主义在国际机制问题上也提出了不同于传统理论的看法。其一,重视文化、规范等主观性因素在国际机制形成和变迁中的作用;其二,强调过程的意义,认为过程的价值与结构同等重要,甚至"结构依赖过程"④;其三,强调对国家认同与国家利益认同的分析。

---

① Robert Keohane, *International Institutions and State Power: Essays in International Relations Theory*, p. 108.

② Robert O. Keohane and Joseph S. Nye, "Power and Interdependence Revisited", *International Organization*, Vol. 41, No. 4, Winter 1987, pp. 725—753.

③ Jeffery Checkel, "The Constructivist Turn in International Relations Theory", *World Politics*, Vol. 50, No. 2, Summer 1998, pp. 324—348.

④ Alexander Wendt, "Constructing International Politics", *International Security*, Vol. 20, No. 1, 1995, pp. 71—81.

二、国际机制是一种独立变量

国际机制理论的三大流派都没有否认国际机制是一种起作用的变量。但是对国际机制作用的大小,各流派的观点却大相径庭。新现实主义认为,国际机制基本上是权力分配的反映,而非达致和平的重要因素,它起到的不过是边缘性的作用。① 换言之,国际机制是权力的一种表现形式或利益的一种实现形式,它不构成影响国家行为的独立力量;在无政府状态下,过分强调国际机制会产生误导;权力是国际关系中惟一的决定性因素,而国际机制不过是一种干预性变量(intervening variable)。在新自由制度主义看来,国际机制不仅是霸权国的供应,也反映了国际社会的需求,国际机制是在国家互动过程中产生的,它一旦形成就难以被某一个大国左右或推翻,因而国际机制在很大程度上影响国家行为。可以说,国际机制相当于经济学中的市场或现实主义中的结构,是一种自在和独立的建构。② 因此,在国际政治中,国家行为的选择实际上就是制度的选择。国际机制是一种独立性的变量,有时起到重要的作用。③ 有的学者甚至认为,国际机制是国际关系中最主要的变量,可以直接影响国家利益的形成和国家的国际行为,国际机制是起到主要作用的变量。④ 在国际机制是否独立变量的问题上,建构主义的答案是最为坚定的,似乎一旦国际机制建立,就会对国家的行为构成制约。强认知主义认为,国际机制是国际政治的必要特征,因为国际机制是理性选择的前提条件。这样,国际机制的弹性大于新自由主义所论述的,因为后者没有意识到制度化合作对行为体认同的影响。⑤

---

① John Mearsheimer,"The False Promise of International Institutions", *International Security*, Vol. 19, No. 3, Winter 1994/1995, pp. 5—49; Charles A. Kupchan and Clifford A. Kupchan, "The Promise of Collective Security", *International Security*, Vol. 20, No. 1, Summer 1995, pp. 59—61; Robert Jervis, "Realism, Neoliberalism, and Cooperation: Understanding the Debate", *International Security*, Vol. 24, No. 1, Summer 1999, pp. 42—63.

② 秦亚青:《霸权体系与国际冲突——美国在国际武装冲突中的支持行为(1945—1988)》,上海人民出版社 1999 年版,第 83 页。

③ Robert Keohane and Lisa L. Martin, "The Promise of Institutionalist Theory", *International Security*, Vol. 20, No. 1, Summer 1995, pp. 39—51.

④ Robert Keohane, *After Hegemony: Cooperation and Discord in the World Political Economy*, Princeton University Press, 1984; 秦亚青:《霸权体系与国际冲突——美国在国际武装冲突中的支持行为(1945—1988)》,第七章。

⑤ Andreas Hasenclever, Peter Mayer, and Volker Rittberger, *Theories of International Regimes*, pp. 138—139.

有的建构主义流派甚至把国际机制作为惟一的独立变量来看待。①

以上,我们总结了不同理论流派对国际机制作用大小的判定。对比而言,新现实主义认为国际机制不是一个独立变量,其作用最小;而建构主义认为国际机制是独立变量,其作用最大;而居于其间的新自由制度主义认为国际机制为独立变量,但对国际机制的作用做出了较为谨慎的评价。要确定国际机制是否独立变量的问题,就需要批驳新现实主义的观点。

新现实主义的国际机制理论认为,权力是国际关系中惟一的独立性变量,其他变量不过是权力意志和利益分配的反映罢了。新现实主义将国际机制看作为权力的附属品、维护权力的工具,或内生于国家权力结构的产物。② 作为工具,它当然没有自在性,遑论独立性了。苏珊·斯特兰奇(Susan Strange)甚至认为,所谓国际机制的说法非常有害,因为它使国际体系利益和力量关系引发的行为变得模糊不清。"当参与谈判国家之间的实力平衡或对国家利益的认识(或二者兼之)改变时,所有这些被国际机制标签所尊崇的国际安排也太容易被推翻了"③。

我们以斯蒂芬·克拉斯纳(Stephen Krasner)的观点为例,来说明新现实主义对国际机制作用的认识。克拉斯纳用"性别之战"(battle of sexes)博弈模型来描述以权力为基础的国际机制理论,他指出,合作中偏离协议的行为被视为非理性的,因此智力(intelligence)在解决合作问题上的作用下降了。而在机制形成与变迁中,权力的决定性地位突出了。④ 在这方面,机制并未展示多少自主和弹力(resilience),但却常常是权力分配和伴随利益的关键性中介,机制本身也成为权力的源泉。⑤ 也就是说,新现实主义国际机制理论强调权力结构的决定性作

---

① Andreas Hasenclever, Peter Mayer, and Volker Rittberger, *Theories of International Regimes*, p.208.

② Robert M. Crawford, *Regime Theory in the Post-Cold War World: Rethinking Neoliberal Approaches to International Relations*, p.57.

③ Susan Strange,"Cave! Hic Dragons: A Critique of Regime Analysis", *International Organization*, Vol.36, No.2, Spring 1982, pp.479—496; Werner J. Feld, et al., *International Organizations: A Comparative Approach*(3rd edition), Westport: Praeger, 1994, p.35.

④ Stephen Krasner,"Global Communications and National Power: Life on the Pareto Frontier", *World Politics*, Vol.43, No.3, 1991, pp.336—366.

⑤ Stephen Krasner, *Structural Conflict: The Third World Against Global Liberalism*, Berkelay: University of California Press, 1985, pp.7—9.

用,并未给机制留下多少活动空间。它认为,一旦现有国际机制的权力结构销蚀,机制本身则注定倒塌或变得无效。①

这种观点遭到了许多学者的明确反对,并有违国际关系的现实。其一,霸权的衰落并不一定导致国际机制的坍塌,而国际机制在某些时候牵制权力结构甚至成为权力结构的重要组成部分。也就是说,霸权国并非国际机制产生与维持的必要条件。其二,国际机制的建立并不容易,有时确实需要霸权国的主导乃至强制,但是国际机制一旦建立,则成为国际关系中自在的结构,就像世界经济中的市场一样,有自己的运行规律,甚至可以对国家权力的行使形成一定的限制。② 机制不仅仅是某些问题领域的抽象原则,有时还是降低信息非均衡性、帮助国家监督他国行为的明确制度。机制不仅使得某些行为方式不合法,而且也使得某些行为方式合法,或在某些特殊情况下阻碍某些行为。③ 其三,它无法解释权力结构变迁与机制变迁之间存在的差距,不能解释某一问题领域不同国际机制的持久性为何不同,无法解释为什么现在国际机制比以前更广泛的问题。从宏观经济学供应理论的角度讲,新现实主义国际机制理论仅仅重视国际机制的供应,认为权力愈集中,国际机制的供应愈多,但国际机制需求的波动并未考虑在内,所以该理论是不完善的。④ 由此,基欧汉(Robert Keohane)发展出国际机制的需求理论,即认为国际机制不仅是霸权国供应的产物,也是顺应国际社会需要而产生的。其四,权力结构与机制不仅仅是一对矛盾,二者也是相辅相成的。例如,在第二次世界大战后,美国拥有最强大的金融和生产能力,并有能力提供霸权领导。因为美国意识到促进世界经济的繁荣符合美国的利益,美国愿意利用这种权力促进合作。由于资本主义世界对苏联的恐惧,美国的霸权地位被广泛接受。这就是美国在战后建立霸权组织结构的背景。美国的霸权建立在各国反苏利益基本一致之上,二者之间相互依赖程度高,美国为了加强这种相互依赖意识而创立

---

① Andreas Hasenclever, Peter Mayer, and Volker Rittberger, *Theories of International Regimes*, p. 86.

② Chris Brown, *Understanding International Relations*, Houndmills: MacMillian Press, 1997, p. 127.

③ Andreas Hasenclever, Peter Mayer, and Volker Rittberger, *Theories of International Regimes*, p. 99.

④ Robert Keohane, *International Institutions and State Power: Essays in International Relations Theory*, p. 101.

了相应的国际机制,向盟国提供特殊的利益,同时降低不确定性,促进合作。霸权国与国际机制在霸权与合作相结合的条件下建立起来。霸权本身降低了不确定性及交易成本。国际机制可以确保霸权国控制行为的合法性。美国并非一味要求盟国的遵从,也在寻求共同利益甚至自己做出修正。国际机制延缓着美国霸权的衰落,成为维持霸权的工具;同时,国际机制也制约着美国霸权的恶性膨胀,对其实施效果形成制约。美国霸权一度衰落之后,美国主导创设的国际机制依然存在,并创造出更为有利的制度环境,维持和创新成为机制的发展变迁之路。①

综上所述,如果没有国际机制的存在,则国际社会不仅处于无政府状态,也不存在任何秩序。在没有任何约束的前提下,行为体势必寻求在任何与所有的边际上实现利益最大化,我们将生存在霍布斯主义的丛林中②,霸权国则无法有效地进行管理;一旦国际机制存在,且满足国际社会的某些需求,霸权国就不能简单地独自决定国际机制的存亡。国际机制不仅是霸权国手中的工具,也代表了国际社会的整体需要,乃至某种程度上的价值判断。换句话说,国际机制不仅是一种主观需求的产物,也在某种程度上反映着国际社会的客观现实。霸权国主导建立国际机制的主要目的是控制和管理其霸权范围,但这些国际机制也同时束缚了霸权国为所欲为的手脚,迫使其带头遵循国际机制。国际机制成为霸权国提供的公共物品,如果霸权国不继续提供或率先违反之,势必带来霸权体系的动荡。③ 所以,除非在特殊情况或条件成熟的时机下,霸权国有遵循国际机制的可能性和必要性。这样,国际机制就成为束缚权力的自在建构,发挥着独立的作用。新现实主义者起初藐视国际机制的作用,认为国际机制不过是利益分配的反映。但随着美国霸权的起伏,他们也开始重视国际机制的独立作用。在罗伯特·吉尔平(Robert Gilpin)强调"霸权与大国政策协调并存"之际,国际机制的作用已经得到了大幅度提升。④ 有意思的是,约瑟夫·格里埃科

---

① Robert Keohane, *After Hegemony: Cooperation and Discord in the World Political Economy*, pp. 120—140, p. 244.
② 道格拉斯·C.诺思:《经济史中的结构与变迁》,上海人民出版社1994年版,第226—227页。
③ 当然,我们有必要牢记的是,"国际机制的作用是赋予国家权力,而不是束缚它们的手脚"。参见 Robert Keohane, *After Hegemony: Cooperation and Discord in the World Political Economy*, p.13.
④ 罗伯特·吉尔平:《国际关系政治经济学》,经济科学出版社1989年版,第405—411页。

(Joseph Grieco)不失时机地指出,尽管新现实主义低估了国际机制的作用,但却在国际机制是否促进合作的独立变量问题上做出了肯定的回答。①

因此,我们可以肯定地说,国际机制是国际关系中的独立变量。当然,承认国际机制是独立变量,并不意味着国际机制无所不能。在确认国际机制独立作用的同时,我们应充分认识到国际机制作用的局限,认识到合法性是国际机制作用大小的基础性条件。因此,判定国际机制作用的大小,需要将国际机制的有效性、局限性与合法性结合起来,才能得出切实的结论。无论如何,我们对国际机制的作用不应该做出太过乐观的估计。毕竟,无政府主义是国际关系的本质属性,而国际社会仍然是一种自助体系。尽管国际机制并不依从霸权国而灭失,但确实严重受制于霸权乃至大国。而且,国际机制并不强加于国家接受,而是顺应了国家希望通过合作达成目标的需求,帮助国家实现集体获益。②

综上所述,我们认为国际机制是一种独立变量。但受到国际环境的严重制约。在这里,独立变量的含义是:国际机制虽然受制于外在因素(如霸权国)的影响,但从严格的意义上讲,其存在与作用的发挥是自在的、独立的,不因外在因素而改变其内核,也不因外在因素而灭失。它对外在因素有制约作用,能够起到独立的影响,它不一定摆脱成为外在因素之工具的命运,但必定能在一定场合下发挥独立作用。

三、国际机制的有效性

国际机制并非自发创立的,它产生于国家之间在国际系统中的互动需要。如果各国政府独立做出自己的决策,则国际机制并不存在。当政府间的互动不是建立在独立决策的基础上,则国际机制就存在了。或者说,当模式化的国家行为源自共同的决策而非独立决策时,则国际机制就产生了。③ 由于国际社会的无政府状态和国家的自私理性特征,国际机制的创立是困难的,往往需要霸权国和诸大国的强制和

---

① Joseph Grieco, "Anarchy and the Limits of Cooperation: A Realist Critique of the Newest Liberal Institutionalism", *International Organization*, Vol. 42, No. 3, Summer 1988, pp. 485—507.

② Robert Keohane, "International Institutions: Can Interdependence Work?", *Foreign Policy*, No. 110, Spring 1998, pp. 82—96.

③ Arthur A. Stein, "Coordination and Collaboration: Regimes in an Anarchic World", *International Organization*, Vol. 36, No. 2, Spring 1982, pp. 300—301.

(或)引导。但是,国际机制一旦建立起来,就成为国际关系中的自在建构,独立地发挥作用。

按照奥兰·扬(Oran Young)的解释,国际机制的有效性是衡量国际机制在多大程度上塑造或影响国际行为的一种尺度,可以从其能否成功地执行、得到服从并继续维持的角度来加以衡量的;有效性是一个程度大小的问题,而不是一个"不全则无"(all or nothing)的命题。换言之,只要一种国际机制能够经受个人和集体行为发生显著变化的考验,该机制就是有效的。① 二战结束以来最突出的时代特征之一就是,国际社会的制度化进程逐步加快,国际机制的有效性逐步增强。国际机制的有效性主要体现在如下方面:

第一,服务作用。根据科斯定理,合作的达成需要三个关键性条件:行为的合法框架、完善的信息与零交易成本。基欧汉指出,世界政治缺乏权威的政府机构(无政府状态),以普遍的不确定性为本质特征,而且交易成本过高。显然,在世界政治中,这些条件都不能满足。恰恰由于这些条件无法满足,国际机制才显得重要。② 按照基欧汉的分析,国际合作之所以不能达成,主要是信息不完善和交易成本过高所导致的。信息不完善,导致不确定性的存在,因为信息正是不确定性的负量度。③ 由于国家对"秘密信息"的优先考虑(即缺少透明度),主权国家对自己的伙伴或对手在某一特定时段的价值倾向并不确知。面对这种不确定性,它们自然做出如下反应:既然不能确认对方在将来如何解释协议的条款,它们倾向于不缔结条约。按照市场失灵理论,国际机制可以向成员国提供可靠的信息和信息交流的渠道,加快信息流通,解决信息不确定性。④ 其方式如下:提高谈判双方的政策透明度;在类似规则下就一系列问题进行多年的磋商,鼓励国家为了未来的声誉而保持诚实;系统地监督主权国家是否遵守承诺等。⑤ 而且,国际机制的存在,减少了国际冲突的危险,促使各行为体通过协调行动来寻求减少利

---

① 奥兰·扬:《国际制度的有效性:棘手案例与关键因素》,载詹姆斯·罗西瑙主编:《没有政府的治理》,江西人民出版社 2001 年版,第 186—224 页。
② Robert Keohane, *After Hegemony: Cooperation and Discord in the World Political Economy*, p. 87.
③ 肯尼斯·阿罗:《信息经济学》,北京经济学院出版社 1989 年版,第 159 页。
④ Robert Keohane, *After Hegemony: Cooperation and Discord in the World Political Economy*, pp. 90—101; *International Institutions and State Power: Essays in International Relations Theory*, pp. 116—117.
⑤ Robert Keohane, "International Institutions: Can Interdependence Work?", pp. 82—96.

益的冲突和危险①,从而降低了交易成本。降低交易成本有两方面的含义:对合法者是降低了成本,因为一旦国际机制形成,则合作中的边际成本降低;对违法者则提高了成本,增加了风险。所以,国际机制可以提供更为完善的信息,降低交易成本,使得承诺更为可信并促成互惠合作。②

第二,制约作用。国际机制可以对国家形成一定的制约作用。国际机制拥有自己的生命和逻辑,甚至可以重塑或限制创造它们的国家。当国家将机制约束视为战略需要时,它们确实同意相互限制。这样,机制就确定了对国家如何行为的期望,如果国家不这样做将遭受困难或付出代价。实际上,国际机制的作用就是要确立游戏规则来降低不确定性,保证提供相互的而非一方独具的利益。③ 从这个角度讲,国际机制的约束就像婚约:两个独立的个人意识到他们的关系将最终产生冲突与(或)不和,所以他们将自己约束在一个公认的法律框架内,如果这种关系的破裂之日不可避免地来临,婚约将使得解除双方关系变得更加困难。④ 国际机制是在无政府国际环境中制度和权力分散状态下的规则,但同时也是国际社会成员认可或达成的规则,代表了某个领域的行为准则。参与国际社会的国家在确立自己的国家利益时,必须将国际机制考虑在内,在制度约束的范围内实现利益最大化。尽管国际机制本身没有多少强制性,但在复合相互依赖的国际社会中,理性国家要实现自己的利益,却必须依靠国际机制才能达成。是否创建或加入国际机制是国家的选择性行为,但是国家一旦参与了某一国际机制,则必受其限制。⑤

第三,规范作用。国际合作并不容易达成,因为国家为其自我利益而非公共利益所驱动。但是,国家确实有互补利益,而且某种合作确实

---

① Robert Keohane,"The Demand for International Regimes", p. 333.
② Robert Keohane and Lisa L. Martin,"The Promise of Institutionalist Theory", *International Security*, Vol. 20, No. 1, Summer 1995, pp. 39—51.
③ John G. Ikenberry, "Institutions, Strategic Restraint, and the Persistence of American Postwar Order", *International Security*, Vol. 23, No. 3, Winter 1998/1999, pp. 43—78; Manro Barazini and Roberto Scazzieri, eds., *The Economic Theory of Structure and Change*, Cambridge University Press, 1990, p. 27.
④ John G. Ikenberry, "Institutions, Strategic Restraint, and the Persistence of American Postwar Order", pp. 43—78.
⑤ 郑端耀:《国际建制与国际不扩散的关系——理论分析架构的探讨》,《美欧季刊》(台湾)1999年第13卷第2期,第107—134页。

对双方有利。随着国际社会相互依赖程度愈来愈高,国际行为体的交往也愈来愈频繁,国际机制的需求增加了①,国际机制不断延展,并逐步在世界范围内建立起网络体系,使各问题领域的国际机制相互连成网络(networking)。随着国际机制网络体系的扩展,国际社会的制度化、规范化程度也日渐加强,国际行为体的行为也日趋规范化。这样,受到国际机制的影响乃至塑造,国家行为也趋于规范化。在现实生活中,即使最强大的国家也愈来愈依赖国际机制,即使美国这样的国家也不得不遵循国际机制的要求,作出一定程度的妥协。②

第四,惩罚作用。国际机制的关联效应使其能够奖励遵守国际机制的行为,惩罚违反国际机制的行为,从而确立国家的国际机制活动空间。当然,这种惩罚功能是双重意义上的:一方面,国际机制本身有相关的惩罚性规定;另一方面,国际机制的规则不仅被视为降低成本和不确定性的工具,也被视为创立责任的原则。政府宣布自己遵守之,其他国家从道义上也应如此。违背机制规范不仅损害了双方获益的一系列安排,也破坏了违反者的名声,从而损害了它未来制定协议的能力。③

第五,示范作用。国家要想在已经建立起国际机制的问题领域充当赢家,必须首先使得自己的行为符合国际机制的要求,依照国际机制的规范制定和执行对外政策。国际机制不仅为国家提供了国际活动环境,而且引导国家在国际机制的框架内定义国家利益,从而对国家的国际战略选择产生重要影响。当然,国际机制并非在等级意义上强行实施规则,而是要改变交往模式,并能够为参与者提供信息以减少不确定性,其本质作用是强化互惠效应并使其制度化。④ 国际机制的影响作用是潜在的、潜移默化的,而非强制意义上的。⑤ 国际机制提供示范,给国际行为体带来新的相互主观的认知和互动关系⑥,帮助克服国家

---

① Robert Keohane, *After Hegemony: Cooperation and Discord in the World Political Economy*, p.244.

② Robert Keohane, "International Institutions: Can Interdependence Work?", pp.82—96.

③ Robert Keohane, *After Hegemony: Cooperation and Discord in the World Political Economy*, p.126.

④ R.艾斯罗德等、R.考恩:《无政府状态下赢得合作的策略与机制》,《现代外国哲学社会科学文摘》1996年11期。

⑤ 秦亚青:《霸权体系与国际冲突——美国在国际武装冲突中的支持行为(1945—1988)》,第83—84页、第279—281页。

⑥ Peter M. Haas, "Do Regimes Matter? Epistemic Communities and Mediterranean Pollution Control", *International Organization*, Vol.43, No.3, Summer 1990, pp.377—403.

的自私行为,其主要途径是鼓励国家放弃唾手可得的短期利益,而追求长期合作带来的巨大收益。①

第六,惯性作用。② 惯性是"影响制度和权力的一个辩证因素"。③奥利佛·威廉姆森(Oliver Williamson)认为,国际合作的模型有高低水平两个平衡点,一旦达到某个平衡点,只有环境发生巨大变动时才能使这种平衡发生变化,这就是惯性的力量。④ 可以说,惯性伴随人类社会而来,其作用是潜在而永恒的。对于业已确立的国际机制而言,由于高昂的破坏代价和缺乏替代选择等原因,其惯性作用非常突出。由于建立新的国际机制需要付出巨大的成本,成员国总是倾向于首先对原有的国际机制加以改造利用。因此,国际机制本身的发展变化存在某种"时滞"(time lag),这种惯性使得国际机制的作用得以在时空上延展。国际机制是历史进程中人类行为的沉淀物。换言之,国际机制具有积淀成本(sunk cost)⑤的意义,它是由过去决定的,一旦形成就具有历史惯性。有时,表面上起作用的是各种国际机制,实际上却是各种潜在的、稳定的力量在背后依托着,即使现行国际机制有所变更,巨大惯性也使之足以维持一段时间的作用。

四、国际机制的局限性

在确认国际机制有效性的同时,我们应充分认识到国际机制作用的局限;认识到独立性并非国际机制的惟一属性,从属性(dependency)也是国际机制的内在属性之一,二者之间矛盾统一,形成一定的张力,

---

① Stephen M. Walt, "International Relations: One World, Many Theories", *Foreign Policy*, No. 110, Spring 1998, pp. 29—46.

② Robert Packenham, *Liberal America and the Third World: Political Development Ideas in Foreign Aid and Social Science*, Princeton University Press, 1973, p. 14; Robert Rothstein, *The Weak in the World of the Strong: The Developing Countries in the International System*, New York: Columbia University Press, 1977, pp. 75—76, 100; P. J. Nettl, "The State as a Conceptual Variable", *World Politics*, Vol. 20, No. 4, 1968, p. 559—592;斯蒂芬·D. 克莱斯勒:《结构冲突:第三世界对抗全球自由主义》,浙江人民出版社 2001 年版,第 25 页。

③ 斯蒂芬·D. 克莱斯勒:《结构冲突:第三世界对抗全球自由主义》,第 74 页。

④ Oliver Williamson, "A Dynamic Theory of International Behavior", *Quarterly Journal of Economics*, Vol. 79, No. 4, 1965, pp. 579—607.

⑤ 所谓积淀成本,即"一个过去的行动产生的一项持久可用的资源",积淀成本使得我们能够理解为什么即使所有的成员倾向于支持一些不同的原则、规则和制度时,既有的机制仍然能够存续下去的理由。参见 Robert Keohane, *After Hegemony: Cooperation and Discord in the World Political Economy*, p. 102。

从而构成国际机制作用发挥的基础。对国际机制局限性的剖析主要来自于新现实主义,其认识基础仍是国际机制为从属变量(dependent variable)的判断;以下分析借鉴了新现实主义的诸多观点,但基本的认识基础是国际机制为独立变量的判断。

随着世界相互依赖程度的日益深化,国际关系的主旋律由冲突转向国际合作,零和博弈模式在减少,双赢式的非零和博弈原则愈来愈成为主流,国际社会趋向规范化、制度化。与此相联系,国际机制在国际事务中发挥着愈来愈重要的作用,国际机制成为调节国家间关系的重要杠杆,也日益成为可操作性的经常性行为规范。然而,国际机制作用的增强,并没有给国际社会带来人们孜孜以求的和平与安全。世纪之交,国际形势风云变幻,和平与安全的目标似乎随着地区冲突和国内纷争的日趋激烈而幻灭了。现实的困境促使理论开花结果。体现在国际机制理论的发展上,就是对国际机制局限性的认识得以加深。

所谓国际机制的局限性,指的是国际机制作用发挥所受到的限制,表现在国际机制自身缺陷和外在制约两个方面。分析国际机制的局限性,并非意图否认国际机制作用增强的趋势,而是通过对国际机制自身缺陷和外在制约的分析研究其作用发挥的局限,以达到认清国际机制作用的目的。

从国际机制自身的缺陷着眼,国际机制的局限性主要表现在如下几个方面:其一,机制的本义是权衡,即对各种利益的规范之间进行权衡的结果。如此,则妥协性是国际机制本身固有的属性。因之,国际机制本身并不以国际正义和平等为准则,尽管参与制定和运用国际机制的国家总是假正义与平等之名行事。这种妥协性足以损伤国际机制的权威性或有效性,影响着国际机制作用的发挥。其二,现存国际机制源自西方特别是美国的政治—文化观念,其基本原则、规则、规范乃至决策程序都主要是西方文化的产物,与西方利益有着天然的联系。西方(美欧)长期垄断着国际关系的主导权和国际机制的制定权,迄今为止的国际机制在建构中仍然难以超越这些机制规则所奠定的思维框架。[①] 在当前,西方(尤其是美国)实力仍然是主导国际关系的因素;西方仍然安排着国际机制的建构趋向,国际机制主要体现着西方尤其是美国的愿望和利益需求;而且,西方仍然是国际机制的主要实践者。这

---

① Robert M. Crawford, *Regime Theory in the Post-Cold War World: Rethinking Neoliberal Approaches to International Relations*, pp. 4—6.

种属性体现了国际机制理论应用和文化根基上的狭隘,并维护着美欧尤其是美国的国家利益。罗伯特·考克斯(Robert Cox)认为,现行国际机制加强了发达国家对世界其他部分的统治,是不公正分配的结果,因而在道德上是应该受到谴责的。① 其三,与此相联系,国际机制本身就具有"非中性"的特征,国际机制一方面代表了某些国家(或国家集团)的利益并维护之;另一方面又限制了国际社会其他行为体进一步发展的机会。由于国际机制非中性的存在,在既定机制下获益不等的国家行为体在很大程度上按照自己的偏好"改进"机制。由于国际机制随环境改变而进行的调整是对外来压力的反应,机制调整的速度与广度就是国际社会结构发展的能力,在很大程度上取决于特定时期国际社会各类行为体所施加的影响力。特定的机制安排对不同的人意味着不同的事,换言之,不同国家在特定国际机制下的损益及其程度往往不同。由于国际机制非中性的存在,机制变迁也就往往仅对某一部分成员有好处。② 其四,就其本性而言,国际机制的发展是渐变而非突变。③ 由于国际关系的内容瞬息万变,从某种相对稳定的局面中形成的国际机制未必能及时地适应变化,这就是所谓的国际机制"时滞"。时滞的存在使得在某些特定时期既有的国际机制与时代特征脱节,无法确切地反映国际社会的现实。从历史现实角度讲,大多数现存国际机制由霸权国——美国在二战结束不久建立的。④ 国际机制是在巨大的霸权阴影下、在两极格局的国际体系中发展起来的,必然带着那个时代的特征,冷战对国际机制的影响在短期之内无法消除。⑤ 国际机制的发展滞后于国际局势的变化将是国际机制发挥作用的重要制约因素。其五,国际机制并非促成国际合作与建立国际秩序的充分条件。

---

① Robert Cox,"Social Forces, State and World Order: Beyond International Relations Theory", in Robert Keohane, ed., *Neorealism and Its Critic*, Columbia University Press, 1986, p. 224—248.

② 以上观点借用了新制度经济学关于制度创新的认识,机制非中性的概念受到"货币非中性"理论的启示。请参阅张宇燕:《经济学与常识》,四川文艺出版社1996年版,第239—240页。

③ Alfred Marshall, *Principles of Economics*, London: Macmillan Company, 1927, pp. 248—249.

④ Chris Brown, *Understanding International Relations*, p. 50; Robert Keohane, *After Hegemony: Cooperation and Discord in the World Political Economy*, pp. 31—38.

⑤ Robert M. Crawford, *Regime Theory in the Post-Cold War World: Rethinking Neoliberal Approaches to International Relations*, p. 1.

国际机制作为促进国际合作的方式而产生,是各国政府政策协调的结果。国际机制通常表现出相当高度的公共物品属性。① 然而,尽管国际机制建立的前提是活跃在特定问题领域的国家拥有只有通过合作才能实现的共同利益,但国家之间拥有共同利益并不一定合作,即共同利益的存在是国家之间合作的必要而非充分条件。② 因之,国际机制作用的发挥受到自身特质的限制。

从国际机制的外在制约着眼,国际机制的局限性主要表现在如下几个方面:其一,冷战结束以来,非国家行为体的作用进一步加强,但当前仍未超越民族国家时代的根本特征。尽管全球化风起云涌,但相对收益追求仍然超过绝对收益的考虑,国家利益仍然是各国首先争取维护和追求的核心内容;民族国家对自我利益的追求必然决定了它们的自私本性。③ 在肯尼思·沃尔兹(Kenneth Waltz)看来,"我们面临着为共同所得而合作的可能,但在所得如何分配上国家是感到不安全的,它们并不问'我们都有所得吗?'而是问'谁所得更多'"。④ 其二,美国在国际机制的建立、诠释和修改方面拥有不容置疑的重要权力,成为影响国际机制作用发挥的最大因素。探讨国际机制,离不开对美国机制霸权的认识与分析。从理论角度讲,国际机制的研究始于美国,该概念及其基本理论流派也最早在美国产生与发展,实际上,美国基本掌握国际机制理论的"话语霸权"。从现实角度看,美国主导着当今国际机制的确立、执行和修订。现行国际机制几乎涉及国际关系的各个领域,每个领域都有自己特殊的运转机制,包括国家权力的分配、利益分享所必须遵循的原则、规则、规范和决策程序;也包括正常运转的机制如国际收支平衡机制、国际贸易机制、国际金融货币机制、国际石油机制、海洋以及海洋资源的开发和利用机制、外交人员的保护机制等。整个国际社会的运转机制,一方面反映了客观发展规律,另一方面又与美国的霸权地位有关。美国一贯重视在国际上制定有形和无形的法规、行为规则

---

① Oran Young, *International Cooperation: Building Regimes for Natural Resources and the Environment*, Ithaca: Cornell University Press, 1989, p. 21.

② Andreas Hasenclever, Peter Mayer, and Volker Rittberger, *Theories of International Regimes*, p. 31.

③ Robert Powell, "Absolute and Relative Gains in International Relations Theory", in David A. Baldwin, ed., *Neorealism and Neoliberalism: The Contemporary Debate*, New York: Columbia University Press, 1993, pp. 209—233.

④ Kenneth Waltz, *Theory of International Politics*, Readings: Addison-Wesley, 1979, p. 105.

和制度安排,力图操纵现存的国际组织,按照美国的意愿和利益建立新的国际机制。冷战后美国更加紧监督执行或组建、参与国际机制,如核不扩散机制、全面核禁试条约、导弹技术控制会议、知识产权协议、七国首脑会议(八国集团)、北美自由贸易区、亚太经合组织、世界贸易组织等,并力图在其中发挥主导作用。① 美国霸权的一个特性是,美国人固然重视军事力量,但是同时极为重视国际机制的作用。与历史上的列强相比,美国人在外交中并不那么倾向于用赤裸裸的暴力压服对方,而是用一套具有普遍价值的规则使对手自愿就范。以把中国拉入现存国际秩序为目标的接触政策显然符合这一特性。与此相关,二战结束以来的国际机制也受制于美国霸权。例如,1971年8月15日,美国单方面破坏布雷顿森林体系的机制安排,因为该机制阻碍了美国行动自由。② 1998年和1999年,美国抛开现行的国际机制,在没有联合国安理会授权的情况下,擅自对主权国家伊拉克和南联盟进行军事打击,从而对国际机制的效用形成强大冲击。其三,从历史发展过程来看,国际机制倾向于独立发挥作用,但不能摆脱大国的制约。罗伯特·基欧汉指出,国际机制主要由最强大的国家所塑造,并主要反映了大国的利益。③ 大国拥有国际关系的控制权,占据着国际机制确立和运行的主导权,这与国际机制独立发挥作用的欲求是相斥的。在可预见的将来,大国协调主导国际机制仍将是不可避免的。当前"一超多强"的国际格局仍将持续下去,而"一超"的地位似乎愈来愈巩固,甚至有人断言,没有国家具有物质上的实力和政治上的愿望来结束美国的单极时刻(unipolar moment),21世纪仍将是一个"美国世纪"。④ 经过20世纪末苏联解体东欧剧变、金融危机的冲击,多强不强、一超超出似乎成了一个锁定的事实。大国力量在相当程度上主导国际关系,这种局势必然影响着国际机制独立作用的发挥,国际机制的原则、规则、规范乃至决策程序成为这些大国讨价还价的工具,甚或牺牲品。

  以上分析表明,国际机制在新的国际局势下发挥着愈来愈重要的

---

  ① 王缉思:《高处不胜寒——冷战后美国的世界地位初探》,《美国研究》1997年第3期。
  ② Robert Keohane, *After Hegemony*: *Cooperation and Discord in the World Political Economy*, p. 98.
  ③ Ibid., p. 65.
  ④ Mortimer Zuckerman, "A Second American Century", *Foreign Affairs*, Vol. 77, No. 3, May/June 1998, pp. 19—31.

作用,其独立性愈发突出;与此同时,由于内外条件的制约,国际机制的作用又受到相当的限制,许多学者仍然坚持认为,国际机制在相当程度上是从属性的。综上所述,笔者倾向于认为,国际机制是一种相对独立的变量,由于国际机制产生于国家之间互动的需要,从属性也是国际机制的一个内在属性,国际机制的局限性恰恰是独立性与从属性矛盾互动所导致的。进一步说,二者之间的矛盾斗争将决定国际机制的命运,并将对未来的国际格局产生重要影响。

五、国际机制的合法性

国内社会的统治模式从神治到人治、从人治到法治,是一个从绝对走向相对的过程。国际社会尽管处于无政府状态,其管理模式同样是一个从绝对走向相对的过程,基本上遵循着从各国孤立到强权争霸、从霸权专制到大国协调、从大国协调到全球治理的规律。这个过程是国际社会逐步走向民主化的过程,大概也是人本思想逐步唤醒和实现的过程。① 合法性既是这个过程的伴随物,又是这个过程的催化剂。在这个过程中,国际社会的权威愈来愈转移到国际机制手中②,国际机制的合法性问题凸现了出来。

1. 合法性及其相关概念

"合法性"一词源于拉丁文"legitimus",有"合法"、"正义"和"正当"之意。起初指的是"根据一种假设的中间标准或原则,这种原则的客观性被看作是不受现有评论界或命令与服从的关系支配的"。③ 中世纪时期,出现了合法性不仅符合神意,也需要民众同意的观点。④ 文艺复兴时期,卢梭(Jean Rousseau)将合法性概念引入政治领域,提出以公共利益和大众意愿为原则的合法性思想。在合法性概念上做出重大贡献的主要是马克斯·韦伯(Max Weber)、约翰·罗尔斯(John Rawls)和哈贝马斯(Jurgen Habermas)。韦伯认为,合法性就是促使人们服从某种命令的动机,任何群体服从统治者命令的可能性主要依据他们对

---

① 马克斯·韦伯对统治的类型进行区分,并就各统治形式的合法性进行了详细的分析。参见韦伯:《经济与社会》(上卷),商务印书馆1997年版,第三章。
② 苏长和:《全球公共问题与国际合作:一种制度的分析》,上海人民出版社2000年版,第290—291页。
③ 约翰·基恩:《公共生活与晚期资本主义》,社会科学文献出版社1999年版,第288页。
④ 戴维·赫尔德:《民主的模式》,中央编译出版社1998年版,第58—60页。

统治系统的合法性是否相信。罗尔斯则从规范的角度出发,强调正义是合法性的基础。① 哈贝马斯认为:"合法性意味着,对于某种要求作为正确的和公正的存在物而被认可的政治秩序来说,有一些好的根据。一个合法的秩序应该得到承认。合法性意味着某种政治秩序被认可的价值。"②他提出了关于合法性的两个指针——一定的标准和人们的认同。中国政治学者俞可平指出,"合法性指的是社会秩序和权威被自觉认可和服从的性质和状态"。他认为,只有那些被一定范围内的人们内心所体认的权威和秩序,才具有政治学中所说的合法性;合法性愈大,善治(good governance)的程度便愈高;取得和增大合法性的主要途径是尽可能增加公民的共识和政治认同感。③

合法性作用的基础是为政治统治提供理由。卢梭认为公意是合法性的基础;韦伯认为信仰是合法性基础。韦伯指出,习俗或利害关系,如同结合的纯粹情绪的动机或纯粹价值合乎理性的动机一样,不可能构成一个统治的可靠的基础。除了这些因素之外,一般还要加上另一个因素:对合法性的信仰。④ 一切经验表明,没有任何一种统治自愿地满足仅仅以物质的动机或仅仅以情绪的动机,或者仅仅以价值合乎理性的动机,作为其继续存在的机会。毋宁说,任何统治都企图唤起并维持对它的"合法性"的信仰。⑤ 韦伯指出,合法性或基于传统(过去一直存在着的事物的适用);或基于情绪信仰;或基于价值合乎理性的信仰(被视为绝对有效的推断的适用);或基于现行的章程。对于被参与者而言,合法性基于有关的协议或基于强令和服从⑥,而合法权威下的服从是"建立在与广义的、功能性的'官方职责'的不带个人色彩的联系的基础上的。官方职责是由理性确立的准则、法律、法令和规章固定了的,采取了那样一种形式以至于权威的合法性都变成了普遍规则的合法性,它是被有意设想出来的、推行成法并公开宣布了它的正确性"⑦。

---

① 约翰·罗尔斯:《正义论》,中国社会科学出版社1988年版,第1页。
② 哈贝马斯:《交往与社会进化》,重庆出版社1989年版,第212页。
③ 俞可平主编:《治理与善治》,社会科学文献出版社2000年版,第9页。
④ 马克斯·韦伯:《经济与社会》(上卷),商务印书馆1997年版,第239页。
⑤ 同上。
⑥ 同上书,第66—67页。
⑦ 转引自 Michael N. Barnett and Martha Finnermore, "The Politics, Power and Pathologies of International Organizations", *International Organization*, Vol. 53, No. 4, Autumn 1999, pp. 699—732。

合法化即合法性取得以及维持的过程。奥特弗利德·赫费(Otfried Hoffe)指出,在一个现存的社会体系中,合法化是通过遵循有关的规范实现的。① 基欧汉等认为,合法化指的是规则被遵守的程度、规则的准确性以及向第三方解释、监督并予以实施的功能。② 也就是说,义务(obligation)、关联性(precision)和授权(delegation)是合法化的三要素。③ 由于以上标准得以遵循的程度不同,合法性程度有别,计有合法性充足、合法性不足、合法性缺乏、合法性危机等。

合法性危机指的是,"合法性系统无法在贯彻来自经济系统的控制命令时把大众忠诚维持在必要的水平上"。合法性危机是一种直接的认同危机。它不是由于系统整合受到威胁而产生的,而是由于政治系统所需要输入的群众忠诚得不到实现(合法性基础作用的丧失)而导致的。导致合法性危机的主要原因是意识形态的变化(包括社会认同)、规则得不到遵守或与社会出现矛盾、有效性降低或不足。在现实生活中,由于合法性经常欠缺,用行政手段无法维持或确立必要的合法性规范结构,合法性信念就退缩为一种正当信念(legalitat),满足于诉诸做出一种决定的正当程序。④

表1-1 国际合法化的模式⑤

模式	义务	关联性	授权	例证
理想模式:硬法(Hard Law)				
模式一	高	高	高	欧盟
模式二	高	低	高	世界贸易组织的国民待遇规定
模式三	高	高	低	美苏军控协议、蒙特利尔议定书
模式四	低	高	高(中)	联合国可持续发展委员会

---

① 奥特弗利德·赫费:《政治的正义性——法和国家的批判哲学之基础》,上海译文出版社1998年版,第53页。
② Judith Goldstein, Miles Kahler, Robert O. Keohane, and Anne-Marie Slaughter, "Introduction: Legalization and World Politics", *International Organization*, Vol. 54, No. 3, Summer 2000, pp. 385—399,其中需要说明的是,授权基本上包括两个方面:争端的解决、规则的制定与实施。参见 Kenneth Abbott, Robert Keohane, et al., "The Concept of Legalization", *International Organization*, Vol. 54, No. 3, Summer 2000, pp. 401—419。
③ Kenneth Abbott, Robert Keohane, et al., "The Concept of Legalization", pp. 401—419.
④ 尤尔根·哈贝马斯:《合法化危机》,上海人民出版社2000年版,第64—66页、第83—125页、第128页。
⑤ Kenneth Abbott, Robert Keohane, et al., "The Concept of Legalization", pp. 401—419.

续表

模式	义务	关联性	授权	例证
模式五	高	低	低	维也纳臭氧公约
模式六	低	低	高(中)	世界银行、联合国专门机构
模式七	低	高	低	赫尔辛基最后文件、技术标准等
模式八	低	低	低	势力范围、均势

理想模式:无政府状态(Anarchy)

2. 国际机制的合法性

在过去国际机制的研究中,合法性一直被视为国际机制中的既定因素。换言之,只要国际机制存在,其合法性就天然存在,无须探讨了。对(新)现实主义而言,国际机制附着于权力分配,合法与否无关紧要;对新自由制度主义而言,国际机制的重要性在其有效性,获得效益最大化是最高诉求,或者说国际机制的合法性建立在有效性的基础上。论述国际机制合法性的国际关系学者主要是海伦·米尔纳(Helen Milner),她的观点并没有摆脱新自由制度主义的局限。但是,她的研究至少证明了一点,即国际机制作用的关键在于它控制了遵守的能力。就像国内制度一样,这种能力在很大程度上依赖它们所取得的合法性。如果缺乏合法性,无论在国内社会还是在国际社会,国际机制都很难发挥作用。① 基欧汉对合法性问题有着浓厚的兴趣,但其研究一直停留在"民主赤字"(democratic deficit)和民主合法性方面。可能从某种角度讲,基欧汉难以突破自己的理论体系——即建立在有效性基础之上的国际制度理论,或者说,这种突破将意味着其自身理论体系基石的动摇。

国际机制合法性的根源在于,国际机制的建立、实施、修改、完善都是由众多国家参与的,国际机制的原则、规则、规范和决策程序的确定得到了参与国家的认可,并通过国内法定程序得到了确认。如果一些行为体获得了它们想要的结果,而另外一些行为体一无所获,国际机制不会产生。② 国际机制正常发挥效能,在于它们能够为各个主体认可、

---

① Helen Milner, "The Assumption of Anarchy in International Relations Theory: A Critique", in David Baldwin, ed., *Neorealism and Neoliberalism: The Contemporary Debate*, New York: Columbia University Press, 1993, pp.143—169.

② Arthur Stein, "Coordination and Collaboration: Regimes in an Anarchic World", in David Baldwin, ed., *Neorealism and Neoliberalism: The Contemporary Debate*, pp.29—59.

接受,从而具有必要的合法性权威。① 换言之,国际机制之所以具有合法性,首先是因为得到参与国的认可。国际机制的原则、规则和规范体现了国际社会的共识、有关各方的责任和义务,只有遵循这些规则和相关程序才有合法性。新现实主义强调,国际机制是霸权国一手主导的,这固然反映了国际社会的部分现实,然而霸主在没有其他国家一致同意的基础上,是不能制定和执行规则的。② 因此,规则的制定必然在同意的基础之上,这是合法性得以产生的基础。因此,基欧汉认为,"正是原则、规范和规则之间的密切联系,赋予机制以合法性"。③

国际机制的合法性体现在,国际机制得到了其他国家的遵守。行为体遵循机制规则成为惯常性(habitual)行为,只有经过深思熟虑或付出特殊代价才可能违反机制规则,这就是合法性的权威。合法性的权力恰恰体现在:当规则与行为体利益冲突时,行为体仍然遵循该合法的规则。④ 国际机制的不同理论流派,对国际机制得到遵守的原因提出了截然不同的解释。

对新现实主义而言,国际机制的制定和遵守必有大国或强势国家起着重要的乃至主导的作用,国际机制反映出来的首先是强势国家以及先行国家的利益追求和观念。当然,为了使国际机制具有合法性,被更多的国家所接受,必须在机制设计上兼顾大部分国家的利益,"权力的获取和运作必须与所确立的规则相适应"。⑤ 尽管如此,对弱势国家和后来者而言,国际机制的合法性仍然缺乏"合理性",或者说,国际机制存在着合法性不足的隐患。这些国家遵守国际机制,并不完全取决于国际机制具有合法性,也有大国强权、自身利益考量、国际机制的效用、国际惯例或习惯等因素的考量。

对于新自由制度主义而言,国际机制的合法性来源于其自身的有效性,从利益角度探讨国际机制的合法性,正是新自由制度主义的必然趋向。基欧汉指出,国际机制不能构造出像在组织良好的国内社会中那样稳固的法律责任模式,国际机制的建设者是充分认识到这种局限

---

① 苏长和:《全球公共问题与国际合作——一种制度的分析》,第 106 页。
② Robert Keohane, *After Hegemony: Cooperation and Discord in the World Political Economy*, Princeton: Princeton University Press, 1984, p.46.
③ Ibid., pp.53—56.
④ Ian Hurd, "Legitimacy and Authority in International Politics", pp.379—408.
⑤ David Beetham, *The Legitimation of Power*, London: MacMillan Education Ltd., 1991, p.64.

性的。但是,国际机制降低合法谈判的交易成本,有可能促动政府达成互惠协议。① 正是因为相信国际机制的合法性,相关行为体才有可能相信机制提供的信息交流平台、信息,有助于交易成本的降低和协议的达成,国际合作才有望成功。② 国际机制以多边规则代替了单边规则,其优势在于使得其他行为者的合作行为变得可以预期。国际机制的规则和规范,使各个政府关注先例,以增加他们惩罚对手的可能性。国际机制通过这种方式将未来和现在联系起来,就像军控协议领域一样,未来协议达成的意愿,取决于其他行为者对先前协议的遵守。此外,国际机制强化互惠并使互惠制度化,使得背叛失去合法性并付出更多的代价。③ 如果一个国家将一系列规则视为具有道德上的约束力,并公开承诺恪守这些原则,将对一个国家的声誉起到标识作用。④ 基欧汉指出,国际机制的"民主赤字"是其存在合法性问题的根源,因此民主赤字是探讨国际机制合法性问题的缘起,因为大国、强国、政府官员等精英操纵国际机制的过程关乎国际社会民主化发展。⑤

对建构主义国际机制理论而言,规则内化(internalization)是国际机制合法性的基本表现形式。在建构主义看来,合法性指的是行为体的一种规范性信念,即规则或制度应予遵守。合法性是行为体与制度之间的一种主观性认识,为行为体对制度的认识所确定。⑥ 行为体的认识或来自规则的实质,或来自组成规则的程序或渊源,这些认识通过内化而影响行为体的行为,并帮助行为体确定自己的利益。行为体对规则的主观认识至关重要,从这个意义上讲,认为一种规则是否合法与

---

① Robert Keohane, *After Hegemony: Cooperation and Discord in the World Political Economy*, p. 13, pp. 88—89.

② 汤姆·R. 伯恩斯:《结构主义的视野:经济与社会的变迁》,社会科学文献出版社2000年版,第209页;道格拉斯·C. 诺思:《经济史中的结构与变迁》,第15章。

③ Robert Axelord and Robert Koehane, "Achieving Cooperation under Anarchy: Strategies and Institutions", in David Baldwin, ed., *Neorealism and Neoliberalism: The Contemporary Debate*, pp. 85—115.

④ Robert Keohane, *After Hegemony: Cooperation and Discord in the World Political Economy*, p. 127.

⑤ Robert Keohane and Joseph Nye Jr., "The Club Model of Multilateral Cooperation and the World Trade Organization: Problems of Democratic Legitimacy", paper presented to "Efficiency, Equity and Legitimacy: The Multilateral Trading System at the Millennium", John F. Kennedy School of Government, Harvard University, June 1—2, 2000.

⑥ Ian Hurd, "Legitimacy and Authority in International Politics", pp. 379—408.

局外者所体知的正义无关。① 合法性为行为体遵循规则提供了内化机制。当行为体认为规则是合法的,则遵循规则不再是由于害怕报复或自我利益的计算,而是源自规则的内化。② 当诸多个体对什么是合法的共享一个定义,我们则称之为构成了一个共同体。③ 从建构主义角度说,机制内化意味着国家的身份以及依据身份的国家利益发生了变化。机制建立、社会化、内化是一个连续的过程,或者说机制合法化存在生命周期。④ 温特指出,合法概念是指国家相互认同,它们不仅把相互的安全以工具主义的方式与自己的安全联系在一起,而且把别人的安全真正视为自己的安全。自我的认知界限延伸开来,包含了他者;自我和他者形成了一个单一的认知领域。一种共有的超越认同超出了单个的实体认同,并对单个实体提出合法的要求。这种认同创造了集体利益和集体身份。集体身份包含了在必要时完全为了他者做出牺牲,因为他者对自我有着合法的要求。⑤

实际上,在现实生活中,强制、利益、观念与合法性并非截然分开,而是相互联系。有时,合法性是强制的衍生物,因为强制可以创造社会共识,而社会共识则是合法性的前提。⑥ 从另一个方面讲,合法性当然与利益有不解之缘。国际机制各理论流派对国际机制合法性的认识各有侧重,我们应该认识到各自的优势,并综合观之。国际机制是在所有参与国家同意的基础上建立起来的,这是国际机制合法性的源泉;国际机制得以执行,其中必然存在强制性因素,而主导国家或主要大国的支持是其作用发挥的一个必要条件,也是国际机制合法性的权力基础;国际机制在宏观方面为各参与国提供公共物品⑦,这是国际机制合法性

---

① Ian Hurd, "Legitimacy and Authority in International Politics", pp. 379—408; Thomas M. Frank, *The Power of Legitimacy Among Nations*, New York: Oxford University Press, 1990; etc.。

② Robert Dahl and Charles Lindblom, *Politics, Markets, and Walfare*, New Brunswich: Transaction Publishers, 1992, p. 114.

③ Ian Hurd, "Legitimacy and Authority in International Politics", pp. 379—408.

④ Martha Finnemore, et al., "International Norm Dynamics and Political Change", *International Organization*, Vol. 52, No. 4, 1998, pp. 881—917.

⑤ 亚历山大·温特:《国际政治的社会理论》,上海人民出版社 2000 年版,第 379—380 页。

⑥ Ian Hurd, "Legitimacy and Authority in International Politics", pp. 379—408.

⑦ Robert Keohane and Joseph Nye Jr., "The Club Model of Multilateral Cooperation and the World Trade Organization: Problems of Democratic Legitimacy".

得以继续的利益基础;国际机制可以改变行为者的动机和选择机会,其基本规则逐步内化,这实际上是其理念得以延续并成为惯例或传统,这是国际机制合法性的观念基础。如此,则合法性是国际机制的一个基本属性,是影响国际机制作用发挥的干预性变量(intervening variable)或基础条件(fundamental factor)。

3. 国际机制的合法化

基欧汉指出,"国际制度的程序和规则可以形成一种信息结构,它们决定什么行动原则是可以接受的,从而为减少冲突的基础以及判断政府行动是否符合合法的标准"。① 但是,新自由制度主义强调国家制度在减少不确定性、降低交易成本中的作用,却很少直接涉及合法的协议与非合法协议的区别。换言之,它解释了没有合法化的情形下国际合作如何持续,但没有解释合法化(legalization)本身。②

合法化是社会控制的几个重要机制之一。国际机制提出并凝聚各种要求,以支持自己的合法性。国际机制是否合法,不仅需要其遵循规则,而且这些规则还必须具有可证明性(verifiability),亦即得到社会的认可,如此合法性才是完整的。国际机制的认可和遵从是一种成本,人们依靠有关规范去评判它。国际机制的稳定性和有效性取决于成员对其合法性的认同,集体认同的过程即合法化。在一个现存的社会体系中,合法化是通过遵循有关规范而实现的。

许多国家遵循国际制度的主要原因之一就是因为其合法性的存在。完全合法化的国际机制通过规则来约束国家;并明确规定了对国家行为的要求。③ 合法化对国际合作的关键性结果是它对顺从的影响。④ 恰如彼德·布劳(Peter Blau)指出的,只有合法的权力才能获得心甘情愿的服从。⑤ 各国政府必须在有效地约束自身以防欺诈和允许灵活性存在之间确保平衡,这是合法化得以存续和发挥作用的空间。

---

① Robert Keohane, "International Institutions: Can Interdependence Work?", pp. 82—96.
② Judith Goldstein, Miles Kahler, Robert O. Keohane, and Anne-Marie Slaughter, "Introduction: Legalization and World Politics", *International Organization*, Vol. 54, No. 3, Summer 2000, pp. 385—399.
③ Judith Goldstein, Miles Kahler, Robert O. Keohane, and Anne-Marie Slaughter, "Introduction: Legalization and World Politics", pp. 385—399.
④ Beth Simmons, "Compliance with International Agreements", in Nelson Polsby, ed., *Annual Review of Political Sciences* (Vol. I), 1998, p. 78.
⑤ 彼德·布劳:《社会生活中的交换与权力》,华夏出版社1988年版,第230—231页。

国际机制得以合法化的基础条件是:尊重国家主权原则(合法性的取得要求承认所有国家主权平等的原则);赋予国家参与权;其基本规则得到参与国家的认可等。① 合法化可以提供可信的承诺、减少不确定性、降低交易成本、修改国家的政治战略等功能,增强(尽管是适度地)国际机制的强制执行能力。② 对国家而言,合法化提高了国际机制规则的透明度和对其他行为体的行为预期,可以更好地解决集体行动的问题,为国际合作提供了基础条件。对国际机制而言,合法化减少了不确定性,产生了一批国际机制的受益者,他们为该机制的存在提供政治支持,从而构成国际机制继续合法存在的基础之一。③ 合法化的最高表现形式就是出现具有充分合法性的国际机制,国家在国际社会中的行为制度化了,即国家遵守国际规则、程序则其利益得到最大化的实现,而违背国际机制则遭受惩罚。当然,这种理想模式尚未出现在现实生活中,国际机制的合法化可能永远处于进程之中。

需要指出的是,合法化并非制度化的高级形式④;在当前的世界政治中,合法化并非普遍性的或不可逆转的趋势,而是类似马赛克。⑤ 换言之,合法化的扩展并非是平衡性的。⑥ 有的国际机制的合法化在逐步提高(例如国际贸易机制),但有的国际机制的合法化程度却在降低(如国际货币机制)。而且,合法化与国际合作之间并不存在正相关关系,关贸总协议的合法化程度较低,但在贸易自由化方面成效显著,而国际贸易机制合法化的增强并不一定提高贸易自由化的水平。⑦

让我们以否决权机制为例,分析国际机制合法性的获得、合法化的过程及其演变。否决权是指安理会任一常任理事国有阻止安理会通过

---

① 斯蒂芬·D.克莱斯勒:《结构冲突:第三世界对抗全球自由主义》,第 9—10 页、第 74—75 页、第 121 页等。

② Kenneth Abbott and Duncan Snidal, "Hard and Soft Law in International Governance", *International Organization*, Vol. 54, No. 3, Summer 2000, pp. 421—456.

③ 斯蒂芬·D.克莱斯勒:《结构冲突:第三世界对抗全球自由主义》,第 292 页。

④ Judith Goldstein, Miles Kahler, Robert O. Keohane, and Anne-Marie Slaughter, "Introduction: Legalization and World Politics", pp. 385—399.

⑤ Miles Kahler, "Conclusion: The Causes and Consequences of Legalization", *International Organization*, Vol. 54, No. 3, Summer 2000, pp. 661—683.

⑥ Judith Goldstein, Miles Kahler, Robert O. Keohane, and Anne-Marie Slaughter, "Introduction: Legalization and World Politics", pp. 385—399.

⑦ Judith Goldstein and Lisa L. Martin, "Legalization, Trade Liberalization, and Domestic Politics: A Cautionary Note", *International Organization*, Vol. 54, No. 3, Summer 2000, pp. 603—632.

它所不喜欢的属于非程序性事项议案的权力,从法律意义上讲,否决权是加权表决制的一种表现形式。作为一种特殊的表决机制,否决权是复杂的历史产物,其产生有复杂的历史根源,也有迫切的现实需要。第二次世界大战宣告了国际联盟的彻底失败,最根本的历史教训是,有的重要大国(美国、苏联等)因种种原因没有参加或被开除出国际联盟,而国际联盟各成员国均享有否决权。① 对国际联盟失败的反思、反法西斯战争的历史经验与教训、大国合作的特殊经验、大战战胜国必须肩负维护国际和平与安全的主要责任,以及当时东西方之间既矛盾又合作的状况等决定了,确保大国一致成为联合国的根本性基础。前事不忘,后事之师。否决权的设置,正是为了避免联合国重蹈国际联盟的覆辙。② 否决权的设置,是国际机制的一种创新。它一方面顺应了人类的安全利益需求,坚持在联合国的集体安全机制中实行大国一致原则,设想以大国合作为核心维护战后的和平与安全,以确保联合国的权威性和行动的有效性,使其行动不发则已,一发必可制胜,将联合国维护国际和平与安全的希望寄托于安理会诸大国的一致。③ 另一方面也满足了大国的需要。大国的需要包含形式性和实质性两个主要方面:特殊地位的需要和自身利益的需要。否决权满足了诸大国政府对其在大战之后国际事务中拥有突出地位的热望;赋予五大常任理事国对国际法一般发展的决定性影响;赋予五大常任理事国维护自身利益的实质性特权;赋予五大常任理事国这样的能力,即防止联合国对其自身乃至其选定支持的国家采取强制性行动,或阻止它不愿意参与的任何联合国权力下的强制性行动。④ 否决权成为大国特权的具体体现和明确标示。

应该说,否决权的设置是理想主义向现实主义妥协的产物。它顺应了维护国际和平的需要,满足了大国特权的要求,也对弱小国家的质疑有所交代。从其设置过程看,它是得到集体认同的,在设立之初,其义务、关联性和授权程度均比较高,因而具有相对充足的合法性。但需

---

① 《国际联盟盟约》第 5 条规定:"除本盟约或本条约另有明白规定者外,凡大会或行政院开会时之决议应得联盟出席于会议之会员国全体同意。"

② 朱建民:《国际组织新论》,正中书局(台北)1983 年版,第 345 页。

③ James Sutterlin, "The Past as Prologue", in Bruce Russett, ed., *The Once and Future Security Council*, New York: St. Martin's Press, 1996, p.3.

④ Fassbender, *UN Security Council Reform and the Right of Veto: A Constitutional Perspective*, p.280.

要指出的是,诸多中小国家在联合国旧金山制宪会议上就对否决权的设置提出了挑战,说明其合法性仍有某些不足之处。联合国成立前两年,大国之间还保留着战时合作精神。尽管苏联频频使用否决权,但安理会在有关和平与安全的重大政治问题上却达成了协议。这段时间被称为"安理会的时代"。① 但是,冷战改变了否决权设计的初衷,使之成为大国争斗的工具。1946—1955 年,安理会出现了 82 次否决权,苏联使用了 79 次之多;1970—1999 年,美国使用否决权达 92 次。② 否决权的消极作用在冷战期间暴露无遗,期间否决权经历了"去合法化"(delegalization)的过程,原有的集体认同逐步丧失。限制乃至取消否决权的呼声此起彼伏。应该说,否决权的合法性是合法获得的,并加载了《联合国宪章》;但其历史进程却屡屡违背国际社会的初衷。

表 1-2 1990—1996 年安理会常任理事国投票一览表

	1990 赞同/反对/弃权	1991 赞同/反对/弃权	1992 赞同/反对/弃权	1993 赞同/反对/弃权	1994 赞同/反对/弃权	1995 赞同/反对/弃权	1996 赞同/反对/弃权	总弃权票	总否决票
中国	36/0/1	40/0/2	65/0/9	87/0/6	73/0/4	63/0/3	53/0/4	29	0
美国	35/2/0	42/0/0	74/0/0	93/0/0	76/0/1	66/1/0	55/1/1	2	4
苏联/俄罗斯	37/0/0	42/0/0	74/0/0	90/1/2	74/1/2	61/0/5	52/0/5	14	2
法国	37/0/0	42/0/0	74/0/0	93/0/0	77/0/0	66/0/0	57/0/0	0	0
英国	37/0/0	42/0/0	74/0/0	93/0/0	77/0/0	66/0/0	57/0/0	0	0
总弃权票	1	2	9	8	7	8	10	45	
决议总票	37	42	74	93	77	66	57		
总否决票	2	0	0	1	1	1	1		6

资料来源:UN Docs. From S/PV./2904 to S/PV/3729。

---

① Houshang Ameri, *Politics and Process in the Specialized Agencies of the United Nations*, New York: Basic Books, 1982, p.14.

② 1970—1996 年,美国使用否决权 70 余次,而苏/俄使用 19 次。参见 Bruce Russett et al., "Breaking the Restructuring Logjam", in Bruce Russett, ed., *The Once and Future Security Council*, p.158。

冷战之后,关于如何加强否决权合法性的探讨和取消否决权的探讨同样如火如荼。一方面,否决权与《联合国宪章》规定的主权平等原则不一致,加上否决权曾经的不光荣的历史,招致更多世人反对,要求限制乃至取消否决权的呼声不断。另一方面,国际形势和现实力量格局也发生了重大变化,五个常任理事国在现实中不是力量最为强大的,有的国家已经迎头赶了上来,它们角逐常任理事国席位和要求改变国际权利分配格局的呼声日高。否决权面临着二战结束以来最严重的挑战。同时,拥有否决权的五大常任理事国也逐渐改变了应用否决权的模式,更多地采取协商一致的方式解决问题。由于否决权保护条款的存在和既得利益者依旧强大的事实,废除否决权这种极端平等的思想是不会得到常任理事国的同意①,也是现实中不可能达到的一厢情愿。常任理事国是拥有世界上最强大军事力量的国家,如果我们不要安理会的否决权机制,那么一些重大的决定就会在别的地方制定,比如在大国的首脑会议上。这么一来,透明度和民主程度都比现在的安理会还低。我们必须承认否决权存在的现实,认识到否决权的存在既有消极影响也有正面作用,加强安理会工作方法和程序的改进,加强对否决权使用范围的限制,加强安理会的非正式磋商机制,使否决权更像是一种象征和威慑,而非现实使用的权力。毕竟,我们不能奢望一种国际机制不反映国际现实却对国际社会起到实质性的影响,也无法奢望安理会的组成、程序、决策永远公平公正。改革是一个进程,我们应循序渐进地完善该表决机制,使之更多地体现民主性、合理性、合法性。

4. 合法性与国际机制的未来

按照基欧汉的分析,国际机制存在民主赤字,换言之,国际机制存在合法性问题。但是,我们首先需要明确的是,合法性与公正是两个不同的概念,或者说合法性并不表示公正。② 用亨利·基辛格(Henry Kissinger)的话说:"合法性意味着不仅仅对于可行的安排和对外政策的目标与方法达成国际协议,它表示所有主要大国对于国际秩序框架的接受,至少是在一定范围内没有国家像《凡尔赛条约》后的德国那样不满,以至于用一种革命性的对外政策表达它的不满。一个合法的秩

---

① Paul Kennedy and Bruce Russett, "Reforming the United Nations", *Foreign Affairs*, Vol. 74, No. 5, Sept./Oct., 1995, pp. 56—71.

② 阿拉斯泰尔·伊恩·约翰斯顿、罗伯特·罗斯主编:《与中国接触:应对一个崛起的大国》,新华出版社2001年版,第23—24页。

序并不可能使冲突不再出现,但是可以限制它们的规模。"① 基欧汉指出,国际机制并不必然就会提高这个世界的福利;就事实而言,机制本身并不代表"良善"。②

恰恰由于国际机制民主赤字的存在,我们应该更加重视合法性的问题。③ 基欧汉和约瑟夫·奈指出,如果国际机制要变得更具有合法性,则工业化国家必须愿意出让更重要的资源,允许其他国家自由地进行国内经济和社会变革。而且,工业化国家认识到调整世界经济的安排切实可行并富有成效,双方从这种合法化过程都有所收益:工业化国家的收益是政治气氛的改善,而其他国家则可以获得更多物质报偿。国际机制的合法性取决于非主导国家或贫弱国家对利益方面的认知,即在共同利益的分配中,它们正在获得更多的份额;国际体系中的权力和等级结构是开放的,随着其自身力量的发展,它们有可能享有相应的地位并承担集体领导的责任。贫弱国家对国际机制的参与是其合法性得以维持的重要条件。从历史上看,国际机制是为主导国家的利益服务的,但随着强国不再将国际机制强加于贫弱国家时,后者能够从参与中获益。国际机制允许它们"自由决定希望参与的程度"。④

在国际社会的民主化进程中,国际机制合法性的价值愈来愈突出,国际机制的权威性、有效性也有所提高。但是,在国际机制的合法性能否稳步增强的问题上,笔者不持乐观态度。冷战结束以来,美国力图凭借其唯一超级大国的实力和冷战结束提供的千载难逢之机遇,根据自己的战略安排继承或修改现有的国际机制,制定新的国际机制,使之成为全球共同遵守的国际规则,以确立自己的机制霸权。美国建立单极霸权的战略必然对国际机制的合法性造成严重的负面影响。另外,在国际社会的实践中,各国尊重国际机制的合法性与私下修改国际机制的具体规则似乎并行不悖。换言之,国际机制很难得到国家的全面遵守。⑤ 合法性是影响国际机制作用发挥的必要条件,但不是充分条件。

---

① 转引自罗伯特·吉尔平:《世界政治中的战争与变革》,中国人民大学出版社 1994 年版,第 12 页。

② Robert Keohane, *After Hegemony: Cooperation and Discord in the World Political Economy*, p. 73.

③ Robert Keohane and Joseph Nye, Jr. , "The Club Model of Multilateral Cooperation and the World Trade Organization:Problems of Democratic Legitimacy ".

④ Keohane Robert and Nye Joseph, Jr. , *Power and Interdependence* (3rd edition), pp. 204—205.

⑤ Ian Hurd, "Legitimacy and Authority in International Politics", pp. 379—408.

六、评估国际机制作用的基本框架

以上,笔者就国际机制的有效性、局限性、合法性进行了分解剖析。三者都是国际机制的基本要素,共同构成国际机制作用发挥的基本空间。就三者的关系而言,合法性是国际机制的基础因素,而有效性和局限性则是衍生因素,换言之,国际机制的有效性、局限性与其合法性存在逻辑相关关系,这种逻辑关系构成国际机制作用发挥的基本框架。

首先,国际机制作用的发挥,其基础条件是国际机制具有合法性。国际机制正常发挥作用,在于它们能够为各个主体认可、接受,从而具有必要的合法性权威。或者说,"合法性是行为体遵循国际机制的主要原因"①。与以往国际机制理论学者的判断所不同,笔者提升了合法性在国际机制作用的地位,使之从一个潜在影响因素上升为基础性因素。当然,国际机制的被认可与不被认可,并不存在绝对的二者必居其一的情况,而是存在着两者之间的模糊过渡。因此,国际机制的合法性才成为重要的乃至有独立价值的变量。国际机制的合法性是否得到维护,可以其基本规则是否得到遵守作为基本的衡量标准。② 其次,国际机制作用的发挥,其基本标尺是国际机制的有效性。正如海伦·米尔纳指出的,"国际机制的价值不在其本身,而在于其体现的作用和实现的方式"。③ 新自由制度主义将国际机制的有效性视为其合法性的基础,其基本理由就是国际机制能够有效地提供信息、降低交易成本、监督成员行为,促进国际合作的达成。从这个意义上讲,只有国际机制在现实中有效,才谈得上国际机制的作用问题。最后,国际机制作用的发挥,其基本负量度就是国际机制的局限性。国际机制作用的发挥,受到各种内在、外在条件的制约。由于国际机制产生于国家之间互动的需

---

① 行为体遵循规则的原因有:行为体害怕受到规则强制的惩罚;行为体认为规则符合自己的利益;行为体认为规则是合法的(legitimate),应予遵守。我们称以上因素为强制、自身利益和合法性。参见 Ian Hurd, "Legitimacy and Authority in International Politics", pp. 379—408, esp. p. 379。

② 卢瑟福等学者指出,由于认知的限制,理性是有限的,人没有能力用最优的方式解决复杂问题,他们所做的是建立易于把握和遵循并发挥相当作用的决策规则。参见:马尔科姆·卢瑟福:《经济学中的制度:老制度主义和新制度主义》,中国社会科学出版社 1999 年版,第 83—84 页; Friedrich August von Hayek, *The Constitution of Liberty*, Chicago: University of Chicago Press, 1960, p.66。

③ Helen Milner, "The Assumption of Anarchy in International Relations Theory: A Critique", pp. 143—169.

要,从属性也是国际机制的一个内在属性,国际机制的局限性恰恰是独立性与从属性矛盾互动所导致的。

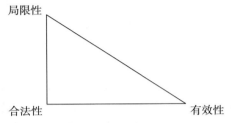

图 1-1 合法性、有效性与局限性之间的逻辑关系

就三者间的逻辑关系而言,有效性与局限性之间存在着明确的负相关关系,即有效性大则局限性小,局限性大则有效性小;局限性与合法性之间存在某种程度的负相关关系,即在一定条件下,合法性大则局限性小,局限性大则合法性小;有效性与合法性之间存在某种程度的正相关关系,即合法性是有效性的基础,有效性的增强必然促进国际机制合法化,但是合法性是有效性的必要条件,但并非充分必要条件。三者之间的以上逻辑关系恰恰表明了国际机制是一种相对独立变量的本质。综上所述,我们可以得出这样的基本假设:合法性是国际机制作用发挥的基础条件,国际机制的有效性必须以合法性为基础,才能避免局限性的扩张。

本文选自作者博士论文《和平的维度:联合国集体安全机制研究》(上海人民出版社 2002 年版),发表于《香港社会科学学报》2002 年冬季卷。

地区秩序建构的逻辑

国家兴衰、全球化和地区一体化(regional integration)是当前推动世界变革的三大动力。国家兴衰亘古有之,是形成和塑造世界面貌的根本动力,而全球化和地区一体化相辅相成,推动了大国兴衰的步伐,改变了国家兴衰的形式。全球化的发展导致新的国家兴衰,推动着地区合作进程。全球化改变着世界体系的运作规则,使得既有国际秩序的"民主赤字"愈加凸显,既给各国发展带来了新的机遇,同时也必然产生破坏性力量。国家既有参与全球化的渴望,又有着鞭长莫及的恐惧。各国深刻认识到,在全球化和地区一体化并行不悖的时代,世界是由地区组成的,地区的重要性与日俱增①,乃至各国的繁荣只有在其所属地区的整体共同繁荣之中才能得到保障。② 基于此,地区合作向着一体化的方向转化,地区一体化愈发受到国家的重视,地区秩序建设提上议事日程。进入21世纪,有鉴于国家主体性的彰显、地区一体化的加强和全球治理的深入,"人类历史第一次迎来多元文明的全球

---

① 彼得·卡赞斯坦:《区域主义与亚洲》,《世界经济与政治》2000年第10期。
② 李寿成:《希望形成东亚多边安全合作体制》,《日本学刊》2004年第6期。

政治时代"①,国家改革、地区合作、全球治理促动多元并存,一种新的秩序建设逻辑正在生成。

一、秩序、国际秩序与地区秩序

国际社会中的秩序(order)指的是国家间正式与非正式的安排,这些安排为国家提供了一种可预测的、稳定的国际环境,使它们通过基于规则的互动来追求和平解决争端等集体目标。② 赫德利·布尔(Hedley Bull)认为,秩序指的是导致某种特定结果的格局,一种旨在实现特定目标或价值的社会生活安排③;国际秩序(international order)指的是国际行为的格局或布局,它追求的是国家社会基本、主要或普遍的目标,包括维持国际体系和国家社会本身的生存、维护国家的独立或外部主权、维护和平等。国际秩序多指国家间秩序,而世界秩序(world order)所关注的不仅是国际秩序,还包括国家内部的国内秩序以及涵盖了国家体系的世界政治体系的秩序。④ 国际秩序与世界秩序的差别在于,前者是由国家构成的秩序,后者强调其他行为体在世界秩序中的地位和作用。斯坦利·霍夫曼(Stanley Hoffman)认为,世界秩序是国家间建立和睦关系的一种理想化模式,是国家间友好共处的重要条件和规范行为的规章准则,是合理解决争端冲突、开展国际合作以求共同发展的有效手段和有序状态。⑤ 世界秩序是延续人类社会生活主要目的的安排,因此将是一个持续的发展过程,没有终点。全球秩序(global order)则是更为宽泛的概念,它不仅包含着国际秩序、世界秩序所关涉的范围,亦将生态环境保护等低级政治(low politics)层面纳入其范畴,进一步将国际治理概念贯穿其中,强调秩序的整体性、全球性、复合相互依赖等特征。鉴于当前以及在可预见的将来,国际社会仍将处于民族国家时代,我们的分析都是以国际秩序为出发点的。然而,在经济全球化的强烈冲击之下,全球治理的趋势正在显现,将世界秩序乃至全球

---

① Samuel P. Huntington, "Japan's Role in Global Politics", *International Relations of the Asia-Pacific*, Vol. 1, No. 1, 2001, pp. 131—142.
② Muthiah Alagappa, ed., *Asian Security Order: Instrumental and Normative Features*, New York: Stanford University Press, 2003, p. 39.
③ Hedley Bull, *The Anarchical Society: A Study of Order in World Politics*, New York: Columbia University Press, 1980, p. 1.
④ Ibid., pp. 16—20.
⑤ Stanley Hoffman, *Primacy or World Order: American Foreign Policy since the Cold War*, New York: McGraw-Hill Book Company, 1978, pp. 180—190.

秩序作为分析的依归也是符合历史发展潮流的。实际上,关于秩序的既有分析多是将国际秩序与世界秩序一并研究,并未着意探究二者的不同。有必要指出的是,由于各国都生活在民族国家体制之中,大战之后建立的秩序一般也是国际(国家间)秩序,而不是世界秩序。①

根据既有的理解,国际秩序包含如下几个方面的内容:第一,国际秩序是某一时段各主要行为体基于实力造就的格局,是"全球体系中的政治经济结构与管理机制"。② 换言之,国际秩序是建立在各行为体尤其是主要国家力量对比基础之上的。国际秩序是权力分配的结果。第二,国际秩序是某一时期国际社会各行为体围绕一定的目标,在利益基础之上相互作用、相互斗争而确立的国际行为规则和保障机制。也就是说,国际秩序是国家间尤其是大国之间利益分配的结果。第三,一定时期的国际秩序是否稳定,往往取决于主要大国在核心观念上能否达成和保持一致、默契或必要的妥协。③ 即国际体系内的观念分配将是决定国际秩序能否建立、可否保持稳定的关键性变量。第四,国际秩序指的是国际社会中的主权国家、国家集团和国际组织等行为体按照某种原则、规范、目标和手段来处理彼此间的关系以及所建立或维系的某种国际政治经济运行机制和整体态势。也就是说,国际制度是建构和维持国际秩序的决定性变量。综上所述,笔者认为,国际秩序是国际社会中主要行为体尤其是大国权力分配、利益分配、观念分配的结果,而其主要表现形式就是全球性国际制度的创立与运行。

基于以上认识,我们可以说,国际秩序是一种国际公共物品,它由各主要行为体尤其是大国提供,又体现并导致了大国之间的合作与冲突。国际秩序之争,实质上是权力之争、利益之争,又主要表现为观念之争、国际制度之争。一方面,鉴于大国实力的此消彼长是一种历史规律,在实力基础上的利益分配、观念分配以及反映三种分配结构与进程的国际制度也将处于变动不居的状态之中,国际秩序是一个动态的概念,变革性是其本质特征之一。另一方面,权力结构、利益结构、观念结构、国际制度又存在某种程度的稳定性,乃至滞后性。新旧秩序的转换将是一个长期的过程。国际政治经济秩序的进程与速度取决于实力对

---

① 庞中英:《为新世纪开太平?——关于世界秩序问题的思考》,《国际经济评论》2001年第11/12期。
② 朱云汉:《中国人与21世纪世界秩序》,《世界经济与政治》2001年第10期。
③ 关于观念在国际体系中的作用,参见亚历山大·温特:《国际政治的社会理论》,上海人民出版社2000年版,第467页。

比的变化,而后者并不会迅速冲击到既有的结构和国际制度,国际秩序处于这些结构与制度的顶端,故而滞后性也被视为国际秩序的基本特征之一。

国际秩序是国际社会各个主要行为体尤其是大国权力分配、利益分配、观念分配的结果。因此,大国对国际秩序的影响必然是巨大的。布尔指出,大国之所以能够影响国际秩序,只是因为构成国际体系的国家所拥有的权力是不平等的,国家权力的不平等使得国际关系格局简单化,大国也可能采取有助于维持或损害国际秩序的政策。布尔通过分析发现,大国所维持的国际秩序在整个国际社会得到了广泛的支持,然而,大国总是面临着如何让其他国家认可自己在国际体系发挥特殊作用这个问题。世界是不同权力角逐的场所,任何大国都不能在此建立完全符合自己利益的秩序。① 鉴于此,大国必须避免将自己的特殊地位正式化和明确化,努力避免采取引人注目的破坏秩序的行为,必须满足或部分满足公正变革的要求,必须与二流强国协调维持区域均势。②

国际秩序依其地理范畴可分为全球秩序和地区秩序。我们一般所称的国际秩序指的是全球秩序,而地区秩序则与全球秩序相对照,是地区间国家互动的产物,或可视为介于全球秩序和国内秩序之间的一种秩序模式。③

按照约瑟夫·奈(Joseph S. Nye)的界定,地区是由地缘关系和一定程度的相互依赖而结合在一起的数量有限的国家。④ 地区不仅仅是一个地理事实,地区的构成基础并非一定数量、某种程度上相邻国家的简单相加,而是一组存在互动关系的相邻国家。⑤ 地区是国际关系研

---

① 范可:《亨廷顿的忧思》,《读书》2005 年第 5 期。
② Hedley Bull, *The Anarchical Society: A Study of Order in World Politics*, pp. 199—222.
③ 需要指出的是,现有的国际关系研究在整体上缺乏地区意识与概念,主流国际关系理论并没有对地区政治给予应有的考虑和重视。与之相关联,国际关系学者往往致力于世界秩序或国际秩序的研究,但很少研究地区秩序。人们经常使用地区秩序的概念,却并没有给出确切的定义。特别是,在多数情况下,地区秩序被当做国际秩序的一部分,或者是局限在地区体系(体制)的国际秩序。可参见:唐世平、张洁、曹筱阳:《中国的地区研究:成就、差距和期待》,《世界经济与政治》2005 年第 11 期;庞中英:《亚洲地区秩序的转变与中国》,《外交评论》2005 年第 3 期;王学玉:《地区政治与国际关系研究》,《世界经济与政治》2010 年第 4 期。
④ Joseph S. Nye, ed., *International Regionalism: Readings*, Boston: Little, Brown & Co., 1968, p. 5.
⑤ 马荣久:《论地区与国家的相互塑造》,《当代亚太》2010 年第 2 期。

究中的重要单位,一方面,地区是国家域外政治目标的发源地,国家往往会通过战略行动和自身影响力的结合将国家的目标投射在国土之外,其目的是试图建构熟悉且符合其目标的环境①;另一方面,多数国家间的一体化过程都出现在地区层面②,这是大国发力的天然支撑点。

依照前文关于国际秩序的定义,地区秩序可定义为存在互动关系的相邻国家之间权力分配、利益分配、观念分配的结果,而其主要表现形式就是地区制度的创立与运行。地区秩序是在经过地区化过程或一体化安排所形成的特定地区社会内的秩序,地区一体化加深成员国之间的联系,促成利益共享和责任共担,其互动过程中形成的原则为地区秩序提供了可遵循的价值理念,地区内国家依此建构起地区政治、经济、社会、安全等层面较为稳定的关系与结构状态。③ 从另一个角度看,地区秩序也是地区内各行为体参与治理的结果,是对地区政治与安全事务进行制度管理和安排的模式,以增进安全、福利、平等与发展等地区价值。④ 有鉴于此,在地区秩序的建构中,国家实力是基础条件之一,势力范围、霸权主导等都代表着传统的地区秩序观,然而,随着全球化和地区一体化的发展,地区国家集团的形成、地区外国家的渗透和引入对既有国家实力差距的制衡颇为有效,新的地区秩序观念和形式——如地区共同体——被逐步接受或成为事实。基于此,传统思维与创新思维正在进行着激烈的较量,地区秩序的重构已如火如荼地展开。

二、国际秩序的演变与地区秩序的勃兴

纵观国际秩序的发展进程,其基础是不相关联的多个地区秩序并存,这些秩序均以一国主导为基本特征。随着全球化的冲击(尤以航海革命为重要表现)和大国兴衰,欧洲地区首先形成了均势性秩序,欧洲各列强因工业革命而领风气之先,在全球拓殖,使得地区秩序向全球经济秩序进而全球政治秩序扩张,经两次世界大战而最终形成了全球意义上的国家间秩序。当然,在一定意义上,全球秩序并未完全遮盖地

---

① Arnold Wolfers, *Discord and Collaboration: Essays on International Politics*, Baltimore: John Hopkins University Press, 1962, pp.67—80.
② 彼得·卡赞斯坦:《地区构成的世界:美国帝权中的亚洲和欧洲》,北京大学出版社2007年版,第23页。
③ 吴昕春:《地区秩序及其治理机制》,《现代国际关系》2003年第9期。
④ 王学玉:《地区政治与国际关系研究》,《世界经济与政治》2010年第4期。

区秩序的努力(或企图),美国在拉美的霸权秩序试验、苏联二战后在东欧建立的霸权秩序均是证明。二战之后,尤其是20世纪60年代以来,国际秩序变动的突出特征是,随着欧洲自强和亚非拉民族解放运动的深入开展,地区秩序复兴成为潮流,地区共同体秩序作为一种新形式登上了历史舞台,并引领着全球秩序变革时代的来临。20世纪90年代迄今,全球秩序的重塑和地区秩序建构的勃兴成为国际秩序建构的突出特征。进入21世纪,各国关于秩序建构的重心回落到地区层面,尤其是2008年下半年爆发的国际金融危机使得诸多国家进一步认识到地区合作的价值,它们在推动全球经济治理(尤以二十国集团的活动为表征)的同时,着力于地区地位的巩固,通过推动地区合作探究全球秩序重构的新路径,并为推动全球变革积蓄力量。基于此,进入21世纪,地区合作的重要性进一步突出,地区秩序的建构引人注目。

分析国际秩序走向,我们必须关注全球化和地区一体化相辅相成所加速推动的世界转型。世界转型是推动国际秩序重构的核心力量之一,对国际秩序的未来具有重大影响力。冷战结束以来尤其是进入21世纪,世界进入全面转型时期,大国兴衰出现根本性变革,非西方国家群体性崛起,西方国家颓势初现,尤其是2008年发端自美欧的金融危机、债务危机推动了世界转型的加速。

世界转型具体体现为权力转移、问题转移和范式转移。所谓权力转移(power shift),即行为体及其权力组成发生了巨大的变化。首先,非西方国家群体性崛起、西方大国总体实力相对下降已成不争的事实。传统大国和新兴大国开始进入相互调和适应、合作竞争的磨合期,二者的互动正在塑造新的国际核心结构和战略态势。[①] 其次,国家行为体权力相对下降、非国家行为体权力上升,国家、市场和市民社会之间的权力重新分配,即使世界上最强大的国家也发现市场和国际舆论迫使它们更经常地遵循特定的规范。权力转移导致具有重大战略意义的问题转移(problem shift),这具体表现在全球性问题激增,国际议程越加丰富,安全趋于泛化,非传统安全上升为国际议程的主导因素之一,国家兴衰出现加速迹象,国际制度的民主赤字问题成为国际议程扩大的衍生因素。[②] 问题转移也导致国家战略的必然调整,生存不再是国家

---

① 俞正樑:《试论中国外交新政的国际战略环境》,《国际观察》2010年第3期。
② Robert O. Keohane, "Governance in a Partially Globalized World", *American Political Science Review*, Vol. 95, No. 1, 2001, pp. 1—13.

唯一的关注核心,发展和繁荣在国家战略中的重要性进一步提升。以上权力转移和问题转移导致了国际关系的范式转移(paradigm shift)。从宏观意义上讲,国际政治开始让位于世界政治,国际关系的内涵大大丰富,复合相互依赖日益加深,在一定程度上促成了世界各国共存共荣的全球意识,国际体系从传统意义上的无政府状态向相互依赖状态发展,变得更富有弹性和包容性,全球治理的意识得到加强。从中观意义上讲,经济全球化和地区一体化成为大国的"战略紧身衣"(strategic straitjackets),各国追求的国家利益不再绝对,且融入了更多相对性含义。国家之间的权力关系不再完全是零和游戏,也会出现积极成效乃至共赢。国家间合作得到鼓励,国家间基于共同利益的合作具有更基础性的作用,正在催生基于共同利益的国际新秩序建设。从微观意义上讲,国家自身的战略谋划更具有本质意义,鉴于新的国际体系的形成主要依靠提高自身综合国力来实现,在竞争与合作并存、竞争更加激烈的情势下,如何在动态之中把握国家战略利益变得至为关键。①

世界转型的加速冲击着既有的国际秩序架构,催生了基于共同利益的国际秩序重塑。与此同时,开放地区主义受到普遍认可,地区结构及其运行机制因之有可能造就更加稳定的秩序,协调、妥协、合作被视为大国在秩序建构中的重要战略趋向(当然,竞争不可避免)。有鉴于此,世界秩序处于新旧交替之中,其转型日益体现为以多极化为基础,以共同利益的汇聚及其制度化、共同责任的分担(大国承担重要责任、其他国家分担责任)为趋向,以地区秩序建构为先导。

当前,国际秩序具体体现为霸权秩序、均势秩序和共同体秩序等三种基本形式。② 国际秩序的既有特征依旧存在,即反映主导国利益的等级制政治体系,易于加入、难以推翻。③ 有的学者将后冷战时代的世界政治特征概括为"制度霸权下的国际秩序、合作竞争中的国际治理",认为主导大国互动的主要方式是制度霸权。④ 与此同时,随着国

---

① 门洪华:《开放与国家战略体系》,人民出版社2008年版,第11—22页。
② G. John Ikenberry and Jitsuo Tsuchiyama, "Between Balance of Power and Community: The Future of Multilateral Security Co-operation in the Asia-Pacific", *International Relations of the Asia-Pacific*, Vol. 2, 2002, pp. 69—94.
③ G. John Ikenberry, "The Rise of China, Power Transitions, and the Western Order", unpublished paper, http://www.princeton.edu/~gji3/Microsoft_Word_-_ikenberry-beijing-paper-January-2006-word%20doc.pdf, 访问时间为2014年4月20日。
④ 秦亚青:《制度霸权与合作治理》,《现代国际关系》2002年第7期。

家实力的消长、国际合作的加深(如金砖国家峰会),全球秩序的均势要素有所增长,按照亨利·基辛格(Henry Alfred Kissinger)的分析,"均势的作用在于使一国主宰制约他国的能力及发生冲突的规模受到限制,它所追求的是稳定缓和甚至和平"①,这恰恰暗合进入 21 世纪以来国际经济治理的大国思路,并有着促成多极秩序的内在诉求。然而,诸多学者认为,多极秩序需要更复杂的变量和权力关系,采取均势政策有可能给国际秩序带来更多的不稳定。②

在世界力量的重心由西方向东方、由大西洋到太平洋转移之际,发展中国家尤其是新兴大国快速发展,国际力量分布趋于均衡,新兴国家不再是国际决策的看客,而是走上前台,有了争取平等地位和公平待遇的重大机会。③ 基于此,新兴国家与发达国家的相互联系更加紧密,也更加复杂,国际秩序重塑的传统认识和基本逻辑——主导大国确立行为规则、其他国家追随,而国家间集体认同造就的秩序是不稳定的——不再适用于当代④,"胜者全得"型秩序模式逐渐向利益共享型秩序模式转化。⑤ 然而,通过全球治理变革塑造国际秩序是发达国家和发展中大国的共有愿望,也是我们时代面临的重大难题。根据俞可平的理解,全球治理指的是通过具有约束力的国际机制解决全球性的冲突、生态、人权、移民、毒品、走私、传染病等问题,以维持正常的国际政治经济秩序。全球治理是全球化勃兴的产物,对既有的治理模式形成了巨大的冲击,打破了二分法的传统思维方式,即计划与市场、公共部门与私营部门、政治国家与公民社会、民族国家与国际社会,把有效的管理看作是两者的结合过程,力图发展一套管理国内和国际公共事务的新机制,但鉴于各国在全球治理体系中的不合理地位、美国奉行单边主义国

---

① 亨利·基辛格:《大外交》,海南出版社 1997 年版,第 5 页。
② 经典理论分析可参见:Kenneth Waltz," The Stability of a Bipolar World ", *Daedalus*, Vol. 43, No. 3, 1964, pp.881—901; Karl W. Deutsch and J. David Singer, "Multipolar Power Systems and International Stability", *World Politics*, Vol. 16, No. 3, 1964, pp. 390—406; Richard Rosecrane," Bipolarity, Multiplicity and the Future", *Journal of Conflict Resolution*, Vol. 10, No. 3, 1966, pp. 314—327。
③ 俞正樑:《论当前国际体系变革的基本特征》,《世界经济与政治论坛》2010 年第 6 期;乐玉成:《对国际形势和中国外交的一些看法与思考》,《外交评论》2010 年第 6 期。
④ A. F. K. Organski, *World Politics*, New York: Alfred Knopf, 1958, pp. 313—330; Janice Bially Mattern," The Power Politics of Identity", *European Journal of International Relations*, Vol. 7, No. 3, 2001, pp. 349—397.
⑤ 刘杰:《全球化时代的国际秩序及其治理机制》,《社会科学》2003 年第 4 期。

际战略、既有国际治理机制远不完善、国际治理各行为主体因价值观差异而难以在重大全球性问题上达成共识等因素,全球治理也面临诸多现实的制约因素,对全球治理的前景不能过于乐观。① 全球治理体现了共同利益追求和责任共担的意识,展现出新的秩序建构理念,但鉴于民族国家体系还未根本动摇,现实因素使得各国各有利益考虑,其未来仍将任重道远。

全球治理的实践表明,国际体系已经达到了地理上扩展的极限,而后主要的扩展趋向是强度的增强。② 在全球秩序探索难以实现根本性突破之际,主要大国将其关注点转向了地区秩序的重塑,而欧盟国家、东盟国家的地区共同体探索受到了更大的重视。按照约翰·伊肯伯里(G. John Ikenberry)的理解,在共同体秩序中,约束性的安全制度、共享的政治利益和价值观塑造并约束权力的行使方式,权力分配的重要性显然低于均势和霸权秩序。③ 上述认识从另一侧面表明,共同体秩序的建构难度也是可想而知的。当然,现有的地区(次地区)秩序建构如火如荼,亦体现出霸权秩序、均势秩序、共同体秩序等多种形式,共同体秩序是全球化和地区一体化并行不悖发展的产物,其启示意义毋庸置疑,但并非唯一路径。笔者认为,当前需要我们深入思考的地区秩序议题是:如何结合时代特征找寻地区合作的规律? 如何从纷繁复杂的既有探索中寻求地区秩序建构的逻辑?

三、地区一体化的征程

当前,地区合作正在全面展开,经济与贸易、安全与政治都在地区化的架构内进行着重新组织,各国都在为促进本地区合作进行着政策和战略调整,我们迎来了地区一体化的时代。

所谓地区一体化,即地理上相邻相近的国家或地区为维护共同利益,通过签订某种政府间条约或协定,制定和规范共同的行动准则,协调一致的政策,乃至通过建立各国政府一定授权的共同机构,进行长期和稳定的超国家的政策调节,达成和实现经济联盟乃至政治联盟,以促进地区稳定与繁荣。一般性的地区合作是地区内国家就某些问题进行

---

① 俞可平:《全球化与国家主权》,《马克思主义与现实》2004 年第 1 期;黄平、崔之元主编:《中国与全球化:华盛顿共识还是北京共识》,社会科学文献出版社 2005 年版,第 211 页。
② 俞正樑:《论当前国际体系变革的基本特征》,《世界经济与政治论坛》2010 年第 6 期。
③ G. John Ikenberry and Jitsuo Tsuchiyama, "Between Balance of Power and Community: The Future of Multilateral Security Co-operation in the Asia-Pacific", pp. 69—94.

对话,形成政策协调,不存在决策权转移的问题;而地区一体化是区域内国家就某些问题和问题领域的决策向共同机构转移决策权,至少是部分决策权。① 地区一体化主要有关税同盟、自由贸易区、共同市场、货币同盟、地区共同体等多种表现形式,其中地区共同体(region community)有明确的认同感、制度化、合法性和决策结构,是许多地区推动一体化发展的核心目标。②

　　地区一体化进程与经贸发展密切相关。当前,地区一体化的主要表现形式为地区经贸安排,而自由贸易区为突出表现形式,被视为地区多孔化的铺路石。③ 地区经贸安排是一种具有法律约束力、贸易自由化程度较高的地区经济合作形式,其核心是通过取消成员之间的贸易壁垒,创造更多的贸易机会,促进商品、服务、资本、技术和人员的自由流动,实现地区内各国经济的共同发展。罗伯特·吉尔平(Robert Gilpin)指出,"与一定地理范围内的国家建立自由贸易区是国际政治经济中地区主义的表现,参与国家企图通过地区经济合作或联盟改善与发达国家的地位,或增进在地区内的政治、经济分量"。④

　　历史表明,地区一体化是国际政治经济的持续特征,也是推动地区合作的必然结果,是地区合作制度化的表达。地区一体化起始于经济利益的追求,是以国家契约为基础、以经济合作为主的组织形式。成立于1932年的英联邦特惠关税区,就是为了在英国与英联邦成员之间互相减让关税,而对非英联邦成员仍实行原来较高关税的目的而建立的。欧洲联盟及其前身欧洲共同体、北美自由贸易区等也都是为了统一和扩大成员的国际贸易市场,增强与地区外国家和集团的市场竞争力而组建的。因此,地区一体化首先是一个自然的经济合作进程,市场发挥着基础性作用,而国家的政治抉择则发挥着决定性作用。

　　地区经济合作有着天然的地缘基础。第二次世界大战之前,地区一体化更多地表现为宗主国与殖民地之间的经济合作,不过这种合作是以政治上的不平等关系为前提的,并非真正意义上的地区经济合作。第二次世界大战后,西欧联合自强,从煤钢联营开始稳步推动地区一体化进程,最终建成欧盟并在冷战后实行扩大,始终代表着地区合作的高

---

① 陈玉刚、陈晓翌:《欧洲的经验与东亚的合作》,《世界经济与政治》2006年第5期。
② 赫特、索德伯姆:《地区主义崛起的理论阐释》,《世界经济与政治》2000年第1期。
③ 彼得·卡赞斯坦:《地区构成的世界:美国帝权中的亚洲和欧洲》,第27页。
④ Robert Gilpin, *The Political Economy of International Relations*, Princeton: Princeton University Press, 1994, p.330.

度。20 世纪 80 年代以来,地区一体化和经济全球化的相辅相成愈加凸显,全球化在横向上日益表现为地区一体化,即世界各国在努力推动全球多边贸易自由化进程的同时,更加注重地区内各经济体的经贸合作。

进入 20 世纪 90 年代,地区一体化显示出强劲的发展势头,以欧盟、北美自由贸易区为代表的地区经济组织在国际贸易和世界经济中占有越来越重要的地位。地区一体化进入一个新阶段,其突出特征就是大国之间的竞争越来越演变为地区经济合作组织之间的竞争,大国对待地区经济合作的立场发生了变化,突出表现为大西洋两岸为争夺国际经济规则的主导权而展开竞争①,带动了地区集团化的发展。值得关注的是,1995 年世界贸易组织的建立是全球化深化的标志,而与此同时,各种类型的地区贸易集团在世界各地蓬勃发展,掀起了地区一体化的热潮。

各国深刻认识到,只有加强地区一体化合作,才能以更加有利的地位面对日益激化的国际竞争和参与全球化进程。进入 21 世纪,多边贸易谈判陷入僵局,缔结双边贸易协定和地区自由贸易协定成为时代风潮。尤其是,2003 年世贸组织坎昆会议的失败标志着通过多边途径推进全球化进程的失败,这次失败对地区一体化的发展起到了推波助澜的作用。此后,出于本国经济利益或战略规划的考虑,各主要国家均致力于推动地区一体化深入发展,着力双边或多边自由贸易协定,使得地区一体化进入空前发展的新时期。与此相关,地区一体化进一步从经济向政治等领域扩展,北美、欧洲和东亚三个地区内部和地区之间自由贸易的发展各领风骚,共同推动着地区一体化的多元发展。官僚机构主导的欧洲一体化不再被视为地区经济合作的普遍模式②,没有政府机构推动的东亚进程被视为地区一体化的新范式。

纵观地区一体化的发展,经济一体化并非仅仅是一个经济进程③,它也是一个政治过程,经济合作是国家间经济政策合作和协调的政治

---

① 李向阳:《国际经济规则的形成机制》,《世界经济与政治》2006 年第 9 期。

② 阿米塔夫·阿齐亚:《地区主义和即将出现的世界秩序:主权、自治权、地区特性》,《世界经济与政治》2002 年第 2 期。

③ Susan Strange, "Political Economy and International Relations", in Ken Booth and Steve Smith, eds., *International Relations Theory Today*, Oxford: Oxford University Press, 1995, p. 154; Edward D. Mansfield and Helen V. Milner, "The New Wave of Regionalism", *International Organization*, Vol. 53, No. 3, 1999, pp. 589—627;赵文卫:《区域贸易协议与东亚国际政经体系之重组》,《问题与研究》(台湾)2002 年第 41 卷第 6 期。

过程。地区一体化表面上看是经济合作,实际上却是政治层面的决定,各国国内政策的配合和对一体化的共识至为关键。① 世界经济的地区化(regionalization)是促使经济一体化进程加速的重要动力,也是国家接受自由贸易区或其他地区安排的推动条件。② 进入 21 世纪,各国深刻认识到,如果不早日建立自己的地区自由贸易体系,必然会被其他国家的贸易协定排除在外,遭受不必要的经济乃至战略损失。对大国而言,融入地区一体化是稳固其战略地位的保障条件;对中小国家而言,融入地区一体化则可提升其"在处理与大国关系时讨价还价的潜在能力"。③ 鉴于此,推动地区一体化深入发展,以经济合作促进共同利益与战略互信,正在成为推动地区合作的新共识。

四、地区主义的勃兴

地区主义(regionalism)是指地理位置相邻、有着较高程度的政治经济相互依存关系和诸多共同特性的三个以上的民族国家,基于增强各自的利益而寻求地区事务上的共识,共同推动安排合作性政策,并在此架构与秩序下处理相互关系的一种多边主义观念、制度与价值。地区主义代表着观念、价值和明确目标的结合,其目的是创造、维持和修正一个地区内安全、财富、和平和发展的规范,是志向接近的角色对于在特定的地区空间内重新组织其活动与关系的渴望。④ 作为一种多边主义的形式,地区主义信奉的是地区整体观念与合作观念,它不断培植出超越国家范畴的地区集体认同和组织认同,能够提供整合地区内所固有的各种分裂、隔阂现象的动力,因此它所引导出的地区秩序与传统的主要依靠力量均衡来维持的地区秩序有着明显的不同。⑤

---

① 蔡学仪:《亚洲经贸区域化与台湾因应之道》,《问题与研究》(台湾)2003 年第 42 卷第 2 期。
② Jeffrey A. Frankel, ed., *The Regionalization of the World Economy*, Chicago: The University of Chicago Press, 1997, esp. pp. 189—226.
③ 阿米塔·阿查亚:《建构安全共同体:东盟与地区秩序》,上海人民出版社 2004 年版,第 73 页。
④ Michael Schulz, Fredrik Söderbaum, and Joakim Öjendal, eds., *Regionalization in a Globalizing World: A Comparative Perspective on Forms, Actors, Processes*, New York: Zed Book Ltd., 2001, p. 5.
⑤ Robert Cox, "State, Social Force and World Order", in Robert O. Keohane, ed., *Neorealism and Its Critics*, New York: Columbia University Press, 1986, pp. 204—254;王学玉:《论地区主义及其对国际关系的影响》,《现代国际关系》2002 年第 8 期。

地区主义是国家主义与全球主义矛盾发展的产物。① 从理论上讲,一方面,全球主义的勃兴必然会导致对国家主义的冲击,而地区主义成为各国以地区为组织单位抗击全球主义渗透和侵蚀的缓冲带,也成为这些国家走向全球主义的中途站;另一方面,全球主义造成了不平衡的进一步发展,而国家谋求均势的本性促成了不同程度的地区联合,最终汇成了地区主义的洪流。从伦理角度看,全球主义是一种市场自发行为,效率优先,难顾公平;而地区主义则是以国家契约为基础、以经济合作为主的组织形式,以主权国家为核心,兼顾效率与公平。换言之,全球化既加深了各国相互依赖,也加剧了彼此的竞争;地区内国家联合起来谋求共同发展,使得地区主义具有了存在和发展的基础,或者说追求一定程度的平衡发展成为促进地区主义的主动力。鉴于此,地区主义在实践意义上成为联结国家主义和全球主义的桥梁。

具体地讲,首先,地区主义是国家主义适应全球主义态势、走向开放的必由途径。杰弗里·斯库特(Jeffrey J. Schoot)指出,不同形式的地区经济整合有三个目标,即提升经济效益、提高对第三国谈判的筹码和增加地区内的政治合作空间。② 地区主义曾经是发展中国家的主权保护伞。另有学者指出,在二战结束最初的时期里,把地区主义在国际体系中的作用描述为主权原则的堡垒,一点也不过分。③ 发展中国家认为地区主义使自己得以避免遭受大国对其主权和自主权的干预,并视之为实现共同经济和政治互信的途径。此后不久,地区主义就成为欧洲实现战略复兴的基本路径。在欧洲联合之成功经验的基础上,20世纪80年代中期以来,地区主义成为与全球化并行不悖的世界潮流。尤其是,对总体处于转型的发展中国家而言,全球主义这柄双刃剑太过锋利了,单边的国家主义行为往往导致失败或引起对抗性反应④,只有

---

① 全球主义指的是世界的一种状态,它关涉各大洲之间存在的相互依赖网络,并通过资本、商品、信息、观念、人民、军队、与环境和生物相关的物质的流动和影响联结在一起;国家主义则强调国家在国内社会中的最高权力观和在国际社会中的中心主义原则。参见:罗伯特·基欧汉、约瑟夫·奈:《权力与相互依赖》,北京大学出版社2002年版,第9页;蔡拓:《全球主义与国家主义》,《中国社会科学》2000年第3期。

② Jeffrey J. Schoot, "Trading Blocs and the World Trading System", *The World Economy*, Vol. 14, No. 1, 1991, pp. 1—17.

③ 阿米塔夫·阿齐亚:《地区主义和即将出现的世界秩序:主权、自治权、地区特性》,《世界经济与政治》2000年第2期。

④ Edward D. Mansfield and Helen Milner, eds., *The Political Economy of Regionalism*, New York: Columbia University Press, 1997.

加强地区一体化合作,才能以更加有利的地位面对日益激化的国际竞争和参与全球化进程。2000年以来,全球化进程遭受波折,地区主义从反面获得刺激而进一步加强就是明证。在多边贸易谈判陷入僵局的情况下,缔结双边贸易协定和地区自由贸易协定更容易操作,并获得了实效。绝大多数国家签署自由贸易协定并参加了地区经济组织。各国加强地区合作并非是为了抗击全球主义洪流,而是为了有效减少全球主义的负面影响。在当前阶段,地区一体化有可能构成全球化深入发展的屏障或壁垒,但从长远看,它更是促使各国走向全球主义的必由之路。一个新的现象是,随着地区主义的新发展,主权让渡的增多导致地区主义与狭隘国家主义之间的矛盾凸显出来。随着主权观念的演化,地区整合趋同感在增强,地区主义成为克服狭隘国家主义、促进开放主义的良方,而全球主义在这样的背景下更容易渗透其中,走向全球性开放逐渐成为各国的必然选择。

其次,地区主义是全球主义的有益补充。全球主义拓展的前提是国内和地区内资源的优化配置,即最大限度地发挥国家和地区内部的规模效益和分工效益。在现阶段,全球化主要表现为起始过程而不是实现目标的经济全球化,由于其市场的盲目性、无控制性,在特定条件下常常要酿成一个国家或一个地区的金融危机或经济危机。地区一体化往往采取与成员方经济发展水平、承受能力相适应的策略,故而成为遏制上述劫难的灵丹。自20世纪80年代以来,世界经济发展的基本特征体现为地区一体化和全球化的共存与发展,坎昆会议的失败对地区一体化的发展起到了推波助澜的作用。正如罗伯特·基欧汉指出的,"在我们乃至我们子孙的有生之年,新的'世界宪章'都不大可能被接受。世界的政治和文化多样性——及其绝对规模——使得这种前景分外渺茫。然而,只要全球化继续深化下去,国家或其他行为体就会发现,它们的价值观越来越受到他者行为的影响。因此,它们将寻求管理相互依赖的影响,即管理全球化",其中途径之一就是加强"区域合作,增强政策的有效性"。① 当然,也有人据此认为,政治精英们由于新的地区规划而放弃其全球层次的承诺。②

---

① 罗伯特·基欧汉、约瑟夫·奈:《权力与相互依赖》,第311页。
② 迈尔斯·卡勒:《从比较的角度看亚太的地区主义》,载王正毅、迈尔斯·卡勒、高木诚一郎主编:《亚洲区域合作的政治经济分析:制度建设、安全合作与经济增长》,上海人民出版社2007年版,第88页。

最后,地区主义是联结国家主义和全球主义的桥梁。当前,全球主义与地区主义的发展并行不悖,地区主义不仅成为全球主义的补充,而且成为国家主义走向全球开放的中间点。地区主义表达的是地区国际制度的建构,而全球主义表达的是世界市场的扩张。在一定程度上,全球化是经济国际化的量变,而地区一体化则是经济国际化的质变。① 换言之,地区主义是经济全球一体化的必经阶段,是打破狭隘的国家主义,走向全球治理的必由之路。正如约瑟夫·奈所认为的,地区主义是个体国家和世界联邦之间的中间地带,因为它不仅可以带动广大中小国家的经济发展,也可以增进安全合作,在国际关系中开创出"和平岛"。② 与全球化相抵触的并非地区主义,而是排他性的狭隘国家主义。地区主义满足了国家走向合作与开放的愿望,抵消了国家对全球主义负面影响的恐惧,也提供了开放主义的经验和走向全球主义的中途站,从而扮演着联结国家主义与全球主义的桥梁作用。

综上,地区主义是推动世界发展的重要力量。地区主义迄今经历了三个主要发展阶段:地区主义的初始阶段是 20 世纪 30 年代殖民地宗主国英国、法国等为应对 1929—1933 年全球经济危机而组建的帝国集团(或准帝国集团),其目标是组成贸易壁垒用于自保,甚至从全球经济中退出亦在所不惜。③ 我们姑且称之为古典地区主义。二战结束至 20 世纪 70 年代是地区主义发展的第二次浪潮,以欧洲共同市场的形成与发展为标志,其基本特征是,基于欧洲一体化实践与经验总结,强调经济、政治、历史、文化等的同质性是导致地区认同出现、地区一体化的基本因素,同时走向地区一体化也是一个渐进的克服民族主义的过程,其核心目标是,寻求政治独立,抵制霸权主义并追求合理的国际秩序。20 世纪 80 年代后期至今是地区主义的第三次浪潮,是对全球化加速做出的积极回应,其基本特征是,强调发展中国家和发达国家的合作与协调,强调地区与地区之间、地区内外之间的合作,谋求进一步的一体化和把更多的国家纳入地区之中。④ 这一波地区主义浪潮因其

---

① 田素华:《经济全球化与地区经济一体化》,《上海经济研究》2000 年第 4 期。

② Joseph S. Nye, *Peace in Part Integration and Conflict in Regional Economy*, Boston: Little, Brown and Company, 1971.

③ Edward D. Mansfield and Helen V. Milner, "The New Wave of Regionalism", *International Organization*, Vol. 53, No. 3, 1999, pp. 589—627.

④ 李一平:《从地区主义看冷战后中国与东南亚国家的关系》,《厦门大学学报》(哲学社会科学版)2004 年第 5 期。

积极应对全球化、致力于通过地区一体化加强国际竞争力而被称为新地区主义。① 与之相对,学者们把第二次地区主义浪潮成为旧地区主义。

新地区主义与旧地区主义的不同体现在:旧地区主义形成于两极冷战背景中并为此所决定,而新地区主义发生在一个多极化的世界秩序中;旧地区主义由大国从外部和顶层创造,而新地区主义是来自内部的、更自发的过程;旧地区主义是内生的、具有保护主义的倾向,而新地区主义是开放的并与世界经济相契合;旧地区主义明显与安全、经济等具体目标相关,而新地区主义则是包括贸易与经济一体化环境、社会政策、安全和民主等可持续性与合法性的所有议题在内的更综合的多维过程;旧地区主义仅仅关注国家间关系,而新地区主义则关注推动全球结构变革的各类行为体间的关系。② 概言之,新地区主义勃兴并延展为综合性的多层次过程,它以市场与竞争为导向,致力于开发地区合作的潜力,同时又致力于对全球经济体系的参与,积极促成经济自由化和推行开放战略,体现出"相对良性的特征"。③ 同时,新地区主义修正性地促进了全球经济的自由化,遏制了全球化的消极意义,又给予了国家应有的地位,使其在融入全球经济的同时,以自愿的、寻求共识的方式进行主权重建,并提供扩大了的领土—政治保护,因而在国家与全球化之间架起桥梁,使两者不再以矛盾和冲突为主,而是能够相互支撑。④ 因此可以说,新地区主义既体现了对世界政治经济格局的冷静理解,又体现出稳步进取的精神,其勃兴孕育着建立公正合理地区秩序的趋向和契机。

五、地区秩序建构的逻辑

地区秩序是存在互动关系的相邻国家之间权力分配、利益分配、观念分配的结果,而其主要表现形式就是地区制度的创立与运行。罗伯

---

① Charles Oman, *Globalization and Regionalization: The Challenge for Development*, Paris: OECD, 1994, pp.11—24.

② Bjorn Hetnne and Andras Innotai, et al., eds., *Globalism and the New Regionalism*, Basingstoke: Macmillan, 1999, pp.7—10.

③ Edward D. Mansfield and Helen V. Milner, "The New Wave of Regionalism", pp.589—627.

④ 王学玉:《新地区主义——在国家与全球化之间架起桥梁》,《世界经济与政治》2004年第1期。

特·考克斯(Robert Cox)指出,任何一种国际秩序都是三种力量的结合:权力的分配、制度的作用、规范行为界限的认同。如果这些力量是一致的和相互适合的,就会存在一个稳定且有力的国际秩序,但它们往往是不一致的,这就有了秩序的变革与调整的问题。地区主义信奉的是地区或次地区整体观念与合作观念,不断培植出超越国家范畴的地区集体认同和组织认同,能够提供整合地区内所固有的各种分裂、隔阂现象的动力,因此它所引导出的地区秩序与传统的主要依靠力量均衡来维持的地区秩序有着明显的不同。① 总结既有的地区秩序形式,我们看到了三大地区——欧洲、美洲和东亚——秩序之间存在的巨大差异。迄今,美洲秩序以霸权稳定论为底色,具有霸权秩序的典型特征;欧洲秩序历经阵痛,从昔日的均势秩序演化为共同体秩序,成为地区秩序建设的引领者,体现了欧洲国家共同利益的结合②;东亚秩序源远流长,由传统的软性霸权秩序到安全、经济、政治秩序的领域分野,到地区共同体目标提出以来面临困境,正在历经抵御霸权秩序、维系均势秩序、建构共同体秩序的多重激荡。可以说,美洲秩序是古典地区主义浪潮的产物;旧地区主义奠定了欧洲秩序的基础,而新地区主义促成了欧洲秩序的蜕变;当今东亚秩序建构既有着沉重的历史遗产,又深受新地区主义的影响,其未来走向为世界所密切关注。

地区一体化的深入发展和新地区主义的兴起,推动着地区秩序的建构。地区一体化加深成员国之间的联系,促成利益共享和责任共担,其互动过程中形成的原则为地区秩序提供了可遵循的价值理念,地区内国家依此建构起地区政治、经济、社会、安全等层面较为稳定的关系与结构状态。新地区主义的勃兴使得地区秩序建构不仅基于权力关系和国家自我利益的追求,而且基于观念创新、集体认同和制度建构等进程性因素。地区秩序是地区内各行为体参与治理的结果,是对地区政治与安全事务进行制度管理和安排的模式,体现着地区国家的共同意愿、共同利益和共同追求。

在地区秩序建构中,经济一体化常常被视为地区合作的温床。在一体化进程中,合作、协调和相互妥协成为处理国家间关系的主流,某些规则、规范、原则和决策程序逐渐被所有参与者接受,并通过制度化成为地区的软性法则(soft laws)。这些制度化的要素至少包括以下几

---

① Robert Cox,"State, Social Force and World Order", pp. 204—254.
② 黄仁伟:《新安全观与东亚地区合作机制》,《世界经济研究》2002 年增刊。

点:(1)互惠,即各国不仅追求自我利益,而且着眼于地区共同利益的维护;(2)渐进性,即宽容并对达成共识抱持耐心;(3)开放性和包容性,即接受和欢迎地区外力量的参与;(4)多边协调和传统双边主义并存并行;(5)保险性安排,包括但不限于从低级政治领域起步的合作安全安排。这些要素都体现了共同利益的追求,实际上,共同利益被视为"共同体的原理性问题"。

鉴于权力分配往往是不均衡的,小国或弱国倾向于组织联盟制衡大国权力,而大国的妥协、协调和合作对地区秩序建构至为关键。大国常常通过提供地区性公共物品、寻求达成战略信任来缓解其疑虑。基于全球化与地区一体化两大潮流的并行不悖,鉴于地区一体化波澜壮阔和新地区主义的勃兴,共同利益的汇聚和制度化是创立建设性地区秩序唯一的可行途径。因此,笔者认为,共同利益的汇聚及其制度化是地区秩序建构的基本逻辑,具体地说,存在互动关系的相邻国家之间以地区内各国共同利益的汇聚为基础,并通过地区意识的整合实现共同利益的制度化;地区各国共担责任、地区大国承担提供地区公共物品的更大责任。

上述建构地区秩序的基本逻辑主要包含以下几方面内容:

第一,以共同利益的追求为基础。这里的共同利益不仅指共同收益(common benefits)或共享收益(shared interests),还包括共同面临的挑战和威胁。当前,在层出不穷的全球性问题上,各国利益密切相关,人口爆炸、国际恐怖主义、核武器以及其他大规模杀伤性武器的扩散、环境恶化、跨国毒品交易等问题,成为国际社会而非单个国家可持续发展的可怕困境,需要各国协力解决。共同利益和共同威胁呼唤各国之间的合作,并导致建立国际利益共同体的实践。国际利益共同体就是将全球化背景下各国一荣共荣、一损俱损的认识付诸实践,予以规则化、制度化的过程。数世纪以来,许多国家都曾致力于建立利益共同体,传统的结盟、新兴的自由贸易区和地区一体化都是建立利益共同体的体现。未来地区秩序的建构应以地区内各国间共同利益的汇聚为基础,并通过地区意识的整合实现共同利益的制度化,因而必然带有利益共同体的基本特征。

全球化和地区一体化都是以承认和追求共同利益为前提的,共同利益被视为"共同体的原理性问题",是地区秩序得以建构的核心基础。对于国际秩序来说,以共同利益、规则和道德来约束并塑造国际社会成员的行为和认同有着重要的意义①,从历史和现实的因素看,国际秩序的稳定性取决于共同利益或分享利益。② 当然,这里所指的共同利益追求关注的是成员方利益的融合,而不仅仅是维持既有的利益平衡。对地区成员方而言,有些共同利益是与生俱来、客观存在的,如同一个地区因地缘政治因素而在安全、稳定、经济发展、生态环境等方面客观存在利益共享关系,这些利益是固有的、非选择性的;有些共同利益则不是现成的,需要在合作之中产生。③ 共同利益诉求可以培养国家的行为偏好,为国家带来利益,使得国家行为获得更大的认可,提高国家在国际体系中被认可的程度;共同利益追求也意味着"国家不把自己的利益凌驾于他者之上,不以损害他者利益为代价"。④ 地区一体化既包含竞争又包含国家利益的汇聚,如果某一特定地理区域的整体趋势是各国共同利益汇集及其制度化,而共同利益汇聚形成累积效应(cumulative effect)⑤,则地区秩序建构将提上议事日程。鉴于共同利益有时会影响甚至损害国家利益,二者之间存在一定的矛盾,我们应积极寻找矛盾双方的交汇点,尽可能求得二者的共荣与协调,否则美好的愿望和巨大的努力将成为泡影。⑥

第二,以各国责任共担、大国承担更大责任为主要形式。地区秩序建构事关地区各国的核心利益,是地区所有国家的共同责任,唯有各国责任共担才有可能确保地区秩序建设的顺利进行。当然,鉴于大国自身的实力、地区及全球影响力,大国应积极扮演协调者的角色,在地区秩序建构中承担更大责任。承担责任的主要表现形式就是提供地区公共物品,而各国提供公共物品的动机是在相互同意中实现共同利益。⑦ 按照约瑟夫·奈的解释,维系秩序运行的是主要单元提供的功能性公共物品,这包括维系地区内力量平衡、推动开放的国际经济体系、保持

---

① 秦亚青主编:《中国学者看世界·国际秩序卷》,新世界出版社2007年版,第20页。
② 阮宗泽:《试析共有利益与国际秩序的稳定》,《国际问题研究》2006年第6期。
③ 祁怀高:《构筑东亚未来:中美制度均势与东亚体系转型》,中国社会科学出版社2011年版,第203页。
④ 阮宗泽:《中国崛起与东亚国际秩序的转型:共有利益的塑造与拓展》,北京大学出版社2007年版。
⑤ John C. Matthews Ⅲ, "Current Gains and Future Outcomes: When Cumulative Relative Gains Matter", *International Security*, Vol. 21, No. 1, 1996, pp. 112—146.
⑥ 蔡拓:《关于建立国际新秩序的几点思索》,《南开学报》1994年第3期。
⑦ 詹姆斯·M. 布坎南:《公共物品的需求与供给》,上海人民出版社2009年版,第77—78页。

"国际公地"的共享性、维护国际规则和制度的效力、对经济发展提供援助、充当冲突的调解人等。① 查尔斯·金德尔伯格(Charles P. Kindleberger)将国际公共物品视为稳定器,认为公共物品在国际秩序稳定中扮演着重要作用②,并把霸权国家视为提供公共物品的唯一来源。而在罗伯特·基欧汉看来,即使霸权国不存在,少数几个大国也可以共同承担提供公共物品的责任,从而达到稳定的效果。③ 欧盟的成功经验告诉我们,有关国家可以通过地区内合作的办法,联合起来共同生产、提供和维系本地区和平繁荣所需要的各种公共物品,这样不仅能有效地克服全球性公共物品的供给不足,而且能够有效地防止国际公共物品被大国"私物化"。④ 尽管如此,在欧盟的建设过程中,德法等大国提供公共物品仍被视为理所当然,而地区内主要国家对公共物品的供给水平直接影响该地区的稳定程度。⑤ 因此,在地区秩序建构过程中,各国应就公共物品的提供达成基本认识,各国承担应尽责任、大国承担更多责任不失为可接受的形式。

第三,以奉行开放地区主义为基本原则。在全球化与地区一体化潮流的双重冲击之下,任何地区均不可能闭关自守、由地区各国关起门来进行秩序建构,开放地区主义已是不可阻遏的趋势。按照亚太经合组织(APEC)的理解,开放地区主义包括如下要素:最大可能地单边自由化;以最优惠待遇为基础,在地区内部自由化的同时,努力继续对非成员国减少关税壁垒;在互惠的基础上,愿意向非成员国扩展地区自由化;认可任何一个成员国都可以在有条件或无条件的基础上各自把地区自由化的承诺提供给非成员国。⑥ 开放地区主义是一种包容性和国际主义很强的多边主义理念,它以有效管理地区共同利益与互动关系

---

① Joseph S. Nye, Jr., "Recovering American Leadership", *Survival*, Vol. 50, No. 1, 2008, pp. 64—65.
② Charles P. Kindleberger, *The International Economic Order: Essays on Financial Crisis and International Public Goods*, Cambridge: MIT Press, 1988, pp. 121—124.
③ 罗伯特·基欧汉、约瑟夫·奈:《权力与相互依赖》,第 20—30 页。
④ 樊勇明:《从国际公共产品到区域性公共产品——国际关系理论研究的新增长点》,《世界经济与政治》2010 年第 1 期。
⑤ 王玉主:《区域公共产品供给与东亚合作主导权问题的超越》,《当代亚太》2011 年第 6 期。
⑥ APEC, *Achieving the APEC Vision: Free and Open Trade in the Asia Pacific*, Second Report of the Eminent Persons Group, Singapore: Secretariat, Asia Pacific Economic Cooperation, 1994.

为前提,对外界地区和国家的参与抱持开放态度,通过对世界的开放创造出一个反映相互依存关系的现实、推动国际协调、培养稳定和自由的国际环境的新秩序,从而为管理全球化和增进地区利益注入更多的积极因素。① 开放地区主义超越了传统的自由贸易概念②,而更具有包容开放的胸怀和气度,它使得地区国家既能获得地区经济合作的好处,又不排除分享经济全球化的积极成果;它接受地区秩序建构必受外来力量影响的现实,愿意在非歧视原则的基础上与非成员国之间分享地区利益,同时又致力于确保地区秩序建构的主体性,并确保地区秩序不会成为构建超国家认同的手段,也不会创造一个硬的"联合国家"来取代现在的民族国家。③

第四,以追求合作安全为主要支撑。安全是考验地区秩序建构的试金石,而安全理念的确立对地区秩序建构至关重要。合作安全是一种以共同利益为追求的安全理想,自20世纪90年代中期以来逐步落实到实践上。它将安全困境从结构性概念发展到进程性概念(processing concept),并成为一种待检验的安全困境应对之道。④ 根据澳大利亚前外长格拉斯·埃文斯(Gareth Evans)的经典论述,"合作安全是一种广泛的安全趋向,它在范围上是多向度的,在性质上是渐进的,强调确保而非威慑,是包容的而不是相互排斥的,在成员上没有限制,喜好多边主义胜于双边主义,在军事和非军事解决办法之间并不偏好前者;认为国家是安全体系中的主要行为体,但也接受非国家行为体扮演重要的角色;不要求创立正式的制度,但也并不拒绝;强调在多边基础上形成的对话习惯"。⑤ 合作安全是一种进程性的战略设计,着眼于解决对安全困境的共识问题。合作安全具有非排他性和广泛性,既包括传统安全领域的合作,也包括政治、经济、环境等非传统安全领域的合作。追求合作安全的前提条件是,参与各方拥有避免对抗、维护地区稳定与和平的政治意愿。其本质在于,参与各方在合作精神指引下开展安全

---

① 王学玉:《论地区主义及其对国际关系的影响》,《现代国际关系》2002年第8期。
② Amitav Acharya, "Ideas, Identity, and Institution-Building: From the ASEAN Way to the Asia-Pacific Way?", *Pacific Review*, Vol. 10, No. 3, 1997, pp. 319—346.
③ 迈尔斯·卡勒:《从比较的角度看亚太的区域主义》,《世界经济与政治》1997年第6期。
④ 门洪华:《东北亚安全困境及其战略应对》,《现代国际关系》2008年第8期。
⑤ Gareth Evans, "Cooperative Security and Intrastate Conflict", *Foreign Policy*, No. 96, 1994, pp. 3—20.

事务的对话与协商,尊重对方的意见和利益,通过反复商议和耐心实现共识。

  第五,以地区制度建设为核心路径。制度是行为者就现实中的博弈如何进行而达成的共同信念①,国际制度倾向于使得行为体的行为进入可预期的轨道。② 如果没有国际制度的存在,则国际社会不仅处于无政府状态,也不存在任何秩序。在没有任何约束的前提下,行为体势必寻求在任何与所有的边际上实现利益最大化,我们将生存在霍布斯丛林中。③ 地区国际制度的作用是,在民族自尊和地区整合之间寻求合适的平衡,制度框架建立起来之后,国家行为受到制度规范和规则的调解与协调,国家之间的稳定合作从而变得可以预期。④ 地区秩序建构的核心表达就是地区制度的确立,因为要确保共同利益的汇聚,仅有国家的合作条件并不充分,唯有制度化才能确保其持久性。各国参与地区秩序建构的目标可表述为,在利益攸关的所在地区培育和建立共同利益基础之上的平等、合作、互利、互助的地区秩序,在建设性互动过程中消除地区长期积累形成的隔阂和积怨,探索并确立地区国家间关系的准则,为全球性秩序变革提供可资借鉴的范式。

  本文系作者主持的国家社科基金项目"东亚一体化前景问题研究:地区秩序与中国战略"(08BGJ018)的阶段性成果,发表于《世界经济与政治》2014年第7期。

---

  ① 青木昌彦:《进展中的亚洲经济一体化:雁型的制度变迁》,http://www.rieti.go.jp/cn/events/02042201/report2.html,访问时间为2014年2月21日。
  ② David Lake, "Beyond Anarchy: The Importance of Security Institutions", *International Security*, Vol. 26, No. 1, 2001, pp. 129—160.
  ③ 道格拉斯·C.诺思:《经济史中的结构与变迁》,上海人民出版社1994年版,第226—227页。
  ④ 秦亚青、朱立群:《新国际主义与中国外交》,《外交评论》2005年第5期。

建构新自由制度主义的研究纲领
——关于《权力与相互依赖》的一种解读

《权力与相互依赖》由美国著名学者罗伯特·基欧汉、约瑟夫·奈合著,堪称洛阳纸贵之作。1977年,该书第一版出版,标志着美国自由主义国际关系学派挑战(新)现实主义理论主导地位的开始,构成新自由制度主义兴起的理论基石;1989年,该书重版并增加了对批评的回应;2001年该书第三版出版,两位学者将全球化、国际机制与相互依赖概念相整合,指点国际局势,激扬文字,对21世纪初的世界政治进行严肃的理论分析,成为代表新自由制度主义发展的巅峰之作。自1977年以来,该书一直是国际关系研究引用频率最高的著作之一,其真知灼见力透纸背,被视为"不可替代之作"。①

20世纪60、70年代,国际关系出现大分化、大组合,一度有美国霸权衰落之说。对此,美国学术界提出

---

① 王逸舟:《"国际规则"理论及其启示——再说〈权力与相互依赖〉一书》,《世界经济与政治》1995年第3期;Kendall Sitles, in Robert Keohane and Joseph Nye, Jr., *Power and Interdependence*, New York: Addison-Wesley and Longman, 2001, "Back Cover"。

了各种各样的解释和政策建议,而《权力与相互依赖》的复合相互依赖模式被公认为最有解释力的理论之一。此后,以复合相互依赖理想模式为基石,基欧汉建立了新自由制度主义(neoliberal institutionalism)理论模式,使之成为与新现实主义比肩而立,甚至取代其主导地位的体系理论(systemic theory)。① 随着信息时代的到来,全球化成为国际关系理论发展与实践变革的驱动力,基欧汉与奈殊途同归,共同致力于国际治理的探究,并提出全球主义治理的理论框架。② 可以说,《权力与相互依赖》的理论主题——特别是复合相互依赖模式——构成了新自由制度主义的理论基石。

从逻辑线索上讲,《权力与相互依赖》(第三版)由理论框架、现实验证、批评回应与理论发展等四个相互联系的部分组成。在理论框架部分,作者剖析相互依赖的概念,提出敏感性相互依赖和脆弱性相互依赖的区分,在权力与相互依赖之间建立联系框架;在批评政治现实主义的基础之上,提出"复合相互依赖"的理想模式;提出国际机制概念及国际机制变迁的解释模式,从而为新自由制度主义的崛起奠定了理论基础。在现实验证部分,作者分别从海洋领域、国际货币领域、美加关系、美澳关系等方面就国际机制变迁予以解释,验证自己的理论主张;剖析美国与复合相互依赖的关系,就美国外交提出了自己的政策建议。在批评回应部分,作者对《权力与相互依赖》的理论批评做出回应,并将 20 世纪 80 年代以来新自由制度主义的理论发展贯穿其中,强调自身理论的价值及其限制条件,指明未来理论的发展方向。20 世纪 90 年代以来,国际局势发生了翻天覆地的变化,全球化驶上快车道,美国

---

① Robert Keohane, *After Hegemony: Cooperation and Discord in the World Political Economy*, Princeton: Princeton University Press, 1984; Robert Keohane, *International Institutions and State Power: Essays in International Relations Theory*, Boulder: Westview Press, 1989; Robert Keohane, "International Institutions: Can Interdependence Work?", *Foreign Policy*, No. 110, Spring 1998, pp. 82—96; Joseph Nye, *Bound to Lead: The Changing Nature of American Power*, New York: Basic Books, 1990;秦亚青:《权力・制度・文化——国际政治学的三种体系理论》,《世界经济与政治》2002 年第 6 期;门洪华:《和平的纬度:联合国集体安全机制研究》,上海人民出版社 2002 年版,第一章;等等。

② Robert Keohane and Joseph Nye, "Introduction", in Joseph Nye and John Donahue, eds., *Governance in a Globalizing World*, Washington: Brookings Institution Press, 2000, pp. 1—41; Robert Keohane and Joseph Nye, Jr., "Globalization: What's New? What's Not (And So What)?", *Foreign Policy*, Spring 2000, pp. 104—119; Robert Keohane, "Governance in a Partially Globalized World", *American Political Science Review*, March 2001, pp. 1—13; Joseph Nye, *The Paradox of American Power*, New York: Oxford University Press, 2002; etc..

"单极霸权"的战略图谋越来越突出。世纪之交,国际社会将走向何方? 在理论发展部分,两位学者敏锐地抓住信息时代、全球主义两个概念,提出如何以国际机制(国际制度)为核心、对全球主义进行治理的新思路。

《权力与相互依赖》是罗伯特·基欧汉和约瑟夫·奈的双剑合璧之作,既有理论上的深度建构,也有实践上的指导价值,"征战沙场,剑强于笔;长远观之,却是笔指导剑"恰是本书的点睛之笔。笔者拟从理论建构的角度剖析本书的学术价值,具体地说,从核心概念、核心命题、研究纲领三个方面剖析其理论价值,阐明本书理论主题是构建新自由制度主义基石的观点;结合对新自由制度主义研究纲领的阐述,阐明国际关系理论发展之"中间道路"的价值及其对国际关系理论研究的启示。

一、核心概念的厘定

相互依赖、国际机制(国际制度)、全球化(全球主义)、国际治理构成新自由制度主义的核心概念,相互依赖、国际机制为其他概念的基础。

相互依赖古已有之,中国早有"唇亡齿寒""城门失火,殃及池鱼"之论;古希腊城邦之间存在着实质性的相互依赖关系。① 马克思、恩格斯在《共产党宣言》中指出,"过去的那种地方的和民族的自给自足和闭关自守状态,被各民族的各方面的互相往来和各方面的相互依赖所代替了"。② 20 世纪中叶以来,复合相互依赖程度日趋加深,国际机制(国际制度)的作用逐渐突出,全球化进程明显加快。基欧汉与奈指出:"20 世纪 70 年代,相互依赖的说法不绝于耳;到了 90 年代,耳濡目染皆全球化也。"③

自罗伯特·基欧汉和约瑟夫·奈阐明"我们生活在一个相互依赖的时代"以来,相互依赖成为学术界几乎最为流行的术语,关于相互依赖的探讨如火如荼,任何论述国际关系的理论探讨和新理论的出现莫

---

① Barry Hughes, *Continuity and Change in World Politics: The Clash of Perspectives*, New Jersey: Prentice Hall, 1991, p.218.
② 马克思、恩格斯:《共产党宣言》,中央编译出版社 2005 年版,第 30 页。
③ Robert Keohane and Joseph Nye, "Globalization: What's New? What's Not (And So What)?", pp.104—119.

不以此背景和探讨问题的现实渊源①,而复合相互依赖也成为论述国家间关系和超国家(supranational)关系的主体理论之一。罗伯特·基欧汉和约瑟夫·奈、约翰·斯帕尼尔、丹尼斯·皮雷奇斯、斯坦利·霍夫曼等学者都曾论述过相互依赖②,其中尤以罗伯特·基欧汉和约瑟夫·奈的理论建构为代表。

相互依赖是一种客观存在的事实,学术界对此提出了不同的解释。基欧汉和奈指出,世界政治中的相互依赖指的是,以国家之间或不同国家的行为体之间相互影响为特征的情形。首先,相互依赖有赖于强制力或者要付出代价的相互影响和相互联系。罗伯特·吉尔平指出,相互依赖指的是"相互的但又不平等的依附关系"。③ 这就是所谓的"非对称相互依赖"或相互依赖的非对称性。④ 政治经济旧秩序维持着旧殖民地对发达国家依赖的现实证明了这一点。相互依赖是普遍存在的,但非对称性的特征潜伏着产生一个国家依附于另一个国家的可能性。其次,相互依赖的含义并不局限于互利(mutual benefit)的情形,并不是以互利为特征的。相互依赖关系的代价和收益的核心是如何分配收益,如何可能追求最大限度的收益(不管是相对收益还是绝对收益)是行为体的本质特征。最后,相互依赖并不一定导致合作,遑论促进和平。⑤ 自由主义者认为相互依赖是和平的源泉,随着相互依赖网络的扩大,各国的合作关系不难培育出来。而在马克思主义者和现实主义者看来,相互依赖是冲突和不安全的原因。⑥ 吉尔平认为:"经济相互依赖存在社会集团以及国家之间建立了一种实力关系……相互依赖产生了一种可供利用和操纵的脆弱性。……作为这一情况的对策,各个国家均努力加强自己的独立性,而增加他国对自己的依赖性。"⑦ 肯尼

---

① 新现实主义理论、新自由主义理论、国际政治经济学、全球化理论等理论对相互依赖的描述能充分证明这一点。

② Robert Keohane and Joseph S. Nye, *Power and Interdependence: World Politics in Transition*, Little, Brown and Company, 1977; John Spanier, *Game Nations Play: Analyzing International Politics*, Holt, Rinehart and Winston, 1978; Dennis Pirages, *Global Ecopolitics: The New Context of International Relations*, Duxbury Press, 1978; John Ruggie, *The Antinomies of Interdependence*, New York: Columbia University Press, 1983; Robert Gilpin, *The Political Economy of International Relations*, New Jersey: Princeton University Press, 1987; etc..

③ 罗伯特·吉尔平:《国际关系政治经济学》,经济科学出版社1989年版,第24页。

④ 肯尼思·沃尔兹:《国际政治理论》,中国人民公安大学出版社1992年版,第190页。

⑤ 同上书,第七章;梅然:《经济相互依赖与和平》,《世界经济与政治》1998年第9期。

⑥ 罗伯特·吉尔平:《国际关系政治经济学》,第70页。

⑦ 同上书,第30页。

思·沃尔兹(Kenneth Waltz)精辟地指出,"破坏相互依赖的关系要付出昂贵的代价,意思也就说尽了","相互依赖也会加快战争的到来","把世界视为一个单位并称之为相互依赖,在逻辑上是错误的,在政治上是蒙昧主义的"。① 相互依赖引发了国际合作的愿望,但只能使各行为体的关系加深,是否能够达成合作与和平还要考虑诸因素的博弈结果。而且,相互依赖的加深并非没有限度,盛极而衰是天然法则。

基欧汉和奈在相互依赖概念上的重大贡献在于,首先,源于对国家之间财富和权力不平衡分配的强调,他们集中关注相互依赖的非对称程度,强调权力在相互依赖中的作用②,并籍此提出分析相互依赖的两个变量:敏感性和脆弱性。敏感性测量的是一个行为体环境的变化在多大程度上影响其他行为体,这表示,个体行为体面对的结果是被集体控制的;脆弱性测量的是行为体终止一种关系需要付出的代价。当这两个因素都处于高度不平衡的状态时,就出现依赖现象(而非相互依赖)。敏感性似乎更接近相互依赖的实质意义,但脆弱性却是决定国家怎样采取回应行动的关键因素。相互依赖是一个程度问题,取决于一个情景中互动的动力密度。③ 他们指出,敏感性指的是某政策框架内做出反应的程度——一国变化导致另一国家发生有代价变化的速度多快?所付出的代价多大?而脆弱性相互依赖的衡量标准只能是,在一段时间内,行为体为有效适应变化了的环境做出调整应付的代价。其次,他们针对现实主义理想模式的核心判断(国家是国际政治最重要的行为体,使用武力或武力威胁是行使权力的最有效工具,世界政治中的问题有等级之分,军事安全最为重要),提出"复合相互依赖"的概念或曰理想模式:各个社会的多渠道联系;国家之间关系的议题包括许多无明确或无固定等级之分的问题;在复合相互依赖占主导地位的情况下,政府不在自己所处地区内或在某些问题上对其他政府使用军事力量。罗伯特·基欧汉和约瑟夫·奈断言,上述三个特征比现实主义接近于经济和生态相互依赖方面的全球性问题,更有助于表现当前国家之间关系的特性。通过对复合相互依赖的界定,基欧汉和奈既表明了自己对此前国际关系研究的继承性,又体现了自己的独创性,肇示着

---

① 肯尼思·沃尔兹:《国际政治理论》,第123页、第167页、第191—193页。
② Michael Suhr, "Robert O. Keohane: A Contemporary Classic", in Iver Neumann and Ole Waver, eds., *The Future of International Relations: Masters in the Making*, London: Rouledge, 1997, pp.90—120.
③ 亚历山大·温特:《国际政治的社会理论》,上海人民出版社2000年版,第431—437页。

建构新的研究纲领(research programme)的努力。

　　国际机制的概念与相互依赖紧密相关。在国际关系理论的发展里程上,国际机制理论与相互依赖理论是齐头并进的,国际机制理论从20世纪70年代国际关系的复合相互依赖模式发展而来,80年代成为新自由主义与新现实主义争论的焦点。① 有的学者指出,"国家对相互依赖挑战的主要而非排他性的综合反映是国际机制的创立"。②

　　相互依赖导致某些规则和制度安排,这种规则和制度被称为国际机制(更广泛意义上被称为国际制度)。基欧汉和奈指出,相互依赖关系发生在调节行为体行为并控制其行为结果的规则、规范和程序的网络中,或受到该网络的影响,并将对相互依赖关系产生影响一系列控制性安排称为国际机制。厄恩斯特·哈斯(Ernst Hass)指出,机制是"在相互依赖的背景下为控制冲突而实施的人为安排"。③ 肯尼思·沃尔兹则认为,"由于各国的紧密依赖,任何一国如不遵循成功的惯例,就会陷入不利境地。这样,各国之间的相同点便增加了。这种相同点是系统作用的结果。人们正是把这种相同点归因于各国对所谓国家行为规则的接受"。④ "在公认的观点看来,相互依赖的增长已经使地球缩小,并且创造了对世界事务进行集中管理的可能性"⑤。而所谓"管理"的最集中的体现和基本特征就是国际机制的创立。相互依赖是国家之间相互影响且双方都为此付出成本的一种状态。由于双方都付出了成本,相互之间的依赖程度有所加深,双方的自主权也受到某些原则、规则或惯例的约束。从成本—效益分析中不难得出这样的结论:制度的安排既是必需的也是可能的。这就为国际机制的产生与发展创造了活动空间和推动力。国家间相互依赖的出现就伴随着国际机制的产生。国际规范的出现可追溯到古希腊的时代,那时各城邦之间已经存在实质性的相互依赖关系。⑥ 随着国家之间交往的加深,各国之间的

---

① Chris Brown, *Understanding International Relations*, Houndmills: Macmillian Press Ltd., 1997, p.170.

② Robert M. Crawford, *Regime Theory in the Post-Cold War World: Rethinking Neoliberal Approaches to International Relations*, Dartmouth: Dartmouth Publishing Company, 1996, p.53.

③ Ernst Haas, "Word Can Hurt You; or, Who Said What to Whom About Regimes", in Stephen Krasner, ed., *International Regimes*, Ithaca: Cornell University Press, 1983, p.54.

④ 肯尼思·沃尔兹:《国际政治理论》,第155页。

⑤ 同上书,第254页。

⑥ Robert M. Crawford, *Regime Theory in the Post-Cold War World: Rethinking Neoliberal Approaches to International Relations*, pp.10—21.

相互依赖也加深了,从而导致国际规范和规则的不断发展。笔者因此得出一个可供讨论的观点:从人类发展的漫漫历程来看,相互依赖与国际机制存在着正比关系;所谓"全球化"是相互依赖规模最大化的结果,也是国际机制的规模和作用最大化的契机。

随着世界各国在政治、经济、军事、文化等方面相互依赖程度的日益深化,国际机制在国际政治中发挥着越来越重要的作用,与此同时,国际机制这一概念无论在理论著作还是大众传媒中都得到越来越频繁的运用。自20世纪70年代以来,国际机制逐渐成为诸多国际关系理论范式的论述对象和研究重点。1981年,克拉斯纳(Stephen Krasner)提出了迄今最为权威的国际机制定义:"在国际关系特定问题领域里行为体愿望汇聚而成的一整套明示或默示的原则(principles)、规范(norms)、规则(rules)和决策程序(decision-making procedures)。所谓原则,是指对事实、因果关系和诚实的信仰;所谓规范,是指以权利和义务方式确立的行为标准;所谓规则,是指对行动的专门规定和禁止;所谓决策程序,是指流行的决定和执行集体选择政策的习惯。"① 基欧汉对该定义提出批评,认为原则、规则、规范之间的区别不甚清楚,有损概念的科学性,他将国际机制定义为,"有关国际关系特定问题领域的、政府同意建立的有明确规则的制度"。② 进而,基欧汉认为国际制度(international institutions)是包括三个方面内容的体系:正式的政府间国际组织(IGOs)和国际非政府组织(INGOs)、国际机制和国际惯例(conventions)。其中,"国际机制"即克拉斯纳定义中明示的机制,而"国际惯例"即克拉斯纳定义中默示的机制。③ 基欧汉将国际机制的概念扩展到国际制度,将素来与国际机制难以区分的国际组织包容在国际制度概念中,从而建立了比较严谨的国际制度体系,奠定了新自由制度主义理论体系的概念基础。④

全球化是相互依赖规模最大化的过程,不仅指系统内和单元之间相互影响的关系,更侧重从整个系统的角度肯定系统的各种内生变量

---

① Stephen Krasner,"Structural Causes and Regime Consequences:Regimes As Intervening Variables ", *International Organization*, Vol. 36, 1982, p. 185—205.

② Robert Keohane, *International Institutions and State Power:Essays in International Relations Theory*, p. 4.

③ Ibid., pp. 3—4.

④ 详见门洪华:《和平的纬度:联合国集体安全机制研究》,第一章第一节"国际机制的概念"部分。

和外生变量对所有系统单位的整合作用。① 全球化是 20 世纪 90 年代的时髦用语。基欧汉和奈指出，他们关于相互依赖的定义——"这种说法意在表明，人们普遍认识到世界政治的性质正在发生变化。当然，这种模糊的说法也意味着，人们对变化的理解还是肤浅的"——同样适用于全球化。全球化与相互依赖概念有着深厚的渊源，从某些方面说，全球化只是替代相互依赖来描述经济开放和一体化深入的时髦词语，如约翰·鲁杰（John Ruggie）指出的，全球化与相互依赖的关系，就像联邦快递（Federal Express）对于不同国家邮局之间的信件交换。② 基欧汉和奈以全球主义的概念将二者联系在一起。他们认为，全球主义是相互依赖的一种表现形式，但是它并不意味着世界大同。全球主义古已有之，是"需要有关各方付出代价的、跨国或国际相互联系的、空间广阔的网络"，全球化就是全球主义增加的过程。全球主义的加强——相互依赖网络的深化——不仅是程度的变化，还意味着不同的相互依赖关系在更多的环节上进一步交织在一起。因此，某一个地方发生的事件，也许会对其他地区造成重大影响。③ 新自由制度主义看到了全球化和相互依赖的现实，它没有告诉我们全球化的最终结果是什么，但却准确指出了相互依赖与全球化进程的结果：国际关系中建立在实力基础上的等级制度模糊化；问题的层次性更加明显，而且彼此关联增强了；依靠军事力量解决的问题少了，作用也降低了。与此相联系，国际机制的网络拓展了，其作用突出了。他们强调，相互依赖的复杂性对现实主义地理解全球化和全球主义至为关键，尤其是，相互依赖并非仅仅是经济的，也存在战略的、环境的和观念的相互依赖；而同样作为多维现象的全球主义也包括经济全球主义、军事全球主义、环境全球主义、社会和文化全球主义等诸多层面。

在定义全球主义的时候，他们不仅继续强调敏感性和脆弱性，而且提出了关联性的概念，并强调其重要意义。籍此，他们提出了全球治理的概念和意义。他们指出，随着相互依赖网络的加深，贸易、金融、环境

---

① 冯绍雷等：《全球性与民族性的对话》，《当代世界与社会主义》1999 年第 3 期。

② Robert O. Keohane, "From Interdependence and Institutions to Globalization and Governance—Introduction to *Institutions, Law and Governance in a Partially Globalized World*", December 14, 2001 (Manuscript).

③ Robert Keohane and Joseph Nye, Jr., "Globalization: What's New? What's Not (And So What)?", pp. 104—119; Robert Keohane and Joseph Nye, Jr., *Power and Interdependence* (3rd edition), pp. 228—232.

和安全等问题越来越难以分割,各有为其服务的国际制度。世界体系越来越像一个政体,正式、非正式的进程与制度指导并制约集体行为,治理的问题由此而生。从全球的角度讲,治理问题即全球社会的各种制度与进程如何有效地、合法地编织起来,发挥作用。①

以上分析表明,相互依赖、国际机制是构成其他新自由制度主义概念的基础,而这些概念又都是以美国为核心的,从某种意义上讲,美国本身就是相互依赖的杰作,而当今的国际机制(国际制度)、全球化(全球主义)、国际治理都是美国有意为之的产物。

二、核心命题的探讨

《权力与相互依赖》的核心命题有如下三个:建构复合相互依赖的理想模式,解释国际机制的变迁,探究全球主义的治理。从基欧汉四十年学术生涯及其研究成果来看,其学术抱负就在于回答在相互依赖的世界上国际制度如何运作。②《权力与相互依赖》可谓其学术成就的第一块理论基石。在《权力与相互依赖》中,基欧汉和奈以对相互依赖的探讨为逻辑起点,探讨国际机制变迁,从而为新自由制度主义的建构提供了理论基础;通过对全球化(全球主义)及其治理的探讨,进一步发展了新自由制度主义。

1. 建构复合相互依赖的理想模式

国家之间的相互依赖变得如此紧密,以致所有国家都受到了严格制约。国家不断地、更多地卷入彼此的事务,它们变得越来越依赖于自己边界之外的事务。③ 基欧汉和奈强调非对称相互依赖是一种权力资源,从而将权力与相互依赖连接起来。相互依赖并不意味着行为者的利益处于和谐状态或权力关系不重要,托马斯·谢林(Thomas Schelling)指出,相互依赖实际上是一种混合动机博弈,冲突、和谐均有充分表现,而权力是相互依赖的内在因素。④ 在相互依赖关系中,相比行为

---

① Robert O. Keohane, "From Interdependence and Institutions to Globalization and Governance—Introduction to *Institutions, Law and Governance in a Partially Globalized World*", December 14, 2001 (Manuscript).
② Ibid.
③ 肯尼思·沃尔兹:《国际政治理论》,第168页。
④ Thomas Schelling, *The Strategy of Conflict*, Cambridge: Harvard University Press, 1960, pp.5—12;海伦·米尔纳:《国际关系理论中的无政府假设》,载大卫·鲍德温主编:《新现实主义与新自由主义》,浙江人民出版社2001年版,第143—171页。

者是独立或自主的情况下,权力体现得更明显。① 相互依赖掩盖了美国特殊的地位,所以必须把相互依赖拆开,指明某些国家相对依附、另一些国家相对独立的特殊情况。② 为了避免该概念使用随便而导致的思想限制,他们重新定义和解释相互依赖,其定义相对宽泛,将武力、经济等战略问题也纳入其中,视之为包含以行为体之间有代价的相互影响为特征的情境。③ 他们创造性地提出了复合相互依赖的概念,将之作为分析多元跨国问题情境的理想模式。他们强调相互依赖的脆弱性和敏感性,使美国在全球相互依赖中的特殊地位凸显了出来。

在相互依赖尤其是经济相互依赖普遍存在的情形下,世界政治的特征是什么?基欧汉和奈表明自己的目的是,批判现实主义的理想模式,提出新研究纲领的构想。作者概述了现实主义的基本假设:国家之间存在着现实的或潜在的冲突,国家随时都有可能动用武力;每一个国家都力图保卫自己的疆土和利益免受现实威胁或臆想的威胁。国家之间的政治一体化微不足道,而且只有符合最强大国家利益的时候才有可能存在下去;跨国行为体或者不存在,或者在政治上无足轻重,国家生存端视其能否明智地使用武力或武力威胁,国际政治体系的稳定端视政治家能否成功地调整其利益追求,建立行之有效的势力均衡。作者指出,同时批驳这些假设,我们可以设想出一个完全相反的理想模式:非国家行为体直接参与世界政治,各问题之间不存在明确的等级区分,而武力并非有效的政策工具。这就是复合相互依赖的本质特征,具体地说,复合相互依赖的理想模式包含如下核心内容:其一,各社会之间的多渠道联系,它包括政府精英之间的非正式联系或对外部门的正式安排;非政府精英之间的非正式联系(包括面对面的交流或通过电讯联系);跨国组织(如多国银行或多国公司)等,这些渠道可以概括为国家间联系、跨政府联系和跨国联系;其二,国家间关系的议程包括许多没有明确或固定等级之分的问题,它意味着军事安全并非始终是国家间关系的首要问题;其三,当复合相互依赖普遍存在时,一国政府不在本地区内或在某些问题上对他国政府动用武力。传统的国际政治理论明确或含蓄地否认以上三个假设的准确性,所以他们的模式是以否

---

① 海伦·米尔纳:《国际关系理论中的无政府假设》,第143—171页。
② 肯尼思·沃尔兹:《国际政治理论》,第182页、第186页。
③ Robert O. Keohane, "From Interdependence and Institutions to Globalization and Governance—Introduction to *Institutions, Law and Governance in a Partially Globalized World*", December 14, 2001 (Manuscript).

定国家是单一性的、理性的国际行为体这一现实主义的根本假定为特征的。① 作者强调指出,他们所提出的三个基本条件非常符合某些全球经济和生态相互依赖的状况,也接近于勾勒出国家之间全部关系的特征;他们并不认为复合相互依赖完全忠实地反映了世界的政治现实,恰恰相反的是,复合相互依赖与现实主义的观点一样,都是理想模式。大多数世界政治的实际情况往往介于这两个极端之间。不过,复合相互依赖正越来越反映出世界许多地区的现实,而且,与简单的仅仅关注权力和安全的国际关系理论所反映的世界政治的模糊面貌相比,它对现实的反映更为准确。② 在某些情况下,现实主义的假设准确或基本准确地解释了世界政治的现状;但在更多的情况下,复合相互依赖更好地解释了世界政治的现实。

复合相互依赖的三个主要特征导致不同的政治过程,而这些政治过程将权力资源转化为控制结果的权力。在一个复合相互依赖的世界里,应强调国家应该追求目标的多样性。由于问题之间缺乏明确的等级之分,各个问题的目标追求应该不同,而且问题之间的联系也不甚密切。每一个官僚机构将追求自身目标的达成;如果一个问题影响多个机构,这些机构会在此问题上达成妥协,但它们难以保持政策的持久不变。而且,跨国行为体将把不同的目标引入各类问题中。

2. 解释国际机制的变迁

国际机制为什么演变、如何演变?这是《权力与相互依赖》探讨的第二个核心命题。

世界政治中的规则和程序从来不像井然有序的国内政治制度那样完整或具有自主性,国际机制的有效性因时而异、因问题领域而异。由于国际机制对数国或多个国家在某个具体问题上的相互依赖关系往往影响巨大,研究国际机制的变迁可以更好地理解权力与相互依赖。

相互依赖在相当程度上影响国际机制的变迁,基欧汉和奈指出,就某些国家和许多国家在某个问题上存在的相互依赖关系来说,某些国际机制经常还是具有重要影响的。国际机制影响国家的能力和利益,基欧汉称之为"机制依赖能力"。随着国际复合相互依赖的增加和各国政策的变化,政治学家开始重新定义国际制度,国际制度在国际机制

---

① 亚历山大·温特:《国际政治的社会理论》,"译者前言"第10页。
② Robert Keohane and Joseph Nye, Jr., "Globalization: What's New? What's Not (And So What)?", pp. 104—119.

的基础上予以拓展,并包含着国际机制的研究。20世纪80年代,国际机制研究的重心从描述相互依赖和国际机制现象转向深入分析国家合作的条件。主权国家间的合作是如何发生的?国际制度又怎样影响了它?① 相互依赖作为分析问题的实质性背景,一直是国际机制变迁研究的根本出发点之一。相互依赖也影响着国际机制的作用。由于相互依赖的存在,国际机制有时起着重要的作用。但国际机制不能超越国家权威和国际政治的现实,其作用依赖于特定环境综合因素的评估。在相互依赖关系中,各方的依赖程度不一,而且绝大多数情况下存在着非对称性。因此,相互依赖对各方自主权的限制程度也是不一样的。相互依赖的这一特点影响着国际机制的脆弱性。相互依赖意味着参与各方要付出代价,国际机制可以为这些代价提供某种适度的保证,各国在可承受成本的范围内也会接受相应的制度安排。但是,无政府状态和国家利益的核算是具有根本意义的。机制依赖于共享利益,但是集体行动往往导致短视行为,导致共同利益难以发现和维系。② 如卢梭(Jean Jacques Rousseau)指出的,猎手也许选择个人追捕兔子而不是合作追逐麋鹿。③ 相互依赖的不对称性、国家利益的考虑直接导致了国际机制作用的限度。肯尼思·沃尔兹指出,"相互依赖的增长无疑会导致管理集体事务必要性的增加,但它不会创造能够进行这种管理的管理者"。④ 相互依赖的不对称性、国际机制的脆弱性以及其他国际政治的现实使得传统意义上的大国仍然充当着国际事务的管理者。我们不否认,从理论上讲,即使最强大的国家(如当前的美国)也越来越依赖国际机制⑤,但国际政治的现实表明,国际机制仍不过是权力链上新的一环,其作用是赋予国家权力,而不是束缚它们的手脚。⑥

　　基欧汉和奈提出了解释国际机制变迁的四种基本模式,即经济进程模式、总体权力结构模式、问题结构解释模式、国际组织解释模式。概言之,一个模式以经济和技术变革为基础;两个模式是结构性的——

---

① Robert Keohane,"International Institutions: Can Interdependence Work?", pp.82—96.
② Robert Keohane, After Hegemony: Cooperation and Discord in the World Political Economy, p.246.
③ Rousseau Jean-Jacques, A Discourse on the Origin of Inequality, New York: E. P. Dutton, 1950, p.238.
④ 肯尼思·沃尔兹:《国际政治理论》,第254页。
⑤ Robert Keohane,"International Institutions: Can Interdependence Work?", pp.82—96.
⑥ Robert Keohane, After Hegemony: Cooperation and Discord in the World Political Economy, p.13.

其中一个使用总体权力结构预测结果,另一个依赖各问题领域内的权力分配;在"国际组织解释模式"中,关系、规范和制度的网络非常重要。此后,作者应用以上四种模式对国际海洋领域、国际货币领域、美加关系、美澳关系进行分析和验证。这四种模式的提出及其应用分析,体现了作者挑战现实主义主导地位的本意,也包含着国际制度理论的初步萌芽,因为机制变迁的国际组织模式就是作者建立新理论范式——新自由制度主义——的初步尝试。①

3. 探究全球主义的治理

全球主义如何治理?这是《权力与相互依赖》探讨的第三个核心命题。

我们已经步入一个全新的革命时代。信息技术革命的发展带动全球化的扩张,使国际社会的相互依赖关系日益加深。随着相互依赖的加深,一系列的全球问题,如人口爆炸、粮食短缺、生态安全等,需要国际社会协调行动,加强合作;随着全球化进程的加快,生产和经营活动日益跨国界,传统的一国范围内解决的规则不适应现实需要,建立与超越国界行为相适应的国际机制成为必然。技术进步和相互依赖的加强将导致现存的各种国际机制的逐渐过时、瓦解以及新型国际机制的产生、发展。相互依赖日益向广度和深度发展,改变了原有的竞争方式。各国在竞争中相互依赖、在相互依赖中相互竞争,竞争对手实力的增长成为己方繁荣的条件。该状况将促使国际机制的更新和发展。而且,信息技术革命使相互依赖的基础发生了改变。传统的国际关系理论认为,相互依赖的各方并非总是互利的,国际合作始终与倾轧现象、竞争过程及混乱状态等现象保持着辩证关系。② 全球化带来了一个充满机会的时代:过去僵硬的意识形态障碍已经不复存在或正在消逝,国际机制大为有效,大国一致与均势的共处成为切实可行的国际秩序选择。③但从现在的情况看,信息技术和信息产业的发展虽然并不能使国际社会与康德设想的世界联邦制度及永久和平局面相一致,但对参与信息交流的各方来说,或多或少都是有利可图的。信息是一种新型的共享

---

① Robert O. Keohane, "From Interdependence and Institutions to Globalization and Governance—Introduction to *Institutions, Law and Governance in a Partially Globalized World*", December 14, 2001 (Manuscript).

② 王逸舟:《西方国际政治学:历史与理论》,上海人民出版社 1998 年版,第 392 页。

③ 罗伯特·A. 斯卡拉皮诺:《迈向一种可行的国际秩序》,《世界经济与政治》2000 年第 7 期。

性资源,改变了相互依赖的基础。当前,协商建立相应的国际机制是一项紧迫的任务,关乎各国甚至整个人类的兴衰荣辱。它为国际机制的发展提出了广阔的空间和前所未有的发展机遇,也提出了全球治理的命题。

基欧汉坦言自己曾对全球化重视不够,并以在编著《国际化与国内政治》一书时采用国际化的概念而非全球化作为例证。随着全球化成为20世纪90年代的时髦用语,基欧汉和奈对全球化进行深入思考,从而将新自由制度主义的应用发展到新的阶段。基欧汉和奈清醒地认识到:"在我们乃至我们子孙的有生之年,新的'世界宪章'都不大可能被接受。世界的政治和文化多样性——及其绝对规模——使得这种前景分外渺茫。"然而,只要全球化继续深化下去,国家或其他行为体就会发现,它们的价值观越来越受到他者行为的影响。因此,它们将寻求管理相互依赖的影响,即管理全球化。他们为全球主义的治理开出了如下"药方":在领土疆界内采取单边国家行为,降低脆弱性;或接受外在标准,增强竞争力;强国或国家集团采取单边行动,以影响领土之外的国家、企业、非政府组织等行为体;区域合作,增强政策的有效性;全球层次的多边合作,建立管理全球化的国际机制;跨国和跨政府合作——包括"公民社会"——以管理全球化。作者强调指出,社会空间是由市场、政府和公民社会组成的三角形,社会的更多方面——但不是所有方面——开始接近于复合相互依赖的理想模式。

基欧汉和奈提出国际机制的"俱乐部模式"(Club Model)的概念,即某些国际机制由创始国设定一套标准而具有选择性特征,由于这些机制的运行与其他问题领域的国际机制没有密切联系,它们可以从系统中"分离出来"。其成员则可以确立规则,以主导与之相联系的问题领域。在俱乐部模式中,"缺乏对局外者的透明度"具有关键性意义。①三个方面的进展明显削弱了俱乐部体系:首先,越来越多的发展中国家参与由富国部长主导的俱乐部,这些国家的领导人对富国的领导作用表示怀疑,非常憎恨由富国而不是由他们自己制定的俱乐部规则;其次,全球化造成了各种非政府行为体——公司、商业联盟、劳工组织和

---

① Robert Keohane and Joseph Nye, "The Club Model of Multilateral Cooperation and Problems of Democratic Legitimacy", in Roger B. Porter, et al., eds., *Efficiency, Equity and Legitimacy: The Multilateral Trading System at the Millennium*, Washington: Brookings Institution Press, 2001, pp. 264—307.

非政府组织等——的扩散,它们期望自己的声音为人所知①;最后,民主规则扩展到越来越多的国家,并在国际层次上发挥作用。他们强调,在全球主义的治理中,应关注国际机制的民主赤字,加强国际机制的合法性。②

《权力与相互依赖》通过对以上三个核心命题的探讨,构筑起新自由制度主义的理论基石,并促进该理论范式的进一步发展。基欧汉曾指出,在经济相互依赖基础上发展起来的国际制度能够提供信息、减少交易成本,使得承诺更富可兑性,并且能够担负关键性的利益协调,从而有利于互惠合作,"从经济相互依赖到国际制度到国际治理,不啻是一大进步,国际合作的新自由制度主义理论已经超越了相互依赖"③。

三、研究纲领的建构

新自由制度主义是在挑战新现实主义的过程中成长和发展起来的,它接受了新现实主义的合理内核,在此基础上发展成为独立的国际制度理论体系,其后又借鉴和吸纳其他国际关系理论流派特别是建构主义学派的最新成果,及时保持着学术前沿地位,新自由制度主义关于多边主义(multilateralism)和全球治理的研究成为带动学术创新的核心动力。④

新自由制度主义的探究,当以复合相互依赖为起点。相互依赖是国际关系理论诸范式所涉及的,但只有新自由制度主义将之作为体系理论的基石。⑤ 复合相互依赖有三个来源,即对现实主义的质疑、一体化理论发展、跨国关系研究。关于现实主义的批评自不待说,实际上,《权力与相互依赖》就是批判现实主义的产物。关于一体化理论,基欧汉和奈指出,他们在 20 世纪 50、60 年代学习过地区一体化理论,卡尔·多伊奇(Karl Deutch)对多元安全共同体的研究和厄恩斯特·哈斯

---

① Wolfgang H. Reinicke, *Global Public Policy: Governing Without Government*, Washington: Brookings Institution, 1998.
② Robert Keohane, "International Institutions: Can Interdependence Work?", pp. 82—96.
③ Robert Keohane and Lisa Martin, "The Promise of Institutionalist Theory", *International Security*, Vol. 20, No. 1, Summer 1995, pp. 39—51.
④ Joseph Nye, et al., eds., *Governance in a Globalizing World*.
⑤ 关于现实主义的分析,参见肯尼思·沃尔兹:《国际政治理论》,第七章;罗伯特·吉尔平:《世界政治中的战争与变革》,中国人民大学出版社1994年版,第六章等;关于社会建构主义理论对相互依赖的分析,参见亚历山大·温特:《国际政治的社会理论》等。

(Ernst Haas)对欧洲联合的研究为他们提供了诸多真知灼见。① 第二次世界大战结束以来,各社会之间的经济联系迅速增加、跨国公司的作用日益增强,他们开始关注跨国关系的研究,并于1971年合作编辑了《国际组织》的"跨国关系与世界政治"专辑(后结集成书)。他们非常关注跨国行为体的作用,并以此为基础提出了"世界政治"的松散范式,从国际政治经济领域对新现实主义进行批评。② 此后,两人共同探索取代现实主义的理论构架。其成果就是《权力与相互依赖》(第一版)。

《权力与相互依赖》是一个巨大的转向,标志着建构国际制度理论的开始,是连接跨国主义(transnationalism)、相互依赖与新自由制度主义的桥梁。在《权力与相互依赖》中,基欧汉与奈从建立一个新范式的尝试后退(retreat),转向建立一个新的研究纲领,即为了补遗(supple-mentarity),而放弃了互补(complementarity)的理念。③ 他们放弃了将国内政治和外交政策纳入其相互依赖和跨国模式的任务,而这些曾是他们孜孜以求的。他们意在发展一种处于国际体系层次的世界政治理论,这意味着他们开始自动地向现实主义理论体系看齐。作者明确地指出,自己的动机并非完全是为了寻求一条通往世界永久和平的有效途径,而是想用这个概念批评在国际政治学研究中的传统权力理论,进行科学的修补,以在更大程度上靠近客观现实。

应该说,《权力与相互依赖》第一次全面否定了现实主义的基本假说。基欧汉和奈明确地挑战了现实主义把国家作为行为体的许多前提假设:军事安全在外交事务中的相对重要性、军事力量在国际政治中的作用、事务性领域中权力资源的替换性。④ 他们认识到,随着相互依赖的加深,国家间关系的调控越来越引起人们的关注和重视,而各种非国家行为体在国际舞台上越来越活跃,现实主义以国家和权力为中心的理论范式受到越来越多的挑战。他们第一次系统性地提出了国际机制

---

① Karl Deutch, et al., *Political Community and the North Atlantic Area*, Princeton: Princeton University Press, 1957; Ernst Haas, *The Uniting of Europe*, Stanford: Stanford University Press, 1958; Joseph S. Nye, Jr., *Peace in Parts*, Boston: Little, Brown, 1971.
② Michael Suhr,"Robert O. Keohane: A Contemporary Classic", pp.90—120.
③ Ibid.
④ 大卫·鲍德温主编:《新现实主义与新自由主义》,浙江人民出版社2001年版,第13页;秦亚青:《国际制度与国际合作——反思新自由制度主义》,《外交学院学报》1998年第1期。

的概念,并分析了国际机制变迁的四种模式,特别是详尽批驳了作为纯粹现实主义模式的总体结构主义,并全面论述了自己建构的国际组织模式;他们的研究表明,当国家处于复合相互依赖的世界中,在解释国际机制的变迁时,问题领域模式和国际组织模式更为有效。这一结论为国际制度理论的建构埋下了伏笔。

进入20世纪80年代,基欧汉开始接受结构现实主义最根本的假定,并在此基础上探究复合相互依赖的世界上国际机制如何形成与变迁,以图认识和理解这个复合相互依赖的世界。在这个时候,其主要的理论关注点是国际机制或国际制度,其分析层次仍是研究纲领,但研究目标却已经定位为体系理论范式了。这个时候,国际关系理论发展仍然处于群雄逐鹿的阶段,但"楚汉之争"——即新现实主义和新自由制度主义——已现端倪。

新现实主义并不完全排除其他国际行为体,也承认非国家行为体在国际事务中可以起到很大的作用,但它更强调从理论建设和发展的角度来看,研究单位越是单一、越是集中,就越容易发现规律性、实质性的理论模式。虽然其他国际行为体也起到了作用,但是基本研究单位应该是最具意义的一个——民族国家。新现实主义的第二个假说是单一国家说。单一国家说认为国家是一个一元社会整体,能够独立地确立国家的利益,制定并执行国家的对外政策。新现实主义的第三个假说是理性国家说。理性国家说认为国家行为体在某一给定环境中,能够确立国家目标,考虑多种政策方案的可行性和可能导致的结果,然后选择能够最大限度地实现国家目标的政策方案。①

从以上三个方面着眼,基欧汉确实接受了新现实主义最根本的假定。首先,基欧汉承认,自己曾强调非国家行为体的重要意义,但后来认识到非国家行为体仍然是从属于国家的,所以将注意力回转到国家上来。② 其次,一般自由主义学派都认为把国家作为单一、理性和国际社会中主要行为体是妥当的,但新自由制度主义恰恰吸收了现实主义的这个命题。正是因为国家的单一性和理性,它才需要国际秩序,才需要合理的解决冲突,才能够考虑以最小的代价换取最大的利益。③ 有

---

① 秦亚青:《西方国际关系学的现实主义与新现实主义理论》,《外交学院学报》1996年第2期。
② Robert Keohane, *International Institutions and State Power*, p. 8.
③ Robert Keohane, "Institutional Theory and the Realist Challenge After the Cold War", in David Baldwin, ed., *Neorealism and Neoliberalism: The Contemporary Debate*, pp. 301—338.

人据此认为,基欧汉一度是新现实主义研究纲领的参与者,尽管他批判沃尔兹的理论学说。①

实际上,基欧汉在建构自己的体系理论时,首先收进了复合相互依赖的基本假定,但为了理论体系的建构,他也摒弃了某些观点,这可谓一种立场的倒退,但是这种倒退并未造成灾难,而是造就了理论的高峰。基欧汉的出发点很清楚,即致力于发展高度简约、呈现高度科学的体系理论,因此他采取的是退两步、进一步的战略——从建构理论范式和全面否定现实主义基本假说的立场后退,着重建构新自由制度主义的研究纲领。他从肯定多元国际行为体的立场后退,放弃对军事力量重要与否的探讨,其研究方法也统一到个体主义上来。② 基欧汉将现实主义纳入其理论框架,但用新的假定加以补充,亦即对新现实主义进行扬弃。③ 基欧汉指出,从认识论和本体论上讲,现实主义的复杂形式——包括经典现实主义和结构现实主义——与新自由制度主义的共同点甚多。但是,现实主义抛弃了太多的因素,不仅仅是制度,而且还有跨国关系、国内政治和观念的作用等。现实主义长于结构,却短于进程。鉴于此,他借鉴理性选择理论和制度经济学的相关理论框架,强调国际进程(process)的重要性,将国际机制作为独立的解释变量,建构起新自由制度主义的理论框架。基欧汉接受了现实主义的假设,但在国际制度对世界政治进程的影响上,他却得出了与现实主义截然不同的结论:国际制度赋予国家进行合作的能力,以降低交易成本,获致共同收益;国际制度很少参与协议的集中实施,但确实增加了互惠机会,使一国政府信守诺言,并督促他国也这样做;既然遵从国际制度已有的规范使他国的行为可以预见,强国也从遵守规则中获益。④ 其后,他转向研究西方旧制度如何影响国家的战略、进而塑造冷战后的欧洲,创立了在现实主义、自由主义双肩之上的新自由制度主义的研究纲领,促成新自由制度主义与新现实主义分庭抗礼的局面。

我们据此断定,新自由制度主义是在对新现实主义的批判中发展起来的。从80年代中期的国际机制研究到90年代比较完整的理论框

---

① Robert Keohane, ed., *New Realism and Its Critics*, New York: Columbia University Press, 1992.

② 秦亚青:《国际政治的社会建构——温特及其建构主义国际政治理论》,《美欧季刊》(台湾)第15卷第2期。

③ Michael Suhr, "Robert O. Keohane: A Contemporary Classic", pp. 90—120.

④ Robert Keohane, "International Institutions: Can Interdependence Work?", pp. 82—96.

架的建立,新自由制度主义已经成为西方国际关系学中颇具影响力的理论流派,成为能够与新现实主义在理论方面抗衡、在学理方面展开辩论的政治哲学思潮。新自由制度主义提出了国际制度的供应派理论,强调了国际制度对于国家行为的影响和制约作用,讨论了无政府状态下国际合作的可能和条件。在方法论方面,新自由制度主义从对于新现实主义的证伪着手,提出了以国际系统的进程为重要原因解释国家的国际行为的理论。从政治思潮的角度来看,虽然新自由制度主义接收了一些现实主义理论假定,但新自由制度主义强调具有理性的人所创造和建立的制度对于人们在相互依赖的社会中决策和行动的重大影响力,强调政治进程及其可变性,强调无政府状态下的秩序与合作,淡化冲突、淡化权力结构,这些观点在西方自由主义传统中是根深蒂固的。①

基欧汉与立志在现代主义和现实主义之间创立独立研究纲领的学者共同起步;而后,他退回到传统主义的核心假定,并籍此提出了功能主义的国际机制理论;此后,他在新现实主义和自由主义的共同基础之上,提出了独立的研究纲领——新自由制度主义。② 他接受了现实主义的基本假定,但并没有完全放弃自由主义对多元行为体的强调。特别是,随着全球化的发展,基欧汉再次强调了非国家行为体——包括政府间组织、非政府组织和多国公司等——的重要性。以此为现实基点,基欧汉和奈提出了全球主义的概念,探究全球主义治理的可行途径,从而促进了全球治理理论的发展。③

从以上分析,我们大约可以把握新自由制度主义的发展脉络。基欧汉和奈以创建体系理论范式的雄心作为出发点,但其途径却是从研究纲领的层次着手,走的是"中间道路"。我们有必要在此重温基欧汉和奈撰写的《〈权力与相互依赖〉中译本序言》:《权力与相互依赖》并不认为世界政治"一切都是崭新的",我们并不寻求否认现实主义所有论点的正确性,或提出全新的"自由主义"理论来替代现实主义。我们的目标是,寻求建立一种看待世界政治的方法,帮助我们理解政治与经

---

① 秦亚青:《国际制度与国际合作——反思新自由制度主义》,第40—47页。
② Michael Suhr, "Robert O. Keohane: A Contemporary Classic", in Iver Neumann and Ole Waver, eds., *The Future of International Relations: Masters in the Making*, London: Rouledge, 1997, pp.90—120.
③ Joseph Nye, et al., eds., *Governance in A Globalizing World*, "Introduction".

济的关系、制度化国际合作的模式,同时保留现实主义关于世界政治中权力和利益作用的核心洞见。

四、研究纲领的启示:国际关系理论发展的"中间道路"

以上关于《权力与相互依赖》研究纲领的分析,特别是关于"中间道路"的探讨,对我们看待国际关系理论的发展甚有启示意义。

国际关系理论有三大理论范式,即现实主义、自由主义和建构主义。① 玛格丽特·赫尔曼(Margaret Herman)指出,国际关系研究就像巴别塔(Tower of the Babel),充满着各种各样的不和谐声音,使得国际关系研究领域成为控股管理公司,而不是一致的知识研究界。她呼吁加强各种理论范式的沟通和相互认识,为国际关系理论流派之间的对话提供基础。② 诚如赫尔曼所言,国际关系诸理论范式之间的矛盾是难以调和的,在同一个问题上的认识各不相同,得出的结论和解决途径也迥异。但是,在看到国际关系理论范式之间差别(divergence)的同时,我们也应该看到它们之间的趋同(convergence)③,认识到各理论范式新的发展都是借鉴其他理论范式和观点或受到其他理论范式的影响或启示。国际关系理论范式论争的历程显示,任何一种理论流派的发展都是建立在对已有理论流派的批判、借鉴和超越的基础上,原本论战激烈的理论流派之间有所趋同是一个非常有趣的现象。

现实主义与自由主义的论战历史久远。进入20世纪70年代,现实主义和自由主义都对当时国际关系理论对现实的解释乏力不满,先后走上理论体系科学化的道路。肯尼思·沃尔兹提出了高度简约的现实主义理论,摒弃了经典现实主义(classic realism)中人性等难以科学标定的概念和无法证伪的假设,把无政府状态和自助体系、权力分配、国家利益特征和生存需求等设定为国际关系理论的核心概念,并把国际关系研究集中在体系结构这个因素上面,从而把现实主义推进到新

---

① 门洪华:《国际机制理论主要流派评析》,《中国社会科学季刊》(香港)2000年夏季号。

② Margaret G. Herman, "One Field, Many Perspective: Building the Foundations for Dialogue", *International Studies Quarterly*, Vol. 42, No. 4, 1998, pp. 605—624.

③ 例如,"多数新现实主义者认为,民族主义、尚武精神、种族主义以及其他国内因素非常重要;而新自由主义承认权力是国际行为的核心;有的建构主义者则承认,如果有强大国家的支持或物质力量的持续保证,则观念的影响会更大"。转引自 Stephen M. Walt, "International Relations: One World, Many Theories", *Foreign Policy*, Spring 1998, pp. 29—46。

现实主义(neo-realism)或结构现实主义(structural realism)阶段。① 其间,罗伯特·基欧汉和约瑟夫·奈则提出复合相互依赖的概念,用相互依赖理论将现实主义和自由主义结合起来,为新自由制度主义的出现奠定了理论整合的基础。② 新现实主义的理论科学化努力确定了80年代的核心研究议程。随后,基欧汉接受现实主义对国际行为体性质及其社会环境的假定;接受了现实主义对国家行为动机的假定,承认国家是理性的自我主义者,国家行为目的是自我利益(基欧汉称之为"系统分析的普遍模式")③;承认国家是国际政治的"关键行为体",而国际社会的无政府状态影响了国际合作;他选择了个体主义的方法论,承认国际体系中权力和财富的分配对国家行为有重要的影响。在此基础上,他建立了自己的体系层次的理论,即国际制度理论。可以说,基欧汉的理论融合了现实主义和自由主义两家之长,具有强大的生命力。④ 基欧汉自己也承认,新自由主义与新现实主义之间存在着某种"相互依赖"的关系,他的新自由制度主义就是同样多地从现实主义和自由主义借鉴过来的。总结新自由制度主义的发展轨迹,我们可以看到,新自由制度主义是在挑战新现实主义的过程中成长和发展起来的,它接受了新现实主义的合理内核,在此基础上发展成为独立的国际机制理论体系,其后又借鉴核吸纳其他国际关系理论流派特别是建构主义学派的最新成果,及时保持着学术前沿地位。需要指出的是,基欧汉不仅对某一派理论做出贡献,国际制度理论与新自由主义理论密切相关,他对权力和知识为基础的机制理论也贡献良多。⑤ 面对新自由制度主义的挑战,新现实主义积极迎战,并适时提出了新的理论观点,最为突出的就是罗伯特·吉尔平和斯蒂芬·克拉斯纳。吉尔平提出了霸权与大

---

① 秦亚青:《国际政治的社会建构——温特及其建构主义国际政治理论》。
② Robert Keohane & Joseph Nye, "Power and Interdependence Revisited", *International Organization*, Vol. 41, No. 4, Winter 1987, pp. 725—753.
③ Robert Keohane, *After Hegemony: Cooperation and Discord in the World Political Economy*, p. 27.
④ Andreas Hasenclever, Peter Mayer, and Volker Rittberger, *Theories of International Regimes*, London: Cambridge University Press, 1997, p. 14.
⑤ Andreas Hasenclever, Peter Mayer, and Volker Rittberger, *Theories of International Regimes*, p. 6; Robert Keohane, "The Theory of Hegemonic Stability and Changes in International Economic Regimes 1967—1977", in Ole Holsti, et al., eds., *Changes in the International System*, Boulder: Westview Press, 1980; Judith Goldstein and Robert O. Keohane, eds., *Ideas and Foreign Policy: Beliefs, Institutions, and Political Change*, Ithaca: Carnell University Press, 1993.

国政策协调(policy coordination)并存的理论,并强调多边管理与政策协调的价值,其中对国际机制的认识突破受到新自由制度主义的影响;斯蒂芬·克拉斯纳是坚定的新现实主义者,但在《结构冲突:第三世界对抗全球自由主义》这本经典著作中,他对现实主义的修正及其理论剖析吸收了许多新自由制度主义的认识。① 新现实主义和新自由制度主义之间从激烈论战到理论通约,被学术界称为"新新合成"(Neo-Neo Synthesis)。②

自 20 世纪 80 年代以来,非主流国际关系理论的影响越来越大。这些理论流派被基欧汉统称为"反思主义"(reflective theories),包括规范理论(normative theory)、批判理论(critical theory)、女性理论、后现代理论(post-modernism)、历史社会学派(historical sociology)等。③ 这些理论流派着重于对理性主义的批判,但对理论体系的建构着墨不足。这种状况因亚历山大·温特的著作《国际政治的社会理论》发表而改变。温特对理性主义进行的是建设性批判,他接受了理性主义的认识论,自觉不自觉地向结构主义的分析体系靠拢,它甚至自称是"结构现实主义者"。他明确宣告自己建立的是介于理性主义和反思主义之间的中间道路,力图使国际关系理论成为一种既考虑国际政治的社会建构,又坚持科学实在论的理论体系。④ 尽管温特的努力引起极大的争议,但其研究成果将建构主义推进到体系理论层次,使之成为大家都认可的理论范式。费丽莫指出,建构主义与自由主义和现实主义之间是互补的,而不是竞争性的关系。⑤ 基欧汉也指出,亚历山大·温特等建构主义学者提出的许多观点为自由制度主义者所接受。⑥

---

① 斯蒂芬·克拉斯纳:《结构冲突:第三世界对抗全球自由主义》,浙江人民出版社 2001 年版,第 25 页、第 74—75 页、第 291—292 页。
② Steve Smith, et al., eds., *International Relations Theory: Positivism and Beyond*, Cambridge University Press, 1996, pp.149—185.
③ 秦亚青:《国际政治的社会建构——温特及其建构主义国际政治理论》;郑端耀:《国际关系"社会建构主义理论"评析》,《美欧季刊》(台湾)第 15 卷第 2 期等。
④ 秦亚青:《国际政治的社会建构——温特及其建构主义国际政治理论》。
⑤ Matha Finnemore, *National Interests in International Society*, Cornell University Press, 1996, p.27.
⑥ Robert Keohane and Lisa Martin, "The Promise of Institutionalist Theory", pp.39—51, Footnote 2.

图 1-2　建构主义、理性主义与反思主义

资料来源：秦亚青：《国际政治的社会建构——温特及其建构主义国际政治理论》，《美欧季刊》（台湾）第 15 卷第 2 期，第 231—264 页。

检视国际关系理论范式之间的论争历程，笔者呼吁国际关系理论的研究者要用一种开放的、建设性的心态看待国际关系理论的发展，在国际关系理论的研究中注意吸取其他理论流派的精华，从而为建构更有解释力的国际关系理论作出贡献。基欧汉曾指出："我们应该打破人为的'现实主义'和'自由主义'为营垒的学术边界，每一个人都应该有自己的主张，都应该与这种无意义的朦胧进行斗争。"①即使新现实主义最坚定的捍卫者约瑟夫·格里埃科也承认，现实主义没有提供通过制度化安排进行合作的解释，需要发展一种国际机制理论，现实主义和自由制度主义两种方法都有助于我们探求对国际合作政治学的解释。② 实际上，任何理论的发展都有其发展脉络可寻。其发展脉络就存在于国际关系理论的历史长河之中。在看到国际关系理论范式之间差别的同时，我们也应该看到它们之间的趋同，认识到各理论范式新的发展都是借鉴其他理论范式和观点或受到其他理论范式的影响或启示，理论范式的相互启示和融合将成为未来理论的发展之道。

本文系作者为《权力与相互依赖》（第三版）（北京大学出版社 2002 年版）撰写的译者序言，发表于《美国研究》2002 年第 4 期。

---

① Robert Keohane, "Institutional Theory and the Realist Challenge After the Cold War", pp. 301—338.

② Joseph Grieco, "Understanding the Problem of International Cooperation: The Limits Neoliberal Institutionalism and the Future of Realist Theory", in David Baldwin, ed., *Neorealism and Neoliberalism: The Contemporary Debate*, pp. 301—338.

罗伯特·O.基欧汉学术思想述评

　　国际关系理论发展的历程中可谓大师辈出、群星璀璨，罗伯特·O.基欧汉（Robert Owen Keohane）无疑是当今如日中天的一位经典理论大师。如果我们不能将基欧汉视为国际关系理论奠基者的话，其作为继往开来者的地位却是毋庸置疑的。在其学术生涯中，基欧汉一直身处国际关系理论论战的核心，他提出了关于世界政治的松散模式，并通过对复合相互依赖、国际制度、全球治理等议题的研究，以国际机制（国际制度）为核心概念，逐步将其世界政治理论体系化，建构了新自由制度主义的研究纲领，并在此基础上发展出独立的国际制度理论体系。这一理论体系不仅是架构现实主义和自由主义的学术桥梁，也时刻保持着开放的形态，借鉴和吸纳其他国际关系理论流派特别是建构主义的最新成果，及时保持着学术前沿地位。基欧汉关于复合相互依赖、国际制度、全球治理等议题的研究成为带动国际关系理论整体创新的核心动力。概言之，作为诠释和发展世界政治理论的经典大师，基欧汉的学术高度值得我们潜心研究，其学术经历尤其值得我们深入挖掘，以从中寻求学术发展的启示。

基欧汉的学术经历

罗伯特·O.基欧汉,1941年10月3日生于美国伊利诺伊州芝加哥市的一个书香门第。其父母均毕业于加州大学伯克利分校,父亲罗伯特·E.基欧汉先后执教于芝加哥大学和夏默学院(Shimer College),"尽管未能成为知名学者,其思想却远远超出我后来认识的许多学术领袖"①;母亲玛丽·P.基欧汉是一位荷兰加尔文教牧师的女儿,从事中学教学和教师培训工作,一生致力于社会正义、公民权利与和平,晚年则成为活跃的环境保护主义者。父母对他的影响不仅在于学术道路的选择,更在于对社会现实问题的深入思考和剖析。

1957年,基欧汉进入父亲执教的夏默学院学习政治学。源于全家对哈佛的仰慕,1961年秋季,基欧汉成为哈佛大学政府系的研究生,师从国际关系理论大师斯坦利·霍夫曼(Stanley Hoffman)。② 接受父亲一生未能完成博士论文的教训,他成为"极其急切"的学生,拼命捕获知识。1965年,他用了四年多一点的时间就完成了关于联合国大会政治——以联合国大会的制度框架在多大程度上影响了联合国范畴内的国家间关系为主题——的博士论文,并获得哈佛大学政府系1966年度最佳博士论文奖。

毕业之时,他接到了三个学校的邀请,哈佛大学、威斯康星大学、斯沃斯莫尔学院(Swarthmore College)。由于不喜欢哈佛大学当时的学术氛围和担心仍被哈佛教授视为学生而不是同事,基欧汉选择了斯沃斯莫尔学院。基欧汉不无幽默地指出,他选择到斯沃斯莫尔学院的原因是,更将自己视为与父亲一样的教书匠,而不是研究型学者。1965年,基欧汉开始执教于斯沃斯莫尔学院,与另一位国际关系理论执牛耳者肯尼思·沃尔兹(Kenneth Waltz)成为同事。

在哈佛读书期间,基欧汉就对处于国际关系理论主导地位的政治现实主义持批评态度,将博士论文选题确定为研究联合国大会政治的初衷也是要弄清楚联合国大会的制度环境是否对国家间关系有巨大影

---

① Robert Keohane, *International Institutions and State Power: Essays in International Relations Theory*, Boulder: Westview Press, 1989, p.22.

② 基欧汉不无深情地回忆自己选择哈佛大学的原因:"在全家看来,芝加哥是一所大学,伯克利令人尊敬和喜爱,而哈佛却是不可企及的顶峰。我到哈佛读书完全是因为全家对这一名校的仰慕。"参见 Robert Keohane, *International Institutions and State Power: Essays in International Relations Theory*, p.23。

响;是制度架构像权力、利益一样具有重要意义,还是权力和利益代表一切。基欧汉指出,自己对现实主义的质疑始于1964年,此前后曾用了一年的时间拜会各国驻联合国代表团,寻求联合国大会政治影响力的根源,对这一问题有了更深切的认识。尽管基欧汉当时尚未用明确的语言和社会科学理论来解释这一疑惑,但这一直是基欧汉几十年学术研究的主题。或许,基欧汉当时选择离开哈佛大学,是因为担心政府系浓重的政治现实主义气氛压抑其学术思想的开发。

1968年至1969年,基欧汉成为位于华盛顿的对外关系委员会(The Council of Foreign Relations)的国际问题研究员,重点研究美国的一些小盟国对美国外交政策的影响,并曾在国务院副国务卿办公室工作过六周,这是基欧汉在政府工作的惟一经历。1968年,基欧汉与约瑟夫·奈等青年才俊被邀请担任《国际组织》杂志的编辑,成为其学术生涯的转折点,他从此进入了国际关系理论学术团体,并立志成为专注研究国际问题的学者。基欧汉与奈年龄相差5岁,"但学术旨趣却极为相同"。① 两人的合作始于1969年。1972年,在奈的帮助下,基欧汉成为哈佛大学国际事务中心(Center for International Affairs)的研究员,两人的合作因同毕业于哈佛大学变得更为紧密。两人联合主编的《跨国关系与世界政治》于当年出版,该书强调了跨国关系在国际关系研究中的重要性,成为两人牛刀小试之作。② 自此,基欧汉与奈声名鹊起。

1973年,斯坦福大学邀请基欧汉指导一个新的本科生国际关系项目,并为其夫人南纳尔·基欧汉(Nannerl Overholser Keohane)提供了一个教授政治学理论的教职,基欧汉全家搬到斯坦福,基欧汉的学术发展就此起步。期间,基欧汉曾担任斯坦福大学政治系主任,并被聘为正教授。由于长期担任《国际组织》杂志的编辑工作(1968—1977年、1982—1988年、1992—1997年、1998年至今担任编委,其中1974—1980年担任主编,1986—1987年担任编委会主席),基欧汉对国际政治经济学和国际关系理论的发展有了比一般学者更为敏锐和深刻的把握。基欧汉对政治经济学的兴趣始于1970年开设多国公司课程,1973年开始与奈合作撰写《权力与相互依赖》,由此阅读了大量国际政治经

---

① Robert Keohane, *International Institutions and State Power: Essays in International Relations Theory*, p.26.

② Robert Keohane and Joseph S. Nye Jr., eds., *Transnational Relations and World Politics*, Harvard University Press, 1972.

济学的著作。1977年,《权力与相互依赖》的出版使得基欧汉和奈声名大噪。① 该书提出的"复合相互依赖"当时被视为堪与现实主义比肩的理论范式,两人由此逐渐成为国际关系理论新一轮论战的主角,带动了新自由主义国际关系理论的深入发展。

基欧汉从这一轮理论论战的挑战者成长为主角,其学术权威地位也逐步确立。1977—1978年,基欧汉在斯坦福大学的行为科学高级研究中心工作,专注于美国对外经济政策的政治、国际政策协调、通货膨胀的国际政治等研究。② 1978年,基欧汉在明尼苏达一次会议上遇到了查理·金德尔伯格(Charles Kindleberger),后者关于交易成本、不确定性、风险对国际关系理论的启示等研究给了他很多启发。自此,基欧汉仔细研读乔治·埃克洛夫(George Akerlof)、罗纳德·科斯(Ronald Coase)、奥利弗·威廉姆森(Oliver Williamson)等经济学家的著作,并思考这些著作尤其是制度经济学理论对国际关系研究的意义。其结果就是《国际机制的需求》一文的撰写与发表③,该文成为其理论专著《霸权之后:世界政治经济中的合作与纷争》一书的"分析核心"。基欧汉指出:"认识到可以借鉴关于公司的现代理论分析国际机制至为重要,将交易成本和不确定性等概念引入到国际制度分析之中,使我的学术生涯豁然开朗。"④1981年,基欧汉利用斯坦福大学一年的学术休假,专心于《霸权之后》一书的写作。同年,其夫人南纳尔·基欧汉被任命为维尔斯利学院(Wellesley College)的院长,基欧汉"由于非学术原因"接受了布兰代斯大学(Brandeis University)的邀请,开始了长达四年的执教生涯。期间,基欧汉于1983年当选为美国人文与科学学院院士。在布兰代斯大学,基欧汉获得了撰写著作的充裕时间,其最重要的著作《霸权之后》得以于1984年问世。⑤《霸权之后》代表着新自由制

---

① Robert Keohane and Joseph S. Nye, Jr., *Power and Interdependence: World Politics in Transition*, Boston: Little, Brown, 1977.

② Robert Keohane, "Economics, Inflation and the Role of the State: Political Implications of McCrachen Report", *World Politics*, No.31, 1978, pp.108—128.

③ Robert Keohane, "The Demand for International Regimes", *International Organization*, Vol.36, No.2, Spring 1982, 141—171.

④ Robert Keohane, *International Institutions and State Power: Essays in International Relations Theory*, p.28.

⑤ Robert O. Keohane, *After Hegemony: Cooperation and Discord in the World Political Economy*, Princeton: Princeton University Press, 1984.

度主义学派的初步确立,堪称基欧汉学术权威地位的奠基之作。①

1985年,基欧汉在博士毕业二十年之后,回到哈佛大学政府系任教,吸引他的就是哈佛大学"得天下英才而育之"的条件和无与伦比的学术资源。挟《霸权之后》之威,基欧汉成为新现实主义与新自由主义"范式间辩论"(inter-paradigm debate)的主角,并逐渐推动新自由制度主义确立了与新现实主义比肩的学术主导地位,而基欧汉本人的国际关系理论大师地位也在此期间确立起来。1986年,基欧汉主编了《新现实主义及其批判》一书,代表了新兴国际关系理论流派(包括新自由制度主义、批判理论、后现代理论)对新现实主义的强有力批评,开始冲击新现实主义的主导地位。出版《霸权之后》之后,基欧汉开始探究超越这一不成熟的国际合作理论并将之上升到体系理论的可能性。在这个过程中,他对博弈理论的应用限度提出了质疑。1985—1987年,基欧汉得到福特基金会的资助,主持哈佛大学—麻省理工学院国际制度与国际合作项目,促使其将理解国际合作的重点转向国内政治,并将国内政治完全纳入其分析框架。1989年,基欧汉将自己近二十年的主要学术论文结集,以《国际制度与国家权力》为名出版。这部论文集基本代表了基欧汉20世纪80年代的学术思想变革,基欧汉致力于发展体系理论,以退为进,确立了高度简约、高度科学性的国际制度理论体系,新自由制度主义与新现实主义比肩的地位由此竖立。② 这部著作代表了新自由主义与新现实主义这两大主流范式从不可通约到理论趋同的发展历程,也成为众多方家批评基欧汉回归新现实主义的有利证据。同年,基欧汉与奈修订出版《权力与相互依赖》第二版,对该书出版以来的批评进行回应,并指出该书存在的缺陷,进一步明确了新自由制度主义的核心议程。1988年,基欧汉当选为国际研究学会(International Studies Association)的主席,这是其学术权威地位得到广泛认可的重要标志。与此同时,基欧汉担任了哈佛大学政府系的系主任(1988—1992年),并成为著名的"斯坦菲尔德国际和平讲席"教授。

1989年之后的基欧汉迎来了学术生涯的辉煌。他主编了一系列国际关系理论的重要著作,出版了自己的第二部论文集,每一部著作都

---

① 秦亚青:《国际政治的社会建构——温特及其建构主义国际政治理论》,《美欧季刊》(台湾)2001年第15卷第2期。

② Robert Keohane, *International Institutions and State Power: Essays in International Relations Theory*, Boulder: Westview Press, 1989.

进一步巩固了他的学术权威地位。这些著作关涉新自由制度主义学术主导地位的确立,还关涉新自由制度主义主动应战,参与新现实主义、新自由制度主义与建构主义的激烈论战,成为开启国际关系理论创新的一把把钥匙。1996 年,基欧汉的夫人南纳尔·基欧汉被任命为杜克大学校长,基欧汉再次因"非学术原因"而动迁,成为杜克大学"詹姆斯·杜克讲席"教授。1999 年,基欧汉被一致推举为美国政治学会(American Political Science Association)主席。至此,基欧汉当代国际关系理论的泰斗地位完全确立起来。1989 之后基欧汉编辑、撰写的著作包括:1991 年与斯坦利·霍夫曼合编的《新欧洲共同体:决策与制度变迁》、1993 年与朱迪斯·戈德斯坦合编的《观念与外交政策》、1993 年与约瑟夫·奈及斯坦利·霍夫曼合编的《冷战之后:1989—1991 年的欧洲国家战略与国际制度》、1993 年与皮特·哈斯及麦克·利维合编的《地球制度:国际环境保护的有效性之源》、1994 年与艾黎诺·奥斯特洛姆合编的《从地方性公用地到全球相互依赖》、1996 年与麦克·利维合编的《环境援助制度的陷阱与承诺》、1996 年与海伦·米尔纳合编的《国际化与国内政治》、1999 年与海尔格·哈弗特敦等合编的《不完善的联盟:跨越时空的安全制度》、1999 年与皮特·卡曾斯坦及斯蒂芬·克拉斯纳合编的《世界政治研究的争鸣与探索》、1991 年与朱迪斯·戈德斯坦等合编的《合法化与世界政治》、2003 年与霍利泽格立芬合编的《人道主义干预的伦理、法律与政治困境》等。① 除此之外,基欧汉与加里·金、悉尼·维伯合著的《社会科学设计:定性研究的科学推理》,对社会科学研究方法进行了深入探究,成为社会科学研究者必

---

① 例如,20 世纪 90 年代基欧汉参与编辑的著作就有:*The New European Community: Decision-Making and Institutional Change*, edited with Stanley Hoffmann, Westview, 1991;*After the Cold War: State Strategies and International Institutions in Europe*, 1989—1991, with Joseph S. Nye and Stanley Hoffmann, eds., Cambridge, Mass.: Harvard, 1993;*Institutions for the Earth: Sources of Effective International Environmental Protection*, with Peter M. Haas and Marc A. Levy, eds., Cambridge, Mass.: MIT Press, 1993;*Ideas and Foreign Policy*, edited with Judith Goldstein, Cornell University Press, 1993;*From Local Commons to Global Interdependence*, edited with Elinor Ostrom, Sage Publishers, 1994;*Institutions for Environmental Aid: Pitfalls and Promise*, edited with Marc A. Levy, MIT Press, 1996;*Internationalization and Domestic Politics*, edited with Helen V. Milner, Cambridge University Press, 1996;*Imperfect Unions: Security Institutions Across Time and Space*, edited with Helga Haftendorn and Celeste A. Wallander, Oxford University Press, 1999;*Exploration and Contestation in the Study of World Politics*, edited with Peter J. Katzenstein and Stephen D. Krasner, MIT Press, 1999, etc.。

读的方法论著作。① 2001 年,基欧汉与约瑟夫·奈修订出版《权力与相互依赖》第三版。两位学者将全球化、国际机制与相互依赖概念相整合,对 21 世纪初的世界政治进行严肃的理论分析,成为代表新自由制度主义发展的巅峰之作。2002 年,基欧汉出版了第二部论文集《局部全球化世界中的制度、法律与治理》,这是基欧汉权威学术地位确立之后的著作,颇有"当权问政则静"的气势,不仅展示了他的学理高度,更体现了他晦学不倦的探索精神。②

基欧汉的学术思想

基欧汉的学术生涯缘起于对现实主义范式的质疑,发展于对现实主义范式的批判,成就于新自由制度主义范式的建构,辉煌于新自由制度主义(尤其是其构建的国际制度理论)与新现实主义之比肩主导地位的确立。基欧汉的学术发展历程以挑战现实主义为开端,以新自由制度主义获得比肩地位为中点,以积极迎接建构主义范式挑战为当前形态。可以说,基欧汉确立了一个国际关系理论的研究高度,堪与其理论成就比肩者寥若晨星。

基欧汉的学术生涯始于对现实主义范式的质疑,这也是他将博士论文选题定为研究联合国大会的制度框架是否影响联合国内各国关系的初衷。在解释国家行为时,国际制度是否重要,或国家行为仅仅是权力和利益分配所导致的?这是基欧汉的博士论文要解答的问题,也是其几十年学术生涯的研究重心。③ 源于这一问题的探讨,基欧汉将最初的关注重点确定为跨国关系(transnational relations)研究。约瑟夫·奈对这一问题的关注使得两人一见如故,奠定了数十年学术合作的基础。1971 年合作编辑了《国际组织》的"跨国关系与世界政治"专辑,1972 年该专辑结集出版,成为当前跨国主义研究的源头之作。编辑这本书的背景是,二次世界大战结束以来,各社会之间的经济联系迅速增加、跨国公司的作用日益增强,而且世界政治出现了意义深远的变化,包括经济问题在国际关系中的作用越来越重要、欧佩克的兴起、美日贸易关

---

① Gary King, Robert O. Keohane and Sydney Verba, *Designing Social Inquiry: Scientific Inference in Qualitative Research*, with, Princeton University Press, 1994.

② Robert Keohane, *Institutions, Law and Governance in a Partially Globalized World*, London: Routledge, 2002.

③ Martin Griffiths, *Fifty Key Thinkers in International Relations*, London: New York Routledge, 1999, p.185.

系的紧张、尼克松单方面宣布放弃布雷顿森林协定等。在这本著作的前言中,两人提出了批评现实主义同时又与现代主义拉开距离的一个颇为松散的世界政治范式①,强调多国公司、跨国性社会运动、国际组织对世界政治的影响,成为建构世界政治理论的起点。

1973 年,基欧汉和奈意识到,解释世界政治的关键问题可能在于研究政治权力与经济相互依赖的关系,关于这些问题的进一步思考就是《权力与相互依赖》的撰写和出版。1977 年《权力与相互依赖》(第一版)出版,标志着美国自由主义国际关系学派挑战(新)现实主义理论主导地位的开始,构成新自由制度主义兴起的理论基石。基欧汉和奈针对现实主义理想模式的核心判断(国家是国际政治最重要的行为体,使用武力或武力威胁是行使权力的最有效工具,世界政治中的问题有等级之分,军事安全最为重要),构建了一个复合相互依赖的分析模式:各个社会的多渠道联系;国家之间关系的议题包括许多无明确或无固定等级之分的问题;在复合相互依赖占主导地位的情况下,政府不在自己所处地区内或在某些问题上对其他政府使用军事力量。基欧汉和奈断言,上述三个特征比现实主义接近于经济和生态相互依赖方面的全球性问题,更有助于表现当前国家之间关系的特性。通过对复合相互依赖的界定,基欧汉和奈既表明了自己对此前国际关系研究的继承性,又体现了自己的独创性和挑战现实主义主导地位的本意,肇示着建构新的研究纲领的努力。

《权力与相互依赖》是一个巨大的转向,标志着建构国际制度理论的开始,是连接跨国主义、相互依赖与新自由制度主义的桥梁。在《权力与相互依赖》中,基欧汉与奈从建立一个新范式的尝试后退,转向建立一个新的研究纲领。② 他们放弃了将国内政治和外交政策纳入其相互依赖和跨国模式的任务,而这些曾是他们孜孜以求的。他们意在发展一种处于国际体系层次的世界政治理论,这意味着他们开始自动地向现实主义理论体系看齐。他们明确地指出,自己的动机并非完全是为了寻求一条通往世界永久和平的有效途径,而是想用这个概念批评在国际政治学研究中的传统权力理论,进行科学的修补,以在更大程度

---

① Michael Suhr, "Robert O. Keohane: A Contemporary Classic", in Iver Neumann and Ole Waver, eds., *The Future of International Relations: Masters in the Making*, London: Rouledge, 1997, pp. 90—120.

② Ibid.

上靠近客观现实。应该说,《权力与相互依赖》第一次全面否定了现实主义的基本假说。基欧汉和约瑟夫·奈明确地挑战了现实主义把国家作为行为者的许多前提假设:军事安全在外交事务中的相对重要性、军事力量在国际政治中的作用、事务性领域中权力资源的替换性。① 他们认识到,随着相互依赖的加深,国家间关系的调控越来越引起人们的关注和重视,而各种非国家行为体在国际舞台上越来越活跃,现实主义以国家和权力为中心的理论范式受到越来越多的挑战。他们第一次系统性地提出了国际机制的概念,并分析了国际机制变迁的四种模式,特别是详尽批驳了作为纯粹现实主义模式的总体结构主义,并全面论述了自己建构的国际组织模式;他们的研究表明,当国家处于复合相互依赖的世界中,在解释国际机制的变迁时,问题领域模式和国际组织模式更为有效。这一结论为国际制度理论的建构埋下了伏笔。

从基欧汉近四十年的学术生涯及其研究成果来看,其学术抱负就在于回答在相互依赖的世界上国际制度如何运作。②《权力与相互依赖》可谓其学术成就的第一块理论基石,而《霸权之后》则代表着这一努力的辉煌成果,这是作者力图将结构现实主义与复合相互依赖模式融会贯通的产物,即新自由制度主义研究纲领的确立。③ 自此,基欧汉开始接受结构现实主义最根本的假定。首先,他承认自己曾强调非国家行为体的重要意义,但后来认识到非国家行为体仍然是从属于国家的,所以将注意力回转到国家上来;④其次,他接受国家作为单一、理性和国际社会中主要行为体的现实主义命题;⑤最后,承认无政府状态是国际体系的基本特征。在此基础上,基欧汉探究复合相互依赖的世界上国际机制如何形成与变迁,以图认识和理解这个复合相互依赖的世界。基欧汉接受了现实主义的假设,但在国际制度对世界政治进程的影响上,他却得出了与现实主义截然不同的结论:国际机制赋予国家进行合作的能力,以降低交易成本,获致共同收益;国际制度很少参与协

---

① David Baldwin, ed., *Neorealism and Neoliberalism: The Contemporary Debate*, New York: Columbia University Press, 1993, pp.10—14.

② Robert O. Keohane, "From Interdependence and Institutions to Globalization and Governance—Introduction to *Institutions, Law and Governance in a Partially Globalized World*", December 14, 2001 (Manuscript).

③ Martin Griffiths, *Fifty Key Thinkers in International Relations*, pp.185—191.

④ Robert Keohane, *International Institutions and State Power*, p.8.

⑤ Robert Keohane, "Institutional Theory and the Realist Challenge After the Cold War", in David Baldwin, *Neorealism and Neoliberalism: The Contemporary Debate*, pp.301—338.

议的集中实施,但确实增加了互惠机会,使一国政府信守诺言,并督促他国也这样做;既然遵从国际机制已有的规范使他国的行为可以预见,强国也从遵守规则中获益。① 在该书中,基欧汉强调国际进程的重要性,将国际机制作为独立的解释变量,发展出一套系统的国际机制的创设及其功能的理论。

此后,基欧汉主要的理论关注点是国际机制或国际制度,其分析层次仍是研究纲领,但研究目标却已经定位为体系理论范式了。这个时候,国际关系理论发展仍然处于群雄逐鹿的阶段,但楚汉之争——新现实主义和新自由制度主义——已现端倪。从80年代中期的国际机制研究到90年代比较完整的国际制度理论框架的建立,新自由制度主义已经成为西方国际关系学中颇具影响力的理论流派,成为能够与新现实主义在理论方面抗衡、在学理方面展开辩论的政治哲学思潮。新自由制度主义提出了国际制度的供应派理论,强调了国际制度对于国家行为的影响和制约作用,讨论了无政府状态下国际合作的可能和条件。在方法论方面,新自由制度主义从对新现实主义的证伪着手,提出了以国际系统的进程为重要原因解释国家之国际行为的理论。从政治思潮的角度来看,虽然新自由制度主义接收了一些现实主义理论假定,但新自由制度主义强调具有理性的人所创造和建立的制度对于人们在相互依赖的社会中决策和行动的重大影响力,强调政治进程及其可变性,强调无政府状态下的秩序与合作,淡化冲突、淡化权力结构,这些观点在西方自由主义传统中是根深蒂固的。② 在新自由制度主义比肩主导地位的确立过程中,冷战结束,两极格局崩溃,全球化进程日趋加速,相互依赖加深。此前,基欧汉对现实问题的注意力集中于世界政治和美国问题;此后,他转向关注制度因素如何影响欧洲的转型,探讨主权、合法化、人道主义干预等的含义,研究国内政治对国际关系的影响等。在世界政治层次上,基欧汉致力于国际治理的探究,并提出全球主义治理的

---

① 基欧汉在哈佛读书期间深受权力政治的影响,这是不容抹杀的。基欧汉曾无可奈何地指出:"80年代许多朋友认为我弯腰屈服,向现实主义和新现实主义表示敬意,并将我称为新现实主义者,尽管我明确宣布反对这一立场。"参见 Robert Keohane, *International Institutions and State Power: Essays in International Relations Theory*, pp.21—31。

② 秦亚青:《国际制度与国际合作——反思新自由制度主义》,《外交学院学报》1998年第1期。

理论框架。①

通过以上分析,我们大约可以把握基欧汉的学术发展脉络。他以创建体系理论范式的雄心作为出发点,但其途径却是从研究纲领的层次着手,走的是"中间道路"。基欧汉与立志在现代主义和现实主义之间创立独立研究纲领的学者共同起步;而后,他退回到传统主义的核心假定,接受现实主义对国际行为体性质及其社会环境的假定,接受现实主义对国家行为动机的假定,承认国家是理性的自我主义者,国家行为目的是自我利益(基欧汉称之为"系统分析的普遍模式"②);他承认国家是国际政治的"关键行为体",而国际社会的无政府状态影响了国际合作;他选择了个体主义的方法论,承认国际体系中权力和财富的分配对国家行为有重要的影响。在此基础上,他建立了自己的体系层次的理论,即国际制度理论。可以说,基欧汉的理论融合了现实主义和自由主义两家之长,具有强大的生命力。③ 基欧汉自己也承认,他的新自由制度主义就是同样多地从现实主义和自由主义借鉴过来的。总结新自由制度主义的发展轨迹,我们可以看到,新自由制度主义是在挑战新现实主义的过程中成长和发展起来的,它接受了新现实主义的合理内核,在此基础上发展成为独立的国际机制理论体系,其后又借鉴核吸纳其他国际关系理论流派特别是建构主义学派的最新成果,及时保持着学术前沿地位。需要指出的是,基欧汉不仅对某一派理论做出贡献,国际制度理论与新自由主义理论密切相关,对权力和知识为基础的机制理论也贡献良多。④ 1988 年基欧汉发表《研究国际制度的两种方法》一文,代表着新自由制度主义比肩权威地位的确立、新自由制度主义和新

---

① Robert Keohane and Joseph Nye, "Introduction", in Joseph Nye and John Donahue, eds., *Governance in a Globalizing World*, Washington: Brookings Institution Press, 2000, pp. 1—41; Robert Keohane and Joseph Nye, Jr., "Globalization: What's New? What's Not (And So What)?", *Foreign Policy*, Spring 2000, pp. 104—119; Robert Keohane, "Governance in a Partially Globalized World", *American Political Science Review*, March 2001, pp. 1—13; Robert Keohane, "The Globalization of Informal Violence, Interdependence and Legitimacy in World Politics After September 11" (forthcoming); etc..

② Robert Keohane, *After Hegemony: Cooperation and Discord in the World Political Economy*, p. 27.

③ Andreas Hasenclever, Peter Mayer, and Volker Rittberger, *Theories of International Regimes*, London: Cambridge University Press, 1997, p. 14.

④ Ibid., p. 6; Robert Keohane, "The Theory of Hegemonic Stability and Changes in International Economic Regimes 1967—1977", in Ole Holsti, et al., eds, *Changes in the international System*, Boulder: Westview Press, 1980; Judith Goldstein and Robert Keohane, eds., *Ideas and Foreign Policy: Beliefs, Institutions, and Political Change*, Ithaca: Carnell University Press, 1993.

现实主义之间的范式趋同,也代表着基欧汉对建构主义(文中用了"反思主义"一词)兴起的敏锐把握。① 1993年基欧汉与朱迪斯·戈德斯坦合编的《观念与外交政策》显然也体现了基欧汉对建构主义理论观点的初步借鉴。对挑战新自由制度主义学术权威地位的建构主义,基欧汉以开放的心态做出了积极的回应。②

以上分析表明,基欧汉的学术研究是体系层次的,目的也在于建构堪与新现实主义比肩的体系理论。③ 应该说,基欧汉的学术抱负得到了实现。基欧汉以建设性的挑战者身份出现在国际关系理论论争的核心,以国际制度体系理论确立学术泰斗的地位、以权威学者的身份领导着不同时期国际关系理论的研究趋势,并以积极的姿态回应建构主义的学术挑战,继续保持着学术前沿的地位。从这个角度看,基欧汉堪称诠释和建构世界政治理论的经典大师。

基欧汉的学术研究不仅给他带来了盛誉,也带来了一波又一波的挑战。这些挑战不仅来源于外部(如新现实主义、建构主义),也来源于新自由主义内部。正如戴维·朗(David Long)指出的,基欧汉试图在现实主义和自由主义之间架设桥梁,然而他未能取悦前者,又使得后者大为光火。④ 基欧汉对国际制度作用的局限性强调不够。罗伯特·吉尔平指出:"在新自由制度主义者看来,国际规则、国际制度已经变得足够强大了,足以应对全球化了的国际经济挑战,就算现存的国际制度有所不足,新国际制度的也会被创造出来,或者像过去那样被改造成功。……要达到他们的理想还存在重大障碍。各国对于限制主权行为的不断抵触、国际机制与国际制度活动领域的有限性以及遵从(compliance)的严重问题意味着,新自由制度主义不能单独治理好全球经

---

① Robert O. Keohane, "International Institutions: Two Approaches", *International Studies Quarterly*, Vol. 32, No. 4, December 1988, pp. 379—396.

② 他指出:"温特《国际政治的社会理论》将成为国际关系理论的经典著作。……温特将现实主义、整体主义和理想主义结合起来,他给国际关系思想发展带来的震撼之大可想而知。"参见 Robet Keohane, "Ideas Part-way Down", *Review of International Studies*, Vol. 26, 2000, pp. 125—130。

③ 秦亚青:《权力·制度·文化——国际政治学的三种体系理论》,《世界经济与政治》2002年第6期。

④ David Long, "The Harvard School of Liberal International Theory: A Case for Closure", *Millennium: Journal of International Studies*, Vol. 24, 1995, pp. 489—505.

济。"①当然,瑕不掩瑜,基欧汉的学术思想及其著述启迪了几代学者关于世界政治图景的认识,我们相信,随着全球化和相互依赖的进一步深化,这种启迪作用将继续并将呈现增强的趋势。

基欧汉的学术启示

基欧汉的学术思想及其著述是国际关系研究的瑰宝,值得我们深入挖掘,以寻求学术启示。基欧汉的学术成就来源其一首先是于他对国际关系理论主题以及现实问题之间关联的敏锐把握,从而力争成为国际关系理论研究议程的主角。20世纪60、70年代国际关系的变革是造就基欧汉学术地位的现实基础,而现实主义理论对国际关系现实变化解释的乏力给了基欧汉学术研究的理论动力。所谓"时势造英雄",国际关系现实的变革和既有理论解释能力的乏力促使基欧汉走上了理论挑战和新理论建构之路。正是对相互依赖的国际现实、美国不完全衰落、冷战后国际关系转型等现实问题的深入剖析,促成基欧汉提出了跨国主义模式、复合相互依赖模式、功能性国际机制论模式、全球主义治理框架等,造就了新自由制度主义的研究纲领。跨国主义、相互依赖、国际机制、全球治理这些概念都不是基欧汉首先提出的,但他却敏锐把握到这些概念的理论价值,并以之作为建构理论体系的基础概念,从而逐步成为国际关系论研究议程的确定者。这种敏锐的问题把握能力和理论抽象能力是基欧汉学术成就的核心推动力。

其二,基欧汉的成就源于他对其他学科知识的学习能力。国际关系学科的发展不仅局限于国际关系研究本身,而应将知识触角延伸到各个相关和看似不相关的领域。知识创新多源于学科边缘或边缘学科,体现的就是这样一个道理。"基欧汉的研究表明,同时跟踪国际关系学之外的其他学术领域的动向是一件非常有价值的工作"②。如前所述,基欧汉对金德尔博格关于交易成本、不确定性、风险的研究的兴趣,以及对科斯、威廉姆森等经济学家著述的研读,使他认识到制度经济学的重要性。他将制度经济学的核心概念制度、交易成本、不确定性等引入到国际关系研究,从而提出了功能性国际机制理论。基欧汉还通过对国际法的研究,强调了国际法与国际制度研究之间的关联,他因

---

① 罗伯特·吉尔平:《国际治理的现实主义视角》,《马克思主义与现实》2003 年第 5 期。

② Michael Suhr,"Robert O. Keohane: A Contemporary Classic", pp. 90—120.

此开始和进一步研究合法化对国际制度的作用。① 将新制度经济学、国际法成果与国际制度研究结合起来,为基欧汉的理论探索提供了开阔的视野。

其三,基欧汉的学术成就与其对研究主题的一贯追求和海纳百川的学术吸纳能力是分不开的。在解释国家行为时,国际制度是否重要,或国家行为仅仅是权力和利益分配所导致的?这是基欧汉的博士论文要解答的问题,也是其几十年学术生涯的研究重心。在分析这一主题的过程中,基欧汉体现出了学者的真诚勇气,敢于承认自己理论建树过程中的不成熟,勇于接受新的理论认识,以进一步完善自己的研究主题。他指出,意识到国际关系学科的内在限制应该使得我们谦卑。我们的理论不能对过去提供全部解释,显然我们也不能预测未来。向前看,我们对要解释的事物所知甚少,向后看,我们却又所知太多——因为每一件事情都是相关的,难以排除其因果联系。过去的事情似乎过于确定了,而未来的事情却总是扑朔迷离。鉴于此,我们研究世界政治的目的不在于承担科学研究的义务,而是意识到人类福祉、命运和脆弱的全球生态的未来取决于人类成功应对经济相互依赖、核武器和世界环境的能力。我们也许无法完全理解世界政治,但我们知道我们自己及我们子孙的命运系于之。② 同时,基欧汉又坚持将研究主题定位为促进国际合作,他强调:"并非所有合作都值得褒扬,政府常常为发动战争、盘剥他者、隐瞒自己掠夺他者的影响而合作,但我相信,国际合作——尽管目前并不充分——是21世纪生活、自由、追求幸福的必要条件。为这一课题而迷惑是值得的。"③

其四,基欧汉的学术成就与他的学术合作精神和保持长期合作的能力密切相关。基欧汉与约瑟夫·奈的长期密切合作,共同推动国际关系研究的发展,并始终保持学术前沿地位,这已经成为国际关系理论学界的合作楷模。基欧汉与约瑟夫·奈曾这样描述两人的长期合作关系:"在撕掉彼此章节的时候,我们排除了自负。虽然合作中难免遇到

---

① Robert O. Keohane, "International Relations and International Law: Two Optics", *Harvard International Law Journal*, Vol. 38, No. 2, Spring 1997, 487—502; Robert Keohane and Judith Goldstein, Miles Kahler, and Anne-Marie Slaughter, *Legalization and World Politics*, MIT Press, 2001.

② Robert Keohane, *International Institutions and State Power: Essays in International Relations Theory*, Boulder: Westview Press, 1989, p. 21.

③ Ibid., p. 31.

挫折,但合作带来了迅速回应、挖掘思想的学术乐趣。对我们而言,合作既是知识激励之源,也是友谊加深的纽带,这是言语难以表达的,而且怎么强调都不为过。"① 此外,基欧汉积极参与和组织学术研讨会议,与国际关系学界的知名学者有着良好的合作,他与其他学者联合编辑的十数本著作成为国际关系研究中的一座座丰碑,记载着国际关系理论研究的历程,反映着不同阶段学术发展的最高成就,也促成并巩固了基欧汉的学术地位。

其五,教书育人是基欧汉进入学术研究领域的起点,而数十年的教授生涯给他带来了桃李满天下的美誉,教学相长这一中国传统古训在基欧汉的学术生涯中得到了充分体现。基欧汉笑谈回到哈佛大学执教是因为哈佛得天下英才而育之的优势,而且,确有众多国际关系研究成名学者和新锐出自其门下:法利德·扎卡里亚(Fareed Zakaria)、利莎·马丁(Lisa L. Martin)、海伦·米尔纳(Helen V. Milner)、约翰·欧文(John Owen)、贝思·西蒙思(Beth Simmons)、朱迪斯·提克纳(Judith Ann Tickner)等。这些学生也成为基欧汉的密切合作者,有的学生还与基欧汉联合主编了知名著作。学生的声名鹊起成为基欧学术权威地位的另一种象征。

本文系作者为《局部全球化世界中的自由主义、权力与治理》(北京大学出版社2004年版)撰写的译者序言,发表于《美国研究》2004年第4期。

---

① 罗伯特·基欧汉、约瑟夫·奈:《权力与相互依赖》(第三版),北京大学出版社2002年版,"中文版序言",第42页。

探究国际秩序建构的逻辑

国际秩序建构是大国战略必须回答的问题,而大战之后领导国的战略选择尤为确立国际秩序的关键。但正如历史学者兰德尔·施韦勒(Randall L. Schweller)指出的:"国际关系研究对国际秩序如何出现及其变迁关注甚少。关于战后如何处理战败国,惟有少数关于均势理论的文献触及,政治学者将这些问题交给了外交家和历史学家来评估获胜大国昔日如何处理战败国,将来应该怎样做。"[1]鉴于此,2001年由普林斯顿大学出版社出版的《大战胜利之后:制度、战略约束与战后秩序的重建》(以下简称《大战胜利之后》)堪属填补学科空白之作。本书是美国著名战略学者约翰·伊肯伯里(G. John Ikenberry)的代表作,与保罗·肯尼迪(Paul Kennedy)的《大国的兴衰:1500—2000年的经济变迁与军事冲突》并称美国战略研究的两大高峰,也是自赫德利·布尔(Hedley Bull)的《无政府社会:世

---

[1] Randall L. Schweller, "The Problem of International Order Revisited: A Review Essay", *International Security*, Vol. 26, No. 1, Summer 2001, pp. 161—186.

界政治秩序研究》出版以来最重要的国际秩序著作。① 本书出版后好评如潮,旋即荣获美国政治学会 2002 年度最佳国际历史与政策著作杰维斯–施罗德奖(Winner of Robert L. Jervis and Paul W. Schroeder Prize),并成为战略研究界引用率最高的著作之一。《大战胜利之后》以领导国战略与战后国际秩序建构为主题,研究 1815 年威斯特伐利亚体系确立至今近两百年的国际秩序变迁,强调领导国战略选择的决定性意义,被视为架起国际关系研究与战略研究的沟通桥梁之作。

本文拟从如下三个方面对《大战胜利之后》一书进行评价:第一,约翰·伊肯伯里其人其文,探究为什么作者能够写出这样的学术名著;第二,《大战胜利之后》在分析国际秩序建构方面的里程碑地位,评述该书的学术价值;第三,结合伊肯伯里关于中国崛起与国际秩序的最新论述,探究《大战胜利之后》对中国秩序战略的启示意义。

约翰·伊肯伯里的学术征程

约翰·伊肯伯里,生于 1954 年 10 月 5 日,现为普林斯顿大学政治系、伍德罗·威尔逊学院艾尔波特·米尔班克讲座教授(Albert G. Milbank Professor of Politics and International Affairs)。伊肯伯里在美国战略理论界、政策分析界、政府具有广泛的影响,是美国战略研究界中青年一代的领军人物,被公认为继保罗·肯尼迪、约翰·加迪斯(John Gaddis)之后美国最富盛誉的战略学者。他以经历丰富、精力丰沛、成果丰硕著称于战略研究界。

伊肯伯里谙熟美国的"旋转门"制度,长期以来流转于学术界、政策界和政府部门之间,使其研究成果既有深厚的理论基础,亦有实践作为背景支撑,其远见卓识由此得以锤炼,诸多实践检验也确保了其研究成果的敏锐和针对性。

伊肯伯里 1985 毕业于芝加哥大学政治系,获得政治学博士学位。攻读博士学位期间,伊肯伯里就曾获得布鲁金斯学会(Brookings Institution)资助,担任 1982—1983 年度研究员。1984—1992 年,伊肯伯里执教于普林斯顿大学政治系,其中 1991—1992 年任职美国国务院政策计划司,同时担任外交关系委员会(The Council on Foreign Relations)的

---

① Paul Kennedy, *The Rise and Fall of Great Powers: Economic Change and Military Conflict*, New York: Random House, 1987; Hedley Bull, *The Anarchical Society: A Study of Order in World Politics*, New York: Columbia University Press, 1980.

国际事务研究员,兼跨政府部门和政策研究两界。此后,他全职投入政策研究,1992—1993 年担任卡内基国际和平基金会的高级研究员,重点研究美欧关系;1992—1994 年担任国际货币基金组织和世界银行未来委员会高级研究顾问;1993—1994 年领导外交关系委员会"民主及其不满"的研究小组从事民主研究,并将其研究视角拓展到西方与其他国家的关系。1994 年,伊肯伯里进入不惑之年,其人生道路选择亦日渐定型,其标志就是自此全职投入学术界。1994—2000 年伊肯伯里执教于宾夕法尼亚大学,2000—2004 年执教于乔治敦大学,2004 年至今执教于普林斯顿大学政治系、伍德罗·威尔逊公共与国际事务学院。与此同时,他积极寻求建立学术研究、政策分析和政府服务三者之间的桥梁。期间,他 1997—2002 年担任布鲁金斯学会兼职高级研究员;1997—1998 年获得外交关系委员会资助,在国际政策研究所(日本东京)担任日立国际关系研究院研究员;1998—1999 年担任伍德罗·威尔逊国际学术中心访问学者;2003—2004 担任美国国务院年度顾问团成员。期间,他获得多国、多项学术研究和政策分析项目的支持。尤其是他获得美日基金会(The U. S. -Japan Foundation)、全球伙伴委员会(The Committee for Global Partnership)的资助,主持"美日在地区安全和治理上的协作"(United States and Japanese Collaboration on Regional Security and Governance)多年度项目;获得 2002—2004 年德国马歇尔基金会资助,研究跨大西洋关系,为其研究西方国家间合作和美国联盟战略提供了重要条件。这些经历和学术积淀最终使其迎来了一个影响世界的重大机遇。2004—2006 年他与普林斯顿大学伍德罗·威尔逊公共与国际事务学院院长安妮-玛丽·斯劳特(Anne-Marie Slaughter)共同主持普林斯顿国家安全项目"铸造法治之下的自由世界:21 世纪美国国家安全战略"(Forging A World of Liberty Under Law:U. S. National Security in the 21st Century),组织美国政学研各界 400 多位知名人士为美国 21 世纪的安全战略做出全面规划,普林斯顿项目最后报告的核心思想实际上是伊肯伯里多年研究和经历的结晶。①

　　伊肯伯里的学术研究从国际关系理论和美国战略起步,多年来把美国国内政治、美国大战略、国际关系理论、跨大西洋关系、美日关系、西方秩序作为研究核心,最近则逐步将其研究重心转向亚洲,并对中国

---

① 关于普林斯顿计划的系列研究成果,请参见 http://www.princeton.edu/~ppns/report.html。

研究表现出越来越浓厚的兴趣。与此同时,他长期致力于杂志和丛书编辑工作,1985—1992 年担任《世界政治》(World Politics)副主编、主编,目前仍担任编委会成员;1998 年至今担任《外交》(Foreign Affairs)政法著作的评论人;1999 年至今担任《亚太国际关系》(International Relations of the Asia Pacific)联合主编;1999 年至今担任《当代历史》(Current History)编委;1997 年至今担任哥伦比亚大学出版社国际关系丛书编委;2001 年迄今担任普林斯顿大学出版社历史与国际关系丛书联合主编;2002 年至今担任东西方中心东亚丛书编委等。此外,他在世界各地讲学,学术足迹遍及美、欧、亚。根据伊肯伯里自己提供的资料,2002 年他在美国发表演讲 15 次,到日本、韩国、英国、意大利、芬兰、西班牙、中国等发表演讲或参加会议 9 次,平均半月发表一次演讲,这还不包括他在卡内基国际和平基金会、布鲁金斯学会等主持的研讨会、演讲会,其学术影响力和活跃程度由此可见一斑。

广泛的研究兴趣和开阔的学术视野决定了,伊肯伯里能够做到著作等身,重量级学术论文频频见诸学刊。他在美欧所有重要学术期刊上均发表过宏论,在诸多政策性杂志发表见解,还是《纽约时报》《国际先驱论坛报》的专栏作家。粗略划分,伊肯伯里关于外交政策与国际关系理论的著作包括:《美国外交政策理论文集》(American Foreign Policy: Theoretical Essays, 1988, 主编);《论国家》(The State, 1989, 联合主编);《国际关系新思维》(New Thinking in International Relations, 1997, 联合主编);《国家权力与世界经济》(State Power and World Market: The International Political Economy, 2003, 合著);《遭受质疑的民族国家》(The Nation-State in Question, 2003, 联合主编);《国际关系理论与亚太》(International Relations Theory and the Asia-Pacific, 2003, 联合主编)。伊肯伯里关于美国战略的著作包括:《国家与美国对外经济政策》(The State and American Foreign Economic Policy, 1988, 联合主编);《国家理性:石油政治与美国政府能力》(Reasons of State: Oil Politics and the Capacities of American Government, 1988, 专著);《美国促进民主:动机、战略及其影响》(U.S. Democracy Promotion: Impulses, Strategies, and Impacts, 2000, 联合主编);《美国无敌:均势的未来》(American Unrivaled: The Future of the Balance of Power, 2002, 主编);《美国与东北亚》(The United States and Northeast Asia: Old Issues, New Thinking, 2007, 专著);《确定方向:关于美国大战略的争论》(Finding Our Way: Debating American Grand Strategy, 2008, 合著);伊肯伯里关于西方关系

(含跨大西洋关系和美日关系)的著作包括:《大西洋边疆:美欧关系新议程》(Atlantic Frontiers: A New Agenda for U. S. -EC Relations, 1993,合著);《改造同盟:变革时代的美日安全伙伴关系》(Reinventing the Alliance: US-Japan Security Partnership in an Era of Change, 2003,联合主编);《制度功效:美国、日本与东亚治理》(The Uses of Institutions: The U. S., Japan, and Governance in East Asia, 2007,联合主编)等。伊肯伯里关于国际秩序的著作包括:《大战胜利之后:制度、战略约束与战后秩序重建》(After Victory: Institutions, Strategic Restraint, and the Rebuilding of Order after Major Wars, 2001,专著);《自由秩序与帝国野心》(Liberal Order and Imperial Ambition: Essays on American Power and International Order, 2006,专著);《西方的终结:大西洋秩序的危机与变迁》(The End of the West? Crisis and Change in the Atlantic Order, 2008,合著)等。

· 探究国际秩序建构的逻辑 ·

纵观伊肯伯里的学术历程,美国国内政治尤其是其民主制度为探究问题的出发点,美国战略是其研究的重心,而国际秩序是他所关注的美国与世界关系的核心。从20世纪80年代学术起步开始,伊肯伯里就把国际秩序研究作为主攻方向,学术地位的取得与其对国际秩序的探索是分不开的,亦与国际秩序变迁受到重视的全球情势分不开。他在《大战胜利之后》前言中指出,"我对战后重要历史关头及和平安排的兴趣始于20世纪80年代末,当时关于美国霸权特征及其意义的探讨如火如荼。我不仅对美国霸权的衰落感兴趣,而且关注霸权秩序如何首创,以及更一般意义上政治秩序如何创立"。这种长期关注的秉持,最终使他成为国际秩序研究上最权威的理论学者。从理论取向上看,伊肯伯里的基本理论核心是自由主义,但他并不像其他自由主义学者一样抵制现实主义的作用,而是结合二者①,并强调建构主义的价值。② 这种理论融合运用体现了战略研究不拘一格的理论视野,可以

---

① 他与新现实主义代表人物约瑟夫·杰里埃科的合作堪称经典,参见 Joseph M. Grieco and G. John Ikenberry, *State Power and World Market: The International Political Economy*, New York: W. W. Norton & Company, 2003.

② 以下文章可以明确体现出伊肯伯里对建构主义的建设性态度:G. John Ikenberry and Jitsuo Tsuchiyama, "Between Balance of Power and Community: the Future of Multilateral Security Co-operation in the Asia-Pacific", *International Relations of the Asia-Pacific*, Vol. 2, 2002, pp. 69—94.

说,在他身上体现了杰出战略研究者的应有素质。① 这样一位学者的理论积淀、战略视野和学术成就足以为学界所看重,弗朗西斯·福山(Francis Fukuyama)称他为"美国自由国际主义的桂冠诗人(poet laureate),是同时代最富天才的国际关系学者"②。

《大战胜利之后》的学术价值

1. 探究大国与国际秩序关系的战略意义

国际秩序是大国的核心国际战略议题。进入现代以来,大国崛起进程和标志均与国际秩序相关,大国首先崛起于所在地区,并逐步向全球扩展其影响,地区秩序和全球秩序均将因此而震动。堪为作证的是,冷战结束前夕,大国领袖关心的不是具体的事务(如裁军等),而是国际秩序的走向,邓小平和美国总统布什建立国际秩序的构想均体现了这一点。③

根据既有的理解,国际秩序包含如下几个方面的内容:第一,国际秩序是某一时段各主要行为体基于实力造就的格局。换言之,国际秩序是建立在各行为体尤其是主要国家力量对比基础之上的。国际秩序是权力分配的结果。第二,国际秩序是某一时期国际社会各行为体围绕一定的目标,在利益基础之上相互作用、相互斗争而确立的国际行为规则和保障机制。也就是说,国际秩序是国家间尤其是大国之间利益分配的结果。第三,一定时期的国际秩序是否稳定,往往取决于主要大国在核心观念上能否达成和保持一致、默契或必要的妥协。换言之,国际体系内的观念分配将是决定国际秩序能否建立、可否保持稳定的关键性变量。第四,国际秩序指的是国际社会中的主权国家、国家集团和国际组织等行为体按照某种原则、规范、目标和手段来处理彼此间的关系,以及所建立或维系的某种国际政治经济运行机制和整体态势。也就是说,国际制度是建构和维持国际秩序的决定性变量。综上所述,国

---

① 笔者曾指出,大战略学者(grand strategist)应是饱学的史学家、远见的哲学家、深刻的思想家、敏锐的战略家,具有丰富的学识、弹性的心灵、高度的智慧、进取的精神。参见门洪华:《构建中国大战略的框架:国家实力、战略观念与国际制度》,北京大学出版社2006年版,第56页。

② 参见 http://www.polity.co.uk/book.asp?ref=9780745636498。

③ 相关分析参见:门洪华:《构建中国大战略的框架:国家实力、战略观念与国际制度》,第328页;门洪华:《霸权之翼:美国国际制度战略研究》,北京大学出版社2005年版,第165—166页。

际秩序是国际社会中主要行为体尤其是主导大国权力分配、利益分配、观念分配的结果,而其主要表现形式就是全球性国际制度的创立与运行。①

国际秩序是国际社会各主要行为体尤其是主导大国权力分配、利益分配、观念分配的结果,因此大国对国际秩序的影响必然是巨大的。海德利·布尔指出,大国之所以能够影响国际秩序,是因为构成国际体系的国家所拥有的权力是不平等的,国家实力的不平等使得国际关系格局简单化,大国也可能采取有助于维持或损害国际秩序的政策。布尔指出,大国所维持的国际秩序在整个国际社会得到了广泛的支持,然而大国总是面临着如何让其他国家认可自己在国际体系发挥特殊作用的问题。鉴于此,大国必须努力避免采取引人注目的破坏秩序的行为,满足世界上某些公正变革的要求。② 然而,冷战结束已近二十年,国际秩序却依旧处于转型之中,"美国如何管理和平依旧是处于当代国际政治核心的首要问题",而美国反其道而行之,奉行单边主义和先发制人战略,实际上开改造国际秩序之先河,导致美国与国际秩序的关系面临着严峻的考验。③

理解美国与国际秩序的关系,需要相关理论的建构,更需要历史经验教训的回溯。在这个意义上,伊肯伯里的国际秩序理论和政策研究具有开创性,通过《大战胜利之后》及随后进一步的探究,伊肯伯里就上述问题做出了颇有说服力的解释。

2.《大战胜利之后》的主要内容

《大战胜利之后》的主题是,探究大战之后国际秩序的建构,即赢得胜利的主导国如何运用其实力建立国际秩序。以此为核心,本书确定将领导国的国际秩序建构战略作为主要分析对象。伊肯伯里认为,寻求这一问题之答案的最佳途径是研究战后情势,因为各领导国均力图克服关于秩序建构的基本难题。其中关涉三个核心问题:面对历史关头,新兴大国进行选择的逻辑是什么?如何解释1815年、1919年和1945年的秩序建设中领导国越来越多地采用制度战略?如何解释工业化民主国家1945年建立的秩序在冷战后所体现出来的稳固性?以

---

① 门洪华:《大国崛起与国际秩序》,《国际政治研究》2004年第2期。
② Hedley Bull, *The Anarchical Society: A Study of Order in World Politics*, pp. 199—222.
③ 门洪华:《美国霸权与国际秩序:一项历史分析》,《远景基金会季刊》(台北)2006年第3期。

此为线索,该书勾勒出1815年至今近200年的国际秩序变迁画卷,全面评述欧洲秩序观的优劣,并对美欧秩序战略进行比较分析,其中所涉及的国际制度优化和大国战略变迁尤其引人注目。

第一,《大战胜利之后》总结国际秩序的类型,指出均势、霸权和宪政秩序呈现递进态势,而宪政秩序是围绕分配权利、制约权力行使的法治和政治制度而建立起来的政治秩序,突出了战略约束对领导国的战略价值。第二,在以上分析基础上,作者提出了国际秩序建构的制度逻辑,其基本思路是对国际秩序建构战略进行理论批评,提出自己的理论假设。作者从对国际秩序源泉的争论开始,对现实主义和自由主义理论的传统秩序思想进行批评,致力于超越现实主义过分关注权力作用和自由主义所秉持的理性主义和契约制度理论,提出国际秩序建构的制度路径。作者概括指出,在战后关头,领导国有三种重大选择:运用于其实力主导弱国和战败国;抛弃他国,回国专注于自身发展;运用其强大的实力地位获得认可,并参与到一个彼此接受的战后秩序之中。而领导国期望将其一时的控制性实力地位转化为长期的、持久优势,战后创立合法秩序的动机使得宪政安排颇有吸引力。新的领导国约束自己,同意对自己权力的行使施加限制,换取其他国家对规则和制度进程的同意,以确保战后秩序的持久性和可预期性。对强国而言,制度的吸引力在于,它们能够有效地消除某些损害其根本利益的后果,限制其他国家的未来所得;对弱国而言,制度妥协排除或至少降低了它们所担心的某些后果带来的危险(如被强国所主导或抛弃)。达成协议之后,制度粘性将增强战后协议的稳定性。作者认为,随着时间的推移,战后安排趋于制度化秩序的方向,开始带有宪政特征,实力通过大家均同意的制度规则和惯例来展示,从而限制了各国随意滥用实力或利用其实力谋取对弱国的永久优势的能力。作者强调,这是一个理想模式(ideal type),战后重大安排均非完全符合这一理想逻辑,但它有助于进行历史分析和未来展望。第三,作者通过对1815年、1919年和1945年秩序建构的分析验证以上理论假设。1815年的案例表明,领导国英国试图将制度作为约束权力的机制,开始出现了某些宪政秩序的印迹,但由于参与国的非民主化特征,约束性制度的建设是有限的。1919年,战后西方列强普遍采用民主制度为达成制度性安排提供了机遇,美国提出了雄心勃勃的制度创意,欧洲寻求将美国拖入安全承诺之中,制度性协议变得唾手可得。失败的原因在于各国的敏感,尤其是在面对盟国利益冲突之际,伍德罗·威尔逊对法律和制度来源的顽固信念、美国实力使用不当、错过的机遇使得战后安排的失败成为必然。1945年的历史关头为领导国和次等国家确立制度安排提供了最为显著的动机和能力。美国更有能力与其他国家达成制度协议,美国国内体制的特征和约束性制度的普遍采用有助于限制其实力的回报,实力高度失衡使得欧洲各国迫切期望签署协议,各国的民主特征使由此而达成的制度安排更为可信和有效,多边的、互惠的、合法的、高度制度化的国际秩序就此构筑起来。第四,作者对冷战后的国际秩序进行分析,认为1989—1991年的巨变只是摧毁了二战后的两极国际秩序,民主工业化国家之间的秩序稳如磐石。鉴于新的权力分配正在型塑之中,有必要重新检视昔日的战后安排。作者指出,20世纪90年代,美国寻求制度建设议程,力图在经济和安全领域都建立和扩展地区性、全球性制度,将制度作为将其他国家锁定在所期望的政策倾向上的工具,并愿意对自己的自主权进行某些限制;其他国家也把制度视为获得进入美国的途径。这一制度建设模式可被视为西方战后安排逻辑的延续。第五,该书最后探究了这一分析对美国外交政策制定者的启示。作者强调,鉴于权力的低回报和制度的高回报,实力最持久的国家是那些进行制度合作并通过制度使用其实力者。进入21世纪,美国成为世界上孤独的超级大国。作者提醒美国决策者小心运用其权力,美国巨大的实力优势能否很好地用于创立持久而合法的国际秩序,在很大程度上取决于决策者如何在国际制度内运用实力和进行运作。

3. 对《大战胜利之后》的肯定与批评

《大战胜利之后》出版后好评如潮。戴维·莱克(David A. Lake)指出:"战后秩序的起源是国际关系研究的核心问题之一,堪称我们时代关键性的分析领域、政策领域,《大战胜利之后》显然是这一领域的重要作品,其理论视野和经验分析尤其引人注目。"约瑟夫·杰里埃科(Joseph Grieco)评价道:"在理论探索、历史纵深、政策相关性、分析精准等方面,该书堪称国际关系领域的精品之作,过去四分之一世纪以来其他著述难以企及。"① 该书理论周延、分析透彻、论述规范,被称为社会科学的最佳典范之作。② 笔者通过国际秩序分析的文献梳理发现,关于国际秩序的著作汗牛充栋,然而从战略角度探究国际秩序建构的,

---

① 以上评论均引自本书英文版的封底。
② Christopher Coker,"After Victory", *International Relations of the Asia-Pacific*, Vol. 2, 2002, pp. 265—266.

则非本书莫属。

《大战胜利之后》第一次全面总结了国际秩序建构中的经验教训,阐述主导国的战略选择及其成效,从而总结出国际秩序建构的制度路径,由此确立了该书在探究国际秩序建构逻辑方面的里程碑地位。可以说,严密的理论建构、理论与实践的紧密结合、历史案例的实证分析确保了该书的这一地位。从理论建构上,该书将自由主义理论和现实主义理论融为一体,形成一个包容性的理论体系和实证框架,对处于国际政治和当代美国外交政策核心的国际秩序建构问题进行了理论探索,对霸权国如何从推进约束和承诺获益进行了迄今最具说服力的理论解释。① 尤其是,作者关于领导国民主制度的强调秉持了自由主义的基本立场,而以自由主义作为基本价值取向的制度战略颇具启示意义,亦从战略高度发展了自由主义秩序理论。进而言之,该书将国内民主制度与国际秩序的进化结合起来,体现出"民主和平论"的延伸。作者强调,从1945年安排及1989年之后的安排来看,接触或扩大约束制度的提议显然与各参与国的民主特征相关。惟有通过扩展民主美国才得以超越均势秩序,美国本身的开放特征和多边制度网络造就了当前秩序的宪政特色。从理论和实践的结合上,作者强调,约束和承诺并非是主导国之领导地位的敌人。正是在这一点上,伊肯伯里堪称天才型的大战略家。他进而指出,随着主导国做出承诺、限制自身权力的能力逐步增强,霸权国建立稳定而合作秩序的能力也发生了变化,随着民主的扩展和美国成为20世纪的世界大国,国际秩序超越了简单的均势政治,而体现出宪政特征。从实证分析上,该书将对美国战略的剖析纳入历史画卷的纵向梳理中,对美国实力及其战略进行了辩证、富有远见的分析,并对其秩序战略进行了展望。作者以权力与国际制度之间的关系为切入点,对如何运用美国实力提出了堪称远见卓识的建议。尤其是,小布什上台以来的战略转折促使作者进一步的思考。作者将之归结为美国外交政策的危机,强调以单边和先发制人方式展现的美国实力引起争议并令全球不稳定,布什外交政策将继续遭受失败。② 在为该书中文版撰写的序言中,伊肯伯里进一步指出,美国彻底调整方向代

---

① Randall L. Schweller, "The Problem of International Order Revisited: A Review Essay", pp. 161—186.

② 以上观点来自作者2004年11月10日在中共中央党校所作的主题演讲,译文参见约翰·伊肯伯里:《美国:一个自由主义的利维坦》,《中共中央党校学报》2005年第2期。

价高昂,且非明智之举。美国可能的战略调整是,继续在多边秩序内运行,最有可能的选择不是单边帝国或新孤立主义,而是全球性的"轮辐"双边协定("hub and spoke" bilateral agreements),相比多边协议而言,"轮辐"双边协议使得美国更全面地将其权力优势转化为其他国家即刻的、触手可及的让步,而无须放弃其政策自主权,但美国对多边协议的需求将会增加,而不是减少。伦敦经济学院教授迈克尔·考克斯(Michael Cox)就此指出:"在推进对单极条件下美国实力的理解上,伊肯伯里的成就无人能及。"①

当然,作为一本高度简约的理论专著,《大战胜利之后》存在缺陷也是在所难免的。对该书的批评主要集中在如下几个方面:第一,关于秩序定义的高度简约损害了分析的周延性。伊肯伯里将政治秩序定义为一群国家中的"控制性"安排,包括其基本规则、原则和制度,即将秩序的概念限定在国家间的固定安排上,以确定它们之间相互关系和关于未来相互关系的彼此预期。这一定义实际上将宪政秩序置于其他选择之上,尤其是明晰的规则和确定性安排是宪政秩序的必要因素,而非其他选择的必需。按照其定义,均势秩序不是秩序,而是无序。兰德尔·施韦勒就此指出,这是一种过于简约的处理,它导致伊肯伯里无法就宪政秩序和均势的标准模式进行比较分析,尽管它试图将后者列为竞争性的秩序形式。然而,作者对1945年之后安排的分析却又借用了均势理论的假设(尤其是德国问题的出现和解决),这种自相矛盾源于其内在的理论缺陷。② 第二,关于约束性制度作用的认定值得商榷。该书最重要的创新是提出约束性制度的概念,作者要完成相关理论上的建构,就需要做出这样的假定,即约束性国际制度可以独立在主导国家的权力和利益之外。然而,伊肯伯里也指出,这些约束性制度安排锁定了未来的权力回报,从而超越了相对权力优势,延伸了主导国的控制权。在他看来,制度既限制也投射了国家权力,它既是霸权自我限制的机制,也是霸权的工具。但是,当霸权不愿意被限制之时,制度还能限制霸权的权力行使吗?而领导国(以及其他国家)的意愿总是处于变

---

① 引自 http://www.amazon.com/Liberal-Order-Imperial-Ambition-International/dp/0745636500。

② Randall L. Schweller, "The Problem of International Order Revisited: A Review Essay", pp. 161—186.

化之中的。堪为佐证的是,1989年以来的美国并没有遵循这一逻辑,①从实质上讲,约束战略的目标不是领导国,而是从属国。第三,对宪政秩序的价值有所高估。在美国的战后伙伴国看来,制约美国权力并使之合法化不是宪政秩序的创设,而更是共同面临的苏联威胁和国际体系的两极结构。国际制度被视为美国在全球扩展其影响力的工具,是遏制苏联及其伙伴国军事扩张的工具。这些制度与苏联利益是格格不入的,甚至有的历史学家视之为加速了苏联问题的突显,引发了冷战。冷战结束前夜,老布什政府并没有试图与苏联达成双方都接受的宪政协议,而是力图抓住最大的自我利益不放;过去十年间,美国的外交、经济和军事政策均以单边主义为基本特征,没有战略约束的迹象,美欧矛盾并没有因为宪政秩序而有所缓和,而双方价值观的差异反而开始凸显。第四,对"民主和平论"的推崇是该书的一条主线,且不管"民主和平论"有多少合理与不尽合理之处,就民主本身而言,也不宜视之为无所不能的"万灵药"。与许多自由主义的理论家相似,伊肯伯里力图采用国内政治比附国际政治,并试图将之理论化,这一分析逻辑的局限性早已为学界所批评。第五,关于美国主导的国际秩序的前景,作者给予了充分的肯定。② 究其实质,伊肯伯里试图以自由理想主义的方式来实现马基雅弗利式的现实主义目标,促进美国霸权利益和实力优势的永久化。但是,这一秩序的延续,必须确保其他国家相信它们的利益永远得到最佳保护,秩序获得持久的普世合法性。否则,必然会出现强有力的修正主义国家挑战既有秩序。相信这一战略成功就意味着,拥抱国家间利益和谐的幻想。③ 然而,没有秩序能够满足所有人的利益,当前秩序的适用性必是有局限的。世界如此广阔,不可能由美国一家来控制,国际秩序又变动不居,这样的预测难免成为奢望。

---

① 伊肯伯里也指出:"美国常常不受制度框束。它没有批准关于地雷、环境保护、拟成立的国际刑事法庭等多边协议和公约。在与联合国的关系上,美国没有完全支付其应缴纳的会费,在许多观察家看来,美国下重手阻止了联合国秘书长布特罗斯·布特罗斯-加利的连任。近年来,美国经常采取军事干预行动,强调美国实施军事行动不受任何国际制度约束的独一无二的能力。"

② 这一观点在如下文章中表述无遗:G. John Ikenberry,"The Rise of China and the Future of the West: Can the Liberal System Survive?", Foreign Affairs, Vol. 87, No. 1, January/February 2008, pp. 23—37。

③ Randall L. Schweller, "The Problem of International Order Revisited: A Review Essay", pp. 161—186。

对中国国际秩序战略的启示

国际秩序建构是崛起大国必须严肃对待的重大议题。随着中国崛起与国际秩序转型的并行,尤其中国崛起之战略效应的全面展现,中国如何看待现存的国际秩序、如何参与建构未来的国际秩序已经成为世界瞩目的重要问题,也成为世界各国评价中国崛起的一个标尺。

应该说,中国并没有进入《大战胜利之后》的核心视野。但是,中国崛起引致东亚秩序乃至世界秩序的变动,使得伊肯伯里在进入21世纪之后迅速将中国纳入其研究核心。如果说,《大战胜利以后》强调大国战略对国际秩序建构的影响的话,在中国问题的分析上,伊肯伯里则转而强调秩序本身的力量。作为《大战胜利之后》一书的续篇,伊肯伯里的《中国崛起与西方的未来》一文着重于中国崛起与西方秩序关系的分析。作者指出,接受中国崛起并不困难,健康的中国经济对美国和世界其他国家至关重要。他认为,并非所有的实力变迁都导致战争和旧秩序被推翻,更具有决定意义的是国际秩序本身的特征,正是国际秩序的性质塑造了崛起国家挑战或融入该秩序的抉择。西方秩序有利于新兴大国的参与和融入。当今,中国可以全面进入这一体系并在其中茁壮成长。如此,则中国将崛起,而西方秩序会存续下去。伊肯伯里痛快地承认美国的"单极时刻"必然会终结,但却将中国与西方秩序作为对等关系来进行分析,他指出:"如果将21世纪的斗争定义为中美之间,则中国拥有优势;设若定义为中国与复苏的西方体系之间,则西方将获胜。"①就此而言,伊肯伯里比一般学者的眼光更为深邃。不管其对西方秩序未来的认识存在多少虚妄之处,其分析对中国国际秩序战略是颇有启示价值的。这主要体现在:

第一,中国应对既有国际秩序进行客观、理性分析,以此为基础确立国际秩序战略。我们应首先客观评估现有国际秩序的利弊,认识到在现有的联合国为主导的全球性制度体系中,中国在政治安全方面占据较明显的有利地位,经济方面也越来越利大于弊。概言之,现有国际秩序对中国而言是双刃剑:随着中国全面参与国际社会,它促进了中国

---

① G. John Ikenberry, "The Rise of China and the Future of the West: Can the Liberal System Survive?", pp. 23—37.

实力的增长和利益的维护;①由于现有国际秩序是固有权力、利益格局的产物,它也对中国的实力增长和利益拓展构成了限制。鉴于中国正处于崛起过程之中,中国应积极而不失稳健,以建设性、合作、可预期的姿态推动国际秩序的优化,以引导国际秩序的变革方向为主导目标,在具体部署上,强调在全球层面上倡导新安全观,强化共同安全规范与制度保障;在地区层面上,积极促进地区塑造能力,构建地区新秩序,为国际新秩序的建构创建地区基础、提供可借鉴的范式。

第二,中国应对国家实力有全面的理解。我们要强调实力提高与利益拓展是中国积极参与国际秩序建设的基础。一个国家在新旧秩序转换和新秩序的角色有赖于其自身的综合国力。国际秩序首先是实力分配的产物。中国只有崛起为更加强盛的大国,才能成为国际新秩序的积极推动力量。国家实力的增强,不仅源于国内市场的发展和培育,还源于全球化条件下战略资源的获得。中国不可能像20世纪80年代那样完全依赖国内资源支撑巨大经济规模并实现持续高速增长,满足十多亿人口日益增长的物质文化需求。这就决定我们必须立足国内、面向世界,在更大范围内获取更多的国际资源、国际资本、国际市场和国际技术,实现全球范围内的资源优化配置。② 同样重要的是,国家实力的增强,不仅以硬实力的稳步上升为标示,也必须以软实力的增强为基础,我们必须将提高软实力特别是传统文化的国际影响力、提高国际制度的参与能力等作为增强国力的核心之一。在这一点上,伊肯伯里所谓"实力最持久的国家是那些进行制度合作并通过制度使用其实力者"是颇有道理的。

第三,中国应对国际制度有辩证的认识。国际制度具有重要的战略价值,大国如何密切关注都不过分。③ 国际制度伴随着国际社会的秩序化、组织化而发展起来,日渐呈现刚性特征。约翰·伊肯伯里指出,国际制度的刚性主要体现在"类似于婚姻"的战略约束能力上,即

---

① 就此而言,伊肯伯里所谓的中国从既有国际秩序获得了巨大的经济回报、既有秩序赋予中国应对歧视和保护主义威胁的工具等看法是正确的。参见 G. John Ikenberry,"The Rise of China, Power Transitions, and the Western Order" unpublished paper, http://www.princeton.edu/~gji3/0074_001.pdf。
② 胡鞍钢主编:《全球化挑战中国》,北京大学出版社2002年版,第92—93页。
③ 门洪华:《霸权之翼——兼论国际制度的战略价值》,《开放导报》2005年第5期。

确定国家的预期作为,将国家锁入既定的、可预期的行为轨道。① 对主导国而言,国际制度一方面加强了其国家实力,甚至成为主导地位的重要组成部分;另一方面又对主导国构成约束和制约,从而成为其他国家维护自身利益的战略工具,尤其是,国际制度给予小国发表意见的机会,从而在促进全球制度合法化方面发挥作用。② 但是,我们还要认识到国际制度的非中性特征。③ 国际制度一方面代表了以美国为首的西方国家的利益并维护之;另一方面又限制了国际社会其他行为体进一步发展的机会。换言之,不同国家在特定国际制度下的损益及其程度往往不同。由于国际制度非中性的存在,制度变迁也就往往仅对某一部分成员有好处,或者说偏袒部分国家的战略利益,伊肯伯里所谓西方秩序的优势,其秘诀恐怕正在此处。鉴于此,中国应辩证认识国际制度的作用,既要认识到转型时期主要国际矛盾往往围绕对国际秩序发展有重要影响的国际规范展开,通过国际制度建立国际秩序应视为一种可行的途径;也要明确中国应以完善全球性国际制度的基本规则为着眼点,积极主动地倡议或主导国际制度的修改、完善和新制度的制定,提高议程创设能力,成为全球规则的参与者和主要制定者,以制度建设促进国际秩序建构,并有效地维护和促进中国国家战略利益。

第四,中国应将共同利益的寻求确立为主要战略路径。传统观点认为,国际秩序常常是军事暴力的副产品,而基于国家间集体认同的非暴力国际秩序具有不确定性。④ 然而,当前国际体系的转型导致权力转移、问题转移和范式转移,使得秩序建构不仅基于权力关系和国家自我利益的追求,而且基于观念创新、集体认同和制度建构等进程性因素。在此情势下,共同利益的汇聚及其制度化成为建构和完善国际秩序的惟一可行途径。⑤ 伊肯伯里强调西方秩序的稳固性,与其对西方

---

① John Ikenberry, "Institutions, Strategic Restraint, and the Persistence of America's Postwar Order", *International Security*, Vol. 23, No. 5, Winter 1998/1999, pp. 43—78.

② Daniel Deudney and John Ikenberry, "Realism, Structural Liberalism, and the Western Order", in Ethan B. Kapstein and Michael Mastanduno, eds., *Unipolar Politics: Realism and State Strategies After the Cold War*, New York: Columbia University Press, 1999, Chapter 4.

③ 门洪华:《和平的纬度:联合国集体安全机制研究》,上海人民出版社2002年版,第107—108页。

④ Janice Bially Mattern, "The Power Politics of Identity", *European Journal of International Relations*, Vol. 7, No. 3, 2001, pp. 349—397.

⑤ 门洪华:《东亚秩序与中日关系:兼论共同利益政策框架的可行性》,《中共中央党校研究报告》2007年第3期(总第22期),第1—47页。

共同利益的理解是本质相关的。当前,如何通过共同利益汇聚及其制度化优化国际秩序,是摆在诸大国面前的重大战略议题,更是中国体现其建设性崛起的重要路径。"共同利益"一词1997年9月第一次出现在中国共产党的政治报告中。十五大政治报告提出与发达国家"寻求共同利益汇合点",十六大政治报告提出"扩大与发达国家的共同利益"。中央领导集体发展了这一战略思想,强调维护与发展中国家的共同利益。随着中国进一步融入东亚地区合作,扩大与周边国家的共同利益成为中国的战略趋向,共同利益也将在中国战略中占据更重要的地位。鉴于中国的政治制度性质,寻求与既有大国建立价值共同体是不可能的,而寻求建立利益共同体将是中国最终的战略选择。近年来,无论是中美关系的稳定、中日关系的调整还是中非关系的迅速发展,背后都有共同利益的汇聚及其制度化作为战略支撑。基于此,中国应进一步思考自身的整体战略框架,将寻求与世界的共同利益放在核心层面加以推进。

本文系作者为《大战胜利之后:制度、战略约束与战后秩序的重建》(北京大学出版社2008年版)撰写的译者序言,发表于《美国研究》2008年第3期。

回归国际关系研究的中国重心,架起理论与实践的桥梁

伴随着世界的转型和中国的进步,在几代国际关系学者的共同努力下,国际关系研究在中国已经成为显学。随着学科建设的发展,昔日墙上芦苇、山间竹笋式的形象有所改进①,中国国际关系研究变得规范和厚重起来。当然,进入快车道的中国国际关系研究正在迎来新的发展瓶颈,这就是如何回归到中国重心,将理论研究与中国活生生的实践相结合,突破对西方国际关系理论范式的模仿与追随,开创国际关系研究的新图景。

世界转型与中国崛起

进入现代社会,人类发展的基本特征就是全球化进程的进一步加深。伴随着这一进程,资本要素、知识要素、技术要素、人力要素等在市场法则的驱动下出现

---

① 毛泽东对做研究工作的许多人只把兴趣放在脱离实际的空洞"理论"研究上和做实际工作的许多人单凭热情、把感情当政策的批评是:"墙上芦苇,头重脚轻根底浅;山间竹笋,嘴尖皮厚腹中空。"参见毛泽东:《改造我们的学习》,《毛泽东选集》(第三卷),人民出版社1991年版,第799—800页。

了全球性的流动和组合,以至于国别政治经济和区域政治经济越来越多地纳入到全球政治经济体系之中,从而促进了互补性、关联性和依赖性的增强。当今世界关乎繁荣与增长的诸领域在加速走向一体化,其集中表现是全球经济一体化与区域经济集团化相辅相成、并行不悖,汇成将各国纳入世界体系的洪流。在关乎生存与安全的传统关键领域也出现了巨大的变革,国际政治开始让位于世界政治,国际关系的内涵大大丰富,复合相互依赖日益加深,在一定程度上促成了世界各国共存共荣的全球意识,从而导致世界进入转型之中。

与全球化相始终的,就是世界进程的加速发展,这一特征在进入20世纪尤其是第二次世界大战结束以来表现得尤为明显,其中最为突出的体现就是,组成世界政治经济基础的权力形式均处于扩散之中,从而成为挑战各国尤其是主导国利益的主要因素,各种新问题——环境恶化、传染疾病、人口增长、武器扩散、民族国家遭受侵蚀、地区不稳定等——层出不穷。以上权力转移和问题转移的最终结果就是,我们依旧并将继续生活在一个存巨大差距的世界上,而大国兴衰堪为最为突出的表征。其中,美国是20世纪唯一保持恒态的国家,成为世界唯一超级大国并致力于建立全球霸权;中国则是变化最剧的大国,快速崛起并致力于实现中华民族的伟大复兴;中美之间同时出现巨大发展造成了特殊的碰撞,既给世界带来了严峻挑战,也带来了宏大机缘。

对中国而言,20世纪和21世纪注定是一个大时代。20世纪前半叶,中国尚处于不稳定的国际体系的底层,所求者首先是恢复19世纪失去的独立与主权;20世纪下半叶,中国迎来历史性的崛起,国富民强、中华民族的伟大复兴成为现实的期望;尤其是20世纪70年代末以来,以全面开放和战略崛起为标志,中国的国家实力实现了大幅度提升,开始全面融入国际社会,成为全球增长最快、最大的新兴市场,在世界政治经济中扮演着越来越重要的角色;1997年亚洲金融危机以后,中国抓住了新一轮地区主义的浪潮,开始了由地区主义的被动者、消极观望者到主动参与者、议程创设者的转变,中国逐渐成为东亚经济和贸易增长的发动机、宏观经济的稳定器、公共物品的提供者、地区矛盾的协调者,在东亚一体化中的导航地位逐渐凸现出来。

在过去一个半世纪里,西方国家已经习惯了一个实质性影响不大的中国,但现在却不得不面对一个待选的世界大国(a world power candidate);中国已经习惯了被一定程度地忽视和对合法权益的争取,现在却不得不应对世界的聚焦和要求其承担大国责任的迫切。

理论整合与范式转移

国际关系理论发端于西方,主要是对过去几个世纪西方历史经验的总结与升华,并随着西方资本主义的扩张而走向世界。其中堪为佐证的是,20世纪的历史进程表明,国际关系研究始终存在着、发挥着巨大影响的美国重心。① 这与美国在19世纪末成为实力最强大的国家、享有20世纪中后期的世界霸权直接关联,在一定意义上也是美国的使命观和世界意识所造就的。

20世纪中后期国际关系理论的图景是,以美国国际关系理论为主导,其他地区国际关系理论为补充。可以说,各种国际关系理论或发端于美国,或与美国主流理论范式相互映照,或在美国找到发展路径,或因美国关注而勃兴。

国际关系理论三大主流范式——现实主义、自由主义和建构主义——的交互发展历程,既表明了国际关系理论在应对世界转型中进步,也在一定程度上体现着西方政治文化理念的主导性。其间值得注意的首先就是三大主流理论范式的相互借鉴与融合。20世纪80年代初,新自由主义接受了结构现实主义最根本的假定,融合现实主义和自由主义两家之长,建立了独立的国际制度理论体系,其后又借鉴和吸纳其他国际关系理论流派特别是建构主义的最新成果,力图及时保持学术前沿地位;新现实主义积极迎接新自由主义的挑战,适时提出霸权与大国政策协调并存的理论,并强调多边管理与政策协调的价值,体现出对新自由主义部分观点的接受,新现实主义和新自由制度主义之间从激烈论战到理论通约,最终达致"新新合成";进入20世纪90年代,随着建构主义的勃兴,以亚历山大·温特为代表的社会建构主义向结构主义的分析体系靠拢,力图使建构主义成为一种既考虑国际政治的社会建构又坚持科学实在论的理论体系,将建构主义推进到体系理论层次,使之成为广为认可的理论范式。② 三大理论范式之间的整合,在一定程度上是对世界转型的回应,容纳了对权力转移和问题转移的深入思考,体现了国际关系理论向进化发展的态势③,并将开启国际关系理

---

① 王逸舟:《试析国际政治学的美国重心》,《美国研究》1998年第1期。

② 参见门洪华:《国际关系理论范式的相互启示与融合之道》,《世界经济与政治》2003年第5期;门洪华:《罗伯特·基欧汉学术思想述评》,《美国研究》2004年第4期。

③ 秦亚青指出,"国际关系发展的一个方向就是从强调循环向强调进化发展"。参见秦亚青:《现代国际关系理论的沿革》,《教学与研究》2004年第7期。

论范式转移的新时代。其中,英国的国际社会理论受到越来越多的重视,其重要观点开始为以上主流范式所感同身受,这进一步加强以西方政治文化为基底的国际关系理论之间的相互融合。可以说,西方主流理论范式的整合正在积极回应世界转型,代表着国际关系研究的重大进步。

但是,在中国崛起的问题上,既有国际关系理论的主流范式却体现出解释的乏力。中国是一个正在融入国际社会的上升大国,她所突出强调的和平发展道路与西方社会既有的历史逻辑有着巨大差异,正如秦亚青教授指出的,现实主义对此基本持否定态度,而自由主义和建构主义都没有真正的经验研究,所以这方面的理论基本上是空白。① 应该说,我们能够理解既有国际关系理论主流范式面对这一重大议题的失语。从另一个方面讲,现有的国际关系理论,弘扬的是西方理念,展现的是西方理想,我不否认其中所蕴含的某些普世性和启示意义,但对将其移植到中国却深为怀疑。换言之,西方主流理论范式对中国问题解释的乏力并无不正常之处。

任何一个国家国际关系研究的重大发展,都必须建立在对世界发展趋势的把握和本国最重大议题的认识上,前者是关键性的前提,而后者是不可或缺的重心。中国是一个由大一统的国家理想和大同社会的世界理想而生成的国家,与西方国家有着不同的文化逻辑和历史经验。纵观中国国际关系理论的发展历程,我们不无遗憾地看到,尽管有诸多清醒和冷静的学者在呼唤和探索中国的国际关系理论范式,但总体而言,中国的国际关系研究依旧处于模仿和追随西方(尤其是美国)的阶段,以西方重心为重心,如果说我们没有迷失大方向的话,那么我们还没有深入挖掘和自发弘扬中国的文化理念,反而有丢失文化传统之虞。我们的国际关系研究被笼罩在西方理论范式之下,形成所谓的"灯下黑"。

回归中国重心,理论联结实践

中国国际关系理论研究的窘境与中国迅速崛起的现实形成鲜明对照,刺痛着我们的学术神经。作为源远流长的文明古国,中国久远的理想和理念曾经是世界的向往。它们将湮灭在西方主导的逻辑之中,还

---

① 秦亚青:《国际关系理论的核心问题和与中国学派的生成》,《中国社会科学》2005年第3期。

是将在崛起的进程中重现昔日荣光？我们当然期望后者的出现，而这样的前景需要学者更深邃的战略目光和更积极的努力。

这一前景的出现，以回归国际关系研究的中国重心为前提。一个大国的国际关系研究应该以本国为重心。国际关系研究的美国重心如此耀目，不仅是美国国家强盛的必然效应，也与美国学界的积极努力直接相关。中国的国际关系研究以西方重心为重心——主要是以西方的理论范式诠释世界和中国的现实，与中国长达一个多世纪的积弱相辅相成，与我们对其理论范式的模仿与追随分不开，也是与我们对弘扬文化传统不够直接相关。1978年中国开启的崛起进程正在逐步扫除这些现实和心理的障碍，从而为中国国际关系研究提供了更为宏大的视野和更加宏远的目标，回归中国重心恰其时矣！当然，回归中国重心，并不是完全以自我为中心，重回闭关锁国或中体西用的老路，而是在继续确保开放、理性且不乏人文精神之心态的同时，将中国面临的重大问题作为国际关系研究的中心议题，弘扬传统哲学、理念和理想，走上本位性的学术创新之路，为国际关系研究贡献中国观点、中国理念、中国理论。

这一前景的出现，以理论联结实践为桥梁。"理论在一个国家实现的程度，总是决定于理论满足这个国家的需要的程度"①。国际关系研究需要理论升华和总结，也需要对理论的实践检验。只有二者的结合，才可能出真知卓识。我们在弘扬思想文化传统的同时，应继续对西方国际关系理论奉行拿来主义，兼收并蓄以形成综合性的解释模式，为创立中国的国际关系理论范式添砖加瓦。

笔者认为，回归国际关系研究的中国重心、架起理论和实践的桥梁是一个宏大的理想，绝非朝夕可至。为此，我们应在如下几个方面（但不限于此）做出更加积极的努力：

第一，加强对中国之世界理想的研究。大国需要世界理想的指引，崛起大国尤其如此。中国是有着世界理想的，这就是大同社会。《礼记》曰："大道之行也，天下为公，选贤与能，讲信修睦。故人不独亲其亲，不独子其子。……是谓大同。"作为一种万物均等的世界秩序设计，大同理想自有其普世性。当前的小康社会目标是"大道既隐，天下为家"的初级理想，是走向世界大同的必经阶段。一个崛起的大国不仅需要"以功为己"，更需要世界理想。所以，加强对中国世界理想的

---

① 《马克思恩格斯选集》（第一卷），人民出版社1995年版，第11页。

研究,具有接续先贤、延续未来的重大意义。

第二,加强对中国崛起的战略研究。目前,如何实现崛起是中国最重大的议题,而处于中观层面的战略研究方兴未艾。我们认为,关于中国崛起的战略研究将为中国国际关系研究的发展提供坚实的基础。我们强调,在中国继续面临大一统之国家理想目标尚未实现的情势下,应引入大战略的视角,强调国内战略与国际战略的协调与结合,从而确定国家理想和世界理想的对接点。我们建议,应特别加强对融入国际制度战略、地区一体化战略、重大并事关国计民生之问题领域之战略的研究。同时,我们还要致力于中长期战略预测研究,以见微知著、审时度势。

第三,加强对策研究的理论基础。中观层面的战略研究本身仍然具有强烈的理论含义和长周期意义,而作为中短期层面的对策研究对中国当前的态势而言更具应用价值。中国对策研究的现状表明,中国国际关系研究的进入门槛依旧过低。所以,加强对策研究的理论基础,以此提高中国国际关系研究的深度,更是一个必不可少的环节。

本文发表于《教学与研究》2005年第11期。

第二部分
中国战略体系建构

两个大局视角下的中国国家认同变迁（1982—2012年）

国家认同问题古已有之，全球化使之成为全球性现象。全球化既是削弱国家认同的力量，也是增强国家认同的动力；全球化给国家带来认同危机，也为国家认同重塑提供了新的可能。① 在全球化时代，建构国民及世界各国对本国的国家认同，利用国家认同促进国家整合，并在国际社会中以一个完整而确定的身份参与世界事务，成为一个国家维护尊严、完成历史使命的核心议题。

中国崛起与其全面参与全球化进程息息相关，国家认同自然是一个必须高度重视的现实问题。对中国而言，国家认同与民族认同、文化认同密切互动，面临着挑战与重塑的双重压力。本文选择1982年作为分析中国国家认同演变的起点。20世纪上半叶，中国国家认同处于剧变之中，历史包袱与时代嬗变时常缠斗不休。新中国成立伊始，中国就以社会主义建设为主

---

① 塞缪尔·亨廷顿：《我们是谁：美国国家特性面临的挑战》，新华出版社2005年版，第12页。

线,积极进行国家认同探索①,期间历经坎坷波折,而最具有创见的,就是中国特色社会主义现代化的探索与和平发展道路的确立。具有里程碑意义的是,1982年9月1日邓小平在十二大开幕致辞,强调"把马克思主义的普遍真理同我国的具体实际结合起来,走自己的道路,建设有中国特色的社会主义"。② 以此为开端,中国密切结合国内国际两个大局,渐进而坚定地融入国际社会,积三十余年改革开放之功,积极回答"建设中国特色的社会主义"这一重大命题,逐步形成了中国特色社会主义的新理念、新思想、新论断,提出了和平与发展的世界主题、社会主义初级阶段理论、社会主义市场经济理论、和平发展道路、全面小康社会、和谐社会、和谐世界等理论,确立了比较稳定的道路形态,同步发展市场经济和社会主义民主政治,逐步造就了经济建设、政治建设、社会建设、文化建设、生态建设五位一体的全面发展格局,成功开辟了和平发展的社会主义新道路③,推动着中国国家认同的实质性重塑。

一、两个大局视角下的国家认同探索

认同(identity)是哲学、社会学和心理学等领域的概念,指的是某行为体所具有和表现出来的个性和区别性形象。④ 亚历山大·温特(Alexander Wendt)指出,认同是自我在与他者的比较中形成的一种自我认知和自我界定,是自我持有观念和他者持有观念的互动建构,"两种观念可以进入认同,一种是自我持有的观念,一种是他者持有的观念。认同是由内在和外在结构建构而成的"。⑤ 爱德华·萨义德(Edward W. Said)认为,自我认同的建构牵涉到与自己相反的"他者"认同的建构,而且总是牵涉到对与"我们"不同的特质的不断解释和再解释。每一个时代和社会都重新创造自己的"他者"。⑥ 法国学者阿贝莱斯(Marc Abeles)指出,越来越多陷入全球化的人都感到,实际上的

---

① 塞缪尔·亨廷顿:《我们是谁:美国国家特性面临的挑战》,第11—12页。
② 《邓小平文选》第三卷,人民出版社1993年版,第3页。
③ 包心鉴:《论中国特色社会主义的当代价值——纪念邓小平提出"建设有中国的特色社会主义"30周年》,《中国延安干部学院学报》2012年第4期;胡鞍钢:《中国:创新绿色发展》,中国人民大学出版社2012年版,第8章。
④ Alexander Wendt, "Constructing International Politics", *International Security*, Vol. 20, No. 1, 1995, pp. 71—81.
⑤ 亚历山大·温特:《国际政治的社会理论》,上海人民出版社2001年版,第282页。
⑥ 爱德华·萨义德:《东方学》,生活·读书·新知三联书店1999年版,第426页。

认同是多层面的。①

国家认同是一国对自我身份的明确认识②,体现一国之所以区别于另一国的特征,其他国家能够据此做出合理的评价。与此同时,国家认同是一个国家相对于国际社会的角色,是基于国际社会承认之上的国家形象与特征的自我设定。③ 故此,国家认同体现出个体与集体、国内与国际的双重维度。意大利学者安娜·特里安达菲利多(Anna Triandafyllidou)就此指出,国家认同的存在预设了"他者"(the others),国家意识(national consciousness)既涉及对团体的自我感知,也涉及对国家寻求与其相区别的他者的感知,国家认同本身是无意义的,只有在与其他国家的对比中才有意义。④ 就国内维度而言,国家认同是国民归属感及为国奉献的心理和行为,是国家凝聚力、向心力的重要表现,是国家治理合法性的重要来源。从国际维度看,国家认同关乎一个国家相对于国际社会的定位与角色,"是一个现代意义上的主权国家与主导国际社会的认同程度"。⑤

国家往往通过内政来界定其国家认同,而在全球化时代,国家认同的国际维度显得愈加重要,国家认同重塑必然涉及密切结合国内国际两个大局的问题。可以说,国家认同是国内维度与国际维度的统一,是国家独特性和普遍性的整合,是国家意志、国民意愿和国际期待的统合。国家认同是国家对自身国家特性以及在国际体系中的地位和角色的自我认知,是一个国家在国际体系整体结构的制约之中与其他国家的互动过程中形成的主体间社会认同,在一定程度上是一个国家与世界关系的集中写照。就像亚历山大·温特指出的,国家认同在国际体系环境中形成并置身于体系环境之中,国家认同和国家利益由国际体系建构而成。⑥

---

① 马胜利、邝扬主编:《欧洲认同研究》,社会科学文献出版社 2008 年版,第 248 页。

② 白鲁恂(Lucian Pye)指出,国家认同被视为处于国家决策范围内的人们的态度取向。参见 Lowell Dittmer and Samuel S. Kim, *China's Quest For National Identity*, Ithaca: Cornell University Press, 1993, p.6。

③ 孙溯源:《集体认同与国际政治——一种文化视角》,《现代国际关系》2003 年第 3 期。

④ Anna Triandafyllidou, "National Identity and the other", *Ethnic and Racial Studies*, Vol. 21, No.4, 1998, p.599。

⑤ 秦亚青:《国家身份、战略文化和安全利益——关于中国与国际社会关系的三个假设》,《世界经济与政治》2003 年第 1 期。

⑥ 亚历山大·温特:《国际政治的社会理论》,第 24 页。

全球化深入发展导致世界转型,带来国家理论的重建和国家认同的重塑。① 伴随着全球化进程的加深,资本要素、知识要素、技术要素、人力要素等在市场法则的驱动下出现了全球性的流动和组合,促进了互补性、关联性和依赖性的增强。当今世界关乎繁荣与增长的诸领域在加速走向一体化②,其集中表现是全球一体化与区域集团化相辅相成、并行不悖,汇成将各国纳入世界体系的洪流。在关乎生存与安全的传统关键性领域出现了巨大的变革,国际政治(international politics)开始让位于世界政治(world politics)③,国际关系内涵愈加丰富,复合相互依赖(complex interdependence)日益加深,在一定程度上促成了世界各国共存共荣的全球意识,从而导致世界进入转型之中。大规模的权力转移导致世界实力分配和实力本质的重大变化④,不仅带来了国家兴衰,也造就了国家行为体实力相对下降、非国家行为体实力上升的趋势,从而为全球治理开辟出宽阔的路径。从地区层面看,国家集团化既是权力转移的来源,也是权力转移的结果,地区一体化逐步成为国家集团发展的依托,地区经济的集团化及其溢出效应导致大规模的地区性权力转移,已经并将继续成为影响国际关系发展的重大因素。在国际层面上,权力转移最为突出的表现就是国际制度的发展及其刚性的展现,以及与此相关的多边主义受到更多重视。⑤ 国际制度所代表的原则、程序和规范越来越成为大国拓展战略利益和小国维持基本利益的工具,冷战后出现的巨大权力转移并没有导致大国关系的不稳定,这在一定程度上可归功于国际制度的战略约束。⑥ 权力转移越来越导致了国家、市场和市民社会之间的实力再分配,这些变革昭示着全球治理的前景,也在一定意义上为社会主义模式在全球的再次崛起提供了思想基础和物质基础。与此同时,稠密的跨国和国际社会关系网络重塑着

---

① 马丁·阿尔布劳:《全球时代:超越现代性之外的国家与社会》,商务印书馆2001年版,第272页。
② Stanley Hoffmann, "World Governance", *Daedalus*, Winter 2003, pp.27—35.
③ Robert Keohane and Joseph Nye, Jr., *Power and Interdependence*(4th edition), New York: Addison-Wesley, Longman, 2010, pp.37—38.
④ 约瑟夫·奈、门洪华编:《硬权力与软权力》,北京大学出版社2005年版,第181页。
⑤ 门洪华:《国际机制与中国的战略选择》,《中国社会科学》2001年第2期。
⑥ G. John Ikenberry, "American Power and the Empire of Capitalist Democracy", *Review of International Studies*, Vol.27, No.1, 2001, pp.191—212; G. John Ikenberry, *After Victory: Institutions, Strategic Restraint and the Rebuilding of Order after Major War*, Princeton: Princeton University Press, 2001, Chapter 1.

国家对世界的认识及其在世界上的地位①,随着全球性问题的全面突显,国际社会关注的核心议题在发生变化,而处理公共议题的模式也在发生变化,大国合作与协调成为处理国际事务的常有路径。概言之,世界转型突出表现为权力转移、问题转移和范式转移的相辅相成,导致认同危机成为各国普遍凸显的现象,"这一危机同时出现在美国和如此之多的国家和地区,这也表明很可能有共同的因素在起作用。……现代化、经济发展和全球化使得人们重新思考自己的认同"。②

亨廷顿指出,国民身份、国家认同问题上的辩论是我们时代的常有特点。几乎每一个地方的人们都在询问、重新考虑和重新界定他们自己有何共性及他们与别人的区别所在。日本人在痛苦地思索,他们的地理位置、历史和文化是否使他们成为亚洲人,而他们的财富、民主制度和现代生活是否使他们成为西方人③,日本以"脱亚"为核心国家认同遭受内外挑战,所谓"正常国家"(normal country)的诉求代表着日本国家认同的困境。美国国家认同中的人种和民族属性已经消除,它的文化和信念因素又受到挑战,这就给美国国民身份和国家认同的前景提出了问题。④ 面对波涛汹涌的全球化时代,美国国家认同中的独特性、普世性均面临前所未有的压力,"单极时刻"的销蚀预示着美国国家认同的困境。欧洲认同面临严峻而颇具启示意义的认同挑战。欧洲认同是一种超国家的认同形式,包含对内对外两个方面:对内,欧洲认同将发展出一种新的归属形式,欧洲人凭借这种归属结成一个想象的共同体;对外,欧洲进一步通过与他者的比较来认识自己的特性。欧洲认同面临的挑战是多方面的,国家中心主义者对欧洲认同的发展持悲观态度,对超国家认同取代民族认同的观点深表怀疑;而超国家主义者认为民族认同已属过去,欧洲认同属于未来;多元主义者则反对欧洲认同与民族认同相互竞争、相互冲突乃至相互替代的观点,声称二者是多元共存关系。⑤ 可见,欧洲认同的内在困境更为凸显。相比而言,发展中国家、转型国家面对的国家认同挑战更为复杂多元,如何既符合世界

---

① 亚历山大·温特:《国际政治的社会理论》,第282页。
② 塞缪尔·亨廷顿:《我们是谁:美国国家特性面临的挑战》,第12页。
③ 同上书,第11—12页。
④ 同上书,第17页。
⑤ 于文杰、成伯清主编:《欧洲社会的整合与欧洲认同》,中国大百科全书出版社2010年版,第172—175页;洪霞:《欧洲的灵魂:欧洲认同与民族国家的重新整合》,中国大百科全书出版社2010年版,第26—28页。

发展潮流又彰显本国特性是这些国家面临的巨大难题,它们深刻地意识到,国家认同不仅决定着其内政走向,也决定着其国际目标、国际角色和国际地位。

中国兴衰与国家认同演变密切相关,在很大程度上是中国与世界关系的写照。中国是农耕时代最发达的国家之一,以儒家价值观为核心的中华文明是世界上惟一用同一种文字记载历史且持续时间达五千年之久的文明,中国因此长期居于文化中心地位。进入19世纪中期,中国成为国际权力转移的受害者,并一度衰落为濒临失败的国家(failing state),列强以坚船利炮为代表的先进技术、以基督教文明为代表的西方思想通过强制性手段进入中国,导致中国成为半殖民地。进入20世纪,绵延数千年的封建帝制土崩瓦解,为中国国家转型开辟了道路。中国经历了资产阶级立宪制、资产阶级民主制的不成功试验,最终选择了社会主义制度。对中国而言,20世纪是中国一个真正的大时代:20世纪前半叶,中国尚处于不稳定的国际体系的底层,所求者首先是恢复19世纪失去的独立与主权;20世纪下半叶,中国迎来历史性的崛起,国富民强、中华民族的伟大复兴成为现实的期望;尤其是20世纪的最后20年,中国抓住新一波全球化浪潮,主动开启了融入国际体系的进程,重塑国家认同,逐步成为国际体系一个负责任的、建设性的、可预期的塑造者,在国际社会中建设性作为的意愿逐步展现,中国开始成为国际权力转移的受益者。① 进入21世纪,尤其是2008年全球金融危机和欧美债务危机爆发以来,中国崛起步伐加速,带来了积极的全球效应,也引发了全球的热议和极大关注。

当代中国的国家认同建立在对五千年文明史、百年屈辱史和中国崛起的认知基础上,体现出鲜明的大国地位追求。随着国家实力的增长,中国确立了和平发展道路,其国家认同日趋清晰明确。

二、中国国家认同变迁(1982—2012年)

从密切结合国内国际两个大局的维度看,中国的国家认同变迁与确定集中体现在大国地位的诉求上。1982年以来,中国的国家认同处于变迁之中,从传统大国到现代大国、从封闭大国到开放大国、从一般大国到重要大国,渐进定型。

---

① 门洪华:《构建中国大战略的框架:国家实力、战略观念与国际制度》,北京大学出版社2005年版,第2页。

1. 制度属性：新型社会主义大国

中国是现有大国中惟一的社会主义国家，这种制度认同彰显出中国的特性。与此同时，中国又不是传统意义上的社会主义大国，而是通过对中国传统的继承、世界潮流的把握、社会主义国家发展史的反思、国家发展目标的诉求等，逐步丰富了中国特色社会主义的基本内涵，"中国特色社会主义道路是实现途径，中国特色社会主义理论体系是行动指南，中国特色社会主义制度是根本保障"①，从而确立起鲜明的新型社会主义大国的特征：

第一，和平的社会主义大国。和平共处五项原则、独立自主的和平外交政策代表了中国定位的和平性。党的十一届三中全会以来，邓小平毅然改变了过时的战略判断和陈旧的战略观念，把中国的战略思维从战争与革命的框架之中解放出来，纳入到和平与发展的新轨道之上，中国战略文化从以强调斗争为核心的战略观念转变为以趋于合作为核心的战略观念，中国完成了从革命性国家向现状性国家、从国际体系的反对者到改革者乃至维护者的转变。②邓小平同志指出，我们"主张和平的社会主义"，对反社会主义的势力，除进行有理有利有节的必要斗争外，"唯一的办法就是用不断加强友好、发展合作来回答他们"。③中国以苏联的教训为鉴，致力于自身的和平发展，恪守和平外交的理念，以自身发展促进世界的和平、合作、和谐，和平发展道路的确立就是这一思想的集中表达。

第二，发展中的社会主义大国。中国决策者清醒地认识到中国"将长期处于社会主义初级阶段"，"我国是世界最大发展中国家的国际地位没有变，在任何情况下都要牢牢把握社会主义初级阶段这个最大国情"④，强调集中精力于国家建设的必要性，认为社会主义国家对世界最重要、最美好的贡献，莫过于把本国建设好，在政治、经济、文化、社会、生态等领域全面展现制度优势。集中力量建设好自己的国家，同

---

① 胡锦涛：《坚定不移沿着中国特色社会主义道路前进　为全面建成小康社会而奋斗——在中国共产党第十八次全国代表大会上的报告(2012年11月8日)》，人民出版社2012年版，第13页。

② 江忆恩：《美国学者关于中国与国际组织关系研究概述》，《世界经济与政治》2001年第8期；门洪华：《中国战略文化的重构：一项研究议程》，《教学与研究》2006年第1期。

③ 《邓小平文选》第三卷，第328页、第349页。

④ 胡锦涛：《坚定不移沿着中国特色社会主义道路前进　为全面建成小康社会而奋斗——在中国共产党第十八次全国代表大会上的报告(2012年11月8日)》，第16页。

所有国家包括资本主义国家和平共处、共同致力于世界和平与发展,具有基础性战略意义。

第三,全面开放的社会主义大国。中国从突破观念障碍和体制约束起步,从一个近于封闭的国家转变为全球市场的积极参与者,确立了全方位、多层次、宽领域的开放格局。随着中国迅速成长为世界开放性大国,中国与国际社会的复合相互依赖程度也在加深,对国际体系的塑造能力不断增强。在一定意义上,中国的和平发展是从国内经济改革起步的,中国推行的改革精神和相关措施的影响力外溢到国际层面,而中国的开放主义已经从对外开放为主走向对内对外全面开放。可以说,中国正在巩固对外开放在中国和平发展道路上的基础战略地位,开拓全面开放的时代。

第四,致力于市场经济的社会主义大国。从计划经济到商品经济到市场经济,是中国经济体制改革的基本路径,对市场经济的认识和把握成为真正全面融入国际社会的关键步骤,而融入国际体系才是中国发展之道。1992年邓小平"南方讲话"着重指出,"计划多一点还是市场多一点,不是社会主义与资本主义的本质区别"。① 以此为基础,中国形成了社会主义市场经济理论,开始了波澜壮阔的社会主义市场经济建设,从而实现了社会主义理论的升华,推动社会主义进入新的发展阶段。

第五,致力于共同富裕的社会主义大国。中国改革开放,以"先富论"开局。邓小平认识到,中国落后且长期受到"左倾"思想的影响,开放不可能全面铺开,经济振兴必须寻找到突破口,由此形成了由"先富论"到"共同富裕论"的主旨思想。邓小平强调,"在本世纪末达到小康水平的时候,就要突出地提出和解决这个问题"。② 进入新世纪,中央领导人清晰判断中国正处在发展的战略机遇期与各类矛盾凸显期并存的基本特点,明确提出"不断促进社会和谐"的战略思路,强调深入贯彻落实科学发展观,构建社会主义和谐社会,全面建设小康社会,中国扬弃了"先富论",迈向共同富裕之路。

"中国特色社会主义"与全球化的时代特征和中国现实语境密不可分。中国坚持社会主义的基本原则,但不同于马克思恩格斯当年所设想的社会主义和苏联的社会主义模式;中国借鉴资本主义文明成果

---

① 《邓小平文选》第三卷,第373页。
② 同上书,第374页。

和市场经济模式,但未被资本主义同化;中国特色社会主义是一种新型社会主义大国的追求,调整与完善并行,是融合社会主义和资本主义优势共享的制度模式,和平、发展、合作、共赢的追求代表了中国对未来发展的把握和自信。

中国新型社会主义大国的定位面临国内国际的挑战:国内挑战体现在对社会主义本质的认识和共同富裕的制度化安排上;国际挑战则主要体现在西方国家刻意突出制度认同差异,倡导意识形态上的"中国威胁论"。中国在强化推进国内五位一体发展格局的同时,强调以"和而不同"理念为基点发展与西方国家的互动关系,追求和谐而不千篇一律、不同又不冲突、和谐以共生共长、不同以相辅相成的境界。

2. 经济社会属性:发展中大国

一般而言,发展中国家指的是那些经济社会发展和人民生活水平相对较低、尚处于从传统农业社会向现代工业社会转变过程中的国家。① 随着研究的深入,分析发展水平的指标不再限于传统的人均GNP和GDP,而增加了国际竞争力、人类发展指数(HDI)、发展平衡性等新指标。其中,人均GNP和GDP指标偏重经济因素与整体经济规模,国际竞争力指数注重考察一个国家的效率、耐力和发展态势而非固定的发展水平;人类发展指数由预期寿命、成人识字率和人均GDP三个指标构成,侧重社会发展的综合因素;发展的平衡性注重可持续发展。

早在20世纪80年代初,中国与西方国家围绕中国到底应该以发展中国家身份还是发达国家身份加入关贸总协定产生过尖锐矛盾,艰难谈判长达十数年之久。2001年中国加入世贸组织,从《中国加入工作组报告书》中看出,中国并没有获得完全的发展中国家地位,中国的受惠范围受到了限制。② 进入21世纪,随着中国成为经济实力最强的新兴国家,发达国家明确要求中国放弃发展中国家的身份,不再作为最大的"搭便车者"。堪为例证的是,2008年全球金融危机爆发以来,认为1949年社会主义救中国、1989年中国救社会主义、2009年中国救资本主义的说法不胫而走,国际社会普遍对中国有溢美之词与强烈要求,

---

① 刘世锦等:《如何正确认识在中国发展中国家身份上的争议》,《中国发展观察》2011年第7期。
② 徐崇利:《新兴国家崛起与构建国际经济新秩序——以中国的路径选择为视角》,《中国社会科学》2012年第10期。

强调中国已经成为世界大国、准超级大国,提出"两国论"(G-2),要求中国放弃发展中国家的呼声不绝于耳。

世界贸易组织的常规界定是,人均 GDP 低于 3000 美元的国家才可称为发展中国家。2008 年中国人均 GDP 达到 3315 美元,位居世界第 106 位;2009 年人均 GDP 达到 3678 美元,位居世界第 97 位;2010 年中国人均 GDP 达到 4520 美元,位居世界第 90 位;2011 年,中国人均 GDP 达到 5414 美元,位居世界第 89 位。① 中国人均 GDP 数额增长之快与排位之靠后同样醒目。我们一方面必须看到世界人均 GDP 平均线的总体提升(如 2010 年世界人均 GDP 平均线为 8985 美元,中国堪及一半),此外还要意识到中国发展失衡的严重性,例如,按照联合国 1 天 1 美元的贫困线标准,中国尚有 1.5 亿人口需要脱贫。

有鉴于此,在经济社会属性上,中国清醒地将自己定位为发展中大国。十八大报告重申"我国是世界上最大的发展中国家的国际地位没有变"。无疑,中国始终追求并在走向发达之路,但其进程并非一马平川,而是呈现出复杂的进程性特征。一个发展中国家的工业化和现代化过程,就是消除贫困、摆脱落后进而提高发展水平、实现发达化的过程。中国现代化、工业化是一个不断加速的进程,也是欠发达化与发达化并存的过程,它包括两个相互平行的进程:一是迅速地减少欠发达现象,进而迅速地脱离欠发达特征;二是迅速地扩大发达现象,明显地增强发达特征。这是一个不断量变、实现质的提高的动态过程,代表着中国从发展中国家成为中等发达国家进而进入发达国家行列的奋斗历程。

中国 GDP 规模自 2010 年以来位居世界第二位,中国的国际竞争力排名 2008 年为世界第 30 位、2009 年为第 29 位、2010—2011 年为第 27 位、2011—2012 年为第 26 位,是金砖国家中唯一进入前 30 位的。② 这两项指标意味着中国经济地位处于世界前列,确实难以定位为一般意义上的发展中国家。另外的指标则标明中国处于世界发展后列。比如,从在经济社会发展平衡性的角度看,发达国家内部发展较为平衡,城乡之间、区域之间差距较小;而中国仍处在发展失衡突出的阶段,城

---

① 参见 http://wenku.baidu.com/view/d0bd643531126edb6f1a10b9.html,2012 年 12 月 22 日。

② 参见 http://wenku.baidu.com/view/b84a9e1f6bd97f192279e94d.html,2013 年 1 月 2 日。

乡之间、区域之间、社会阶层之间的差距较大,有些方面的差距甚至还在扩大,具有发展中国家的典型特征。中国农村和许多地区还存在着大量的欠发达特征,而城市和沿海地区越来越呈现发达国家的某些特征,在愈来愈大的范围内与发达国家形成竞争关系。从人类发展指数的角度看,中国不仅处于世界后列,且有下降之虞。2008年,中国人类发展指数位居世界第81位,2009年位居世界第92位,2010年位居世界第89位,2011年则下降为世界第101位,属于中下等水平。

概言之,中国经济、社会、政治、文化发展的诸多方面都体现着初级阶段的显著特点。上述分析表明,初级阶段的特征也并不是一成不变的,当前的中国不再是典型意义的发展中国家,当然也不是发达国家或中等发达国家,欠发达与发达特征并存,欠发达的范围在缩小,发达的范围在扩大。中国是一个发展中国家但也正在变成一个中心国家,所以用一般的发展中国家的眼光看待中国的问题会有很多不足,并可能影响中国重大经济金融政策的制定和实施。进入21世纪,各类现代化的因素越来越多,人民生活和社会发展的现代气息越来越浓,我们正试图以稳妥的步伐快速走过初级阶段的"中间点"。当前,中国集中出现了经济、政治、社会、文化等全面转型。中国转型的明确指向就是现代国家体制的建立和现代化进程的完成,国情特征决定了实现以上目标困难重重,完善发展理念、优化发展模式、调整发展战略变得愈加紧迫,尤其是,中国必须实现从不可持续到可持续发展、从不公平发展到公平发展、从不平衡发展到均衡发展的路径转变。

3. 文化属性:传统资源丰富的文化大国

文化是国家和民族的血脉、灵魂和品格,文化认同是民族凝聚力和国家向心力的动力之源,是国家认同最深厚的基础。一般而言,国家现代化是经济现代化、制度现代化和文化现代化的结合,而后者是中国面临的"攻坚战"。杜维明指出,"中国真正要崛起必须是文化的崛起"。①

全球化既带来了世界文化交融,更带来了文化裂变和矛盾冲突,传统文化、文化传统由此常常被视为确认国家认同的核心标志。对中国而言,文化更具有重要意义,正如英国哲学家罗素指出的,中国与其说是一个政治实体,还不如说是一个文化实体。中国一直以来并不是国家的名称,它不仅标志着地理上的世界中心,还意味着文明和教化的先

---

① 杜维明:《中国的崛起需要文化的支撑》,《中国特色社会主义研究》2011年第6期。

进,是中华民族共同的价值认同。三十多年的改革开放,中国文化现代化滞后于经济现代化,文化体制尚处于改革的初级阶段,而文化安全是我们面临的最深层的安全威胁。

中国文化的历史演进及其国际影响力的演变表明,中国在文化软实力上具有先天优势,这不仅体现在古代中国以儒家文明为核心的文化先进性及其对周边地区的巨大辐射力上,而且体现在东亚一波波崛起浪潮(日本、东亚四小龙、东盟四国、中国等)中儒家文化的促进作用上。最近百余年来,西方文明对东方文明发起并构成了巨大的挑战,但以中国改革开放取得重大成就和国际实力向亚太地区转移为标志,中华文明传统正在积极弘扬之中,而西方文明则进入反思和调整阶段,东西方文明的交融将展开崭新的一页,而中国正在成为东西方文化的交汇中心。如王蒙指出的,中华传统文化回应了严峻的挑战,走出了落后于世界潮流的阴影,日益呈现出勃勃生机,它更是一个能够与世界主流文化、现代文化、先进文化相交流、相对话、互补互通、与时俱进的活的文化。①

中国文化的问题是天然存在的。中国与近代工业化失之交臂,中国传统文化的物质支撑也逐渐遭受销蚀,尤其是 19 世纪中期以后遭受的一系列惨败,促使中国文化走向反思和重构历程。泱泱上邦为什么坠落得如此体无完肤?中国仁人志士从模仿西方的坚船利炮开始,逐渐发展到对中国传统文化的反思,自此,这种反思就没有停止过,关于中、西、体、用四个字的排列组合一直是人们所讨论的最热门话题。进入 20 世纪,以"辛亥革命"和"五四运动"为标志,中国开始了现代化进程,如何对待传统文化就成为分野,"新文化运动"对传统文化进行了淋漓尽致的批判,提出了全盘西化的基本主张。这种批判观点在"文化大革命"的"批林批孔"中得到淋漓尽致的发挥。全盘西化主张在中国发展进程时隐时现,导致了中国一再的政治风波;另一条主线就是以梁漱溟为代表的传统文化派,强调"世界文化的未来就是中国文化的复兴"②,这种观点一直持续不断,在纯粹的、非政治性的学术研讨中长生不衰。但是,源于国家总体实力衰落的历史,中国在文化上不乏盲目模仿,甚至不顾一切拥抱外来文明,而自我否认向来是我们的一个传统。1978 年改革开放以来,中国开始大规模向西方物质文明开放,而

---

① 王蒙:《中华传统文化与软实力》,《人民日报》(海外版)2011 年 11 月 2 日第 6 版。
② 梁漱溟:《梁漱溟全集》(第 1 卷),山东人民出版社 1989 年版,第 543—546 页。

在精神文明上也进行了积极的引进。在西方看来,中国改革开放就是西化的进程;而在中国看来,这一进程是中华文明与西方文明交汇融合的过程,和而不同依旧是世界的未来面貌。

中国通过改革开放抓住了新一波全球化浪潮,革故鼎新成为中国突出的文化特征。中国实现了物质崛起,这种崛起与亚洲经济的迅速发展相唱和,导致世人重新审视以儒家文化为主体的中国传统文化的巨大能量。"沉舟侧畔千帆过,病树前头万木春"。[①] 在重塑国际政治经济秩序、化解不断升级的国际冲突、摆脱物质万能的文化束缚、应对日渐突出的人类精神信仰危机等当代世界性问题的解决路径上,中国传统文化开始显现出积极的整合价值。中国决策者明确意识到了文化在国家认同上的核心价值,强调发挥文化引领风尚、教育人民、服务社会、推动发展的作用。

但是,中国在文化上仍然是一个"大而不强"的国家,传统文化现代化的问题依旧存在,如何继承和发展丰富的传统文化资源是我们面临的重大战略性议题。中国文化的内在风险主要体现在,社会价值观消失殆尽,传统社会伦理的丧失殆尽带来了严峻的社会问题,传统文化的精髓弘扬不够,优良传统有待于进一步挖掘,中国面临着传统文化现代化的紧迫任务。我们在热切吸纳外来文明的同时,往往忽视弘扬民族文化特色,甚至继续保持着批判民族文化的传统。然而,一个民族失去了文化特性,民族独立性也就失去了依托。古今中外没有一个国家的现代化是依靠全部引进换来的。在融入世界的同时,保存和发展中国自身的文化力量与增强经济军事实力同等重要。中国目前已经基本否定了全盘西化的可能性,而主要体现为两种主要观点的较量:一种是儒学复兴论,强调中国传统文化尤其是儒学的根本价值,是所谓"中体西用"的进一步延续;另一种观点强调中国传统文化与西方文化的相互辉映,相互借鉴和相互吸收,即所谓中西互为体。然而,古今中外没有一个大国是以外国文化为本位的。对中国传统文化进行科学分析、批判继承、发扬光大是必要的,但中国文化是中国国土的独有奇葩,其现代化不可能离开传统文化而生存。我们需要强调中体西用,扬弃其中贬抑西方文化的成分,以更加开放的心态对待西方文化,吸收有益的成分,也要防止西方文化的泥沙俱下,抛弃其糟粕。中国文化的外在风险则主要体现在,西方文化有着渗透和改造"他者"的冲动,通过文化

---

① 《刘禹锡·酬乐天扬州初逢席上见赠》。

渗透推广价值观念是西方国家的主导性目标之一。中国处于向现代工业社会转变的过程中,在自觉或不自觉地接受西方文化及其价值观念,尤其是西方文化的负面——如极端利己主义和拜金主义的观念、混乱的价值观取向、非道德倾向——正在颠覆中国民族文化的优良传统,对中国传统道德的吸引力和民族文化的凝聚力形成强大的冲击,文化安全面临严重威胁。

近年来,中国决策者深刻地认识到文化建设的滞后性、紧迫性和战略意义,在促进文化发展上着力甚多。十八大报告强调开创全民族文化创造力持续迸发、人民基本文化权益得到更好保障、中华文化国际影响力不断增强的新局面。中国开始确立文化立国战略,恪守文化传统,弘扬传统文化,推动文化产业改革,推进文化强国建设,倡导文化对话,中国文化现代化和文化建设迎来了大发展的时代。

4. 政治属性:负责任大国

承担国际责任是全球化时代对各国的根本要求,全球性问题的激增及其解决要求国家无论大小强弱都要承担责任,承担而不限于对内提供国内公共物品、对外遵守国际规范、维护国际准则、履行国际义务的责任。作为世界第二大经济强国、综合国力居于前列的大国、东方大国,中国对维护全人类共同利益负有重要责任。"负责任大国"是顺应潮流、主动承担责任的国家诉求与建构。承担更重要的国际责任是中国实现自身国家利益的需要,是中国在国际社会中发挥更大作用的切入点,是中国国家利益走向全球化的重要路径。负责任大国的强调,表明了中国对国际社会的新认同。

孙中山指出,"中国如果强盛起来,我们不但是要恢复民族的地位,还要对于世界负一个大责任"。① 中国负责任大国的建构与改革开放进程相关,与中国融入国际社会的深度相应,与中国参与国际制度的进程相辅,与国家实力提升和国际影响力的扩大相成。进入20世纪80年代,中国改变"战争与革命"的世界主题判断,开启与国际接轨的进程,其角色定位从国际体系的反对者、游离者向积极参与者、建设者转变。② 中国发挥积极参与建设公正合理的国际新秩序的合作角色,

---

① 《孙中山选集》,人民出版社1981年版,第691页。
② 江忆恩:《美国学者关于中国与国际组织关系研究概述》,《世界经济与政治》2001年第8期,第52页;秦亚青:《国家身份、战略文化和安全利益——关于中国与国际社会关系的三个假设》,第10—15页。

持续融入国际体系,并致力于与世界各主要国家建立务实的伙伴关系。

对外开放与深化参与国际制度的步伐相辅相成,中国经历了一个随着国内发展及需要而逐渐适应、逐步深化的过程。自 20 世纪 80 年代初开始,中国积极参与国际经济组织的活动并产生了积极的溢出效应,它不仅引进了新的观念,影响了中国的外交决策模式,还促进了中国对其他国际制度的参与。① 1992 年邓小平"南方谈话"昭示着中国全面参与国际制度时代的到来。自此,中国参与国际制度体现出全面性、战略性、长远性的基本特征,已经基本认可了当今国际体系中几乎所有重要的国际制度。

冷战结束以来,中国经济发展继续驶入快车道,政治民主化的进程有所加快,并承担越来越重要的国际角色。随着中国的发展,中国承担国际责任的欲望和能力在增加。1997 年 11 月,江泽民在哈佛大学发表演讲,强调在事关人类生存和发展的许多重大问题上中国与美国"有着广泛的共同利益,肩负着共同责任"。② 此后,中国领导人时常提及负责任大国的定位。例如,2006 年 3 月 4 日,温家宝总理向世界宣布,"中国已经成为一个负责任的国家"。③ 2010 年 4 月 29 日,温家宝与欧盟委员会主席巴罗佐共同会见记者时表示:"中国一定会承担更多的国际责任,这不仅是国际社会的期待,也符合中国的利益。"④十八大报告强调:"以更加积极的姿态参与国际事务,发挥负责任大国作用,共同应对全球性挑战。"

负责任大国的定位意味着,中国的国家认同发生了巨大的变化,以主权为中心的、独立自主大国的传统认同与负责任大国的新认同相连,而国家行为越来越受到国际制度的调节,中国自视为国际制度的积极而负责任的参与者,进一步塑造负责任大国形象,积极提供全球性和地区性公共物品。

其间,国际社会尤其是西方国家要求中国承担更大责任的呼声成为一种国际压力。"中国责任论"成为美国等西方国家要求中国角色

---

① 门洪华:《压力、认知与国际形象——关于中国参与国际制度战略的历史解释》,《世界经济与政治》2005 年第 4 期。
② 《江泽民文选》(第二卷),人民出版社 2006 年版,第 64 页。
③ 《温家宝总理在十届全国人大四次会议记者招待会上答记者问》,《光明日报》2006 年 3 月 15 日第 1 版。
④ 参见 http://news.sina.com.cn/c/2010-04-30/0102174443735.html,2012 年 12 月 22 日。

转变的战略话语。华裔学者黄靖认为,西方国家要求中国承担的国际责任主要体现在三个层面:一是经济和物质上的责任,要求中国在国际事务上更多地出钱出力;二是开放金融市场方面的责任,要求中国政府必须放弃对金融市场的控制,让外国企业进入中国金融市场;三是道义上的责任,要求中国逐步按照西方的价值理念和博弈规则来出牌。① 有学者认为,中国责任论是软遏制的新方式,既给中国提供了国际合作的机遇,也有更大的迷惑性和应对困难。② 另一方面,中国是一个正在崛起的大国,又是唯一的社会主义大国,这两点又决定中国在承担国际责任时需要格外谨慎。正在崛起的大国在承担国际责任时,很容易被其他大国作负面的解读,"责任论"与"威胁论"往往相伴而生。社会主义大国的身份更容易遭到西方大国的敌视。与此同时,国内对中国"负责任大国"的定位也有着不少的误读,提出了认知上的阴谋论、能力上的不足论、国内问题中心论等。

　　当代中国的前途命运日益紧密地同世界前途命运联系在一起,中国的发展离不开世界,世界的发展也需要中国,中国对国际社会自有担当。主动承担适度的国际责任,对于中国这样一个成长中大国而言具有积极意义。这不仅是因为中国有条件、有责任对人类做更多更大的贡献,不仅仅因为全球治理时代要求所有大国共克时艰、应对各种全球性危机,更是因为负责任态度有助于提升国际形象。中国坚持追求"负责任大国"的国家认同,其理念建构具体体现在新安全观、互利共赢、国际关系民主化、和谐世界、和平发展道路的提出上;在实践上,中国加强国际社会的建设性参与,在国际事务的处理上强调分享、共荣、双赢,避免零和,积极提供全球和地区性公共物品,向发展中国家提供力所能及的援助,增加对国际组织的物质投入,从受援国转变为积极的对外援助国,积极参与国际安全维护。与大国责任意识相联系是中国积极参与意识的进一步展现。可以说,在中国,国家理性已经生根,而开放主义和参与意识不可阻遏。

　　面向未来,中国将冷静判断自己的国际地位,积极承担国际责任,理性扩大国际责任,推进与各国共同利益,在国际事务中把握好能力与责任的平衡,并积极要求增加相对应的国际权利。在与其他国家共同

---

① 黄靖:《西方热炒中国模式疑为捧杀中国》,《广州日报》2010年1月24日第10版。
② 郭树勇:《论西方对华"软遏制"战略及其对策思考》,《毛泽东邓小平理论研究》2008年第12期。

促进国际合作的同时,中国还要继续强调以确认国内建设为核心的战略布局,促进国家的平衡性发展。

5. 战略属性:具有重大世界影响的亚太大国

亨利·基辛格(Henry S. Kissinger)认为,每一个世纪都会出现拥有实力、意志、智慧和道德原动力,希图按照自己的价值观重塑整个国际体系的国家,这几乎是一个自然定律。① 很多中外精英都倾向于认为,21世纪的中国当如此,美国战略界提出的"中美两国论"(G-2)堪为表征。

中国从来就是一个大国,即使在衰败的清朝,中国也未曾丧失大国地位。就像拿破仑所言,中国是一头睡狮,"一旦中国醒来,她将使整个世界为之震撼"。② 1978年改革开放以来,中国的国家实力及其国际影响力一直处于上升态势,中国崛起成为国际社会公认的现实,中国的世界定位成为国际社会判断中国战略走向的重要因素。多数战略分析家认为中国成为世界大国只是时间问题。1997年亚洲金融危机爆发以来,中国积极承担国际责任,中国的大国作用受到国际社会更多关注。2006年以来,世界热炒"中美两国论",中国开始被视为世界大国,尤其是2010年中国GDP规模超过日本位居世界第二,使得这一话题持续发酵。关于中国世界定位的争论,主要集中于中国属于何等大国上,目前主要有东亚大国、具有世界影响力的亚太大国、世界大国等几种判断。

关于世界大国的衡量标准,学术界多有涉及。德国历史学家兰克(Leopold von Ranke)指出,一个世界大国"必须能够抗击所有其他大国而不败亡,即使在后者联合起来的情况下"。③ 中国财政部王军指出,世界大国的特征是:国家实力强,与同一历史阶段的其他国家相比,经济更为发达、军事力量更为强大、文化更为昌明、疆域更为广阔;对外辐射广,能够深刻改变时代面貌,强有力地影响乃至左右世界文明的进程;历史影响远,其影响跨越时空、源远流长。④ 迈克尔·奥克森博格

---

① Henry Kissinger, *Diplomacy*, New York: Simon & Schuster, 1994, p.17.
② R. P. Khanua, "Impact of China's Ambition to be a Regional Power", *Asian Defense Journal*, Vol.6, No.9, August 1999, p.9.
③ Leopold von Ranke, *The Theory and Practice of History*, Indianapolis: Bobbs-Merrill, 1973, p.86.
④ 王军:《江山代有强国出——世界强国兴盛之路探析及其对中国发展的启示》,《经济研究参考》2003年第49期。

(Michael Oksenberg)等指出,世界大国的基本条件是经济发展处于世界前列,军事实力处于领先地位,文化宣传影响全球,具有世界性的政治影响力。① 布热津斯基指出,世界大国"意味着真正在全球军事能力方面占有绝对优势、重大的国际金融和经济影响力、明显的技术领先地位和有吸引力的社会生活方式——所有这些必须结合在一起,才有可能形成世界范围的政治影响力"。②

对照这些参照条件,我们认为,有史以来,中国就是东亚地区乃至亚洲的大国,天下思想、朝贡体系代表着中国曾有的历史辉煌。当然,中国从未成为世界大国,因为19世纪之前并不存在世界大国,只有地区大国,真正的世界大国是在19世纪后的群雄逐鹿中造就的,而欧洲大国的崛起与中国的衰落恰成鲜明的对照。中华人民共和国的成立制止了中国国际地位下降的百余年趋势,迅速确立了政治大国、军事大国的地位。1978年改革开放以来,中国的经济地位迅速攀升,国家总体实力不断增强。随着中国国家实力的上升,中国更加关注海洋利益,国际影响力延伸至整个亚太地区,全球影响力迅速上升。当前,亚太地区的所有重大事务,没有中国的积极参与则难以获得满意的结果。中国具备成为世界大国的诸多条件:从资源角度看,中国国土面积居世界第三位,人口居世界第一位,中国是名副其实的资源大国;从政治影响力看,中国是联合国安理会常任理事国,在国际货币基金组织、二十国集团等影响力巨大,是名副其实的政治大国;从经济、贸易、对外投资等角度看,中国是名副其实的经济强国;从军事力量上看,中国堪称大国,国防开支和军事现代化更是举世瞩目。但是,中国人均资源短缺、经济发展不平衡、文化价值观影响力有限、是典型的军事防御型国家,尚缺乏足够的海外利益和被国际社会所公认的世界性特权。因此,中国的战略定位是具有世界性影响的亚太大国,这一定位以地区性为基点,兼具世界性的特征。

中国地处传统地缘政治意义上的亚洲的中心位置,是东方国家的代表。随着同周边国家经济相互依存度的日益加深,中国已成为亚太地区的地缘经济中心,在本地区经济发展中的领袖作用超过美国和日本。近年来,中国根据自己的国家实力和战略安排,将地处亚洲腹地的

---

① Yoichi Funabashi, Michael Oksenberg, Heinrich Weiss, *An Emerging China in a World of Interdependence*, New York: The Trilateral Commission, 1994, p. 2.

② 布热津斯基:《如何与中国共处》,《战略与管理》2000年第3期。

东亚视为承担大国责任的首要地区,并随着其利益边疆的延伸,将战略触角扩展至全球。和平稳定的地区环境是中国现代化建设的首要前提条件,中国将东亚及周边视为合作的重心,继续追求并适当扩大全球责任。

这一定位受到国际国内的挑战。其国内挑战主要体现在民族主义冲动和成熟大国心态的缺乏。成熟大国心态的基本标志是:清晰界定国家利益边界;冷静对待批评,对所涉问题能够展开坦率的讨论;关注其他国家对核心利益的关切,从长远角度看待国家利益。坦率地讲,这样的成熟大国心态在中国尚未形成,这将在总体上影响中国的国家认同。其国际挑战主要体现在对既有大国对亚太利益的争夺及对中国世界大国走向的担忧与遏制,尤其是美国重返东亚和日本等国家加强与美国战略协同的趋向。此外,中国周边从西北部中亚经由南亚、东南亚、南中国海到朝鲜半岛,呈现出一个U字形的环状动荡带,这是当前中国面临的主要安全难题。中国将周边地区视为区域合作的重心,其战略作为主要体现在稳定周边的努力上,即重新确认东亚在中国战略中的核心地位,致力于将东亚打造成中国的战略依托地带,将中国界定为亚洲大国和海洋国家,从海陆两条战线扩展中国的海外利益。

三、加强中国国家认同的未来战略取向

中国国家认同以新型社会主义大国为核心,追求全面开放、全面转型、全面发展。可以说,中国致力于创新一种新的制度模式、发展模式,致力于在中华传统文化复兴和西方文化反思的基础条件下造就一种新的世界文化。上述理想目标和现实存在着巨大的差距,而中国国家认同尚未提升到国家核心价值的层面,在国家认同建设问题上没有形成统摄性的国家战略①,但一个长期秉持务实精神的国家彰显其既有的世界理想、国家理想和社会理想,其意义值得深入关注,而如何促成这些认同维度的实现(identification)已经是摆在中国面前的核心议题。

稳定中国国家认同的重要性不言而喻。惟此,中国的基本制度、核心价值观和国家形象才能保持良好的连续性、创新能力和自我修复能力,有效地凝聚民心、统合社会、扩大国际影响力。上述对中国国家认同变迁的梳理表明,中国的整体战略将是,高举和平、发展、合作、共赢的旗帜,对内走科学发展之路,对外走和平发展之路,国内国际联动追

---

① 周平:《论中国的国家认同建设》,《学术探索》2009年第6期。

求和谐发展,致力于实现中华民族的伟大复兴,成长为中国所期许、国际社会所认可的世界大国。以此为基础,加强中国国家认同的重塑,其战略取向体现在:

第一,强化公民意识。对所有国家而言,战略重心都应该放在加强国家认同教育上。① 强化国家认同,必须把国民公民意识的培养放在首位。② 公民意识是国家认同的思想基础,它主要体现为国家归属感、荣誉感、责任感。强化公民意识要求我们努力培养各民族公民的国家观念,以价值共识——尤其是社会主义核心价值体系教育——来引导各民族公民在文化差异基础上的国家认同,同时进行历史教育、国情教育和世情教育,培育公民的国家归属感、责任感。当然,全球化时代的公民意识不是封闭的,应将国家认同与全球认同联系在一起,培育具有世界意识的国家公民。

第二,加强国家软实力建设。国家实力是巩固国家认同的物质基础,而提升软实力在一定意义上决定着国家认同的稳固程度。中国多年来专注硬实力增长,部分忽视软实力提升,二者之间的不匹配已经在相当大程度上损伤了中国潜力的发挥。在国际层面上看,中国在吸引他国追随、改变对方立场,以及在国际事务中提出议题、设置议程、引导舆论等方面总体上处于弱势,尚未掌握国际话语权。软实力建设事关中国如何统筹国内国际两个大局,在国际、国内两个舞台上塑造、展示自己魅力,它不仅要求中国把自己的优秀文化、发展模式和外交理念传播到世界上,争取他国理解和接受,而且更强调中国如何在社会主流价值观的塑造、政府治理能力的提高、公民社会的培育等领域进行富有吸引力的建设与创新,而后者更是基础性的关键议题。

第三,强化国家认同、地区认同与全球认同的关联。中国国家认同不仅需要凝聚国内共识,还需要把握国际治理的趋向,积极争取国际理解与认可,换言之,中国必须关注他国对国家认同的影响,促成国家认

---

① 欧洲委员会前秘书长丹尼尔·塔西斯(Daniel Tarschys)面对欧洲认同出现的挑战,更加明确意识到了欧洲教育的重要性,并呼吁将之明确列为政治教育的重要内容。参见马胜利、邝扬主编:《欧洲认同研究》,第 246 页。
② 韩震:《论国家认同、民族认同及文化认同——一种基于历史哲学的分析与思考》,《北京师范大学学报》(社会科学版)2010 年第 1 期。

同之内生因素与外生因素的良性互动。① 在全球化和地区一体化并行不悖的时代,国家认同必须关注国际认同变迁,强化与地区认同、全球认同的关联。当然,国际社会对中国国家认同的认知,既有偏重对中国现实因素的肯定,也有侧重对中国未来预期的考量;既有对中国承担更多国际责任的希冀,也有对中国国家实力增强的疑虑,求同存异方为大道。随着中国全面参与国际事务,中国应进一步参与到国际治理之中,强调扩大同各方利益的汇合点,加强所在地区议程和全球议程的倡议能力,促进中国国家认同与地区认同、全球认同的良性互动,以此为基础同各国发展不同领域、不同层次的利益共同体,推动共同利益的实现,从而提升中国国家认同的国际认可度。

第四,积极担当发展中国家和发达国家的桥梁。了解世界发展趋势,尤其既有大国和新兴大国的互动,是强化国家认同的必由路径。鬼谷子曰:"古之善用天下者,必量天下之权,而揣诸侯之情。"当今世界格局的主要矛盾和特征是发达国家和发展中国家的互动,中国处于二者之间的结合部,堪称发达国家和发展中世界的桥梁。② 以此为条件,中国的国际角色和国际行为将有更积极的担当,这在另一种意义上也表明了中国国家认同的进程性。

本文发表于《中国社会科学》2013 年第 9 期。

---

① 亚历山大·温特指出,国家的相互认同使得自我的认知界限延伸开来,包含了他者;自我和他者形成了一个单一的"认知领域"(cognitive region),休戚与共等指向一种共有的超越认同,超出了单个的实体认同,并对单个实体提出合法要求。参见亚历山大·温特:《国际政治的社会理论》,第 379 页。

② 李稻葵:《富国、穷国和中国——全球治理与中国的责任》,《国际经济评论》2011 年第 4 期。

压力、认知与国际形象
——关于中国参与国际制度战略的历史解释

自 19 世纪中叶中国被炮舰外交强行纳入世界体系以来,中国与国际制度的关系充满戏剧性波折,经历了从拒绝到承认、从观望到参与、从扮演一般性角色到力争重要发言权的过程。这个过程伴随着两个尚未最终完成的转变,即从"中国之世界"到"世界之中国"的转变、从世界体系的"局外者"到"局内者"的转变。中国崛起成为这两个转变的重要促动因素,而这两个转变过程的完成在一定程度上亦可视为中国崛起的一般性标尺。

本文选取压力、认知、国际形象三个变量,从历史角度剖析中国与国际制度之间的互动关系。任何国家在制定战略时,通常要考虑到两个方面的影响或压力,一是国内各种较显要的"压力集团"和舆论的要求。这种状况有时对执政者的决心可以产生很大的影响。二是来自国际政治方面的影响,战争与和平的交替转折,一个新格局的形成,一个突发的国际事件都会迫使一个国家改变其战略思路。① 根据笔者的理解,鉴于中国的历史积淀和历史记忆,中国参与国际制度的过程充满了客观压力与对客观压力的主观认知,中国参与国际制度的战略与二者有着本质性的联系。中国所经历的从主导大国到任人凌辱的历史屈辱、从封建农业国家到现代工业国家的巨大转变,决定了民族复兴、祖国崛起一直是仁人志士的宏大梦想,而国内压力与国际压力交相呼应构成中国参与国际制度的特定条件。新中国成立以来,中国一直在压力下成长,首先是获得国际承认的压力,其次是经济发展的压力,最近是让国际社会放心的压力,这些压力造就了中国参与国际社会的潜台词。面对压力,不同的国家组织形式和不同的领导人有着不同的理解和认识,也做出了不同的战略反应,从而凸显了认知在战略决策中的重要地位。一般来说,对于同样的客观世界,不同的人会有不同的理解,不同的理解会带来不同的决策,因而人们对客观世界的认识极端重要。所谓认知,即人们对感觉到的信息加以理解,并根据自己的理解做出反应。在战略决策的认知过程中,对国家面临的内外压力的认识至为重要,它是做出战略反应的基础条件。伴随着中国融入国际社会步伐的是中国的社会化学习和规则内化过程,以及由此引致的自我认知变化及其对自身国际形象的关注。所谓国际形象,即一个国家在国际的政治、经济、文化、军事、科技等诸方面相互交往过程中给其他国家及其公众留下的综合印象。在当今国际社会中,国际形象作为一种可信度的标志,对于国家战略目标的实现起着越来越重要的作用。中国逐步将国际形象纳入其战略框架,视之为制定大战略尤其是国际制度参与战略的重要因素。压力、认知与国际形象三个变量之间存在相互影响、相互递进关系,构成了剖析中国参与国际制度战略的一条主线。

历史的积淀:1949 年之前的中国与国际制度

19 世纪之前,中国一直在东亚相对孤立的地缘政治环境中发展,与世界其他部分相对隔绝。19 世纪中期,欧洲列强用坚船利炮将中国强行纳入其主导的国际制度,中国从此开始了参与国际制度的曲折历程。

历史上,中国科技曾领千余年风气之先,其国民生产总值在 19 世纪初期仍雄居世界之冠,且早就确立了自成一体的帝国体系。但是,传

---

① 陈乐民主编:《西方外交思想史》,中国社会科学出版社 1995 年版,第 3—4 页。

统的中国社会固步自封,缺乏创新精神和扩张意识。相形之下,摆脱中世纪束缚的欧洲迅速崛起,并加快了对外扩张的步伐。17世纪,欧洲列强就把殖民触角伸到中国东南沿海。19世纪中期,在运用外交手段与清帝国建立更广泛、更直接联系的努力接连受挫后,西方列强诉诸武力,发动一系列对华战争,用坚船利炮打破了中国天下一统的思想格局,肢解了中国的朝贡体系,将中国本土强行纳入国际制度体系。中国经历了从天下一统格局向现代意义上的民族国家的转变,即从"中国之世界"向"世界之中国"的转变。由于被强迫纳入国际制度,中国长期受到列强的欺凌,领土被肆意瓜分,更谈不上主权的维护了。几经挣扎、几经失败塑造着中国对待国际制度的心态:时而强烈期望全面参与国际制度,时而期望回复到闭关自守。

  进入20世纪,中国对外交往的主要姿态已经从以天朝上国自居变为争取平等地位。随着国际制度由区域性扩展到全球,中国参与国际制度的意愿增加了。1916年中国参加第一次世界大战,自近代以来第一次成为战胜国。但是,在安排未来国际制度的巴黎和会上,作为战胜国的中国不仅无权参与战后的制度安排,其自身利益也无法得到维护,中国第一次亲身体验了国际制度的实质。加入国际联盟是中国融入国际社会的重要步骤。然而,日本于1931年发动大规模侵华战争,中国一度对国联争端解决机制寄予厚望。中国向国联提出申诉,要求它主持正义,根据盟约规定制裁侵略。国联虽然派出调查团并发表了调查报告,但该报告偏袒日本,拒绝宣布日本为侵略者。中国试图搭国联便车未果。

  第二次世界大战期间,中国承担了远东战场抗击日本侵略军主力的任务,为打败法西斯做出了巨大的贡献。中国作为主要大国参与了联合国的成立过程,并成为拥有否决权的联合国安理会五大常任理事国之一,其大国地位在联合国机制中得到肯定。中国第一次成为国际制度的积极参与者,参与国际制度的建立并体味了实力对国际制度的作用。

  中华人民共和国成立之前中国与国际制度的关系大致如此。19世纪中叶到20世纪中叶,全球性的现代国际体系从萌芽到基本成熟,全球性国际制度在逐渐确立,与此发展相对照,中国经历的却是百年屈辱,经历了太多的苦难和"城头变幻大王旗"的动荡,加上以被抛到谷底的方式被强行纳入国际体系的尴尬,中国始终将国际社会的既有秩序视为不公正、不合理的产物,并形成一种被凌辱的受害者心态。西方列强任意宰割这块沃土和国际联盟的外交失败对中国的震撼之大,时至今日尚有余音。如此,中华民族复兴作为国家的一个远景目标被历史锁定,成为中国崛起的本原性动力。同时,历史经验和教训往往成为战略决策的重要参照,19世纪中叶到20世纪中叶或许不过是中国历史长河的一段激流,但就其影响力而言,却堪称一瞬造就的永恒。中国参与国际制度的战略,均可从中找到历史踪迹。

相对孤立(1949—1970年)

1949年中国共产党建立新中国之后,美国等主要西方国家拒绝承认中华人民共和国,继续承认盘踞台湾的蒋介石集团,而且支持蒋介石集团继续窃据联合国等国际组织的席位,中国大陆被排除在国际制度之外。中国领导人在权衡之后做出了"一边倒"的外交决策,正式成为国际制度的局外者和挑战者。20世纪60—70年代,国际力量呈现大分化、大组合:中苏盟友关系破裂,社会主义阵营宣告瓦解;资本主义阵营则呈现美欧日三足鼎立的趋势;发展中国家作为独立的政治力量登上世界舞台。中国改变了"一边倒"的外交战略,提出两个中间地带理论,要求"两条线作战"甚至"四面出击",进一步挑战霸权及其主导的国际制度。

20世纪50—70年代,中国面临的国内外压力未有缓解。从国内角度看,经过数十年的战乱洗礼,社会经济百废待兴;蒋介石集团退居台湾,但仍时常给新生政权制造威胁。从国际角度看,冷战格局确立了资本主义阵营与社会主义阵营在意识形态和战略态势上的针锋相对,加入社会主义阵营的中国不仅面临着美国组织的包围和遏制圈,而且受到苏联的挤兑和利益要挟,而且后者的威胁愈演愈烈,终于成为中国安全的最大威胁。作为新生事物的社会主义建设更是一波三折,国内建设的全面政治化无限放大了内部压力,并将之与国际压力结合起来,构成中国认识国际环境和制定国际战略的基本依据。源于获得国际社会承认的需要,中国曾积极寻求恢复联合国的席位和其他国际组织的地位——包括世界卫生组织、世界气象组织、国际民用航空组织、国际劳工组织、国际货币基金组织、国际复兴开发银行等,也曾积极参与新独立国家组织的国际会议(尤以1955年的万隆会议为代表),但这些努力大多未果,并未从根本上缓解中国的国际压力。吉尔伯特·罗兹曼指出:"1949年以来,国际环境变化无常而且常常对中国是不利的。和苏联的关系影响深远,并有某些积极的成果,但她最后给中国带来的是失望,并导致几乎完全的闭关自守"。① 接连不断的国内政治革命和"一边倒""反两霸"等国际战略,实际上决定了这一阶段中国对待国际制度的基本战略,即局外者和挑战者,这既是客观因素导致的,也与主观认知有着极大的关系。面对多变然而不确定的国际形势,中国领导人的判断出现了越来越多的偏差。受意识形态、政治斗争经验等因素的影响,这种偏差一方面是由于外部压力造成的,但更主要的是由于中国内部日趋发展的"左"倾思想造成的,这种思潮部分来源于教条,部分来源于对以往经验的迷恋。② 鉴于此,中国深为自己的革命者形象和挑战者地位自豪。

中国试图与各种国际组织建立联系,主要目标是获得国际承认,鉴于意识形态的追求,中国不可能认可西方主导的国际制度的合法性。在努力恢复联合国的席位失败之后,中国进一步强调国际制度的局限性,宣称联合国是政治交易的肮脏舞台,呼吁建立一个"革命的联合国"。在国际关系的处理上,中国不甘于苏联小伙伴和忠诚盟友的角色,追求"独立盟友"的地位③,强调对民族解放的热情支持和对帝国主义的坚决反对。在这个意识形态的时代,中国体现出充足的革命性,其革命者、挑战者的国际形象甚为鲜明。在国际制度方面,中国也是一个坚定的革命者,将改变国际制度本身作为追求目标。④

消极参与(1971—1978 年)

进入 20 世纪 70 年代,中国调整国际战略,提出"三个世界"理论,与美国等西方国家的外交关系取得重大突破。中国也随之淡化了挑战者的角色。1971 年 10 月中国恢复在联合国的常任理事国席位,标志着中国赢得了更广阔的国际空间。但这个时候的中国仍然摇摆于国际制度局外者与局内者之间,被动、消极参与者的国际形象甚为突出。

在这个阶段,中国首先为了打破国际孤立和敌对大国的包围而努力。1969 年发生的中苏珍宝岛事件成为中国调整国际制度战略的转折性事件。中苏武装冲突的升级和苏联的核威胁使得中国深感国家安

---

① 吉尔伯特·罗兹曼主编:《中国的现代化》,江苏人民出版社 2003 年版,第 392 页。
② 章百家:《改变自己 影响世界——20 世纪中国外交基本线索刍议》,《中国社会科学》2002 年第 1 期。
③ Harry Harding, "China's Changing Role in the Contemporary World", in Harry Harding, ed., *China's Foreign Relations in the 1980s*, New Haven: Yale University, 1984, pp.180—184.
④ Henry Kissinger, *A World Restored*, New York: Grosset and Dunlap, 1964, p.2.

全问题的严重性,苏联威胁也成为中美开始相互倚重的战略基础。中国意识到通过建立某种国家联盟加强国际地位的必要性,开始淡化自己的国际体系挑战者的角色。中国不再孤立于世界,逐步淡化世界革命与社会主义堡垒的角色,而强化苏联社会帝国主义反对者和第三世界代言人的角色。这个时候的中国依旧充满了革命性因素,只是战略上更有明确对象罢了。以上因素构成中国改变其国际制度战略的基本条件,换言之,中国参与国际制度的基本目的仍然是政治承认和外交需要,由于对国际制度规则的不熟悉,中国在国际制度内的活动多是被动、消极的,实际上是以局外者的心态处理相关国际事务。一位联合国代表指出,中国人在联合国的行为是"他们来了,他们笑了,他们走了"。① 这一幕堪称中国在国际制度内之形象的经典写照。

中国在这个时期着重发展对外政治关系,以加入政治性国际制度为重点。以恢复联合国席位为标志,中国逐步加入了联合国专门组织和附属组织,如联合国计划开发署、工业发展组织、联合国贸发会议、联合国教科文组织等,并与国际奥委会、欧共体等建立合作关系。值得一提的是,中国对参加国际环境机制表现出浓厚的兴趣,周恩来总理1972年率团参加了斯德哥尔摩联合国人类环境会议,并促动中国在国际环境机制的发展过程中扮演积极角色。总体而言,中国在这一期间参与的政府间国际组织数量并不多(仅仅从1个增加到了21个),但毕竟成为国际制度的真正参与者,尽管参与程度不够、参与态度也不积极。中国的国际战略空间因之而扩大了,中国追求的独立国际形象和大国地位得到了初步实现。

部分参与(1979—1991年)

1978年,中国开始实行对外开放的政策,逐步深化融入国际制度的步伐。中国终于放弃了"局外者"的身份,成为多数全球性国际制度的参与者。中国开始采取建设性的态度,表明了推进与国际社会接轨的愿望。中国已经放弃了挑战者的角色,但由于历史因素和现实景况的制约,中国参与国际制度的步伐还有些摇摆。鉴于中国确立的以经济建设为中心的国家总体战略目标与独立自主和平外交政策,这一时期中国的战略尤以参与国际经济制度为核心,充分体现出目标导向和

---

① Michel Oksenberg and Elizabeth Economy, "Shaping U.S.-China Relations: A Long-Term Strategy", Council on Foreign Relations, April 1998.

经济利益导向的特征。

这个时期,中国参与国际制度迅速增加与中国实行改革开放政策和国内进步基础之上的外交战略调整相关。斯时,中国再次面临百废待兴的艰巨任务,而提高执政党的威信、合法性和人民生活水平迫在眉睫。国内压力的增加与国际压力(尤其是本土安全压力)的部分减缓构成了中国实行改革开放政策的基础条件。邓小平敏锐地意识到了资本、经济、技术进步对中国发展的重要性,抛弃了以阶级斗争为纲的政治方针,否定了无产阶级专政下继续革命的理论指导,认为世界大战可能避免,争取较长时间的和平发展是可能的,决定把国家重心转移到经济建设上。中国开始实行不结盟、不针对第三方的外交政策,更加强调独立自主、与所有国家发展正常关系的原则,超越意识形态和社会制度的界限发展与各国的关系,对外尽力争取相对稳定、有利的国际环境,努力保障国内的经济建设和各项改革事业。概言之,邓小平以其雄才伟略造就了中国历史的新转折。"邓小平时代"的来临是以推动中国对外开放的角色作为基点的。中国开始强调与国际潮流接轨,完全放弃了国际制度挑战者的身份,并着力塑造积极参与者和严格执行者的角色。中国开始进入大规模社会学习阶段,即新加入者将国际社会的规则和价值观念内在化的过程。① 在这个过程中,中国关于国际社会的观念发生了变化,遵循国际社会的规则,参与主要的全球性国际制度,不再把革命当作变革国际社会的途径,而把广泛参与国际社会作为现代化的前提和重要途径。中国不再以意识形态和阶级画线,而是将国家视为国际关系的主要行为体,并从国家利益角度理解和认识国际社会,处理国家间关系,逐步但积极融入国际社会,并开始关注本国的国际形象。从这个阶段开始,中国与国际制度的关系开始出现良性互动。

20世纪70年代末,中国几乎在一夜之间改变了自己的国家角色,从一个坚持自给自足的社会主义国家转变为国际经济组织援助的迫切寻求者。据统计,从1979年到1983年,中国从联合国开发计划署、联合国人口基金等接受了2.3亿美元的援助。促进改革开放与经济建设成为中国参与国际制度的核心目标,因而中国的行动是从国际经济组织开始的,凸现了将国际制度视为国家利益促进工具的意识。中国

---

① David Armstrong, *Revolution and World Order: The Revolutionary State in International Society*, Oxford: Oxford University Press, 1993, p.184.

1980年成为国际货币基金组织和世界银行的理事国,此后逐步加入了世界知识产权组织条约、国际农业开发基金、亚洲开发银行等,为恢复关贸总协定的缔约国地位做出了积极努力。中国从国际经济组织获得了大量的技术、知识和资金。中国开始学会利用国际规则维护和拓展自己的利益。与此同时,中国在国际制度中的行为表现也是令人满意的,中国代表在国际制度内坚持讨价还价,然而一旦达成协议,中国的执行可谓无懈可击。①

中国参与国际经济组织的活动产生了积极的溢出效应,它不仅引进了新的观念,影响了中国的外交决策模式,还促进了中国对其他国际制度的参与。即使在极其敏感的政治领域,中国对国际制度的参与也是引人注目的。自1979年起,中国就参与联合国人权委员会的会议,并于1982年成为其理事国。1978年,中国决定参加联合国裁军特别会议的活动。自1980年起,中国开始参与联合国裁军谈判会议,并逐步签署了一系列裁军、军控文件与协议。参加裁军会议大致上与邓小平重新评估战争不可避免论调相适应,这种修正又与中国需要为国内经济发展创造一个良好的和平国际环境相关。中国参与裁军会议与期望被视为负责任大国相关联,这是中国第一次在国际政治和安全领域强调负责任大国形象。

这个阶段,中国参与国际制度的数量有了显著增加,但总体而言,中国在国际制度内的行为是被动的,中国很少提出建设性的解决办法,更多的是发表原则性声明,中国并不是议程的制定者,缺乏参与及议程创设意识。

全面参与(1992年—)

中国参与国际制度的战略以1989年"北京政治风波"和1991年的冷战结束为界点,这是中国所面临的国内外压力变化以及应对这些压力的战略认知所导致的,其目标不仅是打破当时的外交孤立,更重要的是透过国际制度找到与各国重大利益的契合点,寻求社会主义发展的新模式。1992年邓小平"南方谈话"是生产力发展的巨大推动力,而且成为中国全面对外开放的先兆。对经济发展、社会进步的关注促成了中国与国际制度良性互动的自逻辑。鉴于改革开放以来的基本经历和

---

① Alastair Iain Johnston and Robert S. Ross, eds., *Engaging China: The Management of An Emerging Power*, London: Routledge, 1999, p.216.

全国性思想观念进步,中国走向强大的历程也伴随着走向法治、民主和国际主流,国内政治条件、社会条件的逐步优化反过来成为促进中国进一步融入国际社会、参与国际制度的推动力。在改革、转型、进步相约而行的时代,各种压力和要求不期而至,成为中国社会全面进步的推动力。还需要提及的是,冷战结束以来,"台独"成为中国主权安全的最大威胁,也成为中国积极参与国际制度、防止"台独"势力利用国际制度达到分裂祖国图谋的推动力之一。

20世纪90年代是全球化浪潮汹涌的时代。全球化既是动力也是压力,成为中国战略决策必须思考的重要外部变量。冷战结束以来,在全球化的推动之下,国际社会也开始步入转型时期,国际关系的内涵大大丰富,国际政治让位于世界政治,国际关系中的相互依赖加深,一损俱损、一荣俱荣的观念深入人心,国际关系的主旋律由国际冲突转向国际合作。

在这样的国际背景之下,中国面临的国际压力可想而知。国际社会进入转型时期,各国将着眼点放在未来的综合竞争上,中国的特殊性益发凸显。打破外交孤立只是问题的第一步,而如何成为被国际社会接受、让国际社会放心的大国才是中国战略的重点,惟有如此,中国才可能确保实现国家发展基本目标的国际环境。在这样的情势下,确保独立自主与获得国际社会的认可构成中国参与国际制度的基本思考点。由于美国将中国纳入西方主导世界体系的接触政策和"织网"战略(enmeshment)明显体现出经济接触与战略遏制的两面[①],昔日中国自身需求所致的国际制度参与开始构成中国的外在压力因素。随着中国融入国际社会步伐的加快,中国的战略空间在扩展,但中国遭受外部冲击的脆弱性在增加。非传统安全问题往往根植于各国的社会、经济、文化的深层土壤中,具有相当强的惯性,短期内难以化解,也非靠少数国家的努力能够解决,国际合作的必要性因而凸显。此外,随着中国国家实力的发展,"中国威胁论"在特定时段形成对中国的国际压力。欧美区域经济一体化加快对中国所在的东亚经济合作其产生了巨大的国际竞争压力,另一方面也提供了良好的示范和发展机遇,成为中国促动东亚一体化的外在动力。

---

① Gideon Rachman, "Containing China", *Washington Quarterly*, Vol. 19, No. 1, 1996, pp. 129—139; James Shinn, *Weaving the Net: Conditional Engagement with China*, New York: Council on Foreign Relations Press, 1996; etc..

压力往往就是进步的动力。国际风云变幻是战略谋划的背景,更扩展了战略思维的空间。以上压力堪为中国实现向"世界之中国"和世界体系"局内者"转变最为强大的动力,促使中国的认知发生重大变革。中国对自己所处的国际环境有了更为准确的判断,对自己的国家实力有了更加客观的认识,所设定的国家发展目标也更具有可操作性。20世纪90年代中期以来,中国开始自视为崛起大国,在外交上开始大打经济牌,进一步确立了以经济主义促进中国国际地位提高的战略。进入21世纪,中国领导人对国际环境的认知更加客观,更加强调以提高中国的亚洲地位为战略基础,将区域主义视为实现战略目标的核心手段。

中国对自身脆弱性的认识因"北京政治风波"、苏联解体、东欧剧变、海湾战争、"台独"日益猖獗、亚洲区域和多边论坛的增加、美日加强同盟等事件而加强,失去了冷战期间的战略杠杆的中国将国际制度视为加强自身战略地位的重要途径,国际制度在中国大战略的地位进一步上升。这些年来,中国参与国际制度稳健而积极,经历了一个随着国内发展及需要而逐渐适应、逐步深化的过程,积累了一定的经验;随着中国对国际制度认识的逐步深刻,参与欲望也进一步上升。中国已经基本认可了当今国际体系中几乎所有重要的国际制度。中国对国际人权制度的参与堪为例证,中国参与了国际人权领域的所有重大活动,多次发表人权白皮书宣告自己的人权主张,中国的政策与国际标准越来越一致。

冷战结束以来,中国经济发展继续驶入快车道,政治民主化的进程有所加快,并承担越来越多的国际角色。随着中国的发展,中国承担国际责任的欲望和能力在增加,1997年宣布"做国际社会中负责任的大国"更是一个明确的战略宣示。它意味着,中国的自我认同发生了巨大的变化,以主权为中心的、独立自主大国的传统认同与负责任大国的新认同相关联,后者与融入国际制度有着直接的关联,而国家行为越来越受到国际制度的调节,中国愈加期望自己被视为国际制度的积极而负责任的参与者,而对被视为孤立、顽固的角色分外敏感。建设性、负责任的国际形象目标就这样在中国与国际制度的互动过程中建构起来。

在这个时期,中国参与国际制度以全面性、战略性、长远性为基本特征。中国明确意识到加入国际制度是打破包围、赢得负责任声誉的重要条件。在国际社会里或重大全球问题上,中国越来越融入国际制度,变得更加合作。例如,中国签署了《禁止生物武器公约》《全面禁止

压力、认知与国际形象

核试验条约》等,主动接受国际社会对中国发展战略武器的限制。《全面禁止核试验条约》的签署表明,中国愿意付出代价,争取负责任大国的地位,促进自己的国际形象。① 中国接受苛刻条件,加入了世界贸易组织,并积极修改《中华人民共和国著作权法》《中华人民共和国专利法》《中华人民共和国商标法》等,制定相关实施细则,保持了遵守国际制度规则的一贯良好记录。江忆恩(Alastair Iain Johnston)指出,20世纪70年代末以来,中国一贯支持全球自由贸易,中国加入世界贸易组织是迄今为止支持现有自由贸易体系的最明确行动。② 2002年9月3日,并非《京都议定书》签字国、没有减少温室气体排放量指标和义务的中国宣布批准该条约,中国因之获得巨大政治声望。此外,中国不仅扩大对国际制度的参与,在国际制度中的行为也越来越积极,开始体现积极参与者的特征,其议程创设能力也有所提高。

总体而言,当前国际制度基本满足中国的利益诉求,因而中国不是国际制度的挑战者(美国有时甚至将中国视为现状维持者),而是全球性国际制度积极的和建设性的参与者、区域性国际制度的建设者乃至主导者。以区域国际制度的建设为例,1994年4月,中俄等签署了在亚太地区建立信任的第一个多边条约,在确保周边地区和平与稳定方面开始发挥建设性作用。两国推动建立了上海合作组织,把俄罗斯寻求控制其边陲的努力与中国建立多极世界的抱负结合到了一起,为中亚局势稳定提供了基础条件。中国积极支持和参加东盟地区论坛(ARF)、亚信会议(CICA)、朝鲜半岛六方会谈等多边安全对话,推动建立多层次的亚太多边安全制度。中国在经济领域区域多边制度的建设上的积极作用更是功不可没。中国为自身形象计,在亚洲金融危机之际宣布人民币不贬值,承受出口竞争力被削弱的压力,博得周边国家乃至整个国家社会的喝彩,开始树立负责任大国的形象;中国提出建立中国—东盟自由贸易区的倡议,积极促动东盟与中日韩的全面合作,将东亚一体化作为重要的战略目标。

简短的结论

近代以来的中国尽管在融入国际社会还是闭关自守几经摇摆,但

---

① Samuel S. Kim, ed., *China and the World* (4th edition), Boulder: Westview Press, 1998, p.75.

② Alastair Iain Johnston, "Is China a Status Quo Power?", *International Security*, Vol. 27, No. 4, Spring 2003, pp.5—56.

没有停止与国际制度接轨的脚步,中国选择全面、积极参与国际制度战略是一个历史性的结论。从主要因素角度看,国内发展与进步的压力是中国融入国际社会最主要的推动力,而国际压力作用亦不可忽视,同时国际制度的约束力、国际制度内的互动改变了中国对国家利益的认知,成为中国战略调整的重要推动力。随着中国进一步参与国际制度,国际制度的规则和规范逐渐融入中国的认知和政治结构之中,规范认同开始成为中国与国际制度之间良性互动的基础条件。中国认识到,参与国际制度,可以为中国国家利益的拓展提供更为广阔的战略空间,同时也有助于改善和提高中国的国际形象;而轻视或抵制国际制度会损害国家作为合作者的声誉和作为高度责任感国家的形象,损害国家利益,中国对国际制度的积极作用愈加肯定。与此同时,国际制度越来越打上中国的印记,中国塑造国际制度的能力也得以提高。

本文发表于《世界经济与政治》2005 年第 4 期。

中国国家战略利益的拓展

荀子曰,"夫好利而欲得者,此人之情性也"。① 利益是一切社会政治行为的动因,是结成社会组织体系的基础。国家战略利益是主权国家生存和发展的需求,是制定和实施国际战略的依据和根本原则。国家战略利益兼具客观存在和主观认识两个层面,即国家战略利益本身是客观的,但对国家战略利益的认识尤其是国家领导人对外部环境趋向的反应,形式上表现为主观意识存在。国家战略利益在不同的时期有不同的表现形式,在不同的历史时期也有不同的侧重点。对国家战略利益的判断不同,必然导致战略资源配置和对外政策方面的极大差异。国家战略利益是一个逐步实现的过程,要随着外部环境的改变而做相应的调整。② 决定国家战略利益有国内、国际两种因素之分,有既定变量(如地理位置、自然资源、自然禀赋等)和流动变量(如国民素质、经济绩效、国际影响力等)之别。其中,国内因素起决定性作用,但随着经济全球化的深化和中国的进一步对外开放,国际因素对中国国

---

① 《荀子集解》,《诸子集成》(第三册),河北人民出版社1986年版,第292页。
② 王逸舟:《国家利益再思考》,《瞭望新闻周刊》2001年第7期。

家战略利益的影响大为提高。

经济利益、政治利益和安全利益构成国家战略利益的基本核心。其中,国家经济利益是所有国家战略利益的物质基础,政治利益是经济利益的集中体现,而安全利益则是政治经济利益在国家关系中的延伸。三者构成相互联系、相互影响、相互制约的矛盾统一体。

随着国际化的发展,国内政治的国际化和国际政治的国内化相互作用,国家战略利益的内涵和外延在演变、在拓展①,社会利益和国际利益在国家战略利益中的地位和作用越来越突出。

中国的国际环境和中国同其他国家的实力对比关系是影响中国国家战略利益的客观因素,它在一定意义上规定了中国国家战略利益的外在限制范围。改革开放以来,中国的国际战略思想发生了重大变化,特别是从意识形态的理想主义转向了务实的经济优先的理性主义,从意识形态的国际主义观念开始转向国家战略利益至上。但毋庸置疑,中国同其他大国在自然资源、经济资源和地缘战略等方面存在着剧烈的竞争,在政治制度和文化价值观上与西方国家之间存在着巨大的差异。这种限制性因素意味着,中国的国家战略利益是攻防并举的。冷战结束以来,关于国家利益的探讨不绝于耳,而美国许多学者和高级政府官员对美国国家战略利益进行了争论和探讨,就如何促进美国的国家战略利益提出了一系列政策建议,这些对我们有着深刻的借鉴意义。② 随着中国国际地位的提高,对中国的国家战略利益进行分析,探讨国家战略利益的维护与拓展之道益发必要。

结合中国的实际情况,我们将从经济利益、安全利益、政治利益、社会利益和国际利益等五个方面,从资源与机遇、威胁与挑战、政策建议等三个层面分析中国国家战略利益的维护与拓展。

经济利益的维护与拓展

维护和拓展国家战略利益,首先要发展自己、增强经济实力,着眼

---

① Shirk Susan, "Internationalization and China's Economic Reforms", in Koehane Robert O. and Milner Helen, eds., *Internationalization and Domestic Politics*, New York: Cambridge University Press, 1996, pp. 186—206.

② Huntington Samuel, "The Erosion of American National Interest", *Foreign Affairs*, Vol. 76, No. 5, 1997, pp. 22—49; Nye Joseph S., "Redefining the National Interest", *Foreign Affairs*, Vol. 78, No. 4, pp. 22—35; The Commission of America's National Interest, *America's National Interest*, July 2000; Nye Joseph S., *The Paradox of American Power: Why the World's Only Superpower Can't Go It Alone?*, New York: Oxford University Press, 2002. pp. 137—171.

于以经济和科技发展水平为中心的综合国力竞争。自改革开放以来,中国经济保持着持续的高增长速度,一直是全球经济增长率最高的国家之一,宏观经济相对稳定,已经成为东亚地区经济增长和贸易增长的发动机与稳定器。客观地说,中国是世界上经济成绩最好的国家之一。加入 WTO 为中国提供了难得的发展机遇,与国际接轨、建立现代市场经济的时机更为成熟。在看到中国经济发展的良好前景的同时,我们更应该关注中国经济利益面临的挑战与威胁。首先,加入 WTO 使中国从经济全球化中受益,但因起点低、基础差,中国将面临新一轮严峻挑战。西方发达国家要求中国进一步开放市场,同时又以各种方式设置壁垒,保护自己的市场。它们出于防范中国崛起的战略目的,对中国拓展西方市场、获得资金和先进技术进行限制。其次,2008 年 9 月中旬以来,发端于 2007 年底的美国次贷危机迅速升级,成为 1929—1933 年大萧条以来最严重的全球性经济危机。世界各大国对此的心理准备和政策应对均有滞后之失,承担紧急救助使命的国际经济组织也回天乏力,各主要国家损失惨重。世界经济进入新的衰退期,必然对中国经济发展产生重大影响。再次,全球金融市场的动荡尚未平息,而中国的实际金融状况不容乐观,如何稳住金融局势,确保经济又好又快地发展是我们面临的重大挑战。最后,中国对海外油气能源的依赖程度进一步加深。随着经济的快速增长和环保压力的加大,中国石油对外依赖度必然呈现持续上升趋势。中国面临的能源挑战主要是:大国竞争国际能源的态势将更为剧烈;西方散布中国油气威胁论,鼓动对中国进行能源的战略遏制;由于重要产油地区——中东、中亚、非洲、南中国海等——局势不稳,中国的油气供应严重受制。

  国家实力竞争的主战场是经济贸易,竞争的核心是科技。21 世纪初,我国要继续发挥成本和人才优势,大力吸引外国资金和技术,重点是吸引大型跨国公司的研发机构;实施"走出去"战略,大力开拓世界市场和原材料供应基地,逐步提高我国出口产品的技术含量,实现我国能源和重要原材料进口多元化。把军事安全战略与对外经贸战略紧密结合起来,确保我国战略性物资进口安全和我国在国外的经济利益。

  其一,牢牢树立经济安全的思想。经济全球化的深化和地区集团化的发展,使一国经济发展越来越容易受到外来因素的影响和冲击,经济安全成为国家安全的核心内容之一。建立实力雄厚的国内经济是保障经济安全的基本条件,进一步参与国际经济合作是保证经济安全的外在途径。①

其二,改革外贸体制,放弃不惜代价追求出口的政策趋向,以促进产业升级的产业政策为中心来构建中国对外贸易战略,使中国的对外贸易战略转到为产业结构技术密集化服务的轨道上。② 扩大海外市场,提高中国商品在国际市场的占有率,是增强中国经济实力和提高人民生活水平的重要途径。

其三,确保并拓展中国获得国外技术和资金的渠道,只有在外国的技术和资金顺利流入中国的情况下,中国的经济才能进一步健康发展,中国才能实现赶超世界先进国家的经济发展战略。

其四,确保并拓宽从国际市场获得能源和各种原材料的途径和能力。能否从国际市场顺利获得能源和原料,不仅关乎中国经济能否持续、快速发展,而且事关国家安全利益。

其五,加强周边地区的经济一体化,建立经济纵深地带和战略缓冲区。中国积极参与"10+3"的合作,主动倡议中国—东盟自由贸易区的建设,加强大湄公河流域的合作等都反映了类似的战略考虑。我们强调,中国应该进一步加强周边地区的经贸交流和资源开发合作,形成自己的经济战略带,为中国经济的顺利发展创造良好的战略环境。

总之,中国的经济战略利益不仅需要维护,更关键的是需要进一步拓展到全球,中国必须在经济全球化、加入世界贸易组织的双重压力和难得机遇之下,拓展经济发展与经济合作渠道,确保全球性的经济战略利益获得,为中国战略目标的实现奠定坚实的物质基础。为此,中国应继续塑造负责任大国的形象,实施市场多元化战略,并熟练利用相关国际规则为本国的经济战略利益服务。

安全利益的维护与拓展

安全利益的首要问题是防止外敌入侵,预防、制止和击退对本国领土的军事进攻。冷战结束后,中国面临大规模外敌入侵威胁的可能性越来越小,在相当长时间内,中国卷入大规模战争的可能性不大。从军事力量对比看,随着中国军事力量的进一步增强,其他国家(包括美国、俄罗斯、日本)对中国不会构成直接军事威胁,更不会对中国发动大规模军事入侵。更重要的是,随着安全概念的多元化,安全的综合性

---

① 裴元伦:《经济全球化与中国国家利益》,《世界经济》1999年第12期。
② 左大培:《中国对外贸易战略选择》,《战略与管理》2000年第4期。

上升,传统军事安全的系数随之上升,中国的睦邻安全战略基本上是成功的。冷战结束后,中国竭力追求和平稳定的国际环境,特别是将周边安全作为睦邻外交的首要目标,以维护国家安全利益。但长远观之,中国安全态势并不趋于良性,反而增加了诸多变数。

首先,国际战略力量对比失衡。美国加快国防转型和全球军事部署,加强用军事手段维护霸权。鉴于战略力量失衡,诸大国没有公开反对之。俄罗斯对美战略进行重大调整,俄美关系升温,对美国单独宣布退出《反导条约》反应"相当克制",其战略调整进一步凸显中美之间的战略竞争态势。

其次,美国从东西两面对中国安全构成挤压之势,并通过加强南亚和东南亚的"软存在"(soft existence),构成三面战略威慑的态势。通过扩展战略空间来寻求霸权一直是美国的战略理念。美国一手操纵通过"北约新概念",使北约可以抛开联合国而对外干预,并将触角伸展到中亚和蒙古,对中国的西部战略安全构成压力。"9·11事件"后,美国利用阿富汗战争扩大了在南亚的战略空间。在中国东部,美日联盟与北约遥相呼应;同时,美国谋求重返东南亚,对中国形成战略威慑。概言之,美国从东西两翼对中国安全形成挤压之势,给中国的周边地缘战略环境增加了新的变数。美国将中国视为亚太地区首要战略对手的思想不会变更,受地缘政治思维逻辑的支配,美国不可能放弃对华的遏制、防范,这将是未来的常态。

其三,中国的周边安全环境处于新中国成立以来变数最大的时期。中国与14个国家接壤,有18000多公里的海岸线,这些国家千差万别,但领土争夺、宗教冲突、毒品走私、恐怖主义却频频爆发。放眼中国周边,核武器拥有国比比皆是。特别是,日本借助"9·11事件"实现了对外派兵的突破,军事态势由守转攻;印度军事力量进一步增强,由于美国的积极介入,南亚战略力量对比失衡。概括起来,中国周边安全态势的基本状况是:北部相对稳定,东南忧患增多,东北、西南暗藏危机,南部变数加大。

其四,台湾问题上的变数仍大。大陆综合国力进一步增强,两岸力量对比进一步有利于大陆,经济和社会交往日益深化,台湾难以突破国际上的孤立状态,目前美国和其他国家不至于公开支持"台独"。但是,"台独"势力依旧猖獗,和平走向分裂的危险不容乐观。

其五,"藏独""疆独"同境外敌对势力勾结,对中国边境地区的领土安全构成威胁。新疆、西藏的民族分裂主义分子和国外某些敌对势力相勾结,打着自治的旗号,图谋国土分离。

其六,非传统安全问题的重要性日益突出。近年来,有组织的国际犯罪、恐怖主义、走私、贩毒、非法移民等非传统安全问题对中国的影响呈现增大之势。在应对非传统安全威胁方面,中国面临的局面复杂、任务繁多,与国际上的合作制度尚处于完善之中。

冷战结束后,中国在亚太地区及全球安全战略格局中的地位上升,在亚太地缘战略中处于中心地位。中国对国家安全、国际安全的认识有所变化,世界对中国安全角色的认识也有所变化。随着中国的进一步改革开放和走向世界,中国的安全战略思想也在悄然变更。思想上的新发展和实践上的新举措,是21世纪中国安全战略的基本表现形态。中国摈弃冷战思维,提出以互信、互利、平等、合作为基础的新安全观。在实践中,中国推行以建立信任措施为主要内容的安全新模式,主导创立上海合作组织。应该说,中国在安全利益的思考和安全战略的谋划方面是与时代潮流同步的。20世纪90年代中期,国际关系学界曾经做出安全利益地位下降的主观判断。① 进入新世纪,中国离"高度安全"的状态还有更大距离,安全利益在中国战略利益中的地位必然上升。

中国的安全利益的核心是为中国的改革开放提供和平稳定的国际安全环境。中国的安全利益,首先应以陆地边界的和平与稳定(包括与俄罗斯、中亚诸国、阿富汗、印度、巴基斯坦等)为战略依托;在海域疆界上,与主要大国合作,确保东北亚的和平与稳定,稳定中日关系,加强与东南亚的战略性合作,以经济合作入手,积极促动中国—东盟自由贸易区的建设,改善中国的战略环境。

其次,军事手段仍然是保障国家安全的最后堡垒,为国家安全计,中国必须参与军事革命的行列,推行积极防御的军事战略,坚持质量建军,准备打赢现代技术特别是信息化条件下的局部战争。为此,中国必须建立可靠的核威慑力量——因为核武器是保卫国家安全最坚实的盾牌和反击利剑,加速常规武装力量的现代化,从数量规模型向质量效益型转化。

再次,反独促统,维护国土完整。祖国统一问题是天经地义的国家战略利益。台湾是中国固有的领土,解决台湾问题,既是实现祖国统一大业的最后任务,又是关系到国家主权、领土完整和国家安全的战略问

---

① 阎学通:《国际利益的判断》,《战略与管理》1996年第3期。

题。中国应坚持以政治经济、文化手段促共识,以军事手段反"台独",力争以最小的代价完成国家统一。应首先定位为促进两岸认同交流、维护和促进一个中国的共识,不惜代价地大力培育扶持岛内"统派"力量,抑制"台独"势力发展,堵塞"台独"的活动空间,为统一创造条件;同时整军经武,不放弃军事手段。提高警惕,采取一切必要手段打击"疆独""藏独",特别是对其暴乱行为应坚决镇压,防止新疆、西藏等地区任何形式的分裂。目前,中国只是同少数国家存在边界争议,这些边界问题涉及中国的领土完整,必须在公平合理的基础上加以解决。同时,应防止某些大国利用边界问题挑拨中国与周边国家的关系,插手中国边界事务。

最后,推动多边安全合作,拓展中国的安全利益。一个国家的安全利益取决于该国的实力及其与外部世界交往的密度,而国家安全利益的扩展必然是经济利益扩张的逻辑延伸。随着中国对外交往的扩大,中国的安全利益必然扩展。为建立更加稳定的亚太安全制度,中国应积极推动多边安全合作,参与并在一定情势下主导构建周边安全制度,参与营造国际安全体系。

政治利益的维护与巩固

中国能否实现自己的战略发展目标,取决于能否保持国内政治稳定,能否保持稳定又取决于能否维持经济繁荣、及时应对各种危机事件、承受西方价值观和意识形态的渗透与冲击。

中国的政治利益首先是中国的独立和自主。中国是一个有五千年历史的大国,有自己独特的价值观念和生活方式。在西方国家全面主导和支配国际事务、中国长期处于弱势地位的情况下,争取国家独立和政治自主就成了中国第一位的政治利益。新中国成立以后,在共产党的领导下,建立了社会主义制度,中国取得了真正意义上的国家政治独立。但西方国家一直没有放弃干涉中国内政、左右中国国际战略的图谋,维护国家政治上的独立自主和平等主权始终是中国最重要的国家战略利益之一。

中国国家实力大大增强,国际地位大大提高。但与美国等西方发达资本主义国家相比较,中国在经济技术上的落后状态还不会根本改变,美国等西方国家仍然会通过各种方式介入中国事务,试图影响、控制和操纵中国的发展方向。中国坚持政治上、外交上的独立自主,坚持走建设有中国特色的社会主义道路,成为中国的根本国家战略利益之所在。

20世纪80年代末、90年代初,苏联解体、东欧剧变,社会主义运动遭受空前挫折,目前仍然坚持社会主义道路的国家仅有中国等五个国家,中国成为社会主义国家中唯一的大国。尽管冷战结束,社会制度和意识形态在国际问题中的作用下降,但是以美国为首的西方资本主义仍然对中国坚持共产党领导和社会主义制度耿耿于怀,始终对中国采取"西化""分化"战略,不断以人权、民主等价值观为借口,干涉中国内政。特别是,随着我国改革开放的深入,深层次矛盾逐渐显露,国有企业下岗和失业工人、农民负担、腐败、民族和宗教纠纷等问题不同程度地存在。国内外、境内外敌对分子、民族分裂势力、宗教极端势力(特别是"法轮功"等邪教组织)相互勾结,破坏我国安定团结的政治局面,越来越成为威胁我国政治利益的新因素。

维护中国的政治利益,我们必须认识到,捍卫与社会主义国家性质相一致的意识形态利益,在国家战略利益中占据重要地位。中国主张处理国家间关系不以意识形态画线,但必须警惕西方在意识形态领域的渗透和腐蚀。中国与西方在政治制度、文化价值观等方面的竞争具有长期性,我们必须防微杜渐,针对西方的文化霸权主义做出针对性反应,弘扬民族优秀文化,吸收其他文化的精髓,维护中国现代政治文化的主导地位。

社会利益的维护与拓展

社会稳定是确保中国经济发展和改革开放的重要基础。保证社会稳定,避免和制止可能出现的社会动乱,是国家战略利益至关重要的组成部分。随着全球化、全球治理的发展,社会利益在中国国家利益中的地位越来越突出。

1978年改革开放年至今,中国社会形势总体上保持了稳定。改革开放为中国社会的发展提供了持续的动力和活力,促成了经济生活和社会生活欣欣向荣的发展局面①,中国社会发展取得长足进步,这具体表现在:随着中国市场化程度的不断提高,人们的利益意识觉醒,利益竞争全面展开,中国社会资源分配走向分散化,出现了社会流动的壮丽景观,人们的生活方式进入多元发展时代,人民生活水平持续提高,中

---

① 彭劲松:《当代社会利益结构解读》,《中州学刊》2005年第5期;李景鹏:《中国社会利益结构变迁的特点》,《北京行政学院学报》2006年第1期。

国社会日益走向开放。

与此同时,经济增长使隐性社会问题显性化,利益主体多元化,利益来源多样化,利益表达公开化,利益关系复杂化,利益差距扩大化,利益冲突尖锐化。当前,我国的改革开放正处于关键时期,社会矛盾凸显。① 随着中国社会多元化的发展,社会利益博弈带来了许多消极影响,这尤其表现在:城乡差距、贫富差距、地区差距拉大,腐败案件频发,社会不公正彰显,社会矛盾尖锐化等。早在 2002 年,王绍光、胡鞍钢等就总结指出,中国社会形势极其严峻,再次进入社会不稳定时期,其突出表现为:世界上最大规模的经济结构调整;世界上最大规模的"下岗洪水"和"失业洪水";世界上最显著的城乡差距和地区差距;世界上基尼系数增长最快的国家之一;世界上最大范围的生态环境破坏。② 这些问题导致对社会发展不满意的人数呈上升趋势,而不满的迅速积累甚至有可能演化为社会动荡的导火索,或者当出现突发性事件时,这些不满情绪会起到火上浇油的作用。由于我国处于经济与社会双重转型的关键时期,影响改革改革发展的许多深层次问题浮出水面,特别是经济发展和社会发展不协调的问题日益显现,维护社会稳定的压力增加了。③

"安而不忘危,存而不忘亡,治而不忘乱"④。进入 21 世纪,中共中央深刻意识到社会不公正、不稳定对中国可持续发展的严峻挑战,相继提出了科学发展观、和谐社会等构想,调整国家战略的布局,力争实现经济、社会的平衡发展。近年来,落实科学发展、构建和谐社会已经成为国家战略的核心目标。党的十六届六中全会要求"创新社会管理体制,整合社会管理资源,提高社会管理水平,健全党委领导、政府负责、社会协同、公众参与的社会管理格局",以促进和谐社会的实现。⑤ 党的十七大报告强调,"科学发展和社会和谐是内在统一的,没有科学发展就没有社会和谐,没有社会和谐也难以实现科学发展"。以此为指

---

① 人民日报评论员:《维护稳定促进发展》,《人民日报》2005 年 7 月 28 日。
② 王绍光、胡鞍钢、丁元竹:《经济繁荣背后的社会不稳定》,《战略与管理》2002 年第 3 期。
③ 胡鞍钢、胡联合等:《转型与稳定——中国如何长治久安观》,人民出版社 2005 年版,第 76—77 页。
④ 《周易·系辞下》。
⑤ 《中共中央关于构建社会主义和谐社会若干重大问题的决定》,2006 年 10 月 11 日中国共产党第十六届中央委员会第六次全体会议通过。

导,我们在利益补偿机制上进行了积极的创新,这具体表现在:在"三农"问题上,实施新型农村合作医疗,免除农业税,农村九年义务教育费用全免,着手进行新农村建设,工业反哺农业;在城市治理上,着眼于对城市改革受损者进行利益补偿,如对城市下岗职工实施三条基本保障线,对下岗工人实施再就业工程等;在地区差距上,实施西部大开发、中部崛起战略,振兴东北老工业基地等,对梯度开放推进战略的受损地区进行补偿;在生态问题上,实行退耕还林等补偿措施。这些补偿措施在一定程度上促进了社会公平,有效地缓和了紧张的社会关系,也促进了经济效率的提高。① 但总体而言,我国社会矛盾的深层次问题尚未得到根本解决,社会不稳定仍将是中国和平发展、可持续发展面临的国内最大挑战。

鉴于社会利益在国家战略利益中的上升地位,我们应该对此充分重视,并利用社会力量,加强和拓展社会利益。我们认为,以人为本的科学发展观、经济发展和社会发展双轮驱动的战略设计、构建和谐社会为社会利益的加强与拓展提供了指导原则和发展方向。社会分配不公是社会不稳定的终极根源。因此,遏制分配不公平、纠正社会不公正现象已经不仅仅是个伦理问题,它是危及社会稳定的社会问题以及国家政权稳定性的政治问题。对一个由中国共产党执政并代表最广大人民群众利益的社会主义国家而言,经济发展固然是硬道理,社会公正也是硬道理。② 中国应该着重于提高人民生活的总体质量,加强环境保护和生态发展意识,使得中国经济和社会发展趋向良性互动,促使中国进入经济、社会、生态、文化全面而均衡发展的新阶段。

国际利益的维护与拓展

随着中国进一步的改革开放,中国国家利益中的对抗性成分在减少,国家利益的交叉程度在加深,人类共同利益等国际利益逐渐成为国家利益的重要部分,国际利益在国家利益结构中的地位上升已成必然趋势。在过去,中国国际战略一直回避直言国家利益,总是强调中国的

---

① 陈波等:《弱势群体的利益补偿问题》,《社会科学研究》2004年第2期;胡元仪:《西部生态经济开发的利益补偿机制》,《社会科学辑刊》2005年第2期;马艳、张峰:《利益补偿与我国社会利益关系的协调》,《社会科学研究》2008年第4期。

② 胡鞍钢等主编:《第二次转型:国家制度建设》(增订版),清华大学出版社2009年版,第29页。

国家利益与国际利益一致,似乎国际利益成了一个道义标准。其主要原因在于将国家利益与国际利益割裂、对立开来。随着中国进一步的改革开放,国家利益成为制定国际战略的根本出发点,国际利益被纳入到国家利益的概念之中,且开始在国家利益基础之上强调国际利益的重要性。①

中国应着眼于提高全球意识和国际影响,进一步开发成为世界强国的潜力。21世纪客观上要求中国主动参与国际重大事务,特别是国际制度的制定、修改、完善或协调。在全球化时代,只有主动、积极地参与,发出自己的声音,才能确保自己的国际利益。中国的经济利益具有全球性,战略利益向全球扩展是大势所趋。中国应抓住加入世界贸易组织后赢得的机遇,在经济领域成为比较主动、锐意改革和贸易稳定大国,继续提高在国际事务中承负责任大国的声誉,树立公共利益参与者与维护者的形象,促使中国的国家利益拓展更为顺畅,为中国长远战略利益的契约化和稳定化开辟国际通道。

为此,中国应首先树立起维护国际道义的世界大国形象。加强国家间合作与协调,维护国际道义,维护国际法的基本原则,是树立道义大国形象的重要途径,也是中国国家利益扩展到全球的前提条件。中国正在从具有全球影响力的地区性大国走向世界大国,并在全球和平、安全、发展中发挥越来越重要的作用,这就要求中国应该进一步塑造国际社会中负责任大国的形象,提供更多的全球性和地区性公共物品。近年来,美国趋向于单边主义战略,有时甚至拒绝提供某些全球性公共物品,这为中国塑造负责任大国形象提供了难得的机会,并为中国完善其战略谋划、加强与世界诸大国的合作提供了机遇。

其次,中国应履行亚太地区大国的国际义务。在1997—1999年的亚洲金融危机中,中国的负责任大国形象已经树立起来,赢得了亚洲诸国乃至世界的尊敬。实践证明,中国付出一定代价承担国际义务是必要的,也是有长远回报的。中国应首先承担起亚太地区的国际义务,积极参与乃至主导建立亚太地区相关地区经济、安全制度,以此维护和扩展中国的国际利益,维护亚太地区的稳定与繁荣。中国在加强地区经济一体化的过程中,应该着眼于长远利益和战略谋划,积极提供地区共同安全、经济自由贸易区建设等地区性公共物品,为经济战略带的建立

---

① 阎学通:《中国国家利益分析》,天津人民出版社1995年版,第33页。

奠定坚实的合作基础。

再次,中国崛起的前提条件之一,必然是了解、遵守、利用、修改、完善和参与制定相关国际制度。第一,中国必须认识与国际接轨的完整含义,了解在什么程度上与国际接轨最符合国家利益、接轨过程中如何平衡发展与安全、主权的关系等,深化对国际规则的认识;第二,要充分利用国际制度中有利于中国的部分,以国际通行规范开展活动;第三,随着国家实力的提高和更大范围国际利益的需要,中国应根据客观需要,积极主动地倡议或主导国际制度的修改、完善和新制度的制定,使中国的国际利益更具有国际合法性。

最后,支援发展中国家。中国属于发展中国家的一员,其发展也与发展中国家联系密切。发展中国家只有团结起来,相互合作、协调,才能更好地维护自己的战略利益。中国应继续支持发展中国家正当的利益诉求,采取积极措施加强南南合作,促进南北对话。

综上所述,通过对中国战略利益的初步分析,我们认识到,中国的国家利益是多方面、多层面的。鉴于此,中国学者经常对国家利益进行优先排序,如阎学通提出,国家利益的排序是民族生存、政治承认、经济收益、主导地位和世界贡献。① 应该说,就国家利益的轻重缓急进行排序,可以达到统筹安排、突出重点的目的。这是国际上的通用处理方法,如美国外交官乔治·凯南(George Kannan)早在五十多年前就根据重要程度区分美国的战略利益,成为维护美国冷战期间战略利益的指导性原则。② 美国国家利益委员会 2000 年出版的《美国国家利益》一书也对美国国家利益进行了优先与否的分类。③ 从另一角度看,我们认为,国家战略利益是一个整体,其中经济利益、安全利益、政治利益、社会利益、国际利益都是根本性的国家战略利益,它们相辅相成,互相影响,在不同的时段、不同的国内国际背景下有不同的作用。对达成中国的国际战略目标而言,以上几个方面缺一不可,它们之间不仅仅是相

---

① 阎学通:《中国国家利益分析》,天津人民出版社 1995 年版,第 67 页。
② 王绳祖主编:《国际关系史》(第七卷),世界知识出版社 1995 年版,第 102—108 页。
③ 它指出美国生死攸关的利益有五项,分别是:(1)预防、阻遏和减少核武器、生化武器对美国本土及其海外驻军的攻击;(2)确保盟国的生存,以及在建立一个有利于美国及其盟国的国际体系时,他们能够积极地与美国合作;(3)防止敌对大国的兴起,防止美国周边国家的崩溃;(4)确保重要的国际体系的有效和稳定;(5)在不违背美国国家利益的前提下,与可能成为美国战略对手的国家——中国和俄罗斯——建立建设性的关系。参见 The Commission on America's National Interests, *America's National Interests*, July 2000。

加关系,也存在着某种乘积关系。当然,不同战略利益之间存在着一定的矛盾冲突,在协调它们之间的关系时,需要统筹考虑国内、国际因素和影响,从全局着眼,从长远利益出发,灵活处置。国家利益的维护,重在根本战略利益和长远战略利益,不应着眼于一时、一事,对不涉及国家根本利益的国际事态要密切注视,并适时表达自己的看法,但不必做出强烈反应。中国国家战略利益的维护,应该体现出大国眼光、大国气魄、大国风度。

本文发表于《战略与管理》2003年第2期。

中国观念变革的战略路径

在国家的整体层面上,观念是一种软实力,观念变革更是一种软实力。① 对一个有着几千年文化积淀但在现代化进程中屡遭波折的国家而言,观念变革是中国软实力变化的一条主脉络。自1840年遭受败绩以来,中国的观念变革深受外来文化的影响和冲击,其中充满着传统文化与西方文化的激烈交锋与渐进融通,且与中国的政权组织形式、基本国家制度建设、现代化进程等议题密切相关,从而展现出独特的战略价值。尤其是,中共十一届三中全会以来,中国秉持改革开放政策,观念变革在中国现代化进程中扮演着积极的先锋作用,为中国现代化道路的探索提供了指向标和路线图。

---

① 美国学者约瑟夫·奈采取枚举法来分析软实力,将文化、意识形态和国际制度视为软实力的核心因素。参见:Joseph S. Nye, Jr. , " Soft Power ", *Foreign Policy*, Issue 80, Fall 1990, pp. 153—171; Joseph S. Nye, Jr. , " The Changing Nature of World Power ", *Political Science Quarterly*, Vol. 105, No. 2, 1990, pp. 177—192; Joseph S. Nye, Jr. , *Bound to Lead: The Changing Nature of American Power*, pp. 29—35。基于中国的实践,笔者认为软实力应包括文化、观念、发展模式、国际制度、国际形象等要素,其中文化、观念、发展模式构成软实力的"内功",国际形象构成软实力的"外功",而国际制度联结并跨越二者,成为中国展示和建构软实力的主渠道。

中国的观念变革有着深厚的国内基础，也受到国际环境的促动。翻阅几千年的中国历史画卷，最为引人注目的莫过于这样一种历史惯性：特定时期每每出现的重大变革均以观念变革为先导。长期的文化中心主义熏陶反而赋予了中国一种积极开放的文化心态，即勇于接受异国文化和外来新鲜事物，这在一定意义上决定了中国是几大古老文明中最后一个衰落、第一个实现重新崛起的国家。对中国而言，追求民族复兴和国家崛起的愿望如此强烈，甚至出现过不顾一切拥抱外来文明、主张"全盘西化"、盲目模仿苏联的时段，进取、迷茫、开放、复古等的相互交织最终促成了中国现代化进程的一波三折，也成为中国探寻其独特发展道路的历史积淀。伴随着中国衰落并重新走向崛起历程的，是国际环境的急剧变化及中国对外部挑战的不同回应。中国与世界互动所构成的画卷充满了戏剧性，中国被强行纳入西方主导的国际体系之后，曾几何时，兴衰荣辱不由自己，在意识形态斗争的漩涡中最终被迫选择了封闭和旁观，而近代以来中国一直为之努力的两大转变——从"中国之世界"向"世界之中国"转变，从世界体系的"局外者"向"局内者"转变——也暂时停滞。可以说，19世纪中叶到20世纪中叶的百年历程，是中国由自我封闭走向另一种封闭的过程，为中国认识世界和认识自身提供了深刻的经验教训。

20世纪70年代末至今，中国选择了改革开放的现代化路径，在通过进程塑造结构的战略思路之中，逐渐确立了独特的现代化道路，中国崛起成为一种现实。在这个进程中，观念变革凸显为推动中国发展的核心因素，也被视为中国软实力提升的主脉络。如前所述，1978年以来的观念变革与中国历史进程有着必然的逻辑关联，同时观念变革蕴涵的意义又深刻展现了其战略价值。

中国观念变革的前提

和平与发展主题的判断是中国观念变革的认识论前提。

从时代主题的角度判断国际形势，并据此做出国内、国际战略调整，是中国的重要决策路径。换言之，对世界形势的判定、对中国与世界互动关系的认识是中国做出重大战略决策的基点。关于时代主题的判断，中国决策者实现了从"战争与革命"到"和平与发展"的转变，并逐渐丰富了和平与发展的内容。

战争与革命、和平与发展是两对对立的范畴，前者主要体现的是政治状态,而后者不仅体现了政治状态,也将经济状态视为当然的因素。① 1949 年新中国成立以后的相当长时期内,存在着社会主义和资本主义两大意识形态阵营的对垒,战争与革命被视为当然的时代主题。进入 20 世纪 60 年代,国际形势出现大分化、大组合,中国主要领导人强调准备世界战争的必要性,认为"不是革命制止战争,就是战争引起革命",过分估计了世界大战的危险性,贻误了经济发展的黄金时期。② 邓小平就此指出:"我们建国以来长期处于同世界隔绝的状态。这在相当长一个时期不是我们自己的原因。国际上反对中国的势力,反对中国社会主义的势力,迫使我们处于隔绝、孤立状态。六十年代我们有了同国际上加强交往合作的条件,但是我们自己孤立自己。"③薄一波反思到:"对战争的威胁估计过分,因而导致在三线建设的部署上要求过急,铺开的摊子也大了些,这对于解决人民的吃穿问题不能不带来一些影响。"④

随着"文化大革命"的结束,邓小平着力于对国际形势判断进行纠偏,并逐步形成了和平与发展是时代主题的基本判断。这个判断,首先始于国内共识的培育,并逐步向国际社会公布。1977 年,邓小平就讲到"可以争取延缓战争的爆发",1982 年讲到"战争的因素在增长,制约战争的因素也在增长"。1985 年 3 月 4 日,邓小平在会见日本代表团时指出:"现在世界上真正的大问题,带全球性的战略问题,一个是和平问题,一个是经济问题或发展问题。"⑤1988 年 12 月 21 日,邓小平在会见印度总理拉吉夫·甘地时指出:"当前世界上主要有两个问题,一个是和平问题,一个是发展问题。……应当把发展问题提到全人类的高度来认识,要从这个高度去观察问题和解决问题。只有这样,才会明了发展问题既是发展中国家的责任,也是发达国家的责任。"⑥

和平与发展时代主题的提出,成为中国改革开放的理论依据。因

---

① 赵家祥:《邓小平的历史时代理论及其现实意义》,《北京大学学报》(哲学社会科学版)2002 年第 3 期。
② 毛泽东指出:"关于世界大战问题,无非是两种可能:一种是战争引起革命,一种是革命制止战争。"参见毛泽东:《关于世界大战的两种可能性》,《建国以来毛泽东文稿》(第十三册),中央文献出版社 1998 年版,第 32 页。
③ 《邓小平文选》(第二卷),人民出版社 1994 年版,第 232 页。
④ 薄一波:《若干重大决策与事件的回顾》(下),中央党校出版社 1993 年版,第 216 页。
⑤ 《邓小平文选》(第三卷),人民出版社 1993 年版,第 56 页。
⑥ 同上书,第 281—282 页。

为只有在和平与发展的环境中,中国才有可能实现以经济建设为中心的工作重心转移,确定通过国内改革和对外开放的政策实现现代化建设的目标,并实现外交战略的重大调整。这是观念变革的基础,也是观念变革的先声,是重新认识中国与世界互动关系的转折点。以此为基础,中国共产党实现了从"斗争哲学"到"建设哲学"的执政理念的转变,实现了从"以阶级斗争为纲"到"以经济建设为中心"的政治战略调整,从教条主义到"实践是检验真理的唯一标准"的思想战略调整,从计划经济到社会主义市场经济的经济战略调整。和平与发展时代主题的确立,决定了国家大战略的基本趋向,为国内、国际战略的总体协调奠定了认识基础。

以和平与发展时代主题的判断为基础,中国就其总体战略进行布局,并提出了三步走的现代化发展目标:从1980年到1990年,GDP翻一番,解决温饱问题;从1991年到20世纪末,GDP再翻一番,人民生活达到小康水平;第三步是到20世纪中叶人均GDP达到中等发达国家水平,人民生活比较富裕,基本实现现代化。随着第二步发展目标的实现,中国的崛起有了更加现实的前景,中国对于和平与发展均有了新的认识,即和平不再局限于东西问题,发展也不仅仅着眼于南北矛盾。党的十六大报告明确了21世纪中国实现现代化的新三步构想:第一步使经济总量、综合国力和人民生活再上一个大台阶,为后十年的更大发展打好基础;第二步,2010—2020年,GDP翻两番,人均GDP达到3000美元,全面建设小康社会,使发展成果惠及全体人民,综合国力和竞争力明显增强,经济更加发展、民主更加健全、科教更加进步、文化更加繁荣、社会更加和谐、人民生活更加殷实;第三步,2020—2050年,基本实现现代化,把中国建成富强民主文明的社会主义国家。尤其是,中国积极吸取德国、日本、苏联力图通过扩张实现崛起的教训,明确提出了和平发展道路的总体设计。西方学者认为,和平发展道路一方面表明了中国期望确立其全球和地区影响力,另一方面也表明了中国如何使用其增强的实力和影响力。① 在一定意义上,秉持和平发展道路,标志着中国现代化道路的探索与时代主题的判断密切相连,为中国观念变革奠定了坚实的物质基础和认识论基础。

---

① Bates Gill and Yanzhong Huang,"Sources and Limits of Chinese 'Soft Power'", *Survival*, Vol. 48, No. 2, Summer 2006, pp. 17—36.

中国观念变革的主线

改革主义和开放主义是中国观念变革的主线。

中国观念变革与邓小平推行改革开放、抓住新一轮全球化浪潮一脉相承。在全球化时代,国内改革与对外开放是一个硬币的两面。没有对外开放就不可能有真正的国内改革,而积极的国内改革必然要求全面对外开放。邓小平把改革开放当作一个整体对待,并视之为中国实现社会主义现代化的总体战略。① 在其进程上,中国改革始自国内,其改革精神和相关措施的影响力已经外溢到国际层面,中国成为国际变革的积极促进者;中国的开放则从对外开放转向国内开放。二者相辅相成,共同促成了一个积极变革时代的来临,亦可视为1840年以来中国"千年未有之大变局"的延续。

1. 改革主义

中国采取了渐进主义的改革路径,其历程可简略划分为三个阶段:从1978年10月十一届三中全会提出改革经济体制到1984年10月十二届三中全会通过《中共中央关于经济体制改革的决定》是第一阶段,其重点完成农村人民公社体制向家庭承包联产责任制过渡,城市则开始了扩大经营权的改革;1984年10月到1992年十四大提出建立社会主义市场经济体制是第二阶段,其目标是城市改革,即转换企业经营机制、增加企业竞争力,逐步将国家对企业的直接管理转变为间接管理;②1992年以来,中国改革进入建立和完善社会主义市场经济体制的阶段,尤其是2002年之后发展理念向科学发展观迈进,其目标是从经济发展向人的发展转换、从经济改革向政治运作模式改革的转变。迄今,中国改革体现出如下主要特点:第一,持续经济增长兼顾政治稳定;第二,强调改革要逐步进行,先易后难,并加大政治体制的制度化建设,增进政治结构的明朗化、更加规范的决策过程等;第三,坚持中国共产党的领导,同时加强政党合作,中国政府越来越开放,越来越多地运用决策咨询,不断开拓民意渠道,积极团结社会精英,同时对大众的呼声做出积极回应,强调"权为民所用、情为民所系、利为民所谋"。

中国渐进主义的改革路径,既产生了积极的效应,也带来不少的争

---

① 俞可平:《"中国模式":经验与鉴戒》,载俞可平等主编:《中国模式与"北京共识"——超越"华盛顿共识"》,社会科学出版社2006年版,第13页。

② 曾培炎:《新中国经济50年》,中国计划出版社1999年版,第479—505页。

论。实际上,关于中国改革的评价,一直在不停的争论之中。① 然而,无论如何,没有比中国加入世界大国行列更能改变世界政治经济版图的了。颇让西方学者思量的是,中国"摸着石头过河"的做法不仅使得中国获得经济发展,而且创造了与西方主流经济学理论截然相反的发展模式。乔舒亚·雷默(Joshua Ramo)提出"北京共识"(Beijing Consensus),对中国的现代化路径进行了初步总结。雷默认同中国的务实思想,强调"实现现代化的最近路径是摸着石头过河,而不是试图采取休克疗法,实现大跃进"。② 确实,中国没有采取大跃进的路径,与20世纪50年代大跃进的深刻教训有着直接的联系。从某些方面讲,中国渐进主义的改革具有普世性的启示意义。当然,中国改革依旧处于进行时,近年来中国政府提出了科学发展观、构建和谐社会等理念主张,目的在于矫正改革进程中的偏差,完善现代化战略框架。目前,推进改革,建立和完善市场经济体制,被视为实现增长模式转变所必须进行的基础性工作,转变政府职能逐渐成为中国改革的核心,而建设市场经济的法治基础被视为关键之中的关键。③

2. 开放主义

新中国成立之初,面对以美国为首的西方国家的敌视和朝鲜战争爆发之后对中国的军事包围、经济封锁,中国主要在社会主义阵营内部开展贸易和接受部分外援,尤以"一五"计划期间引进苏联援助的156项重点工程为重点。进入20世纪60年代,这种部分开放因中苏交恶而陷入困顿,其标志是1969年中共中央九大报告高举"反帝反修反各国反对派"的革命旗帜。1971年中国恢复联合国的席位,开启了从一

---

① 改革的速度是激进还是渐进的?改革的顺序如何安排?哪些方面应纳入制度改革之中,制度改革的最佳时机以及什么才是最佳的制度安排?决策者是否要缓和改革带来的分配后果,或者要缓和到什么程度?改革带来的经济后果是否会偏离预设目标?这些都是改革的核心问题,而人们不可能达成一致认识。因此,关于中国改革的争论仍将持续下去。参见:Yasheng Huang, "Internal and External Reforms: Experiences and Lessons from China", *Cato Journal*, Vol. 21, No. 1, Spring 2001, pp. 43—64; Valerie Bunce, "Democratization and Economic Reform", *Annual Review of Political Science*, No. 4, 2001, pp. 43—65; 李和:《中国大陆的改革路径与意涵》,《中国大陆研究》2004年第47卷第4期等。

② Joshua Cooper Ramo, *The Beijing Consensus*, London: The Foreign Policy Centre, 2004.

③ 吴敬琏:《中国应当走一条什么样的工业化道路》,《洪范评论》2005年第2卷第2期;江小涓:《中国经济发展进入新阶段:挑战与战略》,《经济研究》2004年第10期;刘伟:《经济发展和改革的历史性变化与增长方式的根本改变》,《经济研究》2006年第1期。

个"体系改革者"向"体系维护者"的缓慢转变过程。① 1972 年中美发表《联合公报》,提出"双方把双边贸易看作是另一个可以带来互利的领域",中国开始向西方打开贸易大门。1973 年,国家计委提交了增加设备进口、扩大经济交流的"四三方案"(即在 3—5 年内从西方引进 43 亿美元成套设备),得到了毛泽东、周恩来的肯定和批准,从而带来了第二次对外引进的高潮,成为日后对外开放基本国策的先声。

面对全球开放的潮流,发展经济就必须实行开放政策。邓小平强调:"任何一个国家要发展,孤立起来,闭关自守是不可能的,不加强国际交往,不引进发达国家的先进经验、先进科学技术和资金,是不可能的。"②党的十一届三中全会开启了中国经济走向世界的大门,确立了对外开放的发展战略,中国自此进入经济开放和逐步确立世界贸易大国地位的黄金时期。中国通过全方位的开放实现了经济的迅速发展,吸引了大量的海外投资,引进大量的先进技术,并开辟了经济成长所必需的国际市场。③ 对外开放既是引进资金和技术的过程,更是一个学习先进观念和制度的过程,中国依据国情主动积极参与全球化进程,同时又坚持了自己的特色和自主性,④从而积极追求着开放效益的最大化。

中国对外开放是一个逐步深入的进程,与国内改革相辅相成,亦体现出渐进特征。第一,对外开放的具体目标日益丰富,1978 年之后的阶段性目标是引进国外技术、学习先进的管理经验和利用外资,1992 年之后通过掌握国际规则促进本国国际竞争力,并通过加深国内开放来深化改革,1997 年亚洲金融危机爆发尤其是 2001 年中国加入 WTO 以来,中国的目标转化为积极参与国际规则的制定与完善,成为积极的参与者和议程设置者;第二,开放的领域日益增加,从经济领域到公共政策领域,政府在各个政策领域谋求国际对话与合作,开放扩展到政治、社会、文化诸领域,从而基本实现了开放领域的全面化,中国成为国际社会的全面参与者;第三,开放的空间逐步扩大,从经济特区到沿海

---

① Samuel S. Kim and James Hsiung, eds., *China in the Global Community*, New York: Praeger, 1980;江忆恩:《中国外交政策研究:理论趋势及方法辨析》,《世界经济与政治》2006 年第 8 期。
② 《邓小平文选》(第三卷),第 117 页。
③ 朱新民、谭伟恩:《中国改革开放之政策评析:经济、政治的改革与外交政策的调整及挑战》,《东亚研究》(台湾)2005 年第 36 卷第 1 期。
④ 黄平、崔之元主编:《中国与全球化:华盛顿共识还是北京共识》,社会科学出版社 2005 年版,第 201 页。

开放城市,进而扩展到沿边、沿江地带直至内陆省会城市、地区,形成了从沿海到内地、从东部到中西部的全方位、多层次、宽领域的对外开放格局。①

随着对外开放的进一步深化,中国全面对外开放,在全球范围内吸收、获取、配置各种生产要素,因而大大促进中国经济高速增长和贸易高速增长。无论是与发达国家还是发展中国家相比,中国的开放步伐都是最快的,开放程度也远高于人们的预期。中国初步建立了开放型经济,开放型社会也在逐步形成。

中国开放的成效主要体现在:对外贸易发展速度高于 GDP 增长速度;中国利用外资从无到有,成为最重要的外国直接投资引进国之一;中国海外投资起步并取得积极进展;中国大量引进国外先进科学技术、管理经验和人才,同世界的文化、科技、教育等交流合作得到了加强。中国在全球经济地位发生了根本性的变化,其进出口大国地位还在进一步增强;在产业结构升级中,中国需要更多地利用全球资金和技术资源;中国需要走出去,在全球范围内寻找各种资源供给和发展机会。今后,更需要其他国家对中国进一步开放产品市场和要素市场,更需要约束其他国家对中国的贸易和投资限制措施。

中国开始以更加积极的姿态参与多边谈判,借助国际制度,平衡各方利益,维护自由贸易机制,推动形成更有利的多边规则,为中长期经济发展争取更好的外部环境。与此同时,中国着眼于避免过度开放,高度关注开放进程中的经济安全问题,健全和完善保障公平贸易的管理制度,建立应对贸易和投资争端的快速反应机制,进一步提高对国际经贸形势的观察、分析能力,加快反应速度,建立健全的外贸运行监控体系和国际收支预警机制,在对外开放中确保经济稳定和国家安全。②

中国对外开放进入了一个新时期,利用外部压力加速国内改革更成为对外开放的深层目标。当前,中国初步建立了市场经济体制,但是

---

① 刘华秋:《邓小平与新时期的中国外交》,《党的文献》2004 年第 5 期;杨雪冬:《全球化、国家自主与中国发展道路》,载俞可平等主编:《中国模式与"北京共识"——超越"华盛顿共识"》,第 369 页。

② 郑通汉:《经济全球化中的国家经济安全问题》,国防大学出版社 1999 年版,第 3 页;Graciela Kaminsky and Sergio Schmukler, "Short-run Pain, Long-run Gain: The Effects of Financial Liberalization", NBER Working Paper, No. 9787, 2003;孙立坚、孙立行:《对外开放和经济波动的关联性检验——中国和东亚新兴市场国家的案例》,《经济研究》2005 年第 6 期;江小涓:《中国对外开放进入新阶段:更均衡合理地融入全球经济》,《经济研究》2006 年第 3 期。

仍然存在一系列问题,包括产业结构不合理、地区经济发展不平衡、企业竞争力有待提高、体制性障碍等,这些问题有赖于进一步的改革和通过市场机制解决,而全面开放被视为深入改革的一个力量源泉。正是在这个意义上,进一步对外开放、全面提高对外开放水平成为中国观念变革的一条主线。

中国观念变革的主要体现

经济主义、制度主义、地区主义、和谐主义是当前中国观念变革的主要体现,并与改革主义、开放主义构成了中国观念变革的核心内容。

1. 经济主义

自1978年实行改革开放政策以来,中国全面贯彻以经济建设为中心的国家发展战略,体现出以经济主义为主导的战略意识。经济主义既包含以经济建设为中心的国内战略安排,亦表明以经济为主要对外手段拓展国家战略利益的国际战略设计。

在国内,中国积极进行经济体制改革,逐步实现了经济发展思想的优化,尤以提出树立和落实科学发展观为标志。科学发展观是对20世纪70年代末以来片面注重GDP增长战略(GDP-ism)的反思与扬弃,其形成经历了一个逐步深化、逐步清晰、逐步完善的过程。中央最初提出的是"全面的发展观",后来的提法是"全面、协调、可持续的发展观",十六届三中全会通过《中共中央关于完善社会主义市场经济体制若干问题的决定》,将科学发展观表述为"坚持以人为本,树立全面、协调、可持续的发展观"。自此,牢固树立和认真落实"以人为本,全面、协调、可持续的发展观"成为中央领导集体的基本执政理念之一。其中,"以人为本"是对发展价值主体的规定,"全面、协调、可持续"是对发展规律的把握,而"五个统筹"——统筹城乡发展、统筹区域发展、统筹经济社会发展、统筹人与自然和谐发展、统筹国内发展和对外开放——是对经济社会实现全面、协调、可持续发展的现实切入点。科学发展观的提出,具有统筹国家宏观战略的意义,成为以国家利益为依归、以国家发展战略为基石、国内战略与国际战略相互协调的指导原则,代表了中央领导集体对国家发展道路的新探索。

在国际上,中国积极参与经济全球化,成为世界经济的主要发动机之一,以中国的经济持续高速发展推动世界经济,大力拓展经济战略利益,确保经济发展作为中国崛起的核心。中国经济战略的目标不再局限于为经济建设创造国际环境、拓展经济利益,还强调加强塑造能力,锤炼议程创设和实施能力,以经济战略的成就促进国际战略的整体成熟。近年来,中国在减免不发达国家的债务、提供经济援助等方面大力开展有中国特色的经济外交(以不附带任何政治条件为基本特征),开辟了拓展国家战略利益的新渠道。

2. 制度主义

制度是软实力的支撑。所谓制度主义,不仅包含着在国际上参与国际制度、利用国际制度维护和拓展国家利益、积极完善国际制度,还包括国内的基本制度建设。诚然,二者之间存在着密切的关联,以加入WTO为证,中国以国际规范为准,对国内的上百部法律法规进行修缮,一时成为国内外讨论的热门话题。

从国内角度看,现代化进程是经济现代化和制度现代化结合。国家制度建设是一个现代国家的基本制度和国家"基础设施",没有国家制度的现代化就无法保证经济现代化的实现。中国国家制度现代化的实现本身是一个制度转型与制度创新的过程。国家基本制度建设是旨在保证实现良治的制度条件、制度环境和制度功能,其最终目标旨在实现国家利益最大化和全社会人民福利最大化,包括国家安全与领土完整、经济发展和经济稳定、社会公正与人类安全、政治清明与社会稳定、生态平衡与环境保护等。近年来,伴随着经济发展,法制建设大规模推展,中国启动了人类历史上立法最为迅捷的进程,尽管其中存在难以避免的弊端,但中国推进法治的决心可见一斑。从一定意义上讲,制度创新可以确保一个国家处于国际领先地位,而中国关于有中国特色社会主义的探索和成就彰显出中国模式的示范意义,中国所逐渐确立的发展道路开始展现出巨大的溢出效应。

从国际角度看,中华人民共和国成立以来长期被排除在国际制度之外,成为国际制度的局外者、挑战者,当时与各种国际组织建立联系的努力主要是希望获得政治承认。进入20世纪70年代,中国与美国等西方国家的外交关系取得重大突破,随之淡化了挑战者的角色。1971年10月中国恢复在联合国的常任理事国席位,标志着中国赢得了更广阔的国际空间。但这个时候的中国仍然摇摆于国际制度局外者与局内者之间,被动、消极参与者的国际形象非常突出。1978年,中国开始对外开放,逐步深化融入国际制度的步伐。由于历史因素和现实景况的制约,这一时期中国的战略尤以参与国际经济制度为核心,体现出经济利益导向和目标导向的特征。1992年邓小平"南方谈话"成为中国全面对外开放的先兆。对经济发展、社会进步的关注促成了中国与国际制度良性互动的自逻辑,中国参与国际制度开始体现出全面性、战略性、长远性的特征,通过国际制度的参与、创设乃至主导实现融入国际社会和拓展国家战略利益,已是中国既定的战略选择。① 与此同时,中国积极参与既有国际制度的完善和新领域国际制度的创设,国际制度越来越打上中国的印记,中国塑造国际制度的能力也得以提高。

3. 地区主义

地区主义对中国而言并不是一个新领域(宗藩制度或朝贡体系就是一种古老的地区主义形式),但却是一个新概念。梳理中国的地区主义概念,我们发现其中不仅包含着中国与周边国家的关系,其中还有着国内东西南北的地域差异,在一定意义上,中国在大力促进与地区一体化的时候,实际上还面临着建立国内统一市场的任务(如西部大开发、振兴东北老工业基地)。另一方面,中国特定地域与某些周边国家有着特定的历史关联,且不说日本与台湾地区、印度与西藏自治区,辽宁、吉林、内蒙古、云南、广西、新疆等省(自治区)与周边国家的传统联系也为地区合作提供了某种历史线索,周边次地区合作实际上也早有其历史轨迹。

从一般意义的地区主义角度看,随着中国的崛起,中国与周边国家之间的关系发生深刻转变,环中国经济带正在形成。与之并行的是,中国崛起带来的地区震动表明,中国有必要以东亚地区发展为核心,大力促进东亚一体化,创立有助于地区经济和进一步经济开放的地区性国际制度,为其他国家搭中国发展之便车的提供机会。② 中国对地区合作的参与是一个逐步演变的过程。冷战结束后,中国与周边国家特别是东南亚国家关系陆续正常化、经济全球化迅猛发展,构成了这一转变的历史背景。中国周边安全面临的挑战和隐患,中国与世界尤其是与周边关系的日趋紧密,亚洲金融危机的爆发,则提供了启动地区合作的契机和动力。中共十六大报告中明确提出加强睦邻友好与地区合作,

---

① 门洪华:《压力、认知与国际形象——关于中国参与国际制度战略的历史解释》,《世界经济与政治》2005年第4期。

② David Kang,"Getting Asia Wrong: The Need for New Analytical Frameworks", *International Security*, Vol. 27, No. 4, Spring 2003, pp.57—85.

地区合作首次出现在党的代表大会政治报告中,首次与双边关系并列。此后,中国将加强地区合作与交流作为实现亚洲共赢的有效途径,积极探索新的合作新方式。中国积极参与了上海合作组织的活动及"10+3机制"的进程,逐步加大对这两大地区合作的投入,这些积极主动的举措增进了中国与地区内各国的相互信任,缓解了周边邻国对中国的疑虑,取得了良好的政治和经济效果。

近年来,中国改变了过去对地区合作的消极、被动姿态,在经济、安全、军事等方面与周边国家展开了积极合作。在经济上,中国进一步落实建立中国—东盟自由贸易区的倡议,强调"10+3机制"是东亚地区合作的主渠道,应以此为基础逐步建立起地区经济、贸易、投资、安全的合作框架;在安全上,上海合作组织提供了一种积极的范式,中国还加强了与东盟等国家在非传统安全领域的合作;在军事上,中国积极拓宽与主要大国的合作,在反恐、防止武器扩散、联合军事演习等方面体现出前所未有的积极姿态。中国促动的东亚合作机制代表了外交新思路,即在自己利益攸关的地区培育和建立共同利益基础之上的平等、合作、互利、互助的地区秩序,在建设性的互动过程中消除长期积累起来的隔阂和积怨,探索并逐步确立国家间关系和国际关系的新准则。中国在地区合作中的积极进取,既促进了地区内国家对中国发展经验和成果的分享,也提高了中国的议程创设能力,提高了中国在东亚的战略地位。

4. 和谐主义

在落实科学发展观的过程中,中国领导人逐步形成了在国内构建和谐社会、在国际上构建和谐世界的战略思想。和谐主义成为中国提高其软实力的核心术语,代表了中国明确的国内国际指向。"和谐哲学"已成为新一代中央领导集体的执政理念。

中共十六大报告中对全面建设小康社会描述了六个方面的重要内容与特征,"和谐社会"是其中的构想之一。中共十六届四中全会、六中全会明确提出,党要不断提高构建社会主义和谐社会的能力,全力构建社会主义和谐社会。所谓和谐社会是指全体人民各尽其能、各得其所而又和谐相处的社会,是"民主法治、公平正义、诚信友爱、充满活力、安定有序、人与自然和谐相处的社会"①。把构建社会主义和谐社

---

① 胡锦涛:《在省部级主要领导干部提高构建社会主义和谐社会能力专题研讨班上的讲话》,新华社北京2004年2月19日电。

会摆在突出位置,是因为我国经济社会发展进入新的阶段,国内外环境发生了重大变化,实现社会和谐面临着新的形势和任务。从国内看,经济体制变革、社会结构转型、发展进入新的阶段以及政治和思想领域的变化等,对和谐社会建设提出了新的任务和要求。从国际看,和平、发展、合作的时代潮流和复杂多变的国际环境,给和谐社会建设带来了新的机遇和挑战。为了实现预期目标,我们不仅需要保持安定团结的国内环境,也需要继续争取良好的外部环境。统筹国内国际两个大局,是经济发展的需要,也是构建社会主义和谐社会的需要。德国学者托马斯·海贝勒指出,和谐社会的纲领是对儒家模式的回归,以达到"大同"这一儒家社会理想。与以最大限度追求利润、财富及消费为标志的新自由主义的市场社会不同,和谐社会的目标是建设一个公正的、安全的社会,一个社会与政治和睦的社会。① 中央提出的构建和谐社会目标是一个新的社会理想,深受广大人民的拥护,并取得了广泛的政治共识。

中国领导人将这一传统理想引申到国际问题的处理上,明确提出了和谐世界、和谐亚洲、和谐地区的概念,并强调和谐社会与和谐世界互为条件。和谐是一个互惠均衡,强调"同则不继""和而不同",在差异中建立相互利益最大化的彼此配合,从而实现互惠均衡。② 一方面,和谐世界的提法也代表了中国国际战略的理想意识。一个迅猛发展的大国不仅需要"以功为己",更需要世界理想。中国的世界理想古已有之,这就是《礼记·礼运篇》所载之天下为公的"大同"。作为一种万物均等的世界秩序设计,大同理想有其普世性。另一方面,和谐是一种承诺,既是对中国国内的承诺,也是对整个世界的承诺。这种承诺演化为责任,成为中国政府"负责任大国"的自我战略约束。它表明,中国不仅仅关注国内全面小康社会的创建,而是将小康社会视为构想大同世界的一个阶段性目标,这是一种对传统小康思想的扬弃和发展,是对人类发展终极目标的价值思考,是中国为世界发展提供的崭新图景。它意味着,中国领导人明确意识到了中国发展给国际社会带来的影响,将国内发展不平衡与国际影响不平衡结合起来思考,将和谐世界作为结合对内和谐、对外合作战略的中间点,从而为谋划中国发展战略提供思

---

① 托马斯·海贝勒:《中国是否可视为一种发展模式?——七个假设》,载俞可平等主编:《中国模式与"北京共识"——超越"华盛顿共识"》,第119页。

② 赵汀阳:《关于和谐世界的思考》,《世界经济与政治》2006年第9期。

想指导。

中国观念变革的战略意义

观念变革伴随着中国现代化的进程,改革主义、开放主义、经济主义、制度主义、地区主义、和谐主义等均体现了中国与世界的联结,其最终价值在于为符合中国国情的现代化道路探索提供指向标和路线图。

中国观念变革的积极效应主要体现在国内发展战略的优化、国际战略的调整以及国内外战略的协调上,尤以战略创新为亮点。[①] 中国推进以结伴而不结盟为核心的新型国家间关系,积极参与并主导推进所在地区的全面合作,重视多边主义,更加强调利用国际制度维护和拓展国家利益,总体国际战略开始由主要为自己的发展利益服务的和平环境战略转向与世界谋求共同发展与安全的战略,这一战略转变以经济主义和地区主义为基点,以积极参与国际事务、加强国际合作为途径,以拓展国家战略利益、发挥负责任大国作用为目标。这些变革表明中国在设计一条和平发展的新道路,一条不同于西方的现代化道路,一种不同于西方的发展模式,这一道路和模式并非闭关自守或自外于世界发展潮流,而是融入世界发展大潮、全面开放、全面创新。

鉴于中国依旧处于现代化道路的探索中,中国迈上了现代化的快车道,但其发展模式尚处于完善之中,中国领导人和严肃的学者都清醒地认识到了中国模式所存在的各种严峻问题和潜在风险,并对此加以重点研究、促其升华。当然,中国现代化道路的探索有了开放性的坚实基础,并从被动调整走向了主动完善。在这个过程中,观念变革已经、正在并将继续发挥重要的作用。相比其他大国而言,观念变革是中国强大的软实力,是中国现代化的积极推动力。

同时,检视中国观念变革的战略价值,我们不无忧虑地看到,以上中国观念变革充满了进程性的思考,却少了终极性的价值追求。换言之,中国观念变革摆脱了昔日的激进,体现出相当的务实色彩,但被动意味犹在,也似乎缺少了理想要素。对正在崛起的大国而言,没有理想主义的追求,不仅是有缺憾的,更可能被其他国家视为危险的。可喜的是,和谐主义提供了矫正和补足,更昭示着中国发展的方向。

---

① 相关分析请参见门洪华:《中国国家战略利益的拓展》,《战略与管理》2003 年第 2 期;Evan S. Medeiros and M. Taylor Fravel, "China's New Diplomacy", *Foreign Affairs*, Vol. 82, No. 6, November/December 2003, pp. 22—35。

展望未来,中国观念变革将会体现出更加开放、更加中国化两种并行不悖的趋势。中国对西方模式有了更加客观、理性的认识,盲目排外和崇洋媚外都已经是"明日黄花",弘扬传统文化理念、通过更加积极、更加平等的文化交流展现中国传统文化的魅力,将成为中国观念变革的新动力、新源泉。

本文系作者主持的中国马克思主义研究基金会项目"中国软实力研究"的阶段性成果,发表于《世界经济与政治》2007年第7期。

中国国家战略体系的建构

近代以来,中国一直在为实现两个尚未完成的转变而努力:从"中国之世界"向"世界之中国"转变,从世界体系的"局外者"向"局内者"转变。在这一宏大进程中,对外开放发挥着主导性的战略作用。

1978年以来,对外开放逐步成为中国处理与世界关系的核心路径,它实质性地促成了中国与世界的良性互动,成为中国正在开创的和平发展道路的本质特征。对外开放与对内改革相辅相成,是决定当代中国命运的关键抉择,是发展中国特色社会主义的强大动力,是中国走向伟大复兴的必由之路。进一步说,对外开放不仅仅是为了加快现代化建设、实现中华民族的伟大复兴,还具有更远大的目标,即顺应时代潮流、促进世界和平发展。①

当前,中国和平发展为国际社会所积极认可,各大国纷纷调整对华战略;国际体系变革以全球治理为趋向,赋予中国和平发展以世界性的战略空间;中国与国际体系的互动趋于良性,国际体系的诸多新要素、新动力与中国战略优化的方向趋于一致,在一定意义上是

---

① 中共中央党史研究室第三研究部:《中国沿海城市的对外开放》,中共党史出版社2007年版,序言第3页。

促进中国进一步和平发展的力量,我们应善加利用。与此同时,对尚处于工业化、现代化进程的中国而言,世界转型和国际体系变革不仅带来了机遇,其挑战和压力更是巨大的。中国既有的战略体系具有内向性、经济性的特征,灵活反应有余,长远谋划不足,根据国内外环境变革建构科学完备的战略体系已是迫在眉睫的重大课题。

国家战略体系的内涵

在经济全球化和地区一体化并行不悖的世界情势下,科学完备的国家战略体系以国家战略与国际战略相互协调为基点,至少应包括国家战略、全球战略和地区战略等相辅相成的三个层面,而开放主义贯穿于这一战略体系的各个层面。

国家战略是国家战略体系的基础。国家战略以基本国情为基础,以完善国内战略布局为核心目标。国家战略以富民强国为基本追求,其基本含义是基于民本思想,为国民谋福利;确保国家战略资源和综合国力的增强,完善现代国家制度建设,以政治清明、社会和谐、法制完备、文化繁荣、生态平衡为目标指向。一个国家要实现跨越式发展,就不能闭关自守,开放就成为国家战略的基础要素。我们应将国内开放视为对外开放的基础,实现对内开放为目标。

全球战略反映国家战略体系的宏观视野。全球化是一种不可逆转的世界发展趋势,在给世界带来巨大发展机遇的同时,也给各国经济和社会安全带来挑战。但是,任何国家要发展,必须抓住经济全球化所提供的机遇,我们没有任何可能不接受这柄"双刃剑"。各国均需根据国情和国家利益需要,制定适宜的全球战略,抓住全球提供的发展机遇,参与和分享全球化的红利,同时防范其风险。与此同时,全球化正在催生全球治理,以通过有约束力的国际机制解决全球性的生态、人权、移民、毒品、走私、传染病等问题。全球治理是国际社会的一种实际需要,是抗衡霸权主义和强权的现实选择,倡导一种民主的、公正的、透明的和平等的全球治理,是国际社会的道义力量所在。① 一个国家的全球战略以参与、分享为基本诉求,同时积极承担国际责任和义务。

地区战略是国家战略体系的地缘依托。从历史的角度看,没有一个真正的世界大国不是先从自己所在的地区事务中逐渐占主导地位而发展起来的。传统而言,大国地区战略以国家实力为基础,以获取地区

---

① 俞可平:《论全球化与国家主权》,《马克思主义与现实》2004年第1期。

主导地位为目标,而在经济全球化和地区一体化并行不悖的趋势之下,大国的地区战略路径转而追求地区共同利益,将开放地区主义作为战略工具,将地区制度建设作为地区合作的主脉络,将地区秩序建设作为地区合作的愿景。

表2-1 中国国家战略体系的演变(1949—2007年)

时期	国家战略	地区战略	全球战略
1949—1956年	恢复国民经济,进行基本国家制度建设,实现由新民主主义向社会主义的过渡;肃清帝国主义在华特权,维护国家独立,推进国家统一,与美国和"台湾当局"展开军事、政治、外交等紧密交织的斗争。	与美国对华包围圈做斗争,抗美援朝;援助印支人民的抗法斗争,支持东亚实现民族独立。	"一边倒",发展与苏东社会主义国家的关系,成为社会主义阵营的中坚力量;提出和平共处五项原则,发展与民族主义国家的关系,增进亚非拉友好合作。
1957—1965年	进入全面建设社会主义时期,建立工业体系,发展农业基本建设;维护国家独立,在台湾问题上与美国继续进行外交斗争。	支持印支三国抗美救国斗争,支持朝鲜抗击美帝,与亚洲国家增进友好睦邻关系。	社会主义阵营日趋分裂,中苏友好关系走向破裂,提出"两个中间地带"理论,把亚非拉尤其是亚非国家作为外交重点。
1966—1976年	"文化大革命",中国进入大动乱时期,政治生活、经济生活、社会生活、文化生活陷入动荡之中。	支持周边地区的反霸斗争。	中苏决裂,反"两霸",侧重打击苏联霸权主义;中美打开关系正常化大门,提出联合反对苏联霸权主义的"一条线""一大片"战略;提出划分三个世界的战略思想;在全球支持第三世界反帝、反殖、反霸斗争,支持不结盟运动。

续表

时期	国家战略	地区战略	全球战略
1977—1991年	进入国家经济建设为中心的改革开放时期,重建国家基本制度,草创中国特色社会主义理论体系,发展外向型经济;外交大调整,确立独立自主的和平外交政策。	加强与周边国家和地区的经济联系。	与美国等建立外交关系,实行和平外交政策;融入经济全球化,积极参与或恢复国际组织的席位,尤其加强与国际经济组织的关系。
1992年至今	继续坚持经济建设为中心,建立和完善社会主义市场经济体制,进一步探索和完善中国特色社会主义理论体系;完善国内经济布局,致力于国内市场统一;全面建设小康社会,促进社会和谐。	从20世纪90年代中期开始,积极融入地区一体化,将东亚一体化视为对外开放的地缘战略依托;与东亚国家达成以共同利益为导向的战略合作;致力于与东亚国家的自由贸易区建设;主导推进东亚一体化的制度建设。	确立和平发展的战略道路;确立"大国是关键,周边是首要,发展中国家是基础,多边是舞台"的总体战略布局;进一步融入经济全球化,全面参与国际社会,谋求互利共赢;积极提供全球公共物品,树立积极、建设性、可预期的国际形象。

资料来源:韩念龙主编:《当代中国外交》,中国社会科学出版社1987年版;王绳祖主编:《国际关系史》,世界知识出版社1995年版;裴坚章主编:《中华人民共和国外交史第一卷(1949—1956)》,世界知识出版社1994年版;王泰平主编:《中华人民共和国外交史第二卷(1957—1969)》,世界知识出版社1998年版;王泰平主编:《中华人民共和国外交史第三卷(1970—1978)》,世界知识出版社1999年版;门洪华:《构建中国大战略的框架:国家实力、战略观念与国际制度》,财团法人两岸远景基金会(台北)2006年版;胡鞍钢:《中国政治经济史论(1949—1976)》,清华大学出版社2007年版。

建构科学完备的国家战略体系,其基本原则就是"天时、地利、人和"。目前中国最大的"天时"就是经济全球化,中国正在融入国际体系,成为国际制度的积极参与者、建设性完善者,成为世界重大发展问题的倡议者、合作者;中国最大的"地利"就是东亚一体化,中国成为地区一体化的主要推动者;中国最大的"人和"就是和谐社会建设,以实现人与自然的和谐、国内社会和谐、对外和平发展、和谐世界的建设。孟子曰:"天时不如地利,地利不如人和。"其基本含义与国家战略体系的基本构架不谋而合,即国家战略是基础、地区战略是依托、全球战略是支撑。

对外开放的主体战略定位

几千年的中国历史证明,开放总是和繁荣昌盛相随,封闭总是与落后衰败同在。历史上的中国是最开放的大国之一,"丝绸之路""郑和下西洋"留下了千古美名,展现了中国的繁荣强盛。16世纪之后,中国进入传统政治制度的衰落阶段,固步自封,开始闭关锁国。19世纪初中期,西方列强发动一系列对华战争,将中国纳入一个强迫性的自由贸易体系之中。自此,中国经历了从"天下一统"向现代意义上的民族国家的转变,即从"中国之世界"向"世界之中国"的转变。1949年中华人民共和国成立即遭受美国等西方列强的封锁和包围,中国向社会主义阵营的局部性开放以以苏联肆意侵犯中国主权、中苏交恶而告终止,自力更生建立工农业体系和计划经济体制的历史经验决定了,中国从决策上限制与外部经济接触的规模、范围和影响。20世纪70年代末,中国抓住新一波经济全球化浪潮,从突破观念障碍和体制约束起步,重启开放之航,从国际体系的局外者向局内者转变,从一个近于封闭的国家转变为全球市场的积极参与者,加深与世界经济关系之迅捷在诸大国中史无前例。①

从封闭型经济到开放型经济,是任何国家都要经历的发展路径。1978年至今,中国主动打开国门,改变自己,影响世界,进而改变了世界。对外开放解决了中国现代化启动初期面临的资金短缺、技术落后等难题,促进了中国的经济发展;对外开放带来了先进的管理经验,提供了有效的经济制度借鉴,推动了中国的现代化进程;对外开放成为一种普遍接受的价值观,加快了中国的社会结构转型,开阔了人们的视野,革新了人们的观念,培育和塑造了当代中国人的现代品格,为中国进一步发展奠定了观念基础。与此同时,实行对外开放并没有伤害中

---

① 胡鞍钢、门洪华:《入世五年:中国应进一步对外开放》,《开放导报》2007年第1期。

国特色的社会主义,而是极大地促进了中国的现代化进程,为中国特色的社会主义道路探索提供了坚实的物质基础和开阔视野。

近三十年来,中国根据国内外形势变化适时采取扩大对外开放的战略步骤,促成了全方位、多层次、宽领域的对外开放格局,对外开放水平不断提高。与此同时,中国对经济全球化、地区一体化和国家现代化建设的认识也日渐加深。20世纪70年代,中国刚刚开始对外开放时,经济全球化的趋势还未充分展现,中国对其认识也不深刻,当时我们的目标是利用国际资源发展国内经济,开放的目标在于补充国内经济发展的资金不充足、市场不发达,促进国内改革。进入90年代之后,世界经济全球化的趋势日趋明显,各国均借助经济全球化促进本国经济发展。中国出于对经济全球化更为深刻的认识,采取不断扩大对外开放的措施,通过大量引进外国直接投资、鼓励对外出口等手段大力发展外向型经济,进而发展开放型经济,利用国际有利条件促进本国经济增长。进入新世纪,经济全球化迅猛发展,同时经济全球化对发展中国家的负面影响日益凸显,中国一方面利用加入WTO的时机继续扩大对外开放,另一方面也开始在WTO框架下不断完善市场经济体制,调整对外开放战略,减弱对外开放的不利效应,同时加强地区一体化的参与力度,进一步提升扩大内需的战略地位。开放主义作为一种战略观念、全方位对外开放的战略框架已经在中国基本确立。

当前,中国进入后WTO过渡期,将从加入WTO承诺约束下的局部开放、有限开放转向WTO框架协议下的全面开放。党中央明确提出"坚持统筹国内国际两个大局,把国内发展与对外开放统一起来"的基本方针,"始终不渝奉行互利共赢的开放战略","拓展对外开放广度和深度,提高开放型经济水平"。这是党中央对新近出现的中国与国际经贸关系发展不平衡、不协调的新举措,其目标是顺应中国从世界大国走向世界强国的历史趋势,前瞻性地进行重大战略调整,更好地利用战略机遇期,更好地应对外部新挑战,更好地拓展国家战略利益。

优化国家战略,完善国内开放布局

国家发展战略是国家战略体系的基础,它意味着中国应首先对国内负责,实现和谐社会的理想。中国国家战略的长期目标是,实现推进现代化建设、完成祖国统一、维护世界和平与促进共同发展三大历史任务,实现中华民族的伟大复兴,到21世纪中叶基本实现现代化,把我国建成富强民主文明的社会主义国家。这一宏大战略目标是全面的、综合的,涵盖政治、经济、社会、文化等诸方面。党中央相继提出"全面建设小康社会""科学发展观""和谐社会"等战略思路来引领全局,充分体现出优化战略布局的深远考虑。尤其是,科学发展观要求从单纯注重经济增长转向更加强调经济、社会的协调发展和人的全面发展转变,是中国经济社会发展全局的基本指导方针。自改革开放以来,中国确立并长期坚持经济建设为中心,并强调经济和社会两轮驱动的必要性。近年来,中国更加关注生态环境的保护,也在积极弘扬中华传统文化。当然,可以理解的是,源于发展阶段和战略布局的需要,中国对环境和文化的关注不如前二者那么一贯,重视程度也有所不同。生态环境直接关乎人的基本健康,文化复兴是国家崛起的根本性标志,长远观之,二者的重要性不可忽视。打个或许不太恰当的比方,仅仅关注经济发展,犹如"推独轮车",速度快则不稳;同时关注经济和社会发展,犹如"骑自行车",开始找到了自己的发展路径;单独加上环境或文化,犹如"蹬三轮车",可以在较低速度下保持自身的基本平衡;而经济、社会、环境、文化相辅相成的发展则犹如"开汽车",在中国和平发展进入快车道的情势下,我们需要"四轮平衡",从长远看,这才是实现中国又好又快发展的战略逻辑。

中国将进一步强调依靠国内条件支撑其崛起进程,努力实现国内、国际协调发展,其中最重要的因素就是实现国内一体化,即建立全国性的统一市场,实现国家的经济统一,确立以国家经济统一为核心的国内发展战略,充分利用和配置各种资源。中国国内一体化相比落后,既有深刻的历史原因,也受到梯次开放布局的较大影响。近年来,中国大幅度优化地区发展战略,《国家十一五规划纲要》明确规定"健全区域协调互动机制,形成合理的区域发展格局"。党的十七大报告指出,"深入推进西部大开发,全面振兴东北地区等老工业基地,大力促进中部地区崛起,积极支持东部地区率先发展";"深化沿海开放,加快内地开发,提升沿边开放,实现对内对外开放相互促进"。

展望未来,中国将致力于建立统一的中国大市场,推动产业从沿海到内地的转移,形成以东带西、东中西共同发展的格局。在战略设计上,强调中西部地区既要向国际开放,也要向东部沿海地区开放;既要向发达国家开放,也要向发展中国家开放;既重视物资、技术领域的开放,更要重视思想、观念的开放。此外,东部沿海地区不应继续执行出口导向的战略,转而强调进口导向,进一步巩固开放型经济,同时加强向中西部的投资;而中西部要强调出口导向,优先向东部沿海开放,积极向世界开放。借鉴承接国际产业转移的历史经验和现实作为,适应产业梯度转移的规律,将沿海地区的劳动密集型产业有步骤地向中西部转移,通过提升沿海地区的开放水平、发展水平,带动中西部地区开放型经济的发展。进一步鼓励东部沿海地区向内陆地区的投资和提供更多援助,通过省际协议促进国内贸易往来,实现各省、各地区之间的互利共赢。中国应进一步强调产业立国,促成优势互补且相对均衡的开放格局。具体地说,东部注重提高开放质量,集中于发展战略性高科技产业,争取走出去;西部则着重于能源产业、资源产业、高新技术产业、农业现代化、国际旅游等方面。

完善适应开放型经济的风险防范机制是实现全面开放的基础条件。中国在近三十年间,尤其是最近十年内,从一个封闭型经济迅速转型为开放程度较高的经济体,而目前防范风险的机制大多是针对封闭经济设计的,防范开放型经济风险的机制不健全。我们要建立健全对外贸易运行监控体系和预警机制,加强对商品进出口、资本跨境流动的检测,保持国际收支平衡,防范和控制各种风险,综合运用经济、法律和行政等手段提高政府统筹管理、调控内外部经济的能力。

深化全球战略,拓展国家战略利益

全球战略反映国家战略体系的宏观视野。当前,中国的全球战略以共创和谐世界为基本理念,体现出负责任、建设性、可预期的基本特征,以对话协商、合作共赢、求同存异、包容开放为主要策略,以寻求和扩展共同利益为目标指向。我们认为,在争取平等权利的前提下,中国应把全面参与、力所能及地提供公共物品作为基本路径,作为负责任大国发挥积极作用。第一,全面参与全球性国际制度,并在其中发挥积极的建设性作用;对有待完善的国际制度,要秉持国家利益和国际利益相结合的原则;在新国际制度创立或有可能创立新国际制度的领域,要锤炼未雨绸缪的战略谋划能力,对新国际制度必须积极参与,也要明确反对创立仅由发达国家参与的国际制度。第二,参与俱乐部性质的国际制度,要有所慎重,并致力于逐步改造为我所用,尤其是,对仅由发达国家参与的国际制度,应以特殊伙伴、观察员等方式参与,并在其中发挥发展中世界代言人的作用。第三,在国家间关系的处理上,继续强调大国关系的关键性意义,但更加关注发展中大国的作用,与诸大国逐步开展双边性的战略对话;继续强调周边关系的首要性意义,并把寻求和拓展共同利益作为周边外交的核心内容;继续强调与发展中国家关系的基础性意义,把坚持与广大发展中国家的共同利益和共同理念视为基本的战略选择。

中国应该着力完善其全球战略的如下方面:

第一,全面参与国际制度,积极参与全球治理的框架设计。中国已经全面融入国际经济大循环,应积极地参与国际制度,使得现有国际制度朝着有利于中国的方向发展,为中国实现"富民强国"的战略谋划创造适宜的国际空间;在国际制度体系内寻找共同利益,表明自己接受国际制度约束的态度,打破"中国威胁论",澄清对中国外交战略的误读,稳定外部世界对中国国际战略的预期;促使中国外交更加积极和具有建设性,向世界展示中国的传统思想的魅力和建设性倡议,增强中国的国际影响力,更多地承担起促进世界和平与发展的领导责任;积极参与国际制度的完善和发展,以中国的国家利益为依归,并对国际社会多元化进程、和谐世界的建设做出贡献。全球治理是世界公共物品,参与全球治理可以确保中国在世界范围内的权益。中国不仅需要继续完成自身的发展任务,而且需要改变应对的消极态势,逐步承担更多的国际义务,做出自己应有的贡献。中国应积极参与国际政治经济秩序重构,以积极姿态参与国际竞争、秩序规则制定和国际谈判,借助国际规则平衡各方面的利益,维护和推动全球性开放。同时,要积极通过扩大沟通合作,推动利益融合,共同应对全球性的经济社会难题。

第二,强化"走出去"战略。"走出去"战略能够改善中国的国际经济环境,增强国家总体经济实力,增强获取国际资源和扩大国际市场的能力,从而增强中国的经济安全;"走出去"可以使中国站在国际竞争的前沿,加强与发展中国家的经济技术合作,促进发展中世界的总体力量与合作意识,为保障中国整体安全提供新的屏障;"走出去"能够加强与发达国家在经济上的相互交叉和相互依赖,进一步形成复合相互依赖局面,增进与发达国家的相互理解,抑制反华、排华势力,从而增进中国的政治安全。建立国际战略资源供应基地,是提高我国"走出去"水平的战略举措,也是"走出去"的战略重点和难点。我们要全面参与国际农业、能源、矿产等资源配置的产业分工、分配和市场竞争,不断提高利用海外资源的能力和水平;以新建、注资、参股、并购、购买探矿权等多种方式加快建立一批重要短缺资源多元、稳定、可靠的海外生产供应基地;加强石油等重要商品的储备体系建设。

第三,拓展与其他国家的共同利益。中国与美、欧、日等发达国家成为重要的利益相关者,与主要发达国家之间的相关利益越来越大,谁也离不开谁,谁也不能报复谁。一方面,中国与发展中国家的利益相关度在大幅度上升,中国需要大量的资源进口,还需要开拓海外发展中国家的市场,成为新的对外投资国;另一方面,发展中国家需要中国的出口市场和廉价的制成品进口市场,需要中国的对外援助和直接投资。这些共同利益决定了中国成为世界的利益攸关者,也代表着中国国家战略利益的拓展和国际影响力的扩大。确保并继续加深我们与发达国家、发展中国家的共同利益,符合中国的长远战略利益,应继续秉持并发扬光大。

第四,增进对外援助的制度化建设。中国国家实力和国际影响力空前提高,但中国对外援助不多,关键时刻援助资金太少甚或不到位,引起了一些与中国有着长期友好关系的发展中国家的不满,而且个别国家受敌对势力的蛊惑或利诱,利用联合国等国际平台,在台湾、人权等问题上给中国制造了麻烦和障碍。以目前中国的经济实力,完全有条件对一些欠发达国家和地区提供更为积极的援助。中国要想在未来的国际事务中获得更大的号召力和发言权,仍将主要依靠来自发展中国家的向心力和凝聚力。即使仅仅从稳定能源等资源供给的角度讲,加强与发展中世界的关系也至关重要。近年来,中国向非洲提供了积极、慷慨的援助,引起了国际社会的极大关注,也给中国带来了极大的声誉,我们也由此积累了宝贵的经验。我们有必要进一步审视外援在中国发展对外经济关系中的意义,借鉴日本、德国等政府开发援助(ODA)的经验,强化对外援助的制度化建设,尽早建立中国对外援助基金和相关机构,通过对外援助延伸中国的战略利益,推进中国对外开放的远程目标。

强化地区战略,主导地区一体化进程

地区战略是国家战略体系的地缘依托。从历史的角度看,没有一个真正的世界大国不是先从自己所在的地区事务中逐渐占主导地位而发展起来的,东亚是中国的战略依托地带,也是中国地区战略的核心。目前,中国具备了主导推动东亚地区一体化的基本实力,但东亚的战略格局却决定了中国采取开放地区主义的方式来协调,而不是立即主导推动,具体措施包括积极参与既有的地区国际制度、倡议创设新地区制度并在条件成熟时主导地区制度的创立。

中国的地区战略应着重于如下几个方面:

第一,抓住地区秩序建设的制高点。东亚进入全面接触的时代,东亚共同体被接受为东亚秩序的愿景。如何建构一个稳定而富有建设性的地区秩序已是摆在东亚诸国面前的重大战略议题，中国应以东亚秩序建设为地区战略的制高点，强调共同利益的汇聚和制度化是地区秩序建构的惟一路径，以此稳定和进一步发展与东亚各国之间的战略互动关系，把握地区战略上的主动权。

第二，把开放地区主义作为一种战略工具。开放地区主义是东亚一体化的基本特征，它可能在一定程度上对中国国家利益构成战略约束，但同时也是约束其他国家的战略工具。我们应辩证地看待开放地区主义的价值，将之作为自我战略约束和约束他国的战略工具，稳定东亚各国对中国的战略预期。具体地说，以开放地区主义促进东亚地区经济相互依赖的进一步深化，巩固中国与东亚的经济一体化关系，以此提升中国经济主导地位的战略价值；以开放地区主义促进东亚政治合作和安全协调，以积极化解围绕中国的软性战略包围圈；以开放地区主义引进更多的非东亚力量，构成对美日同盟的战略约束。

第三，以建设性姿态和负责任的态度全面参与各类磋商机制，力所能及地提供地区性公共物品。此外，中国的地区战略以东亚为核心，但不应局限于此，我们应将其他地区——包括欧盟、拉美、非洲、中东等——纳入地区战略的视野，将中国的国家战略利益延伸至全球。

在东亚一体化进程中，中国必须实质性地发挥主导作用，并着重处理如下方面：其一，要着手制定参与地区经济合作和推动地区贸易自由化、投资自由化的中长期战略规划；其二，稳定和发展与周边国家——尤其是战略地位重要、资源丰富的国家——的双边关系，抓住时机率先推进双边贸易、投资、交通运输的便利化；其三，通过寻求和扩大共同利益进一步稳定中日关系，防止中日关系的恶化产生多米诺骨牌效应；其四，利用传统关系，加强内陆地区与周边国家的一体化，如深化西北地区与俄罗斯和中亚、西南地区与南亚和东南亚、东北地区与日本的合作；其五，加强与周边国家的自由贸易区谈判，着重与澳大利亚、新西兰、印度和俄罗斯的自由贸易区谈判，并将之提升到反战略包围圈的高度加以认识和推行；其六，在地区一体化推进方面保持开放性思维，做出必要的让步和贡献，力争通过共同利益汇聚及其制度化建构一个稳定而富有建设性的东亚秩序，并在其中发挥主导作用。

结　论

中国正在从发展中大国迈向世界性强国，根据国内外环境变化建构科学完备的国家战略体系势在必行。

在中国国家战略体系中,国家战略是基础,其完善迫在眉睫,且需进一步加强未雨绸缪的整体谋划能力;全球战略是支撑,应进一步加强参与国际规则的制定和完善,加强国际体系的塑造能力;地区战略是依托,应进一步深化中国与东亚国家的经济合作,巩固中国的地区经济主导地位,将东亚塑造为中国和平发展的战略依托地带;开放主义贯穿于国家战略、地区战略和全球战略之间,是中国国家战略体系的基本价值观。我们强调,中国需要保持积极、主动的战略态势,进一步强调"有所作为",并审时度势,不放弃世界经济、贸易和东亚地区合作框架上主导性地位的寻求。随着中国国家战略利益的拓展和深化,在继续秉持"韬光养晦"的哲学精神的同时,谋求经贸领域和东亚经济合作的主导性地位的条件开始成熟,我们有必要进一步贯彻"有所作为"的实践精神。在主导性地位上,我们可以不求其名,但必须要谋其实。

展望未来,中国应进一步巩固开放在中国和平发展道路上的基础性战略地位,确立基于开放主义、科学完备的国家战略体系,开拓全面开放的繁荣时代,实现成为世界强国的战略目标。

本文系作者主持的中华人民共和国商务部重大咨询课题"中国在WTO框架下进一步开放与应对经济全球化整体战略"的阶段性成果,发表于《教学与研究》2008年第5期。

关于中国大战略的理性思考

中国大战略之谋划,应从基本国情和国家战略资源出发,结合其所面临的国际局势,明确本国的基本世界定位及其基本战略选择;在此基础上,确立大战略的基本趋向,并以此为核心确定大战略的基本内容及其实施原则,构建大战略的基本框架。

中国的世界定位

一个国家的世界定位往往源自其国家总体实力,与其所追求的国际目标以及国际社会的反应也有直接的关系。自1978年改革开放以来,中国的国家实力及其国际影响力一直处于上升态势,尽管不时出现"中国风险论""中国崩溃论""中国分裂论"的悲观论调和"中国威胁论"的危言耸听,但大多数战略分析家所持的预测是中国正在迅速崛起,成为世界强国只是时间问题。1997年亚洲金融危机爆发以来,中国领导人在诸多场合宣布中国要成为国际社会中负责任的大国,并采取具体措施进一步承担国际义务和责任,中国的大国地位和大国作用受到国际社会的更多关注。2006年以来,自美国开始,世界热炒"中美两国论"(G-2),

中国开始被视为世界大国,尤其是2010年中国GDP规模超过日本位居世界第二,使得这一话题持续发酵。关于中国世界定位的争论,主要集中于中国属于何种程度的大国上,目前主要有地区大国、具有世界影响力的亚太地区大国、具有世界性影响力的大国、世界性大国、准超级大国等几种判断。

关于大国的基本标准,中国古人曾有探讨和判定。例如,战国纵横家张仪指出:"秦地半天下,兵敌四国,被山带河,四塞以为固。虎贲之士百余万,车千乘,骑万匹,粟如丘山。法令既明,士卒安难乐死。主严以明,将知以武。虽无出兵甲,席卷常山之险,折天下之脊,天下后服者先亡。"①以上剖析实际上指出了作为大国的基本标准:幅员辽阔(地半天下)、具有抗衡其他国家联合起来的实力(兵敌四国)、地势稳固(四塞以为固)、军事力量强大、经济实力雄厚、国内政治清明、制度先进(法令既明,主严以明,将知以武)、具有巨大的威慑力(天下后服者先亡)等。关于世界大国的衡量标准,国际关系学者、历史学家多有涉及。例如,德国历史学家兰克指出,一个世界大国"必须能够抗击所有其他大国而不败亡,即使在后者联合起来的情况下"②。时殷弘认为,大国在某区域内或世界范围内有较广泛的国外政治、经济和战略利益,拥有足够的综合国力,平时能够有效地维护这些利益,战时则能够或通常能够抵御至少其他两个区域性或世界性大国的联合力量,一般来说被别国认为有权利处理本区域或世界范围内所有重大国际问题和足以影响其他多国安全的国内问题,通常与本区域内和世界上其他大国有起码的共同利益、共同国际价值观念、共同规范和共同国际运作机制,从而被视为大国共同体的一员。大国具有参与处理本区域内所有重大国际问题的公认权利,拥有实力、广泛参与区域或世界范围内的国际事务并在这些事务上同其他大国有足够的协调与协作。③ 中国财政部副部长王军指出,世界强国应具备以下特征:(1)国家实力强,与同一历史阶段的其他国家相比,经济更为发达、军事力量更为强大、文化更为昌明、疆域更为广阔;(2)对外辐射广,其经济、政治、军事、文化等方面对外扩张和辐射,能够深刻改变时代面貌,强有力地影响乃至左右世界

---

① 《战国策·楚策一》。

② Leopold von Ranke, *The Theory and Practice of History*, Indianapolis: Bobbs-Merrill, 1973, p.86.

③ 时殷弘:《关于中国的大国地位及其形象的思考》,《国际经济评论》1999年第9—10期。

文明的进程;(3)历史影响远,其影响并不局限于某时某地,而是跨越时空、源远流长。①

对照这些参照条件,我们认为,有史以来,中国就是东亚地区乃至亚洲的大国。当然,中国从未成为世界大国,因为19世纪之前并不存在世界大国,只有区域性大国,真正的世界大国是在19世纪后的群雄逐鹿中造就的,而欧洲大国的崛起与中国的衰落恰成鲜明的对照。直到第二次世界大战结束之际,中国才再度以大国的面目在国际体系中现身。中华人民共和国的成立制止了中国国际地位下降的百余年趋势,迅速确立了政治大国、军事大国的地位。1978年改革开放以来,中国的经济地位迅速攀升,国家总体实力不断增强。随着中国国家实力的上升,中国已经成为亚太地区的大国之一,亚太地区的所有重大事务,没有中国的积极参与则难以获得满意的结果;中国具备成为世界大国的一些基本条件——如国家战略资源占世界的比重和联合国安理会的常任理事国席位等,但尚缺乏足够的海外利益和被国际社会所公认的世界性特权,尽管中国被视为G-2之列,因此我将中国定位为具有世界性影响的亚太大国。②中国的世界定位以地区性为基点,兼具世界性的特征。

对于中国的大国地位,目前有异议者甚少,但关于中国成为世界大国的前景,却历来争论不休。迈克尔·奥克森伯格等指出,世界大国的基本条件是:经济发展处于世界前列,军事实力处于领先地位,文化宣传影响全球,具有世界性的政治影响力;从以上标准条件看,中国具有成为全面强国的潜力。③布热津斯基指出:"全球性强国意味着真正在全球军事能力方面占有绝对优势、重大的国际金融和经济影响力、明显的技术领先地位和有吸引力的社会生活方式——所有这些必须结合在一起,才有可能形成世界范围的政治影响力。"④对照这些条件,中国目前不是世界大国,但具备了成为世界大国的基础条件,中国的经济实力、文化影响力、军事实力、科技能力、国际影响力均处于稳步上升态

---

① 王军:《江山代有强国出——世界强国兴盛之路探析及其对中国发展的启示》,《经济研究参考》2003年第49期。

② 门洪华、钟飞腾:《中国海外利益研究的历程、现状与前瞻》,《外交评论》2009年第5期。

③ Yoichi Funabashi, Michael Oksenberg, Heinrich Weiss, *An Emerging China in a World of Interdependence*, New York: The Trilateral Commission, 1994, p.2.

④ 布热津斯基:《如何与中国共处》,《战略与管理》2000年第3期。

势,对照美国之外的其他国家,中国成为世界大国的潜力最为巨大、前景亦最为明朗。

中国的战略机遇期

所谓战略机遇期,即在国内外环境得到正确把握的情况下,能够为一个国家的长远经济社会发展提供良好的条件,对其历史命运产生全局性、长远性、决定性的特定历史时期。从全球角度看,战略机遇期是世界范围内各种矛盾运动变化的结果,是人类社会发展规律在当代的体现,是国际国内各种因素综合作用形成的机遇;从一国角度看,战略机遇期则是该国在具备迅速发展条件基础上迈向腾飞的中间阶段,是从量变到质变的重要关口。概言之,战略机遇期对一国国家实力及其世界地位的提升具有重大意义。

20世纪末21世纪初,中国国内外局势同时出现重大转折,这是中国战略机遇期到来的重要标志。从国际环境角度看,自20世纪70年代以来,随着世界进入全球化时代、信息革命时代、知识经济时代,国际关系发生了重大变革,主要表现在:国际关系日益多极化,经济全球化塑造着国际权力和影响力的分散化和均等化;国际关系的整体性加强,在新科技革命的推动下,国际分工的深度、广度和水平不断加强,世界贸易自由化、金融国际化和生产一体化速度加快,总体上把各国联成一个相互依赖的整体,世界越来越进入一个复合相互依赖的时代;国际关系日趋制度化和有序化,国际制度开始并将继续发挥越来越重要的作用;国际关系民主化动因增多,国际组织特别是政府间国际组织得到空前发展,全球市民社会亦在兴起。以上特征表明,世界处于和平、发展、合作的时代,世界总体上和平、稳定,在可预见的将来不会发生世界大战,中国的总体安全基本可以得到保证;同时,世界主要国家间关系呈现良性互动,主要采取经济、外交、政治、文化等手段解决彼此之间的问题,大国之间的协调和对话有所增强,这使得中国有可能争取到相对长时期的和平环境;国际秩序处于转型时期,各国着眼于未来的国家实力之争更加激烈,但竞争主要体现在经济、科技方面,双赢特征进一步突出。

从中国角度看,1978年以来中国的改革开放过程,就是一个冲破自我封闭走向世界的过程,也就是一个积极参与全球化的过程。把国内改革与对外开放有机地结合在一起,反映出邓小平对时代的一种深刻把握:在经济全球化的背景下,国内事务与国际事务已经不可分割地联系在一起,对内改革和对外开放其实已经是一个硬币的两面。① 到20世纪90年代末,中国实现了分三步走实现国家现代化战略的第二步,人民生活总体上达到小康水平,但是,中国现有的小康仍然是低水平的、不全面的、发展不平衡的。中国是世界第二大经济强国、第二大贸易国,是亚洲乃至世界经济的主要发动机之一,总体而言中国崛起的经济基础已经具备。在21世纪头二十年是实现现代化建设第三步战略目标、完善市场经济体制和扩大对外开放的关键阶段,集中精力于全面小康社会的建设是中国的总体战略目标,这将是促成中国社会经济发展全面跨越的重大战略谋划。同时,随着中国国家实力的提高和全面融入国际社会,中国的参与意识和参与能力空前强化,中国以积极、建设性的姿态,成为国际体系的重要塑造者。

正是基于以上国内外情势的变革,中国领导人得出了具有指导性战略意义的结论:"21世纪头一二十年,对于我国来说,是必须紧紧抓住并且可以大有作为的重要战略机遇期。"中国大战略谋划是连接世界和中国局势重大转折的关键桥梁,中国对战略机遇期来临的主观认识和战略把握是一个至关重要的条件。

一个国家的战略机遇期历来由主客观两方面的条件共同促成,战略机遇期要求在客观上等待时机,而主观上要争取创造条件。中国曾经与两次重要的战略机遇期失之交臂。1820年之后,西方资本主义国家开始启动工业化进程,经济迅速增长,中国则困于内忧外患,与工业化浪潮错步。第二次世界大战之后,世界经济进入黄金时期中国再次与之错失,总体发展速度远远落后于其他大国。② 往者不可谏,来者犹可追。1978年,邓小平以其敏锐意识,引领中国抓住了新一轮的全球化浪潮,使改革开放政策制定与全球化的汹涌浪潮相唱和,革故鼎新,开拓进取,为21世纪初中国新战略机遇期的来临创造了基础条件。历史一再表明,机遇极为宝贵,稍纵即逝。在历史发展的关键时期,把握住了机遇,落后的国家和民族就有可能实现跨越式发展,成为时代发展的弄潮儿;而丧失了机遇,原本强盛的国家和民族也会不进则退,成为时代发展的落伍者。过去三十多年,中国把握住了机遇,奠定了中国崛起的物质和观念基础。未来十年将是决定中国能否顺利实现全面崛起

---

① 俞可平:《全球化与全球治理》,社会科学文献出版社2003年版,第26页。
② 中国教育与人力资源问题报告课题组:《从人口大国迈向人力资源强国》,高等教育出版社2003年版,第10页。

的关键时期。

战略机遇期的认识、把握和运用,是一个创造性的实践过程,其间挑战与机遇并存且相互转化。从中国的基本情况看,机遇总体而言大于挑战,但在一定条件下则挑战大于机遇,中国需要更加积极进取的精神,革故鼎新、有所作为。

中国大战略的基本选择

中国崛起是改变世界形态或格局的重大事件。新兴大国崛起必然带来世界的震撼。鉴于全球化和复合相互依赖的深化,新兴大国必然与原有大国展开竞争与冲突,也必然进行合作与协调,如何寻求共赢是大国崛起成为可能的必要条件。

1978年迄今,中国国家实力和国际地位的上升幅度为诸大国之最,成为世界大国的潜力充分体现出来,且表现出成为世界大国的积极意愿。鉴于此,中国如何成功崛起,成为世界性、世纪性的重大问题。

自20世纪80年代以来,中国强大起来之后的战略选择就是国际社会关注的焦点问题之一。进入90年代,"中国威胁论"不胫而走,国际社会对中国的未来走向争论不休。中国一直坚持独立自主的和平外交政策,在许多国家看来,中国强大起来后必然挑战现行国际秩序。1997年东南亚金融危机爆发后,中国坚持人民币不贬值,筹资援助受损国家,成为抗击金融风暴的中流砥柱,在国际社会中的分量剧增。国际社会高度评价中国的作为,认为中国表现出了负责任大国的应有姿态。此后,中国领导人江泽民、朱镕基等多次在国际场合宣讲中国要"做国际社会负责任的大国",表明中国外交战略调整的方向。学术界认为,这标志着中国确立了谋求世界大国地位的战略。进入21世纪以来,中国强调坚持韬光养晦、争取有所作为的战略思路,确立了和平发展的战略道路,以积极的、建设性、可预期的国际形象屹立于世界强国之林。

根据历史经验,大国崛起往往采取军事战略、搭便车战略、积极参与战略等几种模式。其中,15—19世纪的列强争霸基本上采取了军事对抗的铁血战略,20世纪的两次世界大战是德国、日本力图通过军事战略获得霸权地位的实例,该战略的代价和破坏性有目共睹;二战结束后日本、德国采取搭便车战略得以在经济上重新崛起,但其负面影响迄今仍在;19世纪末20世纪初美国采取了以经济利益优先的积极参与战略得以崛起,并获得世界霸权。当前,通过军事扩张战略崛起的手段早已被唾弃,国际结构的现实、中国的国家实力、中国以经济建设为中心、争取和平的国际环境的外交战略目标都决定了,中国没有理由成为挑战国。同样,对中国这样的大国来说,搭便车战略也是不可行的:中国的现实和未来目标都决定了中国绝对不会选择单方面让渡国家主权的战略;也没有国家能够为中国这样的大国提供"便车"。对中国来说,选择消极参与的方式也是困难的。首先,现有国际规范和原则多反映了西方主导国家的利益需求,其本身就存在种种局限和缺陷,对中国这样的后来者(newcomer)的利益存在严重制约,中国可以正视这些制度性安排仍将长期存在的事实,但必然有意愿和实力要求这些安排趋向合理性和民主化;其次,国际制度的制定者多是既得利益者,不会让中国自动享有制度权益,必然力图将中国排除在利益安排之外,以遏制中国的迅速崛起,中国为复关、入世所做出的十多年努力均可佐证之;再次,冷战结束后,重新进行国际制度安排已是大势所趋,作为世界上举足轻重的大国之一,中国第一次赢得了平等参与国际决策的可能,选择消极参与的战略岂非错失良机? 最后,中国在20世纪70—80年代的经历证明,消极参与并不真正符合维护中国国家利益的需要。实践证明,中国只能采取积极参与的综合战略,即经济方面,积极融入世界经济并参与竞争;政治方面,坚守立场而策略不失灵活;军事方面,不挑战但必须稳步加强军事实力,加速军事现代化的步伐;文化方面,在弘扬民族文化的基础上,加强对其他文明精髓的吸收。中国一方面应充分认识到国家实力和国际地位的增长,承担负责任大国的历史使命;另一方面要认识到自身存在的问题及实力的局限,避免国际孤立和被包围局面的出现,以建设性的心态和实际行动积极参与国际事务的处理,有所作为。①

随着中国重返国际社会,中国逐渐开始了"社会化"的过程,即新加入者将国际社会的规则和价值观念内在化的过程。② 这意味着中国关于国际社会的观念发生了变化,中国开始遵循国际社会的规则,参与主要的全球性国际制度,不再把革命当作变革国际社会的途径,中国开始把广泛参与国际社会作为现代化的前提和重要途径,正是在这个前

---

① 门洪华:《国际机制与中国的战略选择》,《中国社会科学》2001年第2期;门洪华:《中国国家战略利益的拓展》,《战略与管理》2003年第2期。

② David Armstrong, *Revolution and World Order*: *The Revolutionary State in International Society*, Oxford: Oxford University Press, 1993, p.184;时殷弘、吕磊:《美国对华态度与中国之加入国际社会——一个半世纪的历史概观》,《太平洋学报》1995年第3期。

提之下,改革开放才成为中国的基本国策。中国不再以意识形态和阶级画线,而是将国家视为国际关系的主要行为体,并从国家利益角度理解和认识国际社会,处理国家间关系,在此基础上,中国作出了世界大战可以避免的判断,开始了逐步但积极融入国际社会的历程,以中国近代以来的历史为参照,其参与国际社会的速度、广度和深度无可比拟。

进入21世纪,中国总体外交战略开始由主要为自己的发展利益服务的和平环境战略转向与世界谋求共同发展与安全的战略,这一战略转变以经济主义和区域主义为基点,以积极参与国际事务、加强国际合作为途径,以拓展国家战略利益、发挥负责任大国作用为目标。中国国际战略的中短期目标主要是:

第一,维护和营造有利于国内现代化建设的国际环境。避免与西方国家特别是美国陷入对抗、遏制和冷战的循环圈;避免周边结成旨在对付中国的同盟;避免中国周边的热点问题如朝鲜半岛核问题等失控。为此,中国应进一步发展与俄罗斯、欧洲、发展中国家的关系,避免国际孤立或陷入美国包围圈;加强与周边国家的交往,深化经济战略空间;确保正常的中美关系,巩固和拓展双边共同利益的范围与空间,理智应对美国的经济接触与战略遏制并行的战略。

第二,维护和扩展国家战略利益的范围和空间。维护和扩展国家的经济利益,大力开拓国际市场,扩大国际份额,获得技术、管理经验、资本和资源,推动本国经济的发展;维护和促进国家安全利益;维护国家政治利益;拓展国家文化利益。

第三,扩大国际影响力。树立和平、开放、负责任的大国形象,积极参与全球性国际制度并适时促进其完善;积极参与主导或(和)主导创建区域性国际制度,通过亚太地区的主导大国地位影响全球并获得全球影响力。

中国大战略谋划应充分认识到自身实力的增长和国际地位,承担负责任大国的历史使命,认识到所谓的"中国威胁论""中国责任论"等属于外来压力,一定程度上属于自然现象。同时,中国要认识到自身存在的问题及实力的局限性,避免打碎现有国际秩序的理想冲动,谨记"韬光养晦、决不当头";避免国际孤立和被包围局面的出现,以建设性的心态和实际行动积极参与国际事务的处理,有所作为。

中国大战略的主导理念

中国大战略的主导理念,以防御性现实主义(defensive realism)为核心。对任何国家而言,现实主义均是构建大战略的基本思考点,尽管自由主义的理念不时成为重要的干预性变量(intervening variable)。防御性现实主义强调安全合作和自我约束,且不排除新自由制度主义所极力倡导的国际制度的重要作用,同时也强调了国家自卫的基本原则。鉴于此,以防御性现实主义为主导的大战略,强调了国家间合作的重要意义,同时强调了自我约束的基本趋向,为中国全面融入国际社会并发挥积极的建设性作用提供了理性指导。

中国大战略的主导理念,当以经济主义(economism)为首务。所谓经济主义,既包含以经济建设为中心的国内战略安排,亦表明以经济为主要对外手段拓展国家战略利益的国际战略设计。进一步说,中国应积极参与经济全球化,争取成为东亚经济的主导性力量,成为世界经济的主要发动机,以中国的经济持续高速发展推动世界经济,大力拓展经济战略利益,确保经济发展作为中国崛起的核心。经济手段可能是通过与国际社会交往获得双赢局面最重要的手段,中国的经济繁荣将使各国特别是亚洲邻国受益。

中国大战略的主导理念,当以区域优先(regional primacy)为重点。作为兼具区域性和世界性特征的大国,中国应以东亚作为其崛起基准地带。随着中国的崛起,中国与周边国家之间的关系发生深刻转变,一个紧密型的环中经济带正在形成。与之并行的是,中国崛起带来的区域震动——以"中国威胁论"为主要表现形式的"中国困境"(chinese dilemma)——表明,中国有必要以东亚地区发展为核心,大力促进东亚一体化,创立有助于区域经济和进一步经济开放的地区性国际制度,为其他国家搭中国发展之便车提供机会。① 中国促动的东亚合作机制代表了中国大战略的新思路,即在自己利益攸关的地区培育和建立共同利益基础之上的平等、合作、互利、互助的地区秩序,在建设性的互动过程中消除长期积累起来的隔阂和积怨,探索并逐步确立国家间关系和国际关系的新准则。②

中国大战略的主导理念,当以制度主义(institutionalism)为主要手段。将国际制度视为实现国家战略目标的手段,通过国际制度的参与、

---

① David Kang, "Getting Asia Wrong: The Need for New Analytical Frameworks", *International Security*, Vol. 27, No. 4, Spring 2003, pp. 57—85.

② Men Honghua, "East Asian Order Formation and Sino-Japanese Relations", *Indiana Journal of Global Legal Studies*, Vol. 17, No. 1, Winter 2010, pp. 47—82.

创设乃至主导实现融入国际社会和拓展国家战略利益,是中国既定的战略选择。在中国崛起的过程中,世界逐步建立起接纳新崛起大国的国际制度框架,这是中国得以全面融入国际社会的基础条件之一。国际关系的多元化并非没有秩序或杂乱无章,与向纵深发展的多元化进程相伴随的是制度一体化进程①,在这个进程中,中国经历了从身处边缘、被动、消极参与到积极参与、主动建构,中国与国际制度的互动构成了一幅纵横交织、由淡至浓的画卷,而中国积极参与者、主动建构者的角色日渐突出,这既是中国积极融入国际社会的表现形式,也是中国崛起被国际社会接受的重要标志。

中国大战略的主导理念,当以政策协调(policy coordination)为主要途径。冷战结束以来,国际社会进入转型时期,各大国均抓住有利机遇为实现自身战略目标而竞争,其突出特点是大国之间的合作与政策协调不断加强。② 中国大战略的谋划,应强调大国政策协调的重要意义,避免非核心战略利益上的冲突,以合作的、建设性的姿态追求战略目标的实现。

中国大战略的主导理念,当以国际形象建构(image buildup)为主要目标。塑造一个负责任、建设性、可预期的国际形象对中国大战略目标的实现至关重要。1997年亚洲金融危机爆发之后,中国将"负责任大国"作为其国际地位的标示,积极提供全球性和区域性公共物品,逐步竖立起负责任的国际形象。加强国家间合作与协调,维护国际道义,维护国际法的基本原则,是树立大国道义形象的重要途径,也是中国国家利益扩展到全球的前提条件。进一步关注和塑造国际形象,将是中国大战略得以实现的基本目标。

以上中国大战略的主导理念,既代表着对中国传统战略观念的继承,也体现了21世纪的战略观念创新,是中国大战略得以实现的精神武器。

中国大战略的核心内容

中国积极参与的大战略应由如下几个重要方面组成:

经济战略上,积极参与经济全球化,争取成为东亚经济的主导性力

---

① 喻希来:《世界文明中的中国文化》,《战略与管理》2001年第1期。
② 罗伯特·吉尔平:《国际关系政治经济学》,经济科学出版社1989年版,第405—411页。

量,成为世界经济的主要发动机,以中国的经济持续高速发展推动世界经济,大力拓展经济战略利益,确保经济发展作为中国顺利崛起的核心。中国的经济战略目标不仅局限于为经济建设创造国际环境,拓展经济利益,还需要加强塑造能力,锤炼议程创设和实施能力,以经济战略的成就促进国际战略的整体成熟。为此,首先要牢牢树立经济安全的思想。经济全球化的深化和区域集团化的发展,使国家经济发展越来越容易受到外来因素的影响和冲击,经济安全成为国家安全的核心内容之一。建立实力雄厚的国内经济是保障经济安全的基本条件,进一步参与国际经济合作是保证经济安全的外在途径。其次,改革外贸体制,以促进产业升级的产业政策为中心来构建中国对外贸易战略,使中国的对外贸易战略转到为产业结构技术密集化服务的轨道上。扩大海外市场,提高中国商品在国际市场的占有率,是增强中国经济实力和提高人民生活水平的重要途径。其三,确保并拓展中国获得国外技术和资金的渠道。其四,确保并拓宽从国际市场获得能源和战略资源的途径和能力。能否从国际市场顺利获得能源和原料,不仅关乎中国经济能否持续、快速发展,而且事关国家安全利益。其五,加强周边地区的经济一体化,建立经济纵深地带。应进一步加强周边地区的经贸交流和资源开发合作,形成自己的经济战略带,为中国经济的顺利发展创造良好的战略环境。

安全战略上,以新安全观为战略基础,稳步推进国家安全,积极参与国际安全的维护,以维护并拓展中国的安全利益。首先,以陆地边界的和平与稳定(包括与俄罗斯、中亚诸国、阿富汗、印度、巴基斯坦等)为战略依托,在海域疆界上与主要大国合作,确保东北亚的和平与稳定,发展中日战略互惠关系,加强与东南亚的战略性合作,以经济合作入手,积极促动中国—东盟自由贸易区的建设,改善中国的战略环境。其次,军事手段仍然是保障国家安全的最后堡垒,为国家安全计,中国必须积极参与到军事革命的行列之中,推行积极防御的军事战略,坚持质量建军,准备打赢现代技术特别是高技术条件下的局部战争。为此,必须逐步稳定地增加军费开支,将经济实力有效地转化为军事能力,建立可靠的核威慑力量,加速常规武装力量的现代化,从数量规模型向质量效益型转化。同时,进一步加强对外军事合作与交流,既强调中国军队的和平使命,也要适当展示中国的军威。再次,反独促统,维护国土完整。中国应坚持以政治经济、文化手段促共识,以军事手段反"台独",促进两岸认同交流、维护和促进一个中国的共识,为统一创造条件;同时整军经武,不放弃军事手段。提高警惕,采取一切必要手段打击"疆独""藏独",特别是对其暴乱行为应坚决镇压,防止新疆、西藏等地区任何形式的分裂。最后,推动多边安全合作,拓展中国的安全利益。一个国家的安全利益取决于该国的实力及其与外部世界交往的密度,而国家安全利益的扩展必然是经济利益扩张的逻辑延伸。随着中国对外交往的扩大,中国的安全利益必然扩展。为建立更加稳定的亚太安全制度,中国应积极推动多边安全合作,参与并在一定情势下主导构建周边安全制度,参与营造国际安全体系。

文化战略上,在坚持文明多样性基础上,弘扬传统文化,加强对外文化交流,吸收人类文明的先进成果,促进普世性文化的认同,增强中国文化的国际影响力,并将文化作为中国崛起的坚实基础。文化是行动者对自己、行动者之间以及所处环境或世界所持有的共同知识,即共有观念,共有观念形成之后,将反过来塑造行动者的身份,并通过身份政治影响其利益和行为。① 在一定程度上,文化等同于一个国家的软实力。大国崛起,经济、军事实力是重要指标,但文化的国际影响力同样不可或缺。在文化战略层面,第一,要以弘扬传统文化的精髓为根本,同时加强对其他先进文化成果的吸收,全球化正在改变传统的思维方式,应在文化战略上积极迎接全球化的潮流,发展和塑造21世纪的中国文化。第二,加强对外文化传播,建构国家形象。一个国家的文化被接受的程度,是表示国家兴衰的一个重要因素。② 文化力是综合国力中最具能动性的力量,具体表现在它的凝聚力量、动员力量、鼓舞力量和推动力量。随着知识经济的到来,文化力的能动力量将变得越来越重要。通过文化交流,展示中国文化的魅力,是建构和树立国家形象的重要途径;此外,大众传媒是塑造国家形象的重要载体,必须坚守并开拓大众传媒的阵地,加强对外宣传的力度。第三,加强战略文化的重塑,促进国际认同。战略文化指的是被国家决策者所认同的一套宏观战略观念及据此确立的国家长期战略趋向。③ 中国将重塑其战略文化,并通过各种途径加强交流,使之为国际社会所理解、接受,以巩固并

---

① 亚历山大·温特:《国际政治的社会理论》,上海人民出版社2000年版,第四章;秦亚青:《世界政治的文化理论——文化结构、文化单位与文化力》,《世界经济与政治》2003年第4期。

② 黄朔风:《综合国力新论》,中国社会科学出版社1999年版,第12页。

③ Alastair Iain Johnston," Thinking about Strategic Culture", *International Security*, Vol. 19, No. 4, Spring 1995, pp. 32—64.

提高中国的国际战略地位。

中国大战略的实施原则

孙子曰:兵无常势,水无常形。中国大战略目标是既定的,其具体实施则需要与时俱进。中国将重点关注如下方面:

第一,加强对战略态势的跟踪评估,构建国家大战略目标的评估和调节体系。评估战略态势的指标,包括战略能力、战略意愿、战略目标等几个主要部分,其中战略能力是由国家实力、国家战略观念和国际制度的参与等因素整合而成的,而战略意愿既反映了一个国家的战略谋划水平,也代表着该国所持有的战略姿态。战略态势反映了一个国家大战略的基本表现及其引致的战略效应,是衡量战略谋划精当与否的基本条件,国家应根据战略态势变化调整其战略布局及战略实施。构筑良好的战略态势,要强调在既有国家战略资源的基础之上,加强国家的基本战略能力;要加强国家的战略意愿,体现更加积极、稳健和建设性的战略姿态;鉴于国家战略目标是多元的,应集中于核心目标的实现,同时强调忧患意识、居安思危的必要性。

其次,强调以发展实力为核心。中国崛起的基础是实力崛起,即必须首先增强国家实力,成为更强盛的大国。乔治·莫德尔斯基(George Modelski)指出,世界大国首先是世界经济主导国,即经济规模大、富裕程度高,而且在技术革新条件下主导性产业部门旺盛,积极参与世界经济,是世界经济的增长中心。① 当前,中国是最具有潜力的世界市场,却尚未成为"世界工厂",人均GDP低、国内经济发展严重不平衡等表明,中国要成为世界经济的增长中心尚需时日。由于经济全球化自身的内在逻辑缺陷,中国正生活在一个人类未曾经历过的发展与不稳定并存的时代。在这样的时代,人类发展逻辑的优先点应该是自我实力的增强。国家实力的增强,不仅源于国内市场的发展和培育,还源于全球化条件下战略资源的获得。中国不可能完全依赖国内资源支撑巨大经济规模并实现持续高速增长,满足十多亿人口日益增长的物质文化需求。这就决定中国必须立足国内、面向世界,在更大范围内获取更多的国际资源、国际资本、国际市场和国际技术,实现全球范围内的资源

---

① George Modelski,"The Long Cycle of Global Politics and the Nation-state", *Comparative Studies in Society and History*, 1998, pp.214—235.

优化配置。① 同样重要的是,国家实力的增强,不仅以硬实力的稳步上升为标示,也必须以软实力的增强为基础,中国需将提高软实力特别是民族文化的国际影响力作为增强国力的核心之一。

其三,根据大战略目标调整国家间关系。第一,强调大国关系的关键性,中国崛起首先冲击的必将是现有世界大国的权力和利益分配,而这些大国也会见微知著,对此更为敏感。因此,中国必须与世界主要大国特别是处于霸权地位的美国建立战略关系,促使大国之间的协调、合作关系的常规化、制度化,积极参与既有的大国战略协调机制(包括G-20),确立中国与这些大国的战略利益之间的建设性关联。在大国关系中间,中国应加强纵横捭阖的外交能力,不仅要加强中美战略合作关系、中俄战略伙伴关系、中日和解的实现,也要进一步加强与欧盟(以及法国、德国等欧洲大国)的战略合作关系,同时要在大国之间确立战略平衡态势,以更好地服务于国际战略利益。② 第二,加强与周边国家的合作协调关系为中国地缘战略之首要目标,中国应确立在周边经济合作中的主导定位,以经济合作带动东亚一体化,进一步强调与周边合作之战略利益的长期性、长远性,将周边塑造为中国的经济战略带和战略纵深区域。第三,调整与发展中国家的关系,中国属于发展中国家的一员,与发展中国家的政治合作关系曾经也将继续是中国成为世界大国的重要保证。中国应采取积极措施加强南南合作,促进南北对话。同时,应进一步通过经济合作深化与发展中国家的关系,与发展中国家一道分享中国经济繁荣和改革开放的成果、经验,将共荣、共赢作为与发展中国家关系发展的重要目标。发展中国家仍然有其战略重要性,但是其重要性的内涵发生了变化,如果说历史上中国与发展中国家的关系更多地集中在获得政治支持方面,那么今天则具有更为广泛的意义,且经济合作的价值更加突出。鉴于发展中国家已经分化,不再是一个整体,今后应以具体性代替整体性。第四,对世界上最为贫穷、濒于失败或处于失败境地的国家(failing states or failed states)等提供更多的经济、外交或其他形式的援助,以此担负大国责任,并逐步实现国

---

① 胡鞍钢主编:《全球和挑战中国》,北京大学出版社2002年版,第92—93页。
② 门洪华:《中国大国关系的历史演进(1949—2009)》,《江苏社会科学》2009年第6期。

家战略利益拓展的目标,将利益触角延至全球。①

其四,更好地利用国际制度,使之成为拓展中国国家利益的重要渠道。中国崛起的前提条件之一是,了解、遵守、利用、修改、完善和参与制定相关国际制度。中国崛起与融入、改造、完善国际制度的过程相辅相成。改革开放以来,中国逐步融入国际社会,对国际制度的作用及其局限性有了更为圆熟的认识②,已经近乎是国际制度的全面参与者,主动促成地区性国际制度的建设,在亚洲区域国际制度的建设中承担了主导者的角色。中国应进一步学会更好地利用国际规则,积极参与国际制度的修改、完善、创新,且利用实力资源阻止不利于中国国家战略利益的国际制度生成。首先,必须保持清醒的头脑,意识到全球化不是中国主导的,其规则不是中国制定的。中国必须理解与国际接轨的完整含义,了解在什么程度上与国际接轨最符合国家利益、接轨过程中如何平衡发展与安全、主权的关系等,深化对国际制度的认识。其次,要充分利用国际制度中有利于中国的部分,以国际通行规范开展活动。最后,随着国家实力的提高和更大范围国际利益的需要,中国应根据客观需要,积极主动地倡议或主导国际制度的修改、完善和新国际制度的制定——提高中国的议程创设能力,确保中国国家利益更具有国际合法性。

其五,强调国内战略与国际战略的相互协调。国内战略与国际战略相辅相成,而国际战略以国内战略的目标实现为依归。确保二者的相互协调,首先强调国家独立自主性的重要。经济和技术力量正在深刻地重构国际事务并影响国家行为,然而,即使在高度一体化的全球经济中,国家仍然在运用其自身权力,推行将经济力量纳入到对其自身的国家利益与国民利益有利的轨道中去的政策。国家的经济利益,包括了从国际经济活动的所得中收获一份公平的甚至是略多的份额,也包括保持国家的独立自主性。其次,要强调将办好国内事情作为第一要务,中国的发展本质上是依靠本国力量,依靠自身改革来寻求和开发发展的动力,正确选择政治战略和发展战略,建立实力雄厚的经济,与以增强实力为核心的战略一脉相承。再次,强调国内政治昌明、社会进步对实现国际战略目标的重要性。鉴于改革开放以来的经历和全国性思

---

① 门洪华:《应对国家失败的补救措施——兼论中美安全合作的战略性》,《美国研究》2004年第1期。

② 门洪华:《中国国家战略体系的建构》,《教学与研究》2008年第5期。

想观念进步和制度机能改善,中国走向强大的历程也伴随着走向法治、民主和国际主流。中国的国内政治条件、社会条件在逐步增长和优化。进一步促进国内发展的良好态势是实现国家战略目标的重要保证。最后,避免将国内政治与国际战略割裂开来的传统做法,以国际社会的积极动力特别是国际资源、国际市场、国际资本、国际技术等促进中国的全面协调发展。

本文发表于《战略与管理》2012年第2期。

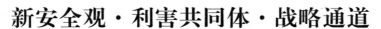

新安全观·利害共同体·战略通道
——关于中国安全利益的一种解读

中国崛起,以国家安全与否为主要标尺。在一定意义上讲,中国能否顺利实现崛起,端视其国家安全能否得到维护,国家战略利益能否得以拓展。中国国际战略的基本布局,应以维护和拓展国家利益为核心,在新安全观的理念指导下,创立和发展国际利害共同体,进一步促进中国融入国际社会,成为国际社会负责任的、建设性的、可预期的积极建设者,同时下决心维护陆地和海洋利益,确保战略通道的畅通并积极扩展战略通道。

国家安全观念的变革

第二次世界大战迄今,世界发生着翻天覆地的变化,时而波澜壮阔,令人振奋;时而风雨如磐,惊心动魄。在世界格局的急遽变化中,安全是任何国家战略目标的首要乃至最高的诉求。无政府状态成为认识国际政治的基本起点,安全困境是每一个国家必须面对的现实①,"强者能其所事,弱者受其所难"仍然是国家在安全问题上的切实感受。自助、结盟、集体安全等成为国家维护自身安全的可求途径。② 但是,与以往不同是,二战结束以来,全球化进程明显加快,国际关系的内涵大大丰富,国际关系日益多极化、制度化和有序化;非国家行为体(如国际组织、跨国公司等)的作用增强,并逐步得到应有的重视;国际关系中的复合相互依赖日益加深,一损俱损、一荣俱荣的观念逐渐深入人心。表现在安全问题上,大规模的国际冲突得到一定程度的抑制,"非此即彼"的零和博弈在减少;出现国际缓和与一定程度的国际合作,双赢博弈越来越普遍。随着冷战的结束,国际合作越来越成为国际关系的主流,国家安全与整个国际社会的和平与安全的关系越来越密切,出现了合作安全、全球安全等新的认识模式。

随着全球化的不断发展,安全问题的跨国性和综合性日益突出,安全的范畴不再局限于传统的军事、政治、经济安全,日益涉及社会、环境、文化等非传统安全领域。③ 全球化不仅导致国家的经济安全利益越来越重要,而且使得科技安全、信息安全、生态安全等成为安全利益的新内容。④ 鉴于此,合作安全成为维护国际安全的有效途径,各国需要通过加强各领域合作扩大共同利益,提高应对威胁和挑战的能力与效率。和平只能建立在相互的、共赢的安全利益之上,共同安全是维护国际安全的最终目标。过去,中国最担心的是自身安全受到威胁;现在,周边国家以及世界主要大国对中国崛起是否会带来威胁充满疑虑。正是这种内外互动,促使中国提出了以互信、互利、平等、协作为核心的新型安全观,通过上海合作组织付诸实践,并将延伸到中国—东盟自由贸易区的构建之中。新安全观是一种"立体安全观",它不仅强调国家

---

① Robert Jervis, "Security Regimes", *International Organization*, Vol. 36, No. 2, Spring 1982; Robert Powell, "Absolute and Relative Gains in International Relations Theory", in David A. Baldwin, ed., *Neorealism and Neoliberalism: The Contemporary Debate*, New York: Columbia University Press, 1993; etc..

② 门洪华:《和平的纬度:联合国集体安全机制研究》,上海人民出版社 2002 年版,第 1—3 页。

③ 传统安全主要是指领土完整,即主权不受侵犯,危及主权安全的主要是外来的军事威胁。非传统安全则主要指保证资源供给和维护生存环境,也可以说维护发展和生存权,危及非传统安全的主要是非军事威胁。参见张蕴岭:《综合安全观及对我国安全的思考》,《当代亚太》2000 年第 1 期。

④ 丁志刚:《全球化背景下国家利益的认证与维护》,《世界经济与政治》1998 年第 8 期。

安全的外部性变革(如扩大到经济安全、金融安全等非军事领域),也扩大到政治昌明、社会安定等国内安全,体现了将国际战略与国内战略综合考虑的高度。新安全观体现的防御性现实主义思想,代表着中国在安全问题与国际认同的深化、合作型战略文化的内化①,成为构建中国新世纪国际战略的基石。

随着中国的崛起,其国家战略利益在拓展,国家安全在深度和广度上也逐渐扩展,如加强经济安全、金融安全、生态安全的维护,强调人类安全的重要意义等。鉴于此,中国国际战略应强调有所作为,积极融入国际社会,拓展国家战略利益。在实践上,中国应主要采取以建立信任措施为主要内容的新型安全模式,强调加强区域安全机制建设的积极性;在军事战略层面,秉持积极防御战略思想,要求打赢现代技术特别是高技术条件下的局部战争;在军队建设上,要由数量密集型、人力密集型向质量效能型、科技密集型转变。中国国家安全最基本的内容就是维护国家主权、领土完整和国家统一,这是国家利益中最为核心的组成部分,也是能否确保国家安全的基本标尺。当然,随着安全综合性的进一步深入,通过国际合作,通过国际战略的实施维护国家安全将成为越来越重要的途径。

实际上,全球化背景之下的安全概念可谓无所不包,而国家维护国家安全的手段也变得多样了,当然其难度无疑也在增加。在一定意义上讲,中国能否顺利实现崛起,端视其国家安全能否得到维护,国家战略利益能否得以拓展。

建立、发展利害共同体

迄今为止,中国崛起已经引起了国际社会的高度关注,而中国采取的积极进取、承担大国责任的战略作为得到国际社会的认可。但是,中国崛起必然冲击国际社会固有的权力格局和利益格局,必将引起国际社会尤其是既得利益较多之大国的不安、不快与应对措施,而它们的某些应对措施可能构成中国崛起的障碍。鉴于此,我们强调,在国际关系中建立和发展多形式、多方位、多层次的利害共同体应视为促进中国顺利崛起的重要途径。

---

① 唐世平:《国际政治理论的时代性》,《中国社会科学》2003年第3期;秦亚青:《国家身份、战略文化和安全利益——关于中国与国际社会关系的三个假设》,《世界经济与政治》2003年第1期。

在全球化浪潮的冲击和推动下,国际分工的深度、广度不断加强,世界贸易自由化、金融国际化和生产一体化速度加快,总体上把各国联成一个相互依赖的整体。它不但促进了世界市场的整体发育,而且使得世界各国对国际资源和国际市场的依赖性大为增加,世界越来越进入一个复合相互依赖的时代。根据马克思主义的观点,经济基础决定上层建筑,国际政治关系乃至整个国际关系都将随着世界生产力和国际经济关系的整体性而发展。在层出不穷的全球性问题上,各国利益密切相关,人口爆炸、国际恐怖主义、核武器以及其他大规模杀伤性武器的扩散、环境恶化、跨国毒品交易等问题,成为国际社会而非单个国家可持续发展的可怕困境,也需要各国努力解决。共同利益和共同威胁呼唤各国之间的合作。就中国而言,中国与世界的联系不断加强,极大地扩展了中国的经济空间,但同时也增加了受外部冲击的脆弱性,金融危机、信息冲击等成为战略性威胁。正如《上海合作组织成员国元首宣言》所阐明的:"在政治、经济和社会全球化进程日益深化的背景下,面对现代恐怖主义、毒品威胁及其他跨国犯罪的挑战,世界上没有一个国家可以独善其身。因此,世界各国应在本地区和全世界范围内就解决上述全球性问题开展最广泛的合作,并做出实际贡献。"①

这种整体意识导致建立国际利害共同体的实践。实际上,国际利害共同体就是将全球化背景下各国一荣共荣、一损俱损的认识付诸实践,予以规则化、制度化的过程。数世纪以来,许多国家都曾致力于建立利益共同体,传统的结盟、新兴的自由贸易区和区域一体化都是建立利益共同体的体现。这些方式有的体现了传统的思路,有的代表着新兴的趋势。国家利益往往在国际关系中表现为国家间的利害关系,国际关系史就往往表现为各自利益交往、争斗、冲突的历史。由于环境保护、艾滋病、有组织跨国犯罪、恐怖主义等全球性灾害——它们已不再是单个国家所能解决的问题——日益突显,建立相应的应对机制亦提上了各国的议事日程。建立利害共同体的国际条件基本成熟。而中国新安全观的提出和全面参与国际战略的实施,为中国参与和主导建立利害共同体提供了国内基础和实践经验。

建立利害共同体应着眼于全球和区域两个层面。在国际层面建立促进全球合作、应对国际危机(包括反恐、生态保护等)的利害共同体,应注意有效利用现有的全球性国际制度,同时加强中国的议程创设能

---

① 《上海合作组织成员国元首宣言》,《人民日报》2003年5月30日第6版。

力。在区域层面建立利害共同体,应进一步体现有所作为的积极姿态,在经济、安全、军事、生态等方面与邻近国家展开积极合作,加强地缘政治经济的塑造能力,着眼于构建区域全面合作的制度框架。在经济上,促动建立中国—东盟自由贸易区,强调"10+3 机制"可以发展成为东亚区域合作的主渠道,逐步形成一种紧密型的环中国经济带①,建立起区域经济、贸易、投资、安全的合作框架;在安全上,扩展上海合作组织的战略范畴和目标,加强与东盟等国家在非传统安全领域的合作;在军事上,积极拓宽与主要大国的合作,积极参与反恐、防止武器扩散、联合军事演习等。概言之,中国应在自己利益攸关的地区——首先在东亚这一战略疆域(strategic territory)——培育和建立共同利益基础之上的平等、合作、互利、互助的地区秩序,强调分享、共荣、双赢,避免零和,在建设性的互动过程中消除长期积累起来的隔阂和积怨,探索并逐步确立国家间关系和国际关系的新准则。

建立并确保战略通道的畅通无阻

建立蛛网式战略通道、确保战略通道的畅通无阻是维护国家安全以及拓展国家利益的重要途径。保障战略通道畅通是我国在新世纪的一项重大战略任务。

在全球化背景之下,世界各国对战略通道更为关注。经济全球化、网络化的发展必然引起物资流量的大幅增加,而物资流量必须依靠战略通道。一些国家在战略通道上的让步,以确保国家领土安全和战略通道畅通为前提。例如,美国提前交还巴拿马运河的主权,就是在确保美国的运河利益不受任何损害的前提下进行的。② 对中国来说,随着经济的进一步发展,中国与国际市场的关系日趋密切,中国国内资源生产远远不能满足要求,各类战略资源尤其是石油等能源的进口逐年增加。2003 年,中国已经成为世界第二大石油进口国,其他战略性生产资源的进口也在迅猛增加。经济的快速发展导致能源资源需求的迅速增长,中国的能源消费在未来的几十年将会急剧上升。可以肯定地说,未来威胁中国经济安全的一个主要因素就是资源短缺,其中最有影响的是对外部石油依赖的增强,在这方面,变化往往是不可测的,同时也是不可控的,如油价的大幅度变动可以对经济和社会造成巨大影响,因

---

① 张蕴岭:《如何认识中国在亚太地区面临的国际环境》,《当代亚太》2003 年第 6 期。
② 王志军:《"后领土时代"与地缘战略的嬗变》,《现代国际关系》2000 年第 5 期。

此我们必须把稳定外部石油供给来源和保障供给线畅通作为国家安全的重要组成部分。目前中国的石油储存都是生产性库存,没有战略储备型库存,实际原油储备仅够消费7天左右。生产性库存根本无法满足中国经济发展的需求,战略通道的重要性因此愈加突出。极言之,中国经济能否顺利发展,中国的战略利益能否拓展,端视战略通道是否畅通无阻。

从原油进口来源看,中东地区是中国石油进口的主要来源地。1995年中东地区比重为45.4%,2000年上升为53.6%;非洲地区由10.8%上升为24.1%。近几年来,中国从中东地区石油进口均占进口总量的50%以上,中国对非洲石油的依赖也在稳步提升。这些石油资源的进口都是通过海上运输,其中80%左右是通过马六甲海峡运输,每天通过马六甲海峡的船只近60%是中国船只。然而,我国对这一海上能源运输线路的军事自卫能力相当有限①,中国的能源生命线越来越依赖守卫世界运输线的美国舰队。如此,中国战略通道的脆弱性可谓潜伏的经济安全危机。美、日、印等国在马六甲一带屯兵布阵的一系列行动,已经引起中国政府的高度关注。鉴于此,保障战略通道畅通是我国在新世纪的一项重大战略任务。中国必须从新的战略全局高度,制定新的石油能源发展战略,采取积极措施确保国家能源安全。台湾海峡、南海、马六甲海峡、印度洋、阿拉伯海仍然是中国的海上生命线。中国应加强保障海上资源运输安全的海军力量;积极发展大型远洋运输船队;加大对中东、非洲等世界重要产油区的战略投资,通过加强与产油国之间的关系稳定能源资源来源;保持与东南亚国家的良好关系以保证海路资源运输的安全,加强海上战略通道的保障能力。

与此同时,我们应下大功夫加紧蛛网式战略通道的建设,有效降低中国在海上石油运输被中断所导致的脆弱性,减少对西太平洋战略通道的依赖。在这个问题上,中外分析家都强调了输油管道的潜在战略利益。② 首先,加强中国南海石油的开发,并着手建设通往缅甸的石油运输管道。南中国海有石油资源235亿吨、天然气资源10亿立方米,是重要的战略资源基地,中国应加强与东南亚相关国家在南中国海石油开发上的合作。其次,加强东北亚能源合作,建设东西伯利亚—中

---

① 张文木:《中国能源安全与政策选择》,《世界经济与政治》2003年第5期。
② 张文木:《美国的石油地缘战略与中国西藏、新疆地区安全》,《战略与管理》1998年第2期。

国—韩国—日本的天然气管道,以及西西伯利亚—中亚—中国—日本的石油管道建设。最后,充分利用上海合作组织,加强和中亚国家以及俄罗斯的能源合作。中国对中亚和俄罗斯能源资源的投资,能够为中国提供避开美国海军控制的航道的石油供应线,降低中国由于中东石油供应阻碍甚至中断所造成的脆弱,而且中国的陆上军事优势将发挥积极作用。①

中亚和俄罗斯远东地区的石油和天然气蕴藏量居世界第三位,建立与之相连结的战略通道具有重大意义。建设从俄罗斯、哈萨克斯坦等中亚国家到中国的输油管道,可以确保中国能源供应来源多元化,从而保障中国的能源安全。中国应积极参与远东能源开发,使得远东到中国东北的石油天然气管道(不仅局限于安大线)成为联结俄罗斯与东北亚的战略纽带。与此同时,中国应促使能源合作纳入上海合作组织的框架,更加积极地促进中亚合作,与哈萨克斯坦等推进中亚战略通道的建立。中国西部大开发和"西气东输工程"启动为这一战略通道的建设提供了基础条件。这条管道将中亚国家,乃至东北亚油气资源稀缺国家的利益与中国联为一起,它将是联结中亚、远东与东北亚的石油大陆桥,可以提高在世界市场和石油贸易中石油供应的稳定性,有效确保中国战略通道的安全,并突出中国在保障战略通道的主导地位。

战略通道事关中国的经济安全和国家核心利益,中国应不遗余力地建设蛛网式战略通道,并大幅度提高确保战略通道畅通的能力。战略通道建设将是一项投资大、风险大、见效慢的事业,应发挥中央政府在战略通道建设中的主体作用,完善以国家银行为主体的政府投资和融资体系,在投资规模和信贷规模上应重点向战略运输通道建设倾斜,集中必要的财力、物力保障重点建设项目。

本文系作者作为核心组专家参与中央党校常务副校长郑必坚主持的中国和平崛起课题的阶段性成果,发表于《教学与研究》2004年第8期。

---

① Eric Strecher Downs, *China's Quest for Energy Security*, Ithaca: RAND, 2000, pp. 31—33.

中国国际战略研究的议程与方法

战略,是人类通过重大抉择的千锤百炼造就的思想、理论与实践的结合,是人类智慧的象征。国际战略是伴随着民族、国家而产生和发展的,是人类智慧在国际领域的集中体现。一般而言,在国家战略体系中,国内发展战略为基础,而国际战略常常被视为一种辅助。随着全球化、地区一体化浪潮,人类行为空间的扩展和相互交往在加深,国家间相互影响、相互制约、相互依赖在深化,人类生存和发展空间也在广度和深度上有所开拓,国际战略不再仅仅是一种辅助,而逐渐成为实现国家战略利益最重要的工具之一,进而成为国家战略体系最重要的组成部分。放眼古今大国,适宜的国际战略均是造就、维系甚至上地位的核心要素。

当前,中国崛起与世界转型并行,赋予中国巨大的国际塑造空间,扩展了中国国际战略发挥作用的时空条件,从而昭示着一个新时代的来临。中国的崛起首先表现为国家实力的显著提升,然而,政治、经济、军事实力的增强并不完全与其国际影响力成正比,也不会自然而然造就其世界大国的地位,国际战略恰恰可以架起国家实力与其世界地位之间的桥梁。尤其是,伴随着融入国际社会步伐的加速,中国的国家战略利益向世界每一个角落延伸,其国际战略地位的上升乃大势所趋。

与国家整体的发展态势相关联,中国国际战略研究开始全面铺展开来,从国家领导人的集中决策到政界、军界、学界、思想界共襄盛奉,从单纯的军事研究到各问题领域的战略性研究,从意识形态挂帅到国家核心、问题导向,随着国际战略决策咨询机制的逐步确立,中国国际战略研究走向平民化、学术化,真可谓"旧时王谢堂前燕,飞入寻常百姓家"。当然,中国重新打破闭关自守的樊笼不过三十年,国际战略选择的主动性、积极性刚刚展现出来,与之相关,中国既有研究成果的理论深度、系统化和精细化程度均有欠缺,应用性、前瞻性战略研究亟须加强。可以说,中国国际战略研究大潮正起,我们有理由期待研究高潮的到来。

国际战略的概念

"战略"概念古已有之。中国古代称之为庙算、谋、猷、谋略、韬略、方略、兵略等。《左传》已经直接使用"战略"一词。西晋司马彪在公元3世纪末所著《战略》一书,是中国历史上第一部以战略为名的著作,惜乎该书已经散佚。现今保存最完整的、以战略为名的著作是明代茅元仪所著的《廿一史战略考》。战略一词出现得晚,并不意味着战略思想出现得晚。中国古代军事家孙子已经提出以战略为轴心的("上兵伐谋")完整的战略理论,他所谓的"庙算"就是战略层次的筹划和决策。

战略意识、战略观念的沿革与征战、角逐的磨砺直接相关,并呈现出东西方并行、交错的发展局面。其间,西方的欧洲和地中海沿岸国家着力发展战争的实用方法,不重视战略理论探索,从恺撒去世到彼得一世掌权,欧洲国家在长达1700年的时间几乎没有出现杰出的战略家,中世纪的欧洲在战略思想发展上堪称沉寂。文艺复兴以来,欧洲走上开发新大陆、征服世界的征程,战略家不断涌现,战略思想的种种火花也由此激发。与之相对照,东方的中国则在战略思想方面早熟,尤其是春秋战国时期的《孙子兵法》等呈现出战略思想的理论化、系统化,《武经七书》中六部为公元前所著,集中了古代战略思想的精华。同时问世的,还有含有深厚战略思想的《管子》《韩非子》等书。但自秦统一至清末,中国在近2000年间未出现具有重大历史影响的战略著作,述而不作的传统窒息了战略思想的开发。概言之,中国的战略思想、战略研究先盛后衰,而在西方却是先衰后盛。①

　　18世纪之前,西方战略概念主要指的是当时空间范围较小的军事斗争。从18世纪到第一次世界大战爆发,战略的概念从战斗范畴扩展到战争全局。随着战争实践的日益复杂,战争、经济、科技、文化、精神等因素对战争的影响日益重要,战略不再限定于军事因素,而成为治国之道的固有因素,战略概念的外延和内涵也随之扩展。第一次世界大战以来,狭隘的战略观念不能适应大规模战争的需要,人们对战略问题进行了更为深入的思考。进入20世纪20年代,战略家对战争的思考在空间和范畴上更加扩大,战略研究开始进入经济、政治等领域,大战略(grand strategy)概念应运而生。利德尔·哈特是最早系统阐述大战略的学者,他将大战略定义为"协调和集中国家的全部资源用于实现由国家政策规定的在战争中的政治目标"。② 大战略的概念提出之后,迅速进入了军事决策的视野之中。随后,大战略概念多有演变,并依据概念外延分为三种意见:第一种观点仍然着重强调大战略在军事领域的重要作用;第二种观点认为大战略即国家运用政治、经济、心理、外交和军事手段实现国家安全目标的艺术;第三种观点强调大战略不仅包括实现国家安全,还有国家发展等目标,大战略在实质意义等同于国家战略(national strategy)或国家战略体系。③

　　二战之后,战略研究的重心从欧洲转到美国,美国创造了国家战略、国家安全战略等概念,进一步将战略概念的层次提升到政治高度。与此同时,战略在具体社会经济领域得到更普遍的应用,战略观念在国家层面和国际层面更具有渗透性,昔日的战略概念也被军事战略所取代,而战略已经从单一概念发展成为一个概念体系。

　　国际战略是中国领导人提出并在中国逐步完善的一个概念,是战略由军事领域向非军事领域扩展的过程中带有浓厚中国色彩的概念,目前在国际上得到共鸣,美国、英国等学者也逐渐使用这一术语。毛泽东将战略从军事领域发展到政治领域,他在战争年代强调"战略问题是研究战争全局的规律的"④,建国之后则强调战略的政治功用,如他

---

① 钮先钟:《西方战略思想史》,广西师范大学出版社2003年版,第8—9页。
② B. H. Liddell Hart, *Strategy: The Indirect Approach*, London: Faber and Faber Ltd., 1967, p.322.
③ 门洪华:《构建中国大战略的框架:国家实力、战略观念与国际制度》,北京大学出版社2005年版,第35—42页。
④ 《毛泽东选集》(第一卷),人民出版社1991年版,第175页。

在1958年指出的:"从战略上看,必须如实地把帝国主义和一切反动派,都看成纸老虎。从这一点上,建立我们的战略思想。"①此后,他常常用"世界战略"来论述中国对世界格局的看法和整体战略部署。鉴于国际环境对中国的巨大影响,党和国家领导人逐渐把"国际"与"战略"结合起来看待中国面临的国际环境问题。1978年中国实行改革开放政策,国际因素在中国总体国家战略设计中的分量加重了,国际战略的重要性也进一步得到重视,并成为中国领导人面对发展道路的重大选择之时经常使用的概念。邓小平在1979年3月30日党的理论工作务虚会上论及毛泽东主席制定的关于划分三个世界的战略称为"国际战略原则"②,此后国际战略一词成为党和国家领导人经常采用的一个术语。尤其是,1979年年底中国国际战略学会成立,国际战略从政治术语走向学术界,国际战略研究开始走向正规化。

党和国家领导人并没有对国际战略做出明确的界定,而学界对国际战略的定义颇为繁杂,对其内涵和外延争议甚多,甚至有人将国际战略等同于宏观意义上的对外政策。③ 唐永胜就此指出,将国际战略理解得过于宽泛,把国际关系的一般性问题也纳入到国际战略研究的议题之中,而不去涉及或回避国际战略最基本的结构体系是国际战略研究深化发展过程中需要改进的倾向,"这种倾向不仅浪费资源,也是研究不够深入的具体体现,甚至不能称为战略研究"。④ 唐永胜的批评是有一定道理的,因为国际战略是对较长一段时间内国际全局的认识和谋划,而外交政策是实施国际战略的行动手段和具体措施,二者有所重合、各有侧重,但并不相互包含。⑤ 唐永胜在以上批评的基础上,引用了军界学者高金钿做出的定义:"国际战略是指主权国家在对外关系领域较长时期、全局性的谋划,也是指主权国家在国际斗争中运用国家实力谋求国家利益的筹划和指导,其主要表现形态是主权国家的对外

---

① 《毛泽东著作选读》(下),人民出版社1986年版,第807页。
② 《邓小平文选》(第二卷),人民出版社1994年版,第160页。
③ 例如梅然:《国际战略研究的对象和若干特点》,《国际战略研究简报》第2期(2007年5月30日)。
④ 唐永胜:《国际战略的内涵》,《国际政治研究》2007年第4期。
⑤ 李景治进一步指出了国际战略和国际政治的不同之处:"从一定意义上国际战略研究往往超越国际政治领域,直接或间接涉及世界经济和各国政治制度、政治体制、政治文化、决策机制和历史传统等领域。"参见李景治等:《国际战略学》,中国人民大学出版社2003年版,第Ⅲ页。

战略。"①这一定义简约而明确,但过于强调了斗争性,带有军事思维的惯性特征。国际关系学界对国际战略的界定是由张季良、陈忠经在20世纪80年代提出的。张季良认为,国际战略指的是"一国对较长一个时期整个国际格局、本国国际地位、国家利益和目标,以及相应的外交和军事政策等总的认识和谋划"②。陈忠经则指出:"所谓战略或战略问题就是在政治、经济、意识形态等领域,研究、掌握和运用现实关系中'较长时期的全局'的规律或指导性的规律。'国际战略'的意义即可依次类推。"③这两个定义简洁,内涵清楚,但外延不甚明确。梁守德认为,国际战略"指的是国家为了国家权益,从国际全局出发,运用外交的谋划和指导。它包括对国际社会所处时代和基本矛盾发展规律的认识、对国际格局演变规律的判断以及对外关系原则和方针政策的制定,其目的是实现本国国家权益,其特点是具有长期性和全局性,是对一个较长时期世界政治、经济、军事、文化等全局性国际活动路线、原则和途径的谋划和规定"。④ 笔者认为,这一定义全面而富含哲学性,可以作为界定国际战略概念的基础。

近年来,学者们在界定国际战略时积极引用大战略的概念。王缉思把国际战略视为"相当于美国人所说的'大战略'",但注意到了中国战略的特殊性(外部威胁与内部威胁经常相互转换、相互呼应)。⑤ 唐永胜则认为"国际战略属于真正意义上的大战略范畴"。⑥ 有的学者则提出了不同的意见,如罗天虹认为,国际战略的内涵远远大于西方主流战略或大战略研究。⑦ 由于这些学者对大战略的概念并没有做出明晰的界定,随意性仍在。鉴于中国特殊的情势,宜将国家安全(含国家统一)纳入大战略的概念范畴,将大战略放在第一层次,强调国际战略与国内战略的相辅相成、国家战略体系的建构与完善;将国际战略放在第二层次,专注于国际层面,重心在于国家战略利益中国际利益的维护和拓展。

---

① 高金钿主编:《国际战略学概论》,国防大学出版社2001年版,第8页。
② 张季良:《国际关系学概论》,世界知识出版社1989年版,第73页。
③ 陈忠经:《国际战略问题》,时事出版社1987年版,第2页。
④ 梁守德、洪银娴:《国际政治学概论》,中央编译出版社1994年版,第57页。
⑤ 王缉思:《关于构筑中国国际战略的几点看法》,《国际政治研究》2007年第4期。
⑥ 唐永胜等:《国际战略的内涵》,第25—27页。
⑦ 罗天虹:《论西方战略与安全研究的转变》,《世界经济与政治》2005年第10期。

国际战略的研究议程

根据以上定义,国际战略研究的对象是主权国家,其研究内容则是从战争到平时,从军事领域到所有重要领域。一般认为国际战略主要涵盖外交、安全与军事、经济、文化等四大方面,有些学者则强调国际战略的主体是国家安全战略、外交战略和对外经济战略,将对外文化战略排除在外。笔者认为,有必要进一步强调对外文化战略的价值,且不说战略文化的重要性,在中国进一步强调文化软实力的重要作用、国家战略利益在全球拓展之时,从战略角度思考文化对国家利益的意义也是极其必要的。

另一方面,全球化模糊了传统的国内事务、国际事务的区分,塑造着各国的认知(perceptions)乃至政策①,国际战略研究也离不开对国内战略的认识和把握。目前,中国国际战略研究界普遍缺乏对基本国情的深刻认识。实际上,离开国内基础的分析和把握,战略研究就是无本之木、无源之水,而这种把握又不是 GDP 的简单罗列能说清楚问题的。可以说,战略研究议程的扩展和战略手段的进一步多元化(如开放、合作、共同利益追求等均成为中国当前的重要战略途径),使得国际战略的内容更加丰富了,且有了与国内战略进一步加强配合的必要。从战略内容看,对内,国家战略体系的确立与完善、国际战略决策咨询机制的建立愈加重要;对外,国际安全战略、国际经济战略、国际政治战略(结盟与不结盟、国际合作与冲突等)、国际文化战略等愈加相辅相成。

一般而言,国家利益认识、国家实力评估、国际环境判断、国家目标确立、国际战略决策与实施构成国际战略研究的基本逻辑链条。谋求国家利益无疑是国家制定国际战略的出发点。国家利益不仅包括常规所认定的政治利益、安全利益、经济利益②,还应包括文化利益、国际利益等,国家利益不仅是维护,更重要的是拓展。③ 国家实力无疑是国家制定和实施国际战略的内在基础。国际战略的谋划与实施,是与客观评估和运用国家实力分不开的。在关注一般意义上的硬实力之外,软实力研究最近更成为国家实力评估的重要因素。此外,我们还应从国

---

① Jean-Marie Guehenno, "The Impact of Globalization on Strategy", *Survival*, Vol. 40, No. 4, Winter 1998—1999, pp. 5—19.

② 唐永胜、彭云:《中国的国际战略研究》,载王逸舟主编:《中国国际关系研究(1995—2005)》,北京大学出版社 2006 年版,第 259 页。

③ 门洪华:《中国国家战略利益的拓展》,《战略与管理》2003 年第 2 期。

家实力中确定那些重要的战略性资源(国家战略资源),并予以特别的关注。国际环境无疑是国家制定和实施国际战略的外在条件,对国际社会所处时代和基本矛盾发展规律的认识、对国际发展趋势的判定、对主要大国战略走向的判断、对大国实力比较的认定等是决定一个国家国际战略基本取向的核心要素。一个国家的战略目标无疑是制定和实施国际战略的归宿。一个国家的目标是多元的,但其核心战略目标则是长期的、一贯的,如中国的"实行中华民族的伟大复兴"目标,美国的"确保世界领袖地位"目标等。国家的战略目标还与国家的定位有关,例如中国对自己的定位经历了一个从泱泱上邦、输出革命到地区性大国的变化,从"中国之世界"到"世界之中国"的变化。国际战略目标服务于国家总体目标,其基本职能是塑造国际环境、拓展国际利益、构筑国际形象、加深国际理解等。国际战略决策不仅取决于对国家实力的清醒认识,还取决于该国的战略观念及其战略决策能力等,后者决定了一个国家能否准确地全面认识自己所面临的环境,确定自己的国家利益,提出和实现自己的战略目标,形成有效的战略决策,并选取适宜的战略路径和手段。而在国际战略的实施上,国家的政治意愿至为关键。

从国际战略研究议程的角度看,国际战略研究包含战略评估、战略预测、战略决策等主要内容。战略评估指的是对国家实力及其国际环境进行客观评估,以准确把握国情及其国际地位。在战略评估过程中,要把握客观性、可比性和系统性原则。具体地说,战略评估必须客观、可靠、全面;评估应体现概貌,而避免局限和片面;评估需要引入比较,包括纵向的历史比较和横向的国际比较,以确立立体型的评估框架。预测即对未来事物的发展做出科学估计,将未来事物的可能性空间缩小到一定程度,以利于人类的活动。战略预测是战略研究的一个支持系统,也可视之为战略决策的基础和前提,其基本功能是准确把握对战略决策具有重要作用的未来不确定因素,提供有关信息和数据,拟定规划,制定政策,以形成可行的方案,为战略决策和战略规划服务。战略决策即在战略评估和战略预测的基础上,选择最优战略方案。战略预测侧重于对客观事物的科学分析,提供的是多种可能性方案;而战略决策侧重于对有利时机的选择,是按照某种价值原则进行的主观性判断的最佳方案选择活动。

国际战略的研究方法

鉴于国际战略研究的全局性、复杂性、前瞻性等特征,其研究方法也必然是多样化的。

历史分析是国际战略研究最为悠久的方法。历史贯通过去、现在与未来,而战略家的最高理想就是控制历史潮流、改变历史趋势。就战略思想的传统而言,战略与历史几乎不可分割,所有古典和近代的战略家无一不是历史学家。正如富勒将军指出的,"除非历史能够教导我们如何看待过去,否则战史只不过是一种流血的浪漫故事"。① 几乎可以确定,战略研究必须从历史研究入门,换言之,一切战略思想的形成都必须以前人的经验为基础。② 历史研究给我们提供了一个与昔日战略家、决策者进行跨越时空对话的图景。③ 历史不会为我们的战略预言提供答案,但是能够磨砺我们的战略观念,深化判断并促进对当代问题的思考。历史研究不仅丰富了事实,而且使我们得以创造或检证通则。它还扩展视野,改进观点,而且发展一种"历史感"(historical sense),即对历史事件的态度。我们逐渐理解看似明显独立历史事件之间的联系。我们认为目前情景乃根植过去,而且历史是过往的政治,政治则是当下的历史。与此同时,应坚持史论结合的研究思路,本着科学、客观的研究态度,以历史事实为准绳、以理论剖析为诉求,真正达到理论与实践的结合。

国际比较是国际战略研究最常用的方法之一。在现代条件下,一国的经济发展、社会进步、制定国际战略以及参与国际事务、开展对外交往等,无不需要通过国际比较来提供准确、可靠的信息,为科学而可行的决策提供参考。国际比较是比较分析中历史最为悠久的领域,而战略的对抗性特征决定了国际战略研究必须着重进行横向思维和横向比较,换言之,国家对比不仅与自己比较,更要与其他国家比较。国际战略研究最重要的国际比较是国家实力比较,它探究各种相关因素的最大差异程度,以得出总体性推论。④ 国家实力对比是国际上各种矛盾变化的动力,实力对比永远不会固定在一个点上,而国际战略追求的目标之一就是本国处于优势基点,这是我们进行国际战略研究的立足

---

① Hew Strachan, *European Armies and the Conduct of War*, London: George Allen & Win, 1983, p.1.
② 钮先钟:《孙子三论》,广西师范大学出版社 2003 年版,"导言"第 17 页。
③ John Baylis, et al., *Contemporary Strategy: Theories and Concepts* (Vol.1), London: Groom Helm, 1987, p.55.
④ David Marsh and Gerry Stoker:《政治学方法论》,韦伯文化事业出版社(台北)1998 年版,第 243 页。

点之一。

个案分析(case study)是最具操作性的战略研究方法。个案分析是社会科学研究中非常实用的研究方法,它主要是采用某一理论对某一问题上的特定个案做出解释,其重点在于从理论出发更深入地理解具体的现实。① 我们对客观世界所知不多、解释能力有限,而且好的描述部分取决于良好的解释,描述工作显得尤其重要,而个案分析对描述的成败至关重要;因此,对社会科学而言,个案分析具有根本性价值。② 就某个需要解释的问题进行个案分析,可能导致一个更为集中和相关性的描述,对理论验证颇有辅助作用。由于国际战略中的个案浩若烟海,个案的选取就非常关键。其中最重要的原则是将个案与观察(observation)区分开来,找到适当而具有典型意义的案例。人类历史就是由重大事件串联而成的,个案分析不失为最佳实证研究途径,而个案分析"无可避免地或甚至都是采取比较的途径"。③

定量分析是最具客观性的研究战略方法。所谓定量分析即从事物量的关系出发,对有关该事物的大量信息进行数量分析,从中找出这些数量之间相互作用的规律与结果,然后对事物的未来发展趋势和状况做出预测和判断,在此基础上做出战略决策。④ 孙子的"校之以计而索其情"的战略剖析方法堪称量化分析战略之始。钮先钟认为:"'计'就是量度(measurement),即数量化分析,'索其情'就是判断,即用非数学方式来处理不能量化的因素。"⑤ 鉴于国家战略资源是国际战略的物质基础,国家实力比较是国际战略主要的研究内容,量化分析被视为常用的国际战略研究方法也就理所当然。

调研(field study)是我们应着力加强的战略研究方法。没有调查就没有发言权,不了解中国就没有对其国际战略的发言权。司马迁能够撰写出名留青史的《史记》,实地调研起着重要的作用。司马迁曾这样描述自己调研的足迹:"二十而南游江、淮,上会稽,探禹穴,窥九疑,浮于沅、湘;北涉汶、泗,讲业齐、鲁之都,观孔子之遗风,乡射邹、峄;厄

---

① Stephen Van Evera, *Guide to Methodology for Students of Political Science*, Cambridge: MIT Press, 1996, pp.35—38.
② Gary King, Robert O. Keohane, and Sidney Verba, *Designing Social Inquiry: Scientific Inference in Qualitative Research*, pp.43—46.
③ David Marsh and Gerry Stoker:《政治学方法论》,第204页。
④ 于汝波:《大思维:解读中国古典战略》,军事科学出版社2001年版,第273页。
⑤ 钮先钟:《战略研究》,第55页。

困鄱、薛、彭城,过梁、楚以归。……奉使西征巴、蜀以南,南略邛、笮、昆明。"①国际战略研究亦同此理,亟须加强调研(如采取当事人访谈等研究方法),以求部分还原现场,从活生生的实践中进行理论总结和思想升华。

综合研究的方法是国际战略研究常用的方法之一。国际战略的总体特性决定了,国际战略研究必须是跨学科、跨专业的综合研究,吸收借鉴政治学、社会学、管理学、决策学等多种学科方法。国际战略研究不应拘泥于具体的方法论,而应强调研究方法的百家争鸣。

如何加强中国国际战略研究

建立并完善国家决策咨询机制、促进国际战略学科建设、学者战略分析能力的锤炼是中国国际战略研究至关重要的三个主要方面,也是中国国际战略研究中的三个软肋,亟待加强。

第一,促进国家决策咨询机制的建立和完善。国际战略决策机制的完善,需要国家战略决策的制度安排,还需要辅助性的咨询体系。二战结束以来,许多国家(尤其是发达国家)纷纷建立并完善国家的战略决策咨询机制。对于重大问题的战略性决策,都首先经过思想库等智囊机构的科学论证,并已形成制度。美国国家安全委员会、英国国防与海外政策委员会、法国国防委员会、西德联邦安全委员会、意大利最高国防委员会等都是为了强化制定国际战略,及时处理突发事件和国防建设上的重大问题,全面协调军事、经济、政治和外交的关系和制定有关方针、政策的职能而建立的。目前,中国尚没有建立相应的战略决策机制,咨询辅助尚乏制度化。我们认为,在国家亟须确立总体战略框架之际,建立中共中央政治局领导下负责的国家安全委员会、逐步建立战略咨询机制是一项急迫的任务。同时,还要加强决策圈、决策咨询圈、学术圈的信息沟通和人员流动,加强决策层与学术界的人才交流,并为此创造基础条件。②

第二,加大投入,促进国际战略学科建设。国际战略基本理论体系尚缺乏,目前将之放在国际关系的一般研究领域尚可,但加强与其他学科的知识嫁接、形成国际战略的自身理论体系、促进国际战略学科建设

---

① 《史记·太史公自序》。
② 杨明杰:《国际战略研究中的政策导向》,《国际政治研究》2007年第4期。

却是十分紧迫的。1979年年底,中国国际战略学会成立,标志着国际战略从政治术语走向学术界。进入20世纪80年代,国际战略研究逐步进入到高校研究的视野之中,并走进了大学课堂。例如,自1984年开始,吉林大学的王家福就开始为硕士研究生开设国际战略学课程,随后中国人民解放军国防大学、中国人民大学、国际关系学院等高校逐步为政治学、国际政治学专业的本科生、研究生开设该课程。基础性的教材也逐步发展起来,1986年王家福就出版了《国际战略学》(黑龙江人民出版社)的教材。普通高等教育"十五"国家级规划教材系列开始把国际战略学纳入其范围,2005年由王家福、徐萍撰写的《国际战略学》(高等教育出版社)公开发行,作为相关专业的教学用书。可以说,国际战略学早已进入学科建设进程中。当前,国内各高校、各思想库纷纷建立国际战略研究中心,整合其战略研究资源。经过数十年的筚路蓝缕,国际战略学终于迎来了学科建设的佳期,加大投入、形成合力是我们对国际战略研究高潮的准备,也是我们衷心的期盼。

第三,提高战略素养,锤炼战略能力。战略研究强调学者的重要性,他们的深谋远虑是国家保持长治久安的基础条件之一。鉴于战略研究的全局性、宏观性、前瞻性等特征,战略学者必须具有专业性的战略素养,这包括全局观念、前瞻眼光、历史根基、宏观理念、宽广视野、理性意识、逻辑思考、整合能力等。具体地说,国际战略研究首先强调其全局性和总体性,需要综合性思考;国际战略主要研究和谋划未来,需要研究者具有前瞻性的眼光,制定应对未来之策,最起码要做到"明者远见于未萌,而智者避危于无形"①;与此同时,从事远程思考的战略学者必须具有充分的历史知识,只有做到识事理之常、通古今之变,才能把握历史的未来脉搏;国际战略研究着重于宏观,兼顾国家的政治、经济、军事、文化等各个层面,只有心胸开阔,眼界宏大,始能识大体、顾大局、成大事;国际战略研究要有综合性观念,强调从多角度、多侧面看待问题,视野开阔;国际战略事关选择,战略学者必须首先是理性主义者,以理性假定为基础,"杂于利害",同时在选择之时又要关注理性因素和非理性因素的交相为用;国际战略研究要尊重逻辑规律,强调逻辑推理而避免主观臆测;世界日趋复杂化,政治、经济、军事、文化不再是独立的,而是相互渗透、相互影响,战略学者需要考察这些因素之间的复

---

① 《汉书·司马相如传》。

杂关系,并在追求国际战略目标之时将这些因素整合起来形成战略优势。概言之,国际战略学者应是饱学的史学家、远见的哲学家、深刻的思想家、敏锐的战略家,具有丰富的学识、弹性的心灵、高度的智慧、进取的精神。当前,参与战略研究的学者主要来自国际关系研究领域,许多人惯于坐而论道,从未起而践行,对其他学科的进步不了解或视而不见,对借鉴其他学科成果不甚热心,热衷以评点他人文字取代深入研究。遏制中国战略研究领域这些不良苗头,关键在于提高战略学者的学术素养。

随着国际战略议程的扩展,国际战略的议题数量也在迅速增长。抓住最为关键的重要议题,是国际战略研究能否实现理论与实践相结合、有所进步的一个决定性因素。我们认为,对正在通过和平发展道路迅速崛起的中国而言,如下几个议题亟须我们切实关注和深入研究:

第一,加强对全球发展趋势的研究。中国已经融入世界,正在成为世界的主要领袖国之一,如何理解和认识国际发展趋势,尤其是挖掘并把握其演变规律,事关中国国际战略定位及其中长期安排。

第二,加强国家实力研究。如果不了解国家实力以及相关的各种问题,也就根本无法研究如何使用国家实力,更不用说制定和实施适宜的国际战略了。作为国家实力的组成,国家战略资源、软实力研究至为关键。

第三,加强对世界主要大国兴衰规律的研究。我们不仅要关注世界主要大国战略的横向比较研究,还要加强对每一个大国战略的纵向比较研究,尤其是总结中国国际战略的历史经验教训,所谓"以古为镜,可以知兴替"。其中,战略思想史研究亦应纳入视野之中。鉴于中国处于崛起进程之中,应加强对主要大国崛起战略的横向比较研究和对中国历史上崛起进程的纵向比较研究,通过比较分析和个案分析探究大国兴衰规律。

第四,加强对战略文化的研究。战略首先是一种思想,背后是文化的巨大影响。作为战略的底蕴和根基,文化对战略的影响似乎无所不在。思想文化与战略的结合,构成战略文化的精髓。从某种意义上讲,战略文化是一种限制行动选择的观念力量,决策者亦可从这些限制中找寻和确定具体的战略选择。换言之,战略文化是制定现实战略的潜在意识和历史文化情结,因为战略家只能在特定的历史文化环境中进行认识和实践创造活动。战略文化构成一国战略决策的基础条件,也是诠释其国际战略的重要路径。

第五,加强对中国当前重大现实战略问题——如对外开放战略、能源战略、生态战略、科技战略等——的研究,不仅有利于将国际战略研究落到实处,实现国际战略理论与实践的有机结合,并将促进中国国际战略的实证研究。

本文发表于《教学与研究》2009年第2期。

第三部分

美国霸权战略剖析[*]

---

[*] 这一部分的文章,限于发表时间,部分观点是按照当时的美国政府状况而发表的,并不能持续代表现在的状况。更多内容请关注作者近来的新作品。

权力转移、问题转移与范式转移
——关于霸权解释模式的探索

进入现代社会,人类发展的基本特征就是全球化进程的进一步加深。伴随着这一进程,资本要素、知识要素、技术要素、人力要素等在市场法则的驱动下出现了全球性的流动和组合,以至于国别政治经济和区域政治经济越来越多地纳入到全球政治经济体系之中,从而促进了互补性、关联性和依赖性的增强。当今世界关乎繁荣与增长的诸领域在加速走向一体化[1],其集中表现是全球经济一体化与区域经济集团化相辅相成、并行不悖,汇成将各国纳入世界经贸体系的洪流。在关乎生存与安全的传统的关键性领域出现了巨大的变革,国际政治(international politics)开始让位于世界政治(world politics)[2],国际关系的内涵大大丰富,复合相互依赖(complex interdependence)日益加深,在一定程度上促成了世界各国共存共荣的全球意识,从而

---

[1] Stanley Hoffmann,"World Governance", *Daedalus*, Winter 2003, pp. 27—35.
[2] Robert Keohane and Joseph Nye, Jr., *Power and Interdependence* (3rd edition), New York: Addison-Wesley, Longman, 2001, pp. 37—38.

导致世界进入转型。

与全球化进程相伴始终的,就是世界进程的加速发展,这一特征在进入20世纪尤其是第二次世界大战结束以来表现得尤为明显,其中最为突出的体现就是,组成世界政治经济基础的权力形式——如经济权力、军事权力和技术权力等——均处于扩散之中,从而成为挑战各国尤其是主导国利益的主要因素,各种新的问题——从环境恶化、疾病和人口增长到武器扩散、民族主义和传统民族国家遭受侵蚀、地区稳定等——层出不穷。①

我们依旧并将继续生活在一个存在巨大差距的世界上,这种巨大差距的存在使得惊奇时时伴随我们左右。② 世界展示给我们的惊奇之一就是美国霸权的"迷思"(myth)。无论从20世纪所有重大历史关头着眼,还是从21世纪初的世界格局来看,美国的强大似乎是笃定的事实。正如约瑟夫·奈(Joseph S. Nye, Jr.)指出的,纵观历史,自罗马衰落以来,还没有任何一个国家如此强大,足以凌驾于其他国家之上。③ 尤其是,2001年的"9·11事件"宛若划破夏夜星空的一道闪电,向人们展示了一个变化了的世界、美国的战略反应以及这个世界发生的变化。可以说,美国霸权也由此步入转型之中。然而,既有的霸权理论范式均难以就此提供具有说服力的解释,霸权稳定论、长周期理论、权力转移理论、霸权转移理论等解释霸权的传统范式甚至陷入了失语状态。鉴于此,对美国霸权这一世界惊奇进行探索有了迫切的现实需要和重大的理论价值。

以下,笔者将从权力转移、问题转移和范式转移的角度探究世界存在巨大差距的原因,推断世界转型的意义,并以此为基础剖析霸权解释模式。

权力转移

权力是分析国家战略和国际关系的基点,而权力转移(power shift)

---

① Richard Haass, "Paradigm Lost", *Foreign Affairs*, Vol. 74, No. 1, Jan./Feb., 1995, pp. 43—58.

② Lea Brilmayer, *American Hegemony: Political Morality in a One-Superpower World*, New Haven: Yale University Press, 1994, p. 11; John Lewis Gaddis, "International Relations Theory and the End of the Cold War", *International Security*, Vol. 17, No. 3, Winter 1992/1993, pp. 5—58.

③ Joseph S. Nye, "U. S. Power and Strategy after Iraq", *Foreign Affairs*, Vol. 82, No. 4, July/August 2003, pp. 60—73.

则是评估世界转型的起点。经济、政治、军事、技术、文化、观念等均是权力的核心要素,以上任何权力要素的重要性均是不可低估的,然而,随着人类社会的进步和发展,某些权力要素的价值更加凸显出来,尤其是技术要素和约瑟夫·奈首先提出的软权力(soft power)要素。

对技术重要性的强调,自古有之。在整个人类历史中,技术变革都深深影响了人们的日常生活。① 现代历史上英美霸权的确立均与掌握技术的先机直接相关,而中国已故领导人邓小平谆谆教导中国人民牢记"科学技术是第一生产力"。从20世纪中叶开始,微电子、计算机技术、航天技术、生物技术、新材料技术等促成了新一轮的技术革命热潮,成为权力转移新时代到来的界标。高新技术的迅速扩散促成了知识经济时代的来临。托夫勒指出,权力由暴力、财富和知识组成,前两者是过去时代的权力基础,而现在,知识经济作为一种爆炸性的新力量,"削弱了旧权力系统的每一个支柱,最终改变着家庭生活、商业、政治、民族国家以及全球权力本身的结构"。② 信息革命浪潮兴起和知识经济出现之后,财富的产生更多地源于知识的进步,而不是完全依赖劳动、资源和资本数量的增多及规模的扩大,更不是依靠赤裸裸的掠夺。在这样的情势下,技术成为一种核心权力,"对创新性的价值生产模式和新知识的领先拥有已经变得甚至比钢铁、煤炭和水泥等传统的经济权力基础更为关键"。③

表3-1 人类经济史上的主导技术

领域	原始经济时代	农业经济时代	工业经济时代	知识经济时代
历史时间	人类诞生至公元前4000年	公元前4000年至公元1763年	公元1763年至1970年	公元1970年至2100年
知识经济技术	结绳等	印刷和出版	职业科研和发明	计算机和网络
材料技术	天然和陶瓷材料	天然和金属材料	钢铁和复合材料	高性能和可循环材料

---

① 斯塔夫里阿诺斯:《全球通史:从史前史到21世纪》,北京大学出版社2005年版,第771页。
② 阿尔温·托夫勒:《权力的转移》,中央党校出版社1991年版,第16页。
③ 时殷弘:《国际权势格局的当今变动与相关的理论、历史与现实思考》,《史学月刊》2002年第5期;Frederic Pearson and Martin Rochester, *International Politics* (4th edition), New York: McGrew-Hill, 1998, pp.4—97。

续表

领域	原始经济时代	农业经济时代	工业经济时代	知识经济时代
能源技术	取火（热能）	生物能和机械能	矿物能和电能	核能、氢能和生物能
通信技术	号角	人工传递和邮递	电讯和电视	数字化信息技术
核心技术	食物采集技术	农业生产技术	工业大生产技术	知识信息生产应用
主导产业	自然食物获取	农牧业	工业	知识产业

资料来源：中国现代化战略研究课题组、中国科学院中国现代化研究中心编：《中国现代化报告2005：经济现代化研究》，北京大学出版社2005年版，第59页。

约瑟夫·奈于20世纪80年代末提出的软权力理论风靡全球。奈指出，软权力因素包括文化形态、意识形态和国际机制。软权力是一种间接能力或罗织能力，有赖于一个国家通过观念的吸引力或确定政治议程来塑造他者倾向的能力，即让他人做你想让他们做的事情。奈认为，硬权力和软权力相互作用、相互增强，制定议程和吸引其他国家与通过威胁使用军事、经济手段迫使他们改变立场同等重要。① 软权力思想反映了国际政治的新现实，即权力的性质或来源发生巨大变化。非物质性权力在国际关系中的作用日益凸现。所以，在一定意义上，奈的软权力理论是对传统权力思想的补充和发展。在另一方面，软权力思想也是对传统权力思想的回归，既重视具体的、物质的权力因素，也重视抽象的、非物质性的权力因素。软权力理论是对美国立国至今对外战略的总结和归纳，在一定程度上说明了美国战略思想之深远。尤其是，由软权力理论延伸出来的对国际制度作用的强调代表着美国霸权的核心特征，也代表着美国霸权谋划的深度。

从国家层面看，美国是权力转移新时代的第一大获益者。首先，美国是19世纪末第二次工业革命的发起者和受惠最大者，它在这场新兴革命中依旧充当着领头羊的角色，并成为信息革命的最大受惠国。美

---

① Joseph S. Nye, Jr., *Bound to Lead*: *The Changing Nature of American Power*, pp. 29—35, p. 188, p. 297; Joseph S. Nye, Jr., *The Paradox of American Power*: *Why the World's Only Superpower Can't Go It Alone*, New York: Oxford University Press, 2002, pp. 5—12; Joseph S. Nye, Jr., *Soft Power*: *The Means to Success in World Politics* (Advance Reading Copy), New York: Public Affairs, 2004, pp. 1—33.

国在信息技术领域遥遥领先于世界各国,它以强大的经济和人才优势控制着信息领域的核心技术,掌握着制定有关技术之国际标准和规范的实际权力,并按照自己的战略利益设定技术壁垒。20世纪90年代的数据表明,美国在研发方面的支出几乎与紧随其后的七个最富裕国家的总额一样多,美国在研发技术优势(机器人、激光、卫星、精确打击武器等)的进步如此之快,以至于没有其他任何国家或联盟能够挑战美国作为全球领导者、保护者和执法者的地位。

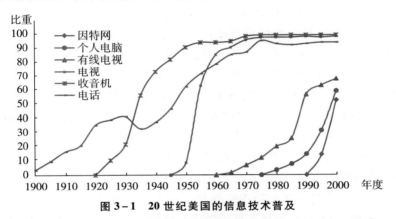

图3-1　20世纪美国的信息技术普及

资料来源:Pippa Norris, *Digital Divide: Civic Engagement, Information Poverty, and the Internet Worldwide*, New York: Cambridge University Press, 2001。

其次,从经济的角度看,20世纪90年代中期以来,在信息技术革命和经济结构调整的推动下,美国创造了新经济奇迹,其国内生产总值连续10年保持高速增长,1991—2001年GDP增长率为3.4%,分别是日本的3倍和欧盟的1.7倍,美国就业增加、出口扩大、消费活跃、股市兴旺、失业率下降、通货膨胀率降低。美国新经济的内涵是以技术—经济范式转型为标志的经济革命,既包括经济制度的创新,也包括产业结构的更新和经济增长方式的转变。其产业结构的主要特点是以信息产业为代表的高新技术产业成为新经济的主导产业,以高新技术装备起来的制造业和服务业成为新经济的主体产业,二者相互依存、相互作用、相互融合和相互渗透是新经济时代产业结构的典型特征。① 经济繁荣彻底终结了关于美国霸权衰落问题的辩论。再次,美国的军事优势更加稳固。技术创新广泛应用于美国军事领域,促进了美国军队装

---

① 宋玉华等:《美国新经济研究》,人民出版社2002年版,第135页。

备的电子化、智能化、数字化和一体化整合,提高了美国军队的信息获得与处理、全方位机动、远程精确打击、全面防护、综合保障与一体化指挥控制等能力,使得美国军队远远超越其他国家的军事能力。目前,美国国防军事开支近乎占世界总支出的一半,在军事实力方面,任何国家联盟都不可能造就一个传统型的军事制衡。① 最后,美国所强调的民主、自由、人权等政治文化因素得到更多肯定,其大众文化更是在全球渗透。美国既有的政治体制也确保了各种权力资源之间的转化(conversion),尤其是经济权力转化为军事力量。②

综上所述,目前的权力转移有利于美国,美国在军事、经济、技术、文化等四个具有决定性作用的方面独占鳌头,是有史以来唯一集军事霸权、金融霸权、技术霸权、经济霸权、文化霸权、人才吸纳中心等于一身的综合性霸权。③ 权力转移对美国的最高价值就在于,经过冷战后十数年的努力,美国确保了其"单极时刻"(uni-polar moment),其孜孜以求的"单极时代"目标似乎也在达成。另外,"9·11 事件"之后,美国行使霸权的意愿大为增加,也属于权力转移的重大表现。

其他西方工业化国家——包括英国、德国、法国、日本、加拿大等——是权力转移另外的重要受益者。它们拥有雄厚的技术实力、经济基础和发展经验,并具有见微知著的战略眼界,可以及时把握世界经济和技术发展的潮流,并紧跟美国之后。新型工业化国家(NIEs)大多是这场信息技术革命的积极跟进者,俄罗斯(因苏联解体而)先衰后兴几乎成为权力转移的一种见证,而中国、印度等崛起大国的风采更是举世瞩目,甚至西方有的学者预测中国、印度、俄罗斯、巴西将共同崛起,呼吁世界与"金砖四国"(BRICs)齐飞。

---

① Joseph S. Nye, "U. S. Power and Strategy after Iraq", pp. 60—73.
② Niall Ferguson, "Power", *Foreign Policy*, January/ February, 2003, pp. 19—24.
③ 布热津斯基:《大棋局:美国的首要地位及其地缘战略》,上海人民出版 1998 年版,第 32—33 页;G. John Ikenberry, "American Power and the Empire of Capitalist Democracy", *Review of International Studies*, Vol. 27, 2001, pp. 191—212; Stephen G. Brooks and William C. Wohlforth, "The New Rome: America's Primacy in Perspective", *Foreign Affairs*, Vol. 82, No. 4, July/August 2002, pp. 20—34; William Wohlforth, "The Stability of a Unipolar World", *International Security*, Vol. 24, No. 1, Summer 1999, pp. 5—41; Mortimer B. Zuckerman, "A Second American Century", *Foreign Affairs*, Vol. 77, No. 3, May/June 1998, pp. 18—31.

表 3-2　经济全球化浪潮的先进者和追赶者

浪潮	大致时间	先锋	跟进者	重要追赶者[1]
第一次浪潮	1763—1870	英国	法国、比利时、德国、美国、荷兰等	法国、德国、美国等
第二次浪潮	1870—1945	德国、美国	英国、法国、比利时、荷兰、加拿大、日本、俄罗斯、瑞典、挪威、丹麦、澳大利亚、新西兰等	德国、美国
第三次浪潮	1945—1970	美国、苏联	欧洲国家、加拿大、澳大利亚、新西兰、日本等	日本、亚洲四小龙、阿根廷等
第四次浪潮	1971—2020	美国、加拿大	欧洲国家、澳大利亚、新西兰、日本、新加坡等	中国、印度、巴西等

[1] 本部分内容是作者根据自己的理解整理的。

资料来源：中国现代化战略研究课题组、中国科学院中国现代化研究中心编：《中国现代化报告 2005：经济现代化研究》，北京大学出版社 2005 年版，第 77—79 页。

其中，中国崛起尤其引人注目。对中国而言，20 世纪是中国一个真正的大时代：20 世纪前半叶，中国尚处于不稳定的国际体系的底层，所求者首先是恢复 19 世纪失去的独立与主权；20 世纪下半叶，中国迎来历史性的崛起，国富民强、中华民族的伟大复兴成为现实的期望；尤其是 20 世纪的最后 20 年，中国主动开启了融入国际体系的进程，并逐步成为国际体系一个负责任的、建设性的、可预期的塑造者，在国际社会中积极作为、建设性作为的意愿逐步展现。1978 年至今，中国综合国力上升居诸大国之最，中国经济保持了年均增长 9.3% 的高水平，按购买力平价（PPP）计算，目前中国已是仅次于美国的世界第二大经济体，对外贸易位居世界第三位，中国被视为世界经济发动机之一，继美、日、欧之后的第四大世界经济支柱。大国崛起首先冲击的是国际社会固有的利益格局，进而最终影响其权力格局，导致国际体系的变迁。从过去 25 年甚至 50 年来看，中国在经历一个不断向东亚乃至全球加大其影响力的过程，而且这个进程正在加速。由于中国崛起与新一轮全球化浪潮、国际秩序的转型几乎同步，中国的发展前景在一定程度上成为影响全球未来的决定性因素之一。①

从国家的角度看,权力转移不仅有受益者,亦必然有受害者,某些国家的处境甚至愈加恶化,沦落为失败国家,成为当前世界需要迫切关注的重要难题。对此,我们将在"问题转移"部分详加分析。

国家集团化既是权力转移的来源,也是权力转移的结果。国家集团化是第二次世界大战之后逐步发展起来的一种趋势,意识形态对垒导致了美国主导的西方资本主义阵营和苏联主导的东方社会主义阵营;如火如荼的民族解放运动导致了处于夹缝中的昔日殖民地走向团结,某些地区政治集团(如非洲、拉美)初步成型。这种趋势的另一种表现形式就是由欧洲联合带动的区域经济集团浪潮,地区一体化逐步成为国家集团发展的依托,其间北美、西欧、东亚逐步走向三足鼎立。美国也是地区集团化的先行者,早在19世纪之初,美国就通过"门罗主义"宣告了美洲体系观念的重要价值,这一观念的当前发展就是北美自由贸易区的创建和推进美洲自由贸易区的努力。此外,作为在全球拥有战略利益和经济利益的大国,美国还积极介入其他地区——尤其是西欧和东亚——的一体化进程,根据自身的经济利益和地缘环境,确立了立足北美、覆盖南北美、面向亚太的战略。欧洲联合的浪潮自20世纪50年代以来即汹涌澎湃,欧洲联盟发展成为当前制度化程度最高的地区性组织,并逐步将东欧国家纳入其中,欧洲作为一个整体的实力、国际地位迅速提高。亚洲的集团化集中表现为东盟(ASEAN)的建立与发展,而中国崛起及其与东亚其他国家共同走向繁荣的战略倾向在21世纪之初汇成了促进东亚一体化的潮流,开放地区主义逐步成为建设东亚一体化的共识。地区经济集团化及其溢出效应导致大规模的地区性权力转移,已经并将继续成为影响国际关系发展的重大因素。

与权力转移密切相关的,还有国际制度(尤以国际组织为主要形式)如火如荼的发展及其刚性的展现,以及与此相关的多边主义受到更多重视。与此前相较,20世纪堪称国际组织的世纪。受到美国追求与确保霸权的战略谋划和全球化潮流的推动,国际组织在各个重要的问题领域均有了重大发展,并逐渐成为各国解决国际事务的重要平台,国际制度所代表的原则、程序和规范越来越成为大国推行其战略利益和小国维持其基本利益的工具,其制度刚性由此而进一步展现出来。

---

① 门洪华:《构建中国大战略的框架:国际实力、战略观念与国际制度》,北京大学出版社2005年版,第1—22页。

例如,美国尽管拥有压倒性的军事实力,但其对外军事行动每每积极寻求联合国安理会的授权,甚至不惜屡败屡战;冷战结束以来,政治性国际组织在监督国家选举方面的权威性逐步展现出来,不仅联合国监督选举的权威性得到重视,某些地区组织在本地区的选举监督也被视为被国际社会所接受的标志,如美洲国家组织(OAS)曾在4年间监督了11个拉美国家的大选;① 从经贸的角度看,世界贸易组织积极介入各国的贸易纷争,它所扮演的调解和仲裁角色受到诸大国的肯定。冷战后出现的巨大权力转移并没有导致大国关系的不稳定,这在一定程度上可归功于国际制度的战略约束。② 与此相关,多边主义的价值理性和战略意义得到重视,多边协调开始被视为建构未来世界秩序的基本规则之一。

权力转移的另一种形式就是其他非国家行为体——包括非政府组织、多国公司(multinational corporations)等——作用的增强引人注目。杰西卡·马修斯(Jessica Mathews)精辟地指出,国家行为体权力相对下降、非国家行为体权力上升的最重要的引擎是计算机和通信革命,技术打破了政府对大规模信息收集和管理的垄断,信息技术也改变了人们对社群的概念,打破了等级制度,使得更多民众和群体共享权力的分散。冷战的结束不仅带来了国家间的关系调整,还带来了国家、市场和市民社会之间的权力重新分配。国家政府不仅丧失了自主权,还要与企业、国际组织、非政府组织分享权力。即使世界上最强大的国家也发现市场和国际公共舆论迫使它们更经常地遵循特定的规范。今天,越来越普遍的是,政府仅仅表面上拥有制定规则的自由选择,市场自己决定了事实上的规则。政府可以违背市场规则,但因此遭受的惩罚也可能是严重的。③ 在这个加速变革的时代,非政府组织更迅捷地应对新要求和新机遇。随着计算机和通信技术的继续发展,非政府组织更有可能组织大规模的跨越国界的行动。20世纪60年代,所有多国公司几乎都是美国的,而今天多国公司遍布全世界,某些多国公司所掌握的

---

① Jessica Mathews,"Power Shift", *Foreign Affairs*, Vol.76, No.1, Jan./Feb., 1997, pp.50—66.

② G. John Ikenberry,"American Power and the Empire of Capitalist Democracy", *Review of International Studies*, Vol.27, 2001, pp.191—212; G. John Ikenberry, *After Victory: Institutions, Strategic Restraint and the Rebuilding of Order After Major War*, Princeton: Princeton University Press, 2001, Chapter one.

③ Jessica Mathews,"Power Shift", pp.50—66.

权力远远超出了部分主权国家及其政府。与此同时，非国家行为体拥有了更多展示权力的意愿，"9·11事件"凸现了非国家行为体的地位和影响，其后国际社会采取的行动也进一步展示了多边外交、跨国协调的重要价值。

问题转移

权力转移必然导致问题转移（problem shift）。这里的问题不仅有难题之义，也有重大议题之内涵。笔者认为，上述权力转移主要导致了如下具有重大战略意义的问题转移：

第一，全球性问题激增，国际议程愈加丰富。

全球性问题是20世纪后期伴随着科技革命和全球化而出现的。全球化使得今昔国际政治经济趋势迥然不同。全球化使得国家边界变得富有渗透性，从而使得越来越多的活动发生在国界之外，或在超越国界的空间发生。它可以在地理空间（海洋、大气层）、自然资源空间（气候、渔业和生物多样性）或电脑空间（金钱和信息场所）内发生。有鉴于此，全球化意味着对超越国界的议程需求愈加强烈，更多事情发生在越来越远离彼此国界的空间。国际恐怖主义、大规模杀伤性武器的扩散、环境恶化、跨国毒品交易、偷渡、难民问题、跨国洗钱、卫生健康因素（如艾滋病、"SARS"、转基因有机体的管理）、保护生物多样性、气候变化等各类全球性问题激增且层出不穷。这些问题与各当事国均利益相关，不可能通过单边方式来解决，更多的利益冲突不可避免，国际议程将因而愈加丰富。当然，国际议程（及其所采用的多边协调方式）的重要性将更加不言而喻，因为与这些国际议程相关的决策将决定未来国际体系的"交通规则"，决定体系内财富的分配以及它所能提供的国家安全、国际安全乃至人类安全的程度。

与此同时，全球化浪潮推动世界各国进一步依赖全球资源和全球市场，使得国内外界限相互渗透、日趋模糊，导致了国内事务和国际事务的传统分割不复存在。层出不穷的全球性问题促使各国不仅追求各自的利益，也更加关注整体的利益和他者的利益，它不仅加强了国际社会的整体意识，对包括超级大国在内的所有国家形成了一种战略约束，从而对传统战略观念和战略选择提出了挑战。鉴于不可能有一种战略能够解决所有全球性问题，理解我们所处之世界的转型成为制定战略的基础性前提。①

第二,安全趋于泛化,非传统安全上升为国际议程的主导因素之一。

在一定意义上,全球化是安全合作之源。随着全球化的不断发展,安全问题的跨国性和综合性日益突出,安全的范畴不再局限于传统的军事、政治、经济安全,日益涉及社会、环境、文化等非传统安全领域。全球化不仅导致国家的经济安全利益越来越重要,而且使得科技安全、信息安全、生态安全等成为安全利益的新内容。安全观念的泛化意味着,传统高级政治(high politics)所强调的国家安全模式不足以维护国家利益,应对非传统安全问题使得国家安全与整个国际社会的和平与安全的关系越来越密切,鉴于此,合作安全成为维护国际安全的有效途径,各国需要通过加强各领域合作扩大共同利益,提高应对威胁和挑战的能力与效率,应对非传统安全需要国际合作的意识也得到了加强。

全球化无疑也是冲突之源。② 全球化本就是双刃剑,它所引致的诸多非传统安全问题是对人类发展的新挑战,某些传统安全问题的进一步恶化也需要我们倍加重视。这些挑战更引起处于唯一超级大国地位的美国的关注。在一定意义上,"9·11事件"凸显了非传统安全因素的重要性,表明美利坚帝国力量的上升与宗教恐怖主义实力的增长是当今世界政治的两个互为因果的共生现象。③ 鉴于美国过于强大,被列入打击黑名单的弱小国家可能越来越容易得出这样的结论:大规模杀伤性武器与恐怖战术的结合是对抗美国的惟一手段,大规模杀伤性武器扩散具有了更重要的战略价值。在这个意义上,美国将其面临的主要障碍或危及生存的最严峻威胁归结为极端主义与技术的结合并无失当之处。"9·11事件"之后,美国更加重视非传统安全因素。作为其标志的是,一个国家将非国家角色作为头号敌人,这在国际关系史上还是第一次。

---

① Jean-Marie Guehenno, "The Impact of Globalization on Strategy", *Survival*, Vol. 40, No. 4, Winter 1998/1999, pp. 5—19; Richard Haass, "Paradigm Lost", pp. 43—58.

② 亨利·基辛格指出:"全球化已经把经济和技术力量扩散到世界各地,而经济和技术的复杂性正处于超越当代政治控制能力的危险之中。……经济全球化所取得的每一个成功都会在社会内部和不同社会之间产生脱节和紧张状态。"参见 Henry Kissinger, *Does America Need a Foreign Policy?*, New York: Simon & Schuster, 2001, p. 24, p. 31。

③ James Kurth, "Confronting the Unipolar Movement: The American Empire and Islamic Terrorism", *Current History*, Vol. 101, No. 659, December 2002, pp. 403—408; P. W. Singer, "America and the Islamic World", *Current History*, Vol. 101, No. 658, Nov. 2002, pp. 355—356.

第三,国家兴衰出现加速迹象,尤其是中美同时出现巨大发展和国家失败因素的突出,成为影响国际议程的重大因素。

国家尤其是大国的兴衰是国际社会发展的基本逻辑,全球化时代的国家摆脱不了这样的宿命,国家兴衰的进程甚至有所加速。其中最瞩目的,就是中美两国同时出现巨大发展所造就的国际格局和国家失败问题的进一步突出。

美国崛起为超级大国是对 20 世纪全球发展起决定作用的因素之一,根据大国兴衰规律探究美国霸权的衰落也是 20 世纪下半叶学者们着力为之的。然而,令学者们始料不及的是,苏联解体与俄罗斯颓然衰落,使得世界权力分配进一步有利于美国,第二个"美国世纪"悄然而至,约翰·伊肯伯里(G. John Ikenberry)甚至说,世界已经进入了美国独霸的时代。① 法国神学家弗朗西斯·费内隆(Francis Fenelon)曾指出,不能指望一个拥有超凡权力的国家长期保持彬彬有礼、举止有度。② 确实,强大国家的自然倾向决定了美国的预期和利益,也解释了最近美国对国际刑事法庭、《京都议定书》、联合国等采取的种种单边主义措施。③ 可以说,21 世纪初,美国由现存国际秩序的维护者,变成谋求改变现存秩序的"革命者"。美国认为当前国际秩序中关于安全事务的安排没有正确反映当今世界政治力量对比的现实,希望拥有更大的权力和行动自由;认为现存的国际秩序包括同盟安排不能适应冷战后安全威胁的变化,不能满足世界安全环境变化所产生的客观需求。美国提出主权过时论、新干涉主义、失败国家论等新思想,以及先发制人、任务决定联盟等观念变革,秉持新保守主义的战略理念,采取了改造现有国际制度的种种单边主义措施,致力于创建新的国际规范。美国的所作所为引起了国际社会的不满乃至抵制。肯尼思·沃尔兹指出:"只有在美国,人们才听到世界需要美国领导的说法;而在世界的

---

① John Ikenbery,"Illusions of Empire: Defining the New American Order", *Foreign Affairs*, Vol. 84, No. 2, March/April 2004, pp. 144—154;"Getting Hegemony Right", *The National Interest*, No. 63, Spring 2001, pp. 17—24.

② Herbert Butterfield and Martin Wight, eds., *Diplomatic Investigations*, London: George Allen and Unwin, 1966, p. 140.

③ David Malone and Yuen Foong Khong, "Resisting the Unilateral Impulse: Multilateral Engagement and the Future of U. S. Leadership", in David Malone and Yuen Foong Khong, eds., *Unilateralism and U. S. Foreign Policy: International Perspective*, London: Lynne Rienner Publishers, 2003, p. 425.

其他地方,人们听到的是美国的骄横和单边主义。"①亨廷顿(Samuel Huntington)认为,美国能够对重要的国际行动行事否决权,但不能促使其他国家按照其意愿行事,"在今天单极—多极世界里,世界上唯一的超级大国自然是其他主要强国的威胁"②。约瑟夫·奈就此警告到,美国是处于十字路口的巨人。③

中国的崛起一如前述。20世纪70年代末以来,以全面开放和战略崛起为标志,中国国家实力实现了大幅度提升,开始全面融入国际社会,成为全球增长最快、最大的新兴市场,在世界政治经济中扮演着越来越重要的角色。与此同时,尤其是1997年亚洲金融危机爆发以来,中国开始进一步融入东亚地区政治经济之中,积极提供地区公共物品。在这一进程中,中国已经从典型的孤立主义者和边缘者演化、进步到开放主义者,正在迈向全球主义者,且其地区主义者的角色正在凸现。④美国的全球主导地位和中国的东亚崛起这一结构性碰撞是否会成为一场新大战的起源?抑或中美可以通过战略接触与政策协调实现共存共荣?这些问题逐渐成为中美决策者、战略家最为关心的议题。总体而言,中美之间既存在结构性、战略性、利益性的矛盾与冲突,也正在进行双边的、地区性和全球性的战略合作,这一态势既反映了全球化条件下大国关系的普遍复杂性,也预示着中美同时出现巨大发展(美国成为世界唯一超级大国并致力于建立全球霸权、中国快速崛起并致力于实现中华民族的伟大复兴)造成的特殊碰撞。

冷战结束以来,国家失败问题已经成为影响国际政治体系不稳定的首要因素之一。⑤ 国家失败指的是,一个国家的政府不能有效地确保其领土范围内的秩序,无法提供与传统政治独立相关联的最低限度的和平、秩序与良好政府等国内条件,其国内日常生活往往充斥着大规

---

① 肯尼思·沃尔兹:《冷战后国际关系与美国外交政策》,《南开大学学报》(哲学社会科学版)2004年第4期。

② Samuel Huntington, "The Lonely Superpower", *Foreign Affairs*, Vol. 78, No. 2, March/April 1999, pp. 35—49.

③ Joseph S. Nye, Jr., *The Paradox of American Power: Why the World's Only Superpower Can't Go It Alone*, Chapter Two.

④ 门洪华:《国家主义、地区主义与全球主义——兼论中国大战略的谋划》,《开放导报》2005年第3期。

⑤ Record, Jeffrey, "Failed States and Casualty Phobia: Implications for Force Structure and Technology Choices", *Occasional Paper*, No. 18, Center for Strategy and Technology, Air War College, Air University, Maxwell Air force Base, Alabama, 2000.

模侵犯人权、战争犯罪、种族屠杀等恶性行为。① 国家失败现象古已有之,但从某种意义上讲,当前国家失败问题凸现则是国际政治经济秩序转型过程中的产物。在全球化和相互依赖日益加深的浪潮之下,国家失败必然产生更大的溢出效应,如输出难民、产生负面经济影响、冲突外溢等,甚至成为恐怖主义的庇护所,威胁邻国和所在地区的安全与稳定。美国将国家失败视为对其全球战略目标的重大挑战,但国家失败是一种全球性问题,绝非美国一家可以包揽,而且美国也不会无原则地独自承担这种责任。加强与中国等在处理国家失败问题上的合作是美国的积极愿望,尤其是对中国周边国家出现的某些失败迹象,美国已经表现出了浓厚的兴趣。纵观世界,国家失败多出现在亚洲、中东、非洲、拉美等第三世界国家,与中国早就有传统的联系,有的就发生在中国的周边(如阿富汗、柬埔寨),与中国的传统安全有着莫大的关系。近来,中美在处理国家失败问题上——如打击塔利班和阿富汗重建、伊拉克重建、利比里亚维和、朝鲜核危机等——有了积极的合作。可以说,中美之间加强处理国家失败问题上的战略合作不仅具有可能性、必要性,而且具有紧迫意义、战略价值。②

第四,国际制度的民主赤字问题成为国际议程扩大的衍生因素。

国际社会走向制度化、秩序化的进程必然伴随着对国际制度民主程度及其合法性的探寻,其间国际制度的民主赤字问题成为学界关注的重心之一。如约瑟夫·奈指出的,在一个跨国政治的世界上,民主已经成为国际制度合法性的试金石。③ 首先,国际制度的来源决定了民主赤字问题的存在,国际制度的建立与霸权国家有着直接的关联,罗伯特·基欧汉就此指出:"政治家在致力于制度创新时,必然存在有所选择的动机。……问题不在于国际组织庞大、具有压制性,而在于它们被

---

① Robert Jackson, *The Global Covenant: Human Conduct in a World of States*, Oxford: Oxford University Press, 2000, p. 296; Robert H. Dorff, "Responding to the Failed State: What to Do and What to Expect", http://www.ippu.purdue.edu/failed_states/1999/papers/Dorff.html, Dec., 21, 2003; William Bain, "Trusteeship: A Response to Failed States?", paper presented at the Conference on Failed States and Global Governance, organized by Purdue University, Florence, Italy, April 10—14, 2001.

② 门洪华:《应对国家失败的补救措施——兼论中美安全合作的战略性》,《美国研究》2004年第1期。

③ Joseph Nye, Jr., "Globalization's Democratic Deficit", *Foreign Affairs*, Vol. 80, No. 4, July/August 2001, pp. 2—6.

视为服务于强者或特权者的特定利益。"①其次,"从民主的出发点看,仅仅存在实施规则的非压制性制度还不够。责任感、参与程度和说服都至为关键"。在这一方面,国际制度的民主赤字似乎更为根深蒂固。在一定程度上,20世纪国际制度的发展就是发展中国家接受其不合理安排,逐步纳入国际社会的过程,发展中国家不得不面对现实,通过适应经济全球化来寻求生存之道。② 此外,冷战结束以来,美国根据自己的霸权利益改造既有的国际制度、创建新的国际规范,导致国际制度的民主赤字有加深之虞。作为冷战后唯一的超级大国,美国不可能严格履行或承担那些于己不利的条约或义务;作为一个修正主义国家(revisionist power)③,美国的所作所为却加强了国际制度的民主赤字,并使之成为国际议程的重要衍生因素。

以上这些问题转移以及此前所述的权力转移都在指向一个核心,就是美国霸权及其护持问题。美国霸权的权力基础、表现形式在发生变化,美国霸权的外在环境在发生变化,美国霸权的护持方式也在变化。这些问题都与美国霸权相关,都对美国的霸权护持提供了机遇,也构成了挑战。④ 鉴于此,美国——更准确地说,美国霸权——是探究世界及其前景的核心问题。

范式转移

权力转移给予美国独占鳌头的机会,也埋下了美国相对衰落的根源;问题转移赋予了美国巨大的塑造空间,也给美国霸权地位提出了长远观之堪称严峻的挑战。在这样的情势下,美国的霸权战略范式有了转移的必要,解释霸权的理论范式也有了转移的必要。在笔者看来,如何看待由权力转移和问题转移所引发的范式转移(paradigm shift)成为解释美国霸权的必由思路。

美国的目标始终是领导世界。这一目标在第二次世界大战前后的

---

① Robert Keohane,"Governance in a Partially Globalized World", *American Political Science Review*, March 2001, pp. 1—13.
② 庞中英:《"冷战后"的终结与中国的回应》,《世界经济与政治》1999年第9期。
③ David Shambaugh,"China or America: Which is the Revisionist Power?", *Survival*, Vol. 43, No. 3, Autumn 2001, pp. 25—30.
④ 关于霸权护持及其学术价值的分析,参见秦亚青:《国际关系理论的核心问题与中国学派的生成》,《中国社会科学》2005年第3期;秦亚青:《霸权体系与国际冲突》,《中国社会科学》1996年第4期。

表现,就是二战期间的盟国战略合作、二战期间及结束不久的主导国际制度创建和此后的遏制战略选择。第二次世界大战结束前后,尽管美国国内存在对战略走向的不同看法,但建立和巩固以意识形态画线的资本主义阵营、对苏联领导的社会主义阵营进行遏制进而争夺中间地带却是清晰的战略选择。尤其是,在全球层面进行国际制度建设堪称20世纪40年代中后期美国霸权战略的核心。① 相比而言,冷战结束以来,世界变化之大出人意料,设若外交战略建立在处理昔日态势的经验或对20世纪90年代变化莫测的世界之认识上,则它在现实中必有举步维艰之处。美国外交战略的争论进入百家争鸣时代,没有一种战略选择占据主导地位,其战略走向一度从遏制滑落到混乱状态。这种战略失范(paradigm lost)在国际上的典型表现,就是美国在索马里维和行动上的大溃退和中美关系一度陷入漂流状态——后者尤以1995年李登辉访美为顶点。②

　　构成克林顿政府战略失范特征的,还有摇摆不定的对外政策及其目标、总统和国会外交决断和协调能力减弱、对外行动相互矛盾、具体方针朝令夕改、长期稳定的战略难以形成。③ 总体而言,克林顿政府重视在美国领导地位、全球稳定前提下的全球合作,在思想上秉持一种结合新现实主义和新自由主义的全球主义思路,重视国际制度的作用,以参与和扩展作为主要的战略目标,而没有确定固定的敌人。

　　这种状况因乔治·W.布什为代表的新保守主义派上台而有所改变。小布什下车伊始,就采取了与克林顿不同的、咄咄逼人的进攻战略,单边主义色彩彰显。"9·11事件"之后,布什政府的反恐呼吁得到诸大国的积极支持,布什积极组建反恐联盟,并从大国合作中获得好处。然而,就在享受大国合作带来红利的过程中,布什政府加紧了确定单边主义作为核心战略原则的步伐。美国通过了一系列战略文件(如《2001年四年防务评估报告》《核态势评估报告》《美国国家安全战略》等),并提出以先发制人为核心的"布什主义"(Bush Doctrine),将确保美国单极霸权作为核心战略确定下来。可以说,单极霸权战略是冷战后十余年美国战略决策界思考、酝酿和进行战略选择的结果,布什总统

---

① 门洪华:《国际制度与美国霸权》,《美国研究》2001年第1期。
② 关于索马里维和的经验教训,参见门洪华:《和平的维度:联合国集体安全机制研究》,上海人民出版社2002年版,第324—328页。
③ 王缉思:《从美国外交新特点看中美关系》,《国际经济评论》1998年第3—4期。

的再次当选与决策核心的调整(尤其包括科林·鲍威尔的辞职、康多丽扎·赖斯升任国务卿、拉姆斯菲尔德留任国防部长等)是该战略进一步得到巩固的保证。相比之前的美国战略,这一战略的与众不同之处不在于其目标之宏大,而在于其战略手段和战略途径。尤其是,以单边主义、先发制人为指导思想,导致了对美国的传统联盟战略、国际制度战略的挑战和修正。进一步说,在国际社会加速走向制度化、秩序化的进程中,美国的单极霸权战略如何如愿以偿?

"飘风不终日,暴雨不终朝"。对布什单极霸权战略的批评,不仅集中于这一战略存在的种种内在缺陷,还集中于该战略到底能走多远。有识者指出:"问题不在于美国太强大了,而在于美国是否足够强大。"①有鉴于此,这种战略是否会再次走向失范,已经成为国际战略学界关注的重心之一。

美国霸权的战略失范及其当前演变对既有的解释霸权的理论范式提出了挑战,又为理论范式的进一步发展提供了机遇。美国是国际关系研究的重心,而美国霸权如何维持是国际关系理论主流学派的必然指向,尤其是(新)现实主义、新自由制度主义在美国霸权的研究上着墨颇重,二者之间的"范式之战"(paradigm war)将霸权稳定论——解释霸权的核心理论——推展到新的理论阶段,而美国霸权战略的变化又为新现实主义和新自由主义的继续论战和各自的理论深化提供了契机。

作为现实主义理论范式的重要组成部分,霸权稳定理论为霸权研究提供了基础认识,提供了理论批判的靶子和理论进步的阶梯。霸权稳定论是查尔斯·金德尔伯格(Charles Kindleberger)在分析自由贸易维持的条件和20世纪20—30年代的大萧条时提出来的,因而被视为解释世界经济发展动力的解释。② 金德尔伯格指出,"要稳定世界经济,就需要稳定者,一个稳定者"。③ 他强调,霸权领导国的无私和远见是确保世界利益的核心条件,20世纪30年代,英国无法提供世界经济

---

① Michael Ignatieff,"The American Empire: The Burden", *New York Times Magazine*, Jan. 5, 2003.

② Isabelle Grunberg,"Exploring the 'Myth of Hegemonic Stability'", *International Organization*, Vol. 44, No. 4, Autumn 1990, pp. 431—477.

③ Charles Kindleberger, *The World in Depression* 1929—1939, London: Allen Lane, The Penguin Press, 1973, p. 305.

稳定,美国不愿意提供,从而导致了秩序的混乱。① 从这里,我们可推演出霸权稳定论的基本主张:霸权国家建立其自己的霸权体系,并制定该体系的基本原则、规则、规范和决策程序,霸权国的实力与威望是其他国家接受这些国际制度的重要前提;霸权国利用这些机制维持霸权体系,最大限度地获得自己的利益;为了维持该体系,它愿意向体系内的其他国家提供公共物品,容忍搭便车行为;霸权国衰落或急剧变化导致该体系的国际制度发生相应变化。② 霸权国首先为自由贸易提供稳定的国际制度,进而主导各问题领域之国际制度的建立,从而造就稳定的国际经济秩序,霸权的衰落必然导致全球不稳定。③ 罗伯特·克劳福德(Robert Crawford)称霸权稳定理论是新现实主义关于国际制度的最权威、最普遍认同的解释④,秦亚青则称之为沃尔兹结构现实主义的典型范例。⑤

霸权稳定理论主要基于权力的物质资源,未能解释更多的权力维度,加上它所提供的常规性分析模式并不充足,故而一经提出就受到了广泛的批判。⑥ 尤其是,20世纪60、70年代,美国霸权一度衰落,霸权稳定论的现实基础动摇,新自由主义在学理上对霸权稳定论进行了颠覆性的批判,尤其是罗伯特·基欧汉的国际制度理论从批评霸权稳定论起家,逐渐发展成为国际关系的主流范式之一;约瑟夫·奈针对保罗·肯尼迪的大国兴衰论,提出了软权力理论,论证美国霸权继续维持的理由和具体途径。美国一度衰落和国际制度理论的异军突起导致了

---

① Arthur A. Stein, "The Hegemon's Dilemma: Great Britain, the United States, and the International Economic Order", *International Organization*, Vol. 38, No. 2, Spring 1984, pp. 355—386.

② Andreas Hasenclever, Peter Mayer, and Volker Rittberger, *Theories of International Regimes*, London: Cambridge University Press, 1997, p. 86.

③ Charles Kindleberger, "Dominance and leadership in the International Economy: Exploitation, Public Goods, and Free Rides", *International Studies Quarterly*, Vol. 25, 1981, pp. 242—254; Duncan Snidal, "The Limits of Hegemonic Stability", *International Organization*, Vol. 39, No. 4, Autumn 1985, pp. 579—614.

④ Robert Crawford, *Regime Theory in the Post-Cold War World: Rethinking Neoliberal Approaches to International Relations*, Dartmouth Publishing Company, 1996, p. 57.

⑤ 秦亚青:《现代国际关系理论的沿革》,《教学与研究》2004年第7期。

⑥ G. John Ikenberry, "Rethinking the Origins of American Hegemony", *Political Science Quarterly*, Vol. 104, Fall 1989, pp. 375—400; Arthur A. Stein, "The Hegemon's Dilemma: Great Britain, the United States, and the International Economic Order", *International Organization*, Vol. 38, No. 2, Spring 1984, pp. 355—386.

现实主义内部的反思,推动了现实主义对霸权问题的认识,从而产生了长周期理论、权力转移理论、霸权转移理论等,尤其是罗伯特·吉尔平的霸权转移理论堪称集20世纪80年代新现实主义论述霸权稳定之大成。

  以基欧汉为代表的新自由制度主义同意霸权稳定理论的某些核心假定——如对国际社会无政府状态、国家是自私理性行为体的基本判断并承认权力在国际制度形成与维持中的作用,并在此基础上对霸权稳定论进行了颠覆性的批判。新自由制度主义的批判主要集中在以下几个方面:第一,霸权国的存在并非必要的前提,认为没有霸权领导则国际制度既不能产生又不会维持的说法是站不住脚的。基欧汉认为,没有霸权也可以形成机制,如果国际制度适应的话,合作并不需要一个霸权领导。后霸权合作也是可能的。① 基欧汉指出,美国的霸权早在20世纪60年代末70年代初就衰落了,但这并没有妨碍新的国际制度的产生及其作用的发挥,如1973年石油危机之后建立的国际能源机构(International Energy Agency);②美国霸权虽然衰落了,但其"遗产"尤在,存在于一系列国际制度中,因为国际制度是提供信息、降低交易成本的实体,其寿命长于促其形成的美国霸权。③ 第二,权力资源并非唯一的核心因素。霸权稳定理论将权力资源视为惟一的、决定性的变量,否认国际制度的独立作用。基欧汉指出,国际制度是国际关系中的独立变量,国家拥有只能通过合作才能实现的共同利益,国际制度在帮助国家实现共同利益中发挥着重大作用。基欧汉以美国霸权在20世纪60—70年代的衰落并未导致原有机制坍塌为例,论证了霸权之后国际制度依然在发挥自己的作用。约翰·伊肯伯里就此指出,霸权稳定论忽略了美国霸权的自由主义气息以及国际制度在促进合作和克服主导和被利用之畏惧的重要性。④ 第三,国际合作的前景并不完全受制于霸权体系的结构。霸权稳定理论认为国际合作受制于霸权体系,对国际合作的前景表示悲观。实际上,霸权稳定的特点是"合作与控制的

---

  ① Robert Keohane, *After Hegemony: Cooperation and Discord in the World Political Economy*, Princeton: Princeton University Press, 1984, p.10.
  ② Ibid., pp.124—125.
  ③ Ibid., p.24, pp.100—101.
  ④ G. John Ikenberry, "Institutions, Strategic Restraint, and the Persistence of American Postwar Order", *International Security*, Vol.23, No.3, Winter 1998/1999, pp.43—78; John Measheimer, "Why We Will Soon Miss the Cold War", *Atlantic Monthly*, August 1990, pp.35—50.

混合"①,将合作排除在霸权之外是一种理想化的反应。基欧汉指出:"现实主义者强调美国霸权的影响,而制度主义者强调因经济相互依赖和制度影响而产生的共享利益。双方都有价值而不完善,将二者结合是必要的。"②他认为,美国在建立霸权国过程中并非独自垄断条款制定权,而且鼓励他国参与,美国霸权与广泛的国际合作并存。③ 基欧汉认为,霸权稳定理论对霸权衰落后国际合作趋势的分析至少部分上是不正确的,例如,1974 年之前在石油领域没有明确的政府间规则调节各国行为,但 1974 年签署《国际能源规划协议》(Agreement on An International Energy Program)、建立国际能源机构改变了这一状态。基欧汉称之为"霸权后合作的形成"。第四,霸权稳定需要道义基础。在霸权稳定理论看来,国际制度是权力运作的结果,探讨道义是没有多少实质意义的,道义原则不能指导国家的行为。④ 新自由制度主义从国际制度的民主赤字角度对此进行了深入的批判,指出国际制度的价值并不局限于创建者的意图,倾向于富国利益在道德上本身是有问题的。⑤ 国际制度本身不仅是降低成本和不确定性的工具,也被认为是创造责任的原则。违背机制将损害双方获益的机制安排,并破坏违反者的名声,从而损害其未来制定协议的能力。

综上所述,以基欧汉为代表的新自由制度主义认为,国际制度并不一定需要霸权国家的支撑,而是拥有自己独立的生命⑥;随着国际社会相互依赖程度的提高,国际制度将不断发展,其发展并不完全依赖霸权国的意愿;在霸权时期建立的国际制度并不会在霸权之后崩溃,而将继续发挥作用。据此,新自由制度主义将现实主义和自由主义结合起来,提出了国际制度稳定论的基本观点,具有重要的理论整合意义。新自由制度主义在挑战新现实主义的过程中成长和发展起来,它接受了新

---

① Fred Hirsch and Michael Doyle, *Alternatives to Monetary Disorder*, New York: McGraw Hill for the Council of Foreign Relations, 1977, p. 2.
② Robert Keohane, *After Hegemony: Cooperation and Discord in the World Political Economy*, p. 135.
③ Ibid., p. 179.
④ Scott Burchill and Andrew Linklater, et al., *Theories of International Relations*, Houndmills: Macmillan, 1996, pp. 72—73.
⑤ Robert Keohane, *After Hegemony: Cooperation and Discord in the World Political Economy*, p. 256.
⑥ Robert Keohane, *International Institutions and State Power: Essays in International Relations Theory*, Boulder: Westview Press, 1989, pp. 130—131.

现实主义的合理内核,在此基础上发展成为独立的国际制度理论体系。

面对新自由制度主义的挑战,新现实主义积极迎战,并适时提出了新的理论观点,最为突出的就是罗伯特·吉尔平的霸权与大国政策协调并存的理论,并强调多边管理与政策协调的价值,其中对国际制度的认识突破受到新自由制度主义的影响。新现实主义和新自由制度主义之间从激烈论战到理论通约,被学术界称为"新新合成"(Neo-Neo Synthesis)。[1]

现实主义对霸权稳定论的补充主要体现在长周期理论和权力转移理论的提出上。乔治·莫德尔斯基(George Modelski)是长周期理论的集大成者。他指出,国际政治生活中存在着有规律可循的周期,并且任何一个特定的周期都存在一个霸权国或国家集团,在政治经济军事等领域发挥主导作用,且为体系提供公共物品。全球政治体系是围绕着世界强国行使世界领导权而建立,其兴衰经历 100—120 年的周期,大约分为全球战争、世界强国、非正统化、分散化四个阶段。[2] 莫德尔斯基探讨了世界政治周期与世界经济周期之间的关系,认为世界政治周期的变化与世界经济周期变化有着某种本质的关联,从而凸现对经济和技术领先部门尤其重视。[3] 他进而指出,霸权国家在世界政治体系中的优势地位往往与它在世界经济体系中的优势地位相伴而生,互为因果;世界政治大国主导着世界经济体系的发展,它不仅是世界经济的主导性国家,还是世界经济不断发展创新的源泉、运行规范的制定者,在全球经济活动中发挥着决定性的作用。

表3–3　国际政治体系的长波

全球战争	世界大国	非正统化	分散化(挑战者)
意大利及印度洋战争(1494—1516)	葡萄牙(1516—1539)	1540—1560	西班牙(1560—1580)
西班牙、荷兰战争(1580—1609)	荷兰(1609—1639)	1640—1660	法国(1660—1688)

---

[1] Steve Smith, et al., eds., *International Relations Theory: Positivism and Beyond*, Cambridge University Press, 1996, pp.149—185.

[2] George Modelski, "The Long Cycle of Global Politics and the Nation-State", *Comparative Studies in Society and History*, No.20, 1978, pp.214—238.

[3] Daniel Drezner, "State Structure, Technological Leadership and the Maintenance of Hegemony", *Review of International Studies*, Vol.27, No.1, 2001, pp.3—25.

续表

全球战争	世界大国	非正统化	分散化(挑战者)
路易十四战争(1688—1713)	英国(1714—1739)	1740—1763	法国(1964—1792)
法国革命、拿破仑战争(1792—1815)	英国(1815—1849)	1850—1873	德国(1874—1914)
一战、二战(1914—1945)	美国 1945—1973	1973—2000	苏联(2000—2030)

资料来源：George Modelski and Sylvis Modelski, eds., *Documenting Global Leadership*, Houndmills: Macmillan Press, 1988, p. 225。

奥根斯基(A. Organski)承袭汉斯·摩根索的现实主义理论范式，提出了权力转移理论(power transition theory)。他认为，在无政府的国际社会里，追求以权力界定的国家利益是一个国家的基本目标，一国只有不断地运用自身实力并影响他国的行为，才能赋予自身权力。国家间权力分配决定着国际体系的稳定与否，而保持体系稳定的关键在于能否实现权力与满意程度之间的平衡。① 权力转移理论基于两个解释变量，即相对权力和对国际秩序的满意程度，它们之间的互动后果是战争与和平的主要决定因素。② 国际体系内的国家可分为强大而满意、强大而不满意、虚弱而满意、虚弱而不满意四种类型，体系的稳定取决于前二者的权力对比关系。对强大而不满意的国家而言，现存体系结构创建之际，它们尚不够强大，没有参与创建过程，或没有从中得到与其现有实力相应的地位，权力的增强导致其不满情绪及挑战意愿、行为。强大而满意的国家可能会不断出让部分特权，但决不会让出霸权地位，为此甚至不惜一战。奥根斯基进一步指出，一国的行为不仅受到体系层次的影响，而且受到本国的国家性质、历史文化传统、领导人战略意图等影响。③ 奥根斯基认为，美国之所以成为超级大国，是因为美国具有将其实力转化为国际影响力的巨大愿望，并在二战之后广泛卷

---

① A. F. K. Organski, *World Politics*, New York: Alfred Aknopf, 1958, pp. 100—103, p. 295.

② Jonathan M. Dicicco and Jack S. Levy, "Power Shifts and Problem Shift: The Evolution of the Power Transition Research Program", *Journal of Conflict Resolution*, Vol. 43, No. 6, December 1999, pp. 675—704.

③ A. F. K. Organski, *World Politics*, pp. 325—340; A. F. K. Organski and Jacek Kugler, *The World Leader*, Chicago: The University of Chicago Press, 1980, p. 19.

入了国际事务。他指出,权力转移是必然的,避免、化解权力转移的冲击与挑战是主导国家的核心战略目标,并提出霸权国家应确保战略优势、防止军事挑战的政策建议。

如果说,长周期理论和权力转移理论代表了对霸权稳定论的补充,吉尔平的霸权转移理论就是融合以上理论流派并对霸权稳定论予以发展。吉尔平指出,随着一个国家力量的增长,它开始寻求扩大领土的控制权、扩充政治影响,以及扩展对国际经济的控制。相应地,由于该国获得越来越多的资源并从规模经济中获利,这些发展将增强该国的力量。占统治地位的国家和帝国的兴衰大多同产生以及最终耗尽这种经济盈余有关。国家都试图通过领土的、政治的抑或经济的扩张来改变国际体系,直至进一步扩张的边际成本相当于或大于边际收益为止。根据报酬递减规律,当国家进入成熟期之后,随着国家规模及其对国际体系控制范围的扩大,其控制收益递减,成本递增,必然导致霸权的衰落。体系中衰落和新兴国家的不同增长率导致一场决定性的权力再分配以及该体系的不平衡。随着相对权力的增加,一个新兴国家会企图改变调整国际体系的规则、势力范围的划分,最重要的是改变领土的国际分配。霸权国家可采取两种行动路线恢复体系平衡:寻求增加用于保持国际体系地位和承担义务所需要的资源;或减少现在承担的义务(及相应的成本),以不致最终危害其国际地位。进一步说,为防止霸权转移,主导大国可以采取如下具体的战略:首先也是最有吸引力的反应是消除产生这个问题的根源,即发动预防性战争消灭或削弱新兴的挑战者;其次可以通过进一步扩张来寻求减少保持其地位的成本;最后是减少承担的外交义务,包括直接放弃承担的某些义务、与威胁性较小的国家结盟或寻求和睦关系、对新兴大国退让从而寻求对其野心进行绥靖等。① 吉尔平强调经济效率和政治、军事力量是霸权的两个核心维度,霸权是自由贸易机制出现的前提,但对自由贸易的维护却需要霸权与其他大国之间的政策协调②,他进一步提出了霸权与大国政策协调并存的理论,并强调多边管理与政策协调的价值。③ 这种努力代表

---

① 罗伯特·吉尔平:《世界政治中的战争与变革》,中国人民大学出版社 1994 年版,第 109 页、第 146 页、第 158—191 页。

② Arthur A. Stein, "The Hegemon's Dilemma: Great Britain, the United States, and the International Economic Order", *International Organization*, Vol. 38, No. 2, Spring 1984, pp. 355—386.

③ 罗伯特·吉尔平:《国际关系政治经济学》,经济科学出版社 1994 年版,第 405—411 页。

着新现实主义在霸权与国际制度关系认识上的加深和自身理论的突破。

冷战结束的方式是人类历史的一大惊奇,而冷战结束对世界的整体影响、对美国霸权的影响、对国际关系理论发展仍处于探索之中。仅从后二者来看,冷战的结束基本上终结了美国衰落的讨论,美国的绝对实力和相对实力继续上升,从而奠定了美国霸权的实力基础,加上冷战为美国人普遍视为其民主、自由等文化价值观的胜利,美国建立单极霸权的欲望进一步膨胀,且霸权战略步骤得以逐步实施,美国新现实主义学者也对自己的理论流派进行反思和批判性总结,提出由单极稳定论代替霸权稳定论的理论假设①,成为超越国际制度稳定论的先导,再次引起了学术界的强烈关注,标志着冷战后新现实主义的回归。

一般而言,权力分配的转移往往导致国际体系的冲突和破裂、霸权战争和最终的秩序重组以反映新的权力分配。但是,当前的权力不对称并没有导致某种战略不安全和安全困境,美国决策者对权力的巨大差距心知肚明。② 鉴于此,新现实主义范式在冷战的发展集中体现在进攻性现实主义的异军突起和单极稳定论的提出上。以约翰·米尔斯海默(John J. Mearsheimer)为代言人的进攻性现实主义认为,国家无时无刻不受到安全的威胁和困扰,而追求权力是获取安全的最佳手段。国家获取安全的最佳手段是权力的最大化(power maximization),故而其终极目标是成为体系中的霸权,而非维持均势。③ 像美国这样的超级大国,必须建立一个以实力为基础的权力霸权秩序,不能允许任何一个国家强大到足以挑战美国霸权的地步。新古典现实主义的代表人物威廉·沃尔福斯(William C. Wohlforth)则提出了"单极稳定论"。他认为:"我们已生活在现代世界第一个单极格局之中,而这个单极格局并非昙花一现。它深植于世界政治之中,有着延续好几十年的潜力……美国主导的单极格局将比多极均势格局更稳定,更有利于维护世界和平。"④新现实主义以上发展均将霸权稳定论推向极致,强调美国的单极强势,认为单极世界上的美国面临最少安全威胁,其外交政策自主性

---

① Charles Krauthammer, "The Unipolar Moment", *Foreign Affairs*, Vol. 70, No. 1, 1990/1991, pp. 23—33; William C. Wohlforth, "The Stability of a Unipolar Moment", pp. 5—41.

② G. John Ikenberry, "American Power and the Empire of Capitalist Democracy", pp. 191—212.

③ John J. Mearsheimer, *The Tragedy of Great Power Politics*, New York: W. W. Norton & Company, 2001.

④ William C. Wohlforth, "The Stability of a Unipolar World", pp. 5—41.

最大。① 然而,"9·11事件"却表明,国家实力与国家安全之间并不存在正相关关系,即实力与安全在转型的世界上甚至是相背离的,美国霸权面临着新的困境。

冷战之后的新自由制度主义沿着国际制度建设的思路继续思考,将国际合法化整合到国际制度理论之中,追求更有约束力的国际规范,探究国际制度民主赤字的根源及其解决之道,力图通过明确的合法化进程和标准来巩固国际秩序的稳定和大国之间的合作,从而达到全球治理的思想。② 在战略层面,新自由制度主义强调美国的国际战略应该是用自己的超强实力,建立有效的国际制度,将其他国家纳入到这种国际制度中来,成为受到制度约束的国际社会成员。在新的探究之中,新自由制度主义还非常注意吸收建构主义关于观念、认同等的分析,并将之纳入其理论体系之中,力图以此确保其理论前沿地位。③ 目前来看,这一思路陈义甚高,但在实践中却屡屡碰到挑战,尤其是以世界帝国为追求目标的新保守主义战略及其实施方式——单边主义、先发制人等——以改造国际制度为目标,对国际制度稳定论的实践价值提出了挑战。

冷战结束以来,建构主义(constructivism)理论范式逐步发展起来,并渐有与新现实主义、新自由主义三足鼎立的态势。建构主义(尤其是社会建构主义)强调文化、观念、认同的作用,认为国际体系的物质性结构只有在观念建构的框架中才有意义。④ 在战略层面,建构主义重视文化、规范等主观性因素在国际制度形成和变迁中的作用⑤,提出

---

① Michael Mastanduno, "Preserving the Unipolar Moment: Realist Theories and U. S. Grand Strategy after the Cold War", *International Security*, Vol. 21, No. 4, Spring 1997, pp. 49—88.

② Robert Keohane and Helen Milner, eds., *Internationalization and Domestic Politics*, New York: Cambridge University Press, 1996; Robert Keohane, "Ideas Part-Way Down", *Review of International Studies*, Vol. 26, No. 1, January 2000, pp. 123—138; Robert Keohane, "Governance in a Partially Globalized World", *American Political Science Review*, 2001, pp. 1—13.

③ Andreas Hasenclever, Peter Mayer, and Volker Rittberger, *Theories of International Regimes*, p. 6; Robert Keohane, "The Theory of Hegemonic Stability and Changes in International Economic Regimes 1967—1977", in Ole Holsti, et al., eds., *Changes in the International System*, Boulder: Westview Press, 1980; Judith Goldstein and Robert Keohane, eds., *Ideas and Foreign Policy: Beliefs, Institutions, and Political Change*, Ithaca: Carnell University Press, 1993.

④ 亚历山大·温特:《国际政治的社会理论》,上海世纪出版集团2000年版,第430—451页。

⑤ Alexander Wendt, "Constructing International Politics", *International security*, Vol. 20, No. 1, Spring 1995, pp. 71—81.

建立以欧盟和北大西洋地区为模本的国际安全共同体。这种战略构想与自由、民主、人权、市场经济等思想观念在全球的扩张不无关联。亚历山大·温特的康德文化暗含着民主和平论的假设,其根本目的在于以霸权体系价值观念为核心重新整合世界的观念结构,以便在这种基础之上建立普世性的集体认同。① 从一定意义上讲,建构主义实际上提出了观念稳定的霸权战略构想。

目前关于美国霸权的争论主要是从权力的视角通过论证美国实力的兴衰来判断美国地位的,这就是为什么当前美国单极霸权战略尽管有所得手、但却陷入四面楚歌境地的原因。在美国霸权的解释模式上,我们不仅要强调权力(结构性因素)的概念,还要强调国际制度(进程性因素)和观念的价值。总结以上关于国际关系主流理论范式对(美国)霸权的剖析,笔者承认,目前所有国际关系理论范式均是在(新)现实主义所包含的一套核心假设基础上发展起来的,现实主义尽管不可能解释一切,但没有现实主义的基底却难以确立一个理论范式的主流地位。② 国际关系主流理论范式均就霸权稳定理论进行了批判和发展,分别提出了霸权转移论、单极稳定论、国际制度稳定论和观念稳定论的战略思路。在权力转移、问题转移和霸权战略范式转移的情势之下,国际关系理论范式的转移势在必行,既有的新现实主义理论范式需要重新构建,而以新现实主义的权力分析为基底、融合新自由制度主义的制度分析和建构主义的观念分析似乎是一个可行的思路。具体地说,解释美国霸权及其未来,需要通盘考虑权力稳定、制度稳定、观念稳定的价值,强调结构性因素、进程性因素与观念变革的结合,从而确定一种综合性的解释模式。

本文系作者主持的国家社科基金青年项目"国际机制与美国霸权"(02CGJ005)的阶段性成果,发表于《美国研究》2005年第3期。

---

① Martin Shaw, "Waltzing Alexander: Constructing the New American Ideology", Http://www.sussex.ac.uk/users/haf3/wendt.htm, 转引自秦亚青:《国际关系理论的核心问题与中国学派的生成》,第165—176页。

② Michael Mastanduno, "Preserving the Unipolar Moment: Realist Theories and U.S. Grand Strategy after the Cold War", *International Security*, Vol.21, No.4, Spring 1997, pp.49—88.

西方三大霸权的战略比较
——兼论美国制度霸权的基本特征

兹比格纽·布热津斯基指出,霸权像人类一样古老。① 研究美国霸权,需要作为背景的历史纵深。经过两百余年的筚路蓝缕,美国从追求独立的十三块殖民地成长为全球最强大的国家,正在致力于建立单极世界,以确立"美国治下的和平"(Pax Americana),从而成为"罗马治下的和平"(Pax Romana)、"英国治下的和平"(Pax Britannica)的继承者。

将美国霸权与罗马霸权、英国霸权相比较,不是因为三者是西方历史上仅有的三个霸权形态,而是因为只有三者在其霸权所涉领域和地域建立了相对和平与安全的国际秩序②,具有追求霸权治下之和平的积极

---

① 兹比格纽·布热津斯基:《大棋局——美国的首要地位及其地缘战略》,上海人民出版社 1998 年版,第 4 页。
② Joseph S. Nye, Jr., *Bound to Lead: The Changing Nature of American Power*, New York: Basic Books, 1990, p.50.

意愿和战略实践。① 三大霸权前赴后继,其间关联甚密,因此早有学者在20世纪60年代就将美国比作罗马帝国,而研究英美霸权禅让的著作早已汗牛充栋。② 作为全球化时代的霸权,美国的战略设计和实践既有继承罗马、英国的成分,也不乏创新之处。然而,根据笔者掌握的不完备的资料,至今尚无学者对三大霸权的战略进行比较分析。③ 有鉴于此,笔者不揣冒昧,对三大霸权进行初步的战略比较,以求抛砖引玉。

西方三大霸权的相同之处

作为先后确立的西方霸权形态,三大霸权之间存在相同之处,这在霸权确立的条件和主导战略上均有所体现。具体地说:

第一,三大霸权的建立均以强大的经济和军事实力为物质基础,且技术在其实力结构中处于极其重要的地位。

相比周边蛮族地域,罗马帝国的经济高度发达,农业生产技术发展迅速,粮仓充盈,精耕细作的果木园艺在帝国各地广为传播,水磨、起重机械等工业技术广泛应用,手工业高度发达,国内外贸易发展迅速,对外贸易远抵达中亚、中国、印度、波罗的海沿岸。以农业为主的奴隶制经济为罗马霸权的建立奠定了坚实的物质基础。与此同时,罗马军事力量之强大,军事结构之严谨,代表着当时世界军事上的最高组织水平。从公元前6世纪起,罗马推行兵农合一的公民兵制,士兵战时应征、战后归田。公元前2世纪下半叶,罗马共和国因自由民锐减而面临兵源枯竭,执政官马略进行军事改革,拓宽了士兵招募的范围,使得大

---

① 伊曼纽尔·沃勒斯坦强调,将荷兰、英国与美国进行比较,可以更好地探索霸权兴衰的轨迹。参见 Immanuel Wallerstein, "Three Hegemonies", in Patrick Karl O'Brien and Armand Clesse, eds., *Two Hegemonies: Britain 1846—1914 and the United States 1941—2001*, Burlington: Ashgate Publishing Company, 2002, pp. 357—361。

② 参见如下著作:保罗·肯尼迪:《大国的兴衰》,中国经济出版社1989年版;Joseph S. Nye, Jr., *Bound to Lead: The Changing Nature of American Power*;兹比格纽·布热津斯基:《大棋局——美国的首要地位及其地缘战略》;Edward Luck, *Mixed Messages: American Politics and International Organization*, 1919—1999, Washington: Brooking Institution Press, 1999, p. 29;Patrick Karl O'Brien and Armand Clesse, eds., *Two Hegemonies: Britain 1846—1914 and the United States 1941—2001*;Kupchan Charles, *The End of American Era: U. S. Foreign Policy and the Geopolitics of the Twenty-First Century*, New York: Knopf, 2002;等等。

③ 当然,不乏将美国与罗马帝国、大英帝国相提并论的文献。参见:约瑟夫·奈、门洪华编:《硬权力与软权力》,北京大学出版社2005年版,第8页;Andrew Bacevich, *American Empire: The Realities and Consequences of U. S. Diplomacy*, Cambridge University Press, 2002。

规模掠夺海外土地成为可能。强大的罗马军团既是帝国扩张的主导力量,又发挥着巨大的威慑作用,成为帝国的保护者。有的学者就此指出,"罗马帝国走向伟大,并不是通过哲学和科学的途径,而是通过政治智慧和战争,而战争是首当其冲的"①。当然,罗马军团的强大不仅在于其作战能力和组织结构,还在于罗马遍布全国、运兵迅速的公路网络,这或许就是所谓"条条大路通罗马"之隽语的来源。

英国霸权的强大经济实力是建立在工业革命基础之上的,而工业革命是以纺织机、蒸汽机、造船和航海技术为主要内容的。工业革命不仅奠定了英国的经济基础,也造就了皇家海军的霸权。1760—1830年,英国占有欧洲工业产量的2/3,在世界制造业的份额从1.9%上升到9.5%,此后30年间其工业产量翻了一番。1860年前后,占世界人口2%和欧洲人口10%的英国之现代工业生产能力相当于世界生产潜力的40%—45%,欧洲工业生产潜力的55%—60%。1870年之后,英国的工业出现了相对滑坡,但直到1900年,英国的工业化水平在列强中仍然最高。② 与此同时,英国的对外贸易构成了其强大经济实力的中坚。据统计,1820—1913年,英国的出口平均增长率达到3.9%,几乎是其GDP增长的两倍。③ 英国的军事实力尤其是其海军的强大是在1688年与西班牙的海战中确立起来的。1815年之后,皇家海军确立并维持着英国的世界霸权。1900年,英国海军总吨位超过100万吨,两倍于任何两大国舰队之和,而且还得到全球一系列基地和巨大商队的支持。④

表3-4 19世纪列强兵力一览表(1816—1900年)

国家	1816	1830	1860	1880	1890	1900
联合王国	255000	140000	347000	248000	420000	624000
法国	132000	259000	608000	544000	542000	715000
俄罗斯	800000	826000	862000	909000	677000	1162000

---

① H. Mattingly, *Roman Imperial Civilization*, New York: W. W. Norton & Company, 1967, p.137.
② 保罗·肯尼迪:《大国的兴衰》,第188—189页。
③ 安格斯·麦迪森:《世界经济千年史》,北京大学出版社2003年版,第89页。
④ P. J. 马歇尔主编:《剑桥插图大英帝国史》,世界知识出版社2004年版,第140—141页。

续表

国家	1816	1830	1860	1880	1890	1900
普鲁士/德意志	130000	130000	201000	430000	504000	524000
哈布斯堡帝国	220000	273000	306000	273000	346000	385000
美国	16000	11000	26000	36000	39000	96000

资料来源：保罗·肯尼迪：《大国的兴衰》，中国经济出版社1989年版，第192页、第252页。

美国自第二次工业革命迄今，一直是技术创新的领跑者，美国将其技术创新转化为经济实力的能力举世无双，且其最先将技术创新应用于军事领域的安排造就了一个遥遥领先于他国的军事霸权。美国的国内生产总值早在19世纪70年代就已经超过英国，自此美国的经济实力一直位居世界之首。然而，美国成为世界强国却是在第一次世界大战之后。美国的经历证明了，强大的经济实力仅仅是潜力，尚需要战略的激发。就军事力量而言，美国并不一味穷兵黩武，直至第一次世界大战才显示了其军事威力，第二次世界大战将其军事实力真正激发出来。在实践中，美国强调军事实力作为外交政策的工具，它运用实力的方式与英国的炮舰外交(gunboat diplomacy)有类似之处。① 迄今，就军事力量的有效性和所涉及的范围而言，美国比历史上的任何帝国都拥有令人生畏的军事实力，其军事影响力遍及世界任何角落。

第二，三大霸权的建立均以先进的文化形态和政治制度为精神基础。

对于霸权的建立与维持而言，文化和政治制度的吸引力堪为"润物细无声"。三大霸权的共有特点是，其政治文化和国内政治制度均有其先进之处，从而拥有了文化上的优越感和吸引力。

罗马是依靠优越的军事组织和文化吸引力进行统治的，被承认的帝国中心的文化优越感起到了重要的凝聚作用。② 早期罗马人朴素务实，不事奢华，并逐渐演化为一种浑厚淳朴的罗马古风。罗马人的美德表现在"勇敢、荣誉、自我克制、对神和自己祖先的虔诚以及对国家和

---

① Francios Hiebourg, "American Hegemony? Perceptions of the US Abroad", *Survival*, Vol. 41, No. 4, Winter 1999/2000, pp. 5—19.
② 兹比格纽·布热津斯基：《大棋局——美国的首要地位及其地缘战略》，第21页。

家庭的义务感。忠于国家高于忠于其他的一切,为了国家的利益,公民不仅必须准备牺牲自己的生命,而且必要时,还要牺牲其家属和朋友的生命"。① 罗马人的忠勇与纪律结缘,与秩序并存,纪律与秩序需要法律的保障。由此,罗马法不断积累、日渐完备,罗马万民法维系了帝国的世界理想。② 罗马共和时期的民主制度高度发达,执政官、元老院、公民大会三权分立,相互制衡。对外战争为解决平民与贵族的矛盾提供了契机,联合起来对外掠夺、剥削和奴役外邦人成为二者的共同利益,内部矛盾被转化到外部,为罗马的民主政治奠定了物质基础。总体而言,罗马文化高于周边文化,文化优越性使得罗马帝国的使命感被视为合情合理,也加强了帝国的力量。③

早在成为霸权国家之前,英国就通过制度创新建立了商业资本主义的现代民族国家,成功地建立起稳健的公共财政体系,为其霸权扩张确立了国内制度基础。④ 英国以其先进的商业文化和朴实之风征服了世界。通过贸易开路,英国的文化优越为其广大分殖民地所接受,乃获推崇。英国以其君主立宪制度、工业革命与金融体制作为国内政治制度的创新,通过殖民地扩张拓展了欧洲代议制政治模式,甚至将欧洲文化推到世界广大角落,英语因为英国的扩张而成为世界性语言。

相比前二者而言,美国霸权的建立与维持更加依赖其通俗文化、意识形态和民主制度等的传播。民主理想同美国的政治传统结合起来,进一步加强了美国的文化帝国主义意识⑤,美国对政治民主和经济发展的强调使得美国方式被模仿和传播。美国推展一种美国化运动,通过一系列文化价值载体、生活方式、经济结构样式和政治观念等隐性精神输出,使得世界各地民众在文化心理层面和行为方式上"类美国化"⑥,从而成为美国霸权的精神俘虏。

第三,三大霸权的确立和维持均以对外扩张为主导战略,强调使用军事实力的意愿,并辅以结盟战略。

霸权制造杀戮,却又称之为和平,这似乎是霸权确立和维持的一般

---

① 爱德华·麦克诺尔·伯恩斯等:《世界文明史》(第一卷),商务印书馆1987年版,第295页。
② 林国荣:《论世界帝国——从观念史截面的理性思考》,《战略与管理》2001年第5期。
③ 兹比格纽·布热津斯基:《大棋局——美国的首要地位及其地缘战略》,第16页。
④ 安格斯·麦迪森:《世界经济千年史》,第82—84页。
⑤ 兹比格纽·布热津斯基:《大棋局——美国的首要地位及其地缘战略》,第35页。
⑥ 崔勇列:《现代帝国的凯歌与挽歌》,《读书》2005年第4期。

性规律。对外扩张是建立霸权的唯一途径,而对外扩张往往是军事优先。但是,鉴于本国实力和影响力的不足,霸权国往往通过结盟战略来实现扩张目标。

罗马人使用军事实力意愿之强烈迄今令人叹服。罗马将士忠勇卫国,"为祖宗骨灰而战,为庙堂神祇而战,男儿死得何憾"是他们的信念。① 罗马帝国是不断通过向西、向东南进行领土扩张,通过维护涵盖地中海全部海岸线的有效海上控制而建立起来的。它以战略眼光设计出以首都为起点的陆路和海军航道体系,一旦出现对安全的重大威胁则迅速重新部署和集结驻扎在仆从国和附属省的罗马军团。② 与此同时,罗马采取了与他国结盟,并使之作为仆从国参战的扩张战略。③

英国也是通过对外扩张和直接征服的方式建立起帝国的。不过,与罗马结盟战略有所不同的是,英国往往通过与欧洲列强结伴来组织对外侵略,英国遍及世界的殖民地及其实施的直接统治就是明证。当时的欧洲各国之间基本上是临时同盟关系,而无主从之分。

美国奉行制度化扩张战略,伴之以强大的军事威慑。美国建立霸权的主要方式就是结盟,建立以美国为核心的同盟体系,以此确定其霸权地位。但表3－4的数据还表明,美国在自己的全面实力尚未建立起来之时,在尚未确立霸权战略之前,并不注重于军事力量的扩张,而是专注于经济和对外贸易的发展。

西方三大霸权的不同之处

以上对三大霸权相同之处的分析表明,三者之间并非具有同质性,而是存在巨大的差异。以下,笔者将从实力基础、主导思想、主导战略等几个方面剖析三大霸权之间的不同之处,以更好地认识美国霸权的特征。

第一,从实力基础的角度看,三大霸权的权力资源不同,实力强度不同,其霸权的作用空间也有着巨大的差异。

首先,三大霸权的权力资源存在巨大的不同。罗马霸权的权力资源是原始性的,人口众多(鼎盛之际占当时世界人口的1/6到1/5)、地

---

① 桑达克:《西方文化史略》,华港出版社(台北)1968年版,第9页。
② 兹比格纽·布热津斯基:《大棋局——美国的首要地位及其地缘战略》,第14页。
③ 尼科洛·马基雅维里:《论李维》,上海世界出版集团2005年版,第219—220页。

域广袤、农业技术发达是其基本权力资源,而在此基础之上的军事力量则是最重要的权力资源。当然,罗马的原始民主政治制度也为霸权的建立奠定了国内基础。相比而言,英国霸权和美国霸权的权力资源要广泛得多。这与权力资源范畴的扩大和权力转移直接相关。英国建立了殖民帝国,控制地域之广袤、控制人口之众多令人叹为观止,但奠定英国霸权却是威名远扬的皇家海军、生机勃勃的工业生产和它控制的国际金融体系。① 尤其是,强大的海军力量是英国得以称霸的王牌。如丘吉尔指出的:"如果我们的海军霸主地位受到损害,那么我们民族和帝国的前途以及多少世纪由生命和成功所积累起来的财富就会不复存在,一扫而光。"②英国建立的现代国家制度、其孜孜以求的自由主义商业规范和易于防卫的岛国位置都是其霸权得以建立的基础条件,而工业化模式和国际金融体系更是英国霸权的新增长点。相比而言,美国的权力资源更为广泛而突出,除面临两洋、周边无强国的优越地理位置外,除一般霸权国拥有的强大经济实力、军事实力外,美国霸权资源最突出的几个方面就是无与伦比的科技优势、普世性的通俗文化及其在全球的传播和大规模的国际制度建设。相比前二者,美国霸权并不建立在海外占领的基础之上,而是将市场经济和自由民主观念作为对外扩张的宣言书。鉴于此,美国的权力资源更具有渗透性和扩张含义,尤其是在新的历史条件下,美国通过通俗文化、民主观念、国际制度等实现了全球化与美国化的融合,从而造就出一个真正的世界霸权。美国将科学技术创新作为其霸权维持和扩展基础的战略具有革新意义,可以说,美国霸权在一度衰落之后得以重建,新技术革命功不可没,当然国际制度的支撑作用对减缓和延迟美国霸权衰落的后果也发挥了重大作用。③

---

① Christopher Layne, "The Unipolar Illusion: Why New Great Power Will Rise", *International Security*, Vol. 17, No. 4, Spring 1993, pp. 5—51;陆钢:《战后金融外交与美国金融霸权》,《华东师范大学学报》(哲学社会科学版),2000 年第 5 期。
② 转引自丹尼尔·耶金:《石油·金钱·权力》,新华出版社 1992 年版,第 152 页。
③ 相关分析可参见:Robert O. Keohane, *After Hegemony: Cooperation and Discord in the World Political Economy*, Princeton: Princeton University Press, 1984;门洪华:《国际制度与美国霸权》,《美国研究》2001 年第 1 期。

表 3-5 西方三大霸权的主要权力资源

霸权国	时期	主要权力资源
罗马	公元前 27 年—公元 180 年	人口、罗马军团、生产技术、民主政治制度
英国	19 世纪	工业、财政与信贷、海军、岛国位置、自由主义商业规范、殖民地
美国	20 世纪中后期—21 世纪上半叶	经济实力、科技领先、军事实力、普世性文化、同盟体系、国际制度、跨国传播中心

其次,三大霸权的实力强度也是不同的。相比而言,罗马的实力强度最为薄弱。在经济上,古罗马各行省独立为政,形成不了统一的帝国经济;①军事上,罗马军团常常募兵不足,马略改革虽有成效,但也埋下了军事干政的内乱根源。罗马的两大基础资源虽属雄厚,却未能抵挡住蛮族的进攻,这从一个侧面反映了罗马实力强度的不足。与罗马和美国不同的是,英国霸权的实力强度尽管更为雄厚,却常常并非当时最强大的国家。处于巅峰的大英帝国是与其他国家分享世界的。当时,英国只在制造业、贸易、金融和海军等有限的领域处于世界首位;其国民生产总值居世界第三位,排在美国和俄罗斯之后;军事开支、军队人数、武器数量等方面居世界第三位,排在俄罗斯和法国之后。② 19 世纪 70 年代,英国占世界国内总产值的 24%,这一比例与当时的美国不相上下,而德国和俄罗斯紧随其后。在欧洲,英国至多是一个协调者,而不是主导者。③ 英国在海洋享有霸权,但它在欧洲大陆的军事力量非常有限,也从来没有强大到足以把自由贸易强加于美国或欧洲国家的地步。④ 另一方面,海权不足以赢得战争胜利,它必须有强大的陆权作为补充,拿破仑力图运用陆权征服海洋却徒劳无功,英国也不可能占领欧陆,这就是英国确定其欧陆政策的渊源,也是英国不可能成为全球霸

---

① 陈乐民:《欧洲文明十五讲》,北京大学出版社 2004 年版,第 46 页。
② Bruce M. Russett, "The Mysterious Case of Vanishing Hegemony; or, Is Mark Twain Really Dead?", *International Organization*, Vol. 39, No. 2, Spring 1985, pp. 207—239.
③ Robert Latham, "History, Theory, and International Order: Some Lessons from the Nineteenth Century", *Review of International Studies*, Vol. 23, No. 2, 1997, pp. 419—443.
④ Joseph S. Nye, Jr., *Bound to Lead: The Changing Nature of American Power*, New York: Basic Books, 1990, p.51.

权的根源之一。①

表 3-6 英美实力地位的比较

	英国的世界排名			美国的世界排名		
	1830	1870	1913	1945	1990	2000
国民生产总值	第三	第三	第四	第一	第一	第一
军费	第二	第三	第三	第一	第一	第一
制造业	第三	第一	第三	第一	第一	第一

资料来源：Bruce M. Russett,"The Mysterious Case of Vanishing Hegemony; or, Is Mark Twain Really Dead?", *International Organization*, Vol. 39, No. 2, Spring 1985, pp. 207—231。

相比而言，美国的实力强度最为雄厚、宽广。除人口数量、军事人员数量外，美国在各项软硬指标均名列前茅：在经济上，美国是全球经济增长的主要火车头，2004 年美国经济总量相当于排在其后的日本、德国和英国之和；美国拥有世界上迄今最强大的高科技经济，而且是世界上高科技制造业最强大的国家；美国的研发开支相当于其他最富裕的西方七国之和，并在开创性的尖端技术领域保持着全面领先地位；美国是唯一具有全球军事行动能力的国家，可以在关键战区形成陆地防务核心，并拥有世界上唯一的远洋海军，美国军费开支相当于世界上其他所有大国之和，而这仅占其国内生产总值的 4%；美国在文化上拥有巨大的吸引力，其通俗文化风靡全球。② 冷战初期，苏联曾在欧亚大陆形成地缘权力制衡，这种局面因冷战结束而打破，目前的态势是美国在所有方面均具有全面的优势，③而且不存在任何实质性的权力制衡。

最后，源于实力条件的不同，三大霸权的作用空间也有着巨大的差异。在其鼎盛期，罗马帝国横跨亚、非、欧三大洲，其最大边界东起亚美尼亚、美索不达美亚，南抵撒哈拉大沙漠，西至不列颠，北至莱茵河、多

---

① Francios Crouzet, "Mercantilism, War and the Rise of British Power", in Patrick Karl O'Brien and Armand Clesse, eds., *Two Hegemonies: Britain 1846—1914 and the United States 1941—2001*, Burlington: Ashgate Publishing Company, 2002, pp. 78—79。

② 兹比格纽·布热津斯基：《大棋局——美国的首要地位及其地缘战略》，第 32 页；William Wohlforth, "The Stability of a Unipolar World", *International Security*, Vol. 21, No. 1, Summer 1999, pp. 5—41。

③ Stephen G. Brooks and William C. Wohlforth, "American Primacy in Perspective", *Foreign Affairs*, Vol. 81, No. 4, July/August 2002, pp. 20—33。

瑙河。"在罗马人的心中,罗马帝国在本质上、在概念上都是全世界性的"。① 然而,罗马帝国并不是全球性的,与此同时在世界其他地区还存在其他不相连通的帝国,如波斯帝国、中华帝国等。英国霸权亦是与其他大国并存,且以欧陆均势为其霸权之根本。在鼎盛时期,英国帝国覆盖了北美洲的大部分、加勒比海广大地区、非洲撒哈拉沙漠以南、整个印度次大陆和澳大利亚、东南亚和太平洋地区,甚至一度控制中东的大部分地区,它统治下的人口和陆地面积甚至超过了当时法国、德国、葡萄牙、荷兰、西班牙、意大利、奥匈帝国、丹麦、俄罗斯、土耳其、中国和美国的总和,总人口 3.45 亿,陆地面积是其本土的 96 倍。② 但是,英国治下的和平时代并不为英国霸权所独有。1815—1853 年是英国和俄罗斯共有的时代,1853—1871 是欧洲均势的时代,1871—1914 年是英国与德国共享的时代。对美国霸权而言,冷战期间,美国只是西方世界的领袖,在全球层面是美苏共有的时代;冷战之后,美国才进入了独享霸权的时代。③ 尽管美国没有建立正式殖民地,但几乎没有什么地方不在美国的势力范围内,美国的军事存在遍布联合国 190 多个会员国的 132 国,在大约 40 个国家建有军事基地或享有建立军事基地的权利,还通过信息高速公路控制着全球,故而是迄今唯一的全球性霸权。

第二,在霸权的主导思想上,三大霸权有层级递进之势,但英国霸权和美国霸权的主导思想上也体现着罗马霸权的影子。

罗马的主导思想是原始的现实主义,采取铁血政策和军事征服,它所提供给被征服者的最大恩泽是公民身份。④

英国的主导思想是自由贸易帝国主义。19 世纪 50 年代,亚当·斯密关于经济自由的思想从理想变成了现实,英国不仅取得了世界经济的霸主地位,而且将自由贸易的原则推行到欧洲其他国家及其殖民地,英国利用经济霸权向世界各地自由推销产品、获得原料,从而成为一个世界性国家。英国通过贸易、法律、文化等无形的力量把整个殖民帝国连成一片,这样既可以减少英国对殖民地承担正式责任所应付的费用,又可以推进自由主义所倡导的商业原则。自由贸易提供了以商品替换武器、以商人替换士兵、以蒸汽船和游艇更换海军、以工业家更换贵族

---

① 罗素:《西方哲学史》,商务印书馆 1986 年版,第 355 页。
② 罗伯特·帕斯特编:《世纪之旅:七大国百年外交风云》,上海世纪出版集团 2001 年版,第 3 页。
③ William Wohlforth,"The Stability of a Unipolar World",pp. 5—41.
④ Immanuel Wallerstein,"Three Hegemonies",pp. 357—361.

的机会,英帝国为世界提供了全新的政治发展模式①,从而构成了建立霸权的主导理念。当然,对于英国这样的以商业利益为目标的国家而言,现实主义也是其基本的战略理念底蕴。

美国霸权的主导思想是新自由主义。对一个霸权国家而言,新自由主义保持了自由主义追求对外贸易、市场开放的心态,又强调了国际规则的重要性,从而将世界秩序、国际制度作为追求霸权的主要路径。堪为佐证的是,美国继承了英国所捍卫的自由主义经济原则,强调国际市场的开放性,同时又将英国维系国际金融秩序的金本位制进一步发展为布雷顿森林体系,进而改革为牙买加体系,以把握国际经济的发展趋势。王逸舟教授指出,"在新自由主义的国家—社会结构里,从前那种社会创新(如工业资本主义、大规模生产、福利政策等)得到改进,并与世界经济的相对和平与开放特征结合。这种体制把自己视为稳定的联盟体系中的一员来寻求自身安全,作为开放的世界经济的参与者来寻求自身的经济增长。作为领导者,美国使自己的安全和经济利益建立在世界更大范围的稳定与发展上。它超越了从前单纯寻求自身福利和安全的国家政策,按照所谓的'自由民主制度'的方向推进国际体系的更新"。② 此外,美国的全球体系设计还主要反映了美国的国内经验,其中"最主要的一点就是美国社会及其政治制度的多元性特点"③。当然,鉴于以上三大霸权国家在国内行民主、在海外行霸道的共有特性,美国霸权的主导思想中不乏极端自私自利和不吝于军事干涉的现实主义基底。

第三,三大霸权建立和维持霸权的战略有异,尤其是,随着国际社会中权力转移和问题转移,伴随着国际制度的演进历程,英国霸权和美国霸权的制度化程度呈递进态势,体现出霸权范式进化的基本特征。

罗马帝国以建立对征服地区的直接统治为目标,采取轴心—轮辐统治方式,通过控制交叉资源对边远地区施展影响力,因此道路建设和造船发达方便了帝国中心与边远地区的资源和影响力流动。罗马人采取的统治体制是,在被征服地区长期驻扎大批军队,实行军事统治;同时派人帮助同化被征服的人民,鼓励他们接纳罗马的身份和生活方式,

---

① Anthony Howe, "Free-Trade Cosmopolitanism in Britain, 1846—1914", in Patrick Karl O'Brien and Armand Clesse, eds., *Two Hegemonies*: *Britain 1846—1914 and the United States 1941—2001*, Burlington: Ashgate Publishing Company, 2002, p.69.
② 王逸舟:《试析国际政治学研究的美国重心》,《美国研究》1998年第1期。
③ 兹比格纽·布热津斯基:《大棋局——美国的首要地位及其地缘战略》,第33页。

将同化视为比胁迫更有效的控制方式。当然,训练有素的罗马军团构成了巨大的威慑。① 在罗马时代,霸权开始与帝国相关,并与帝国主义并列。② 尽管不时采取结盟战略解决自己帝国扩张或维持中的临时难题,但武力征服、军事对抗是罗马建立和维持霸权的一贯战略,在这一战略中,国际制度是没有容身之地的。罗马采取这样的战略,不仅与当时的历史条件有关,罗马并不存在真正的对手和应该认真对付的大国恐怕也是造成这一战略选择的部分根源。当然,与这一战略选择相关的穷兵黩武、军队堕落、文化衰败、政治分裂、财政枯竭等国内原因最终导致了帝国的败落,而蛮族入侵给了罗马帝国最后一击。

英国所追求的目标也是霸权,并最终建立了人类历史迄今最大的殖民帝国。英国建立霸权的前提条件是欧洲均势的形成和维持、皇家海军成为海洋的主宰。早在18世纪末,英国就摈弃了先前征服欧洲的计划,维持欧陆均势、集中精力进行海外扩张成为其战略选择。③ 为此,英国以防止任何国家控制欧陆为目标,在16、17世纪与法国等国抗衡西班牙,18、19世纪初联合普鲁士等国抗衡法国,19世纪末和20世纪上半叶联合法国等国抗衡德国,并长期信奉一旦干预就要动用绝对优势兵力的思想。④ 英国对外扩张的基础条件就是确立海上霸权。大英帝国的对外扩张总纲领就是:控制海洋,控制世界贸易,控制世界财富。⑤ 以海权为基础,英国超脱任何欧陆国家的挑战,在欧洲均势之中扮演制衡者的角色,并将自由经济的规范(自由贸易、金本位制、资本和人员的自由流动)作为利益协调的基础原则,从而建立了第一个国际性的自由经济秩序。⑥ 这一经济秩序具有多边主义的特征,但英国并没有将之制度化,只是推动了国际金融体系的初步建设。在安全问题上,英国有着强大的海军力量和易于防卫的岛国位置,尚无建立长期多边同盟的需要,因此,英国的安全同盟多是临时性的利益结盟,只有在其霸权衰落之后才与日本确立了固定同盟关系。在对外扩张战略

---

① Kupchan Charles, *The End of American Era*: *U. S. Foreign Policy and the Geopolitics of the Twenty-First Century*, pp. 125—127.

② Richard Ned Lebow and Robert Kelly, "Thucydides and Hegemony: Athens and the United States", *Review of International Studies*, Vol. 27, No. 3, 2001, pp. 593—609.

③ 安格斯·麦迪森:《世界经济千年史》,第84页。

④ Henry Kissinger, *Diplomacy*, New York: Simon & Schuster, 1994, p. 89.

⑤ 韩弼:《世界海战史》,海洋出版社1994年版,第22页。

⑥ Robert Latham, "History, Theory, and International Order: Some Lessons From the Nineteenth Century", pp. 419—443.

上,英国采取的一般性模式是以军事扩张开道,随即实行直接的政治、经济和文化统治,最终建立全面的控制权。与此同时,英国在尚未建立殖民地的地区寻求建立军事基地,寻求控制联结印度洋的战略要地,还派军队驻守在地中海、苏伊士运河、波斯湾等地。在殖民地的管理上,英国没有按照其国内政治安排来构造世界政治的意图,很少有将自己的国内治理理念推向世界的冲动,这与日后的美国霸权形成了鲜明的对比。

美国追求的是霸权,而不是帝国,从而在根本目标上与之前的两大霸权形成了鲜明的对照。约翰·伊肯伯里指出:"帝国与霸权的主要区别在于,在帝国内,领导国家在秩序之外单方面采取行动;在霸权秩序中,领导国家建立多边规则和制度,并在此间运作。"①当前的单极情势造就了帝国的诱惑,但建立在自由交易、扩散性互惠、提供公共物品和政府间错综复杂制度关系基础之上的美国霸权秩序不可能瞬间转化为帝国架构,甚至永远都不可能,如果考虑到国际制度的独立性及其制约作用的话。美国建立霸权的主要途径就是在世界政治经济的各个问题领域建立国际制度,同时在重要的地缘政治领域建立固定的同盟关系,将这些制度安排相关联,从而建立了以美国为核心的国际制度体系,而美国霸权就在此间确立起来。美国在确立、维持、扩展霸权进程中对国际制度的倚重引起了战略学者的浓厚研究兴趣。阎学通就此指出:"所有的霸权都是以军事实力为基础,以强制方法实现自己的海外利益的。美国与以往霸权的不同之处在于把它不完全依靠军事实力将自己的意志强加于人,而是想建立一个由美国主导的制度性霸权体系。"②如是,国际制度不仅成为美国国家实力的重要组成部分,也成为美国确立全球霸权的战略工具,堪称美国霸权之翼。相比罗马霸权和英国霸权,美国没有依靠领土征服、控制他国政府、掠夺资源等纯武力方式,而是强调理念的征服力量③,采取国家合作、经济控制、推行民主和军事遏制等制度手段来获取绝对收益,建立美国式的政治、经济、文化模式占主导的世界秩序。既有的国际制度将每一个国家都纳入到美国主导的世界秩序之中,从而构筑了一个"隐秘的美利坚帝国"。2001

---

① G. John Ikenberry, "Liberalism and Empire: Logics of Order in the American Unipolar Age", *Review of International Studies*, Vol. 30, 2004, pp. 609—630.
② 阎学通:《美国霸权与中国安全》,天津人民出版社2000年版,第23页。
③ Albert Weiberg, *Manifest Destiny: A Study of Nationalist Expansionism in American History*, Chicago, 1935, p. 240.

年上台执政的布什政府更愿意用美国实力独自建构霸权,而不愿意仅仅倚重制度性合作。然而,事实证明,布什对美国军事实力的依赖在打垮敌人方面非常有效,但在建设持久的和平与繁荣方面的效力就远远不够了。布什战争所证明的,远远不止单方面美国实力的胜利,更重要的是,美国外交政策的基础必须集实力与合作于一身。① 尽管有这样的战略变化,国际制度在美国单极霸权战略中的地位依旧是不可忽视的。对一个不愿意承担统治责任,甚至惧怕军人牺牲的超级大国而言②,国际制度恐怕是最能展现其利益诉求和全球战略视野的工具了。当然,鉴于美国实力的巨大膨胀,展示武力及其威慑力是任何霸权国家的必然趋向,而美国以武力威慑为基础改造、完善国际制度的战略正在形成之中,毕竟建立一个更反映美国战略利益的世界新秩序是冷战结束以来美国历届政府的一贯目标。③ 相比罗马霸权和英国霸权而言,国际制度与世界秩序的建构展现了美国霸权所独具的全球战略视野。

笔者认为,霸权建立与维持战略的一般规律是,思想力量是先导,文化力量是积淀,经济力量是基础,军事力量是保障,制度力量是延伸。相比罗马霸权和英国霸权而言,制度力量是美国霸权所独有的,而后者甚至成为美国霸权得以建立和维持的根本。因此,笔者倾向于认为,美国是一个制度霸权,"美国治下的和平"以制度与权力的结合为核心。

美国制度霸权的基本特征

没有任何大国能够完全倚重国际制度,但国际制度注定是霸权国外交战略的起点。鉴于此,国际制度对霸权战略有着关键性意义。美国当前面临的最大任务是,如何将压倒性实力转化为一种与其价值观及其利益相辅相成的国际共识和普遍接受的规范。从这个角度看,国际制度既对美国霸权提供了制约,也为束缚他国的手脚从而服务于美国的长远战略利益提供了条件。

国际制度在美国的霸权战略中占据重要的地位。首先,国际制度安排是美国霸权体系结构的核心,国际制度也成为霸权的重要组成部分,是为制度霸权。第二次世界大战临近结束,美国就开始在各个领域

---

① 伊沃·H.达尔德尔等:《后外交时代:不受约束的美国》,新华出版社2004年版,第263页。
② J.福斯特:《帝国主义的新时代》,《新华文摘》2004年第20期。
③ 彼得·本德尔:《美国——新的罗马》,中央编译出版社2005年版,第114页。

建立国际制度,填补英国霸权崩溃造成的真空,从而建构自己的霸权体系,确立自己的霸权地位。在经济领域,美国主导建立了国际货币基金组织、世界银行、关贸总协定等赖以控制和管理世界经济的得力工具;在安全领域,美国主导促成了联合国的建立,并确立联合国安理会的权威和大国决定的原则,从而确保了美国在安全领域的至上地位;在军事领域,美国在二战期间及其后在世界各战略要地建立了军事基地,并驻军欧亚,建立了保障自己利益与权力资源的军事战略网。这些国际制度相互影响、共同协作,构成了美国的霸权体系。其次,国际制度是美国护持其霸权的主要途径。美国一方面积极利用全球性国际制顿为其霸权利益服务,并在可行的范围内实施战略性自我约束,另一方面并不放弃传统维持霸权的战略途径。在 20 世纪 60、70 年代美国霸权衰落期间,国际制度与霸权的相互倚重关系有了清晰的体现。最后,利用和改造国际制度是霸权延展的主要方式。冷战结束以来,经过十数年的探索,通过启动北约东扩、强化美日同盟、调整美中关系等外交实践,美国基本确立了建立单极霸权的跨世纪战略总目标,并从安全、经济等不同领域就全球、地区、国家等不同层次规划战略蓝图。在美国的霸权体系设计中,经济、技术和军事实力是美国霸权得以建立的物质基础,而制度霸权则是其霸权体系赖以维持的侧翼。概言之,国际制度是美国的霸权之翼。

美国奉行工具性制度主义战略(Instrumental Multilateralism Strategy)。在美国的对外战略,单边主义、双边主义和多边主义是相辅相成的:作为秉持天定命运观的国家,作为实力最为强大的国家,源于其文化传统、国际目标和战略意愿,单边主义是美国对外战略的核心原则;然而,在一个相互依赖的世界上,任何一个国家都不是孤立于世的,采取双边主义和多边主义就有了必要性;作为传统的合作形式,双边主义一直是大国首选的合作战略,而美国素有与特定地区之特定国家结成特殊关系的传统,因此双边联盟在美国的霸权体系中扮演着战略基点的角色;多边主义构成现代霸权体系的基本架构,尤其是作为多边主义代表的国际制度在美国的霸权战略中发挥着极其重要的作用。因此美国所奉行的多边主义策略具有某种程度的制度性。然而,对美国而言,但当国际制度有损美国的利益之时,它依然会退回到单边主义。源于美国人对国际制度长期积累的一种反感,即不愿意国际制度损害其单边倡议的自由,美国对国际制度采取了工具主义的态度。实际上,在美国决策者看来,单边主义、双边主义、多边主义都是外交战略的端点,鉴于美国的霸权地位,它可以根据自己的利益需求采取灵活的单边主义、双边主义或多边主义战略,霸权优势为其采取工具性制度主义提供了可能。国际制度对美国霸权的制约作用,也使得美国更倾向于采取工具主义的应对方式。鉴于此,美国的常规做法是,仔细了解制度性合作的成本收益,然后有选择地参与,或采取单边主义措施。所以,工具性多边主义或工具性制度主义战略堪为美国战略之根本。①

美国当前对国际制度的改造具有本质性意义。乔治·W.布什上台以来,美国的单边主义倾向彰显,似乎工具性制度主义也被美国抛到了九霄云外,美国就要依赖单边主义来建立其单极霸权了。然而,在笔者看来,布什政府新战略的实质却是以单边主义之名、行国际制度改造之实。布什上台一年多,美国政府撕毁国际条约和违背的联合国协议比世界上其他国家过去二十年的总和还多。从《联合国海洋法》到《京都议定书》,从《生物多样性公约》、对古巴或伊朗实施的境外贸易禁运、要求世界银行和国际货币基金组织实施改革到拒绝国际刑事法庭,其目的就是以单边主义方式,强行放弃乃至破坏既有的不利于美国战略利益的国际制度。"9·11事件"将美国的实际目的表露出来。布什政府开始在某些重大议题上倚重国际制度,利用国际制度、改造国际制度成为布什政府的核心战略设计。例如,将先发制人视为美国大战略的核心决定了美国的目标是确保优势地位,而不是追求全球战略平衡;强调以菜单式多边主义(multilateralism a la Carte)取代宪章式多边主义(multilateralism a la Charte)意味着,美国对国际制度的战略发生了转移,即对国际制度采取机会主义的态度,在利用国际制度的同时拒绝接受多边主义的束缚。与此同时,布什政府非常注重国际制度创立中的先行者优势,积极谋求海上拦截检查等新领域制度建设的主导权。美国力图以反恐为名,推行维持优势地位和先发制人的战略,借以对国际制度进行改造,并以此为基础锻造出美国所期望的世界新秩序。威廉·普法夫指出:"霸权招致对手,霸权体系的本性引致反对者。"② 美国当前的霸权异动必然会给国际社会带来反思,招致其他大国的战略回应。基于此,笔者认为,美国当前的国际制度改造战略具有本质性

---

① Foot Rosemary, et al., eds., *US Hegemony and International Organizations*, New York: Oxford University Press, 2003, pp. 266—272; Joseph S. Nye, "U. S. Power and Strategy after Iraq", *Foreign Affairs*, Vol. 82, No. 4, July/August 2003, pp. 60—73.

② William Pfaff, "The Question of Hegemony", *Foreign Affairs*, Vol. 80, No. 1, January/February, 2001, pp. 221—223.

的意义。

美国采取工具性制度主义的战略、对国际制度进行改造的实践均源于对昔日霸权战略的总结及其自身的历史经验。作为一个负有强烈使命感、力求塑造世界未来的大国,美国素来站在国家主义的立场上、以全球主义的情怀处理世界事务,又时时把握着地缘政治经济的战略原则,这就是美国国际制度战略的实质。

本文系作者主持的国家社科基金青年项目"国际机制与美国霸权"(02CGJ005)的阶段性成果,发表于《当代世界与社会主义》2006年第2期。

国际机制与美国霸权

国际机制指的是在国际关系特定领域里行为体愿望汇聚而成的一整套明示或默示的原则、规范、规则和决策程序①,或有关国际关系特定问题领域的、政府同意建立的有明确规则的制度。② 1975 年,国际机制的概念被引入国际关系理论中,随后成为论述国际关系最时髦的概念之一。③ 该概念的提出,与美国学术界对美国霸权衰落的忧虑有着实质性的联系。④ 实际上,作为一种实用性理论,国际机制理论就是为解决美

---

① Stephen D. Krasner, "Structural Causes and Regime Consequences: Regimes As Intervening Variables", *International Organization*, Vol. 36, No. 1982, pp. 181—205.
② Robert Keohane, *International Institutions and State Power: Essays in International Relations Theory*, Boulder: Westview Press, 1989, p. 4.
③ Ibid., p. 57.
④ 参见:Robert Gilpin, *War and Change in World Politics*, New York: Cambridge University Press, 1981; Stephen Krasner, ed., *International Regimes*, Ithaca: Cornell University Press, 1983; Robert Keohane, *After Hegemony: Cooperation and Discord in the World Political Economy*, Princeton: Princeton University Press, 1984; Robert Gilpin, *The Political Economy of International Relations*, Princeton: Princeton University Press, 1987; Robert Keohane, *International Institutions and State Power: Essays in International Relations Theory*, Boulder: Westview Press, 1989; etc.。

国霸权衰落之后怎么办而提出来的。① 该概念提出的理论背景则是新自由主义对新现实主义的解释力提出挑战,并形成理性主义国际机制理论的两个流派。进入80年代,建构主义勃兴并提出自己对国际机制的解释,从而形成国际机制理论三分天下的格局。② 概言之,国际机制与美国霸权的建立、维持、衰落乃至重建都有着直接的关联;国际机制对美国霸权的建立、维持有着重要的意义;从某种角度上讲,国际机制甚至是美国霸权的一个重要组成部分;因之,国际机制理论与美国霸权也存在着某种实质性联系。本文正是从这一点出发,研究并验证国际机制理论对霸权问题的认识;并以之为基础,分析美国霸权与国际机制的关系,以达到进一步认识美国霸权目的。

一、国际机制理论关于霸权的分析

霸权是国际关系研究的核心议题之一,这一点突出地表现在国际机制理论上。作为一种实用性理论,国际机制理论研究的初衷之一就是如何认识美国霸权的建立、衰落与维持,并就此向美国政府提出"建言"。在国际机制理论的发展历程中,作为国际关系研究的基本理论范式,新现实主义、新自由制度主义和建构主义都对国际机制提出了自己的理论创见,从而形成了国际机制理论的三个主要流派。

新现实主义的国际机制理论被称为基于权力的(power-based)机制理论。③ 顾名思义,权力因素在其理论阐释中占据着核心地位。实际上,将权力一词换为霸权更能体现该派理论的实质,因为霸权稳定理论(hegemonic stability theory)就是"基于权力的国际机制理论的经典理论模式",是新现实主义对机制产生最权威的解释。④ 霸权稳定理论的基本主张是:霸权国家建立了自己的霸权体系,并制定该体系的国际机制,霸权国的实力与威望是其他国家接受这些国际机制的重要前提;霸权国利用这些机制维持霸权体系,最大限度地获得自己的利益;同

---

① Robert Keohane & Joseph Nye Jr., *Power and Interdependence: World Politics in Transition*, Boston: Little, Brown, 1977, Chapter Ⅲ; Robert Keohane, *International Institutions and State Power: Essays in International Relations Theory*, p.27.

② Andreas Hasenclever, Peter Mayer, and Volker Rittberger, *Theories of International Regimes*, London: Cambridge University Press, 1997, pp.1—2.

③ Ibid., p.1.

④ Andreas Hasenclever, Peter Mayer, and Volker Rittberger, *Theories of International Regimes*, p.86; Robert Crawford, *Regime Theory in the Post-Cold War World: Rethinking Neoliberal Approaches to International Relations*, Dartmouth: Dartmouth Publishing Company, 1996, p.57

时,为了维持该体系,它愿意向体系内的其他国家提供公共物品,容忍搭便车行为,而国际机制可视为一种公共商品;霸权国的衰落或急剧变化,则该体系的国际机制发生相应变化。概言之,霸权和霸权结构是国际关系的核心因素和必要前提,霸权国是国际机制的建立者和维护者;国际机制只是一种从属变量(dependent variable),霸权衰落或霸权结构销蚀将导致国际机制的倒塌或无效①;国际合作受制于霸权体系。以上主张受到两方面的挑战:从国际关系的现实而言,70年代初以来,美国霸权出现衰落迹象,但国际机制并未失效,其作用反而越来越突出;从国际关系的理论而言,新自由制度主义兴起并对之提出强有力的挑战,其代表则是罗伯特·基欧汉的"后霸权合作"理论。新现实主义的学者们也对该理论进行反思,并提出了新的解释。其中,罗伯特·吉尔平针对美国霸权衰落的现实,提出了霸权与大国政策协调并存的理论,并强调多边管理与政策协调的价值。② 这种努力代表着新现实主义在霸权与国际机制关系认识上的加深和自身理论的突破。

如果说吉尔平对霸权稳定理论提出了补充的话,新自由主义国际机制理论之集大成者基欧汉的主张则几近替代,尽管他坚持自己的本意不在毁灭现实主义,而是提出批评和修正。③ 新自由主义机制理论被称为基于利益的(interest-based)国际机制理论,是当前分析国际机制的主流理论。机制分析也被视为新自由主义的旗舰。④ 该派理论同意霸权稳定理论对国际社会无政府状态、国家是自私理性行为体的基本判断,承认权力在国际机制形成与维持中的作用,但认为国际机制是国际关系中的独立变量(independent variable),国家拥有只能通过合作才能实现的共同利益,强调国际机制在帮助国家实现共同利益中的重大作用;由于国际社会存在广泛的不确定性,没有国际机制,则国家间协议无法达成。国际机制正是通过降低不确定性来促进国际合作

---

① Andreas Hasenclever, Peter Mayer, and Volker Rittberger, *Theories of International Regimes*, p. 86.
② 罗伯特·吉尔平:《国际关系政治经济学》,经济科学出版社1989年版,第405—411页。
③ Robert Keohane, *After Hegemony: Cooperation and Discord in the World Political Economy*, p. 14.
④ Robert M. Crawford, *Regime Theory in the Post-Cold War World: Rethinking Neoliberal Approaches to International Relations*, p. 54.

的。① 概言之,国际机制并不一定需要霸权国家的支撑,而是拥有自己独立的生命;②随着国际社会相互依赖程度的提高,国际机制将不断发展,其发展并不完全依赖霸权国的意愿;在霸权时期建立的国际机制并不会在霸权之后崩溃,而将继续发挥作用。新自由制度主义机制理论将现实主义和自由主义结合起来,具有重要的理论整合意义。③ 但是,淡化权力因素的核心地位、否认国家相对收益的考虑是新自由制度主义的根本主张,这不仅受到新现实主义的强烈反对,也有违国际关系的现实。实际上,新自由主义机制理论在国际贸易和国际经济领域得心应手,但在安全领域的解释力显然没有新现实主义强大。

  以上两种理论都认为霸权是国际稳定和秩序的重要保证,并认为这是不需证明的预设;④它们将国际机制看作工具理性的产物,其产生与发挥作用依赖早于机制存在的国家之意愿。⑤ 这些观点被视为"理性主义方法",遭到了建构主义的坚决质疑乃至反对。亚历山大·温特(Alexander Wendt)认为,国家的行为、任何社会行为以规范结构为先决条件,不能从国家行为体的起点分析,而只能从其本身开始分析。⑥ 关于国际机制与霸权的关系,罗伯特·考克斯(Robert Cox)指出,霸权秩序是一种"历史结构":历史结构并不机械地决定行为体的行为,而是作为一个稳定的聚拢力量塑造了"行为发生的习惯、压力、期望和限制的情境"。霸权秩序通过国际机制对社会行为产生影响,而国际机制按照霸权利益来组织国际和跨国关系。⑦ 因此,现行国际机制加强了发达国家对世界其他部分的统治,是不公正分配的结果;战后的国际机制是美国控制世界秩序的一个组成部分,反映了西方统治

---

  ① Robert Keohane, *International Institutions and State Power: Essays in International Relations Theory*, p.108.
  ② Ibid., pp.130—131.
  ③ Robert Keohane & Joseph Nye,"Power and Interdependence Revisited", *International Organization*, Vol.41, 1987, p.733.
  ④ 秦亚青:《霸权体系与国际冲突》,上海人民出版社 1999 年版,第 249 页。
  ⑤ Richard Ashley,"The Poverty of Neoliberalism", *International Organization*, Vol.38, No.2, Spring 1984, pp.225—286.
  ⑥ Alexander Wendt,"The Agent-Structure Problem in International Relations Theory", *International Organization*, Vol.41, No.2, Summer 1987, pp.361—369.
  ⑦ Robert Cox,"Social Forces, State and World Order: Beyond International Relations Theory", in Robert O. Keohane, ed., *Neorealism and Its Critic*, New York: Columbia University Press, 1986, pp.217—248.

精英的利益和价值观念。① 考克斯还指出,新现实主义和新自由制度主义机制理论存在如下不足:其一,忽视国内因素,考克斯认为美国霸权之重要,不仅仅因为霸权的存在,还源于美国本身;其二,对现存国际机制道义地位的漠视,考克斯认为二战后建立的国际机制在道义上是应该受到谴责的。② 建构主义机制理论强调知识、学习、认同等在国际机制建立和维持中的作用,因而被称为基于知识的(knowledge-based)国际机制理论。③ 该派理论提出了对国际机制深具建设性的新解释、新观点,但迄今其分析尚未形成独立完备的理论体系。

以上,我们概述了国际机制理论几个主要流派对霸权与国际机制关系的分析,并简略分析了各自存在的不足。④ 实际上,权力、利益和知识都是国际机制理论研究的中心概念,但任何单一概念都不能解释国际机制的所有实质性问题。从理论方向上讲,理性主义和社会化选择是两个叙述同一事物的不同"文本"。⑤ 国际机制理论的发展趋向将是新现实主义、新自由制度主义和建构主义理论的相互借鉴,传统理性主义方法和社会学方法的相互结合。⑥ 以下,我们将结合三派理论的观点,就霸权与国际机制的关系提出一种综合性的认识:国际机制的建立源于国家尤其是霸权国的需要;由于国际社会无政府状态的存在,国际机制的建立是困难的,往往需要霸权国利用其超强的国家实力将国际机制强行建立并强加于其他国家;国际机制一旦建立起来,就成为国际社会中相对独立的变量,可以在霸权国实力支撑之外发挥作用;国际机制客观和主观上加强了霸权国的实力,甚至成为霸权的重要组成部分,它支撑着霸权并延缓霸权的衰落;霸权的衰落并未根本上导致国际机制的失效;霸权与国际机制不仅存在相互依赖,还存在相互制约:霸

---

① Robert Cox, *Approaches to World Order*, Cambridge University Press, 1996, p. 246; "Gramci, Hegemony and International Relations: An Essay in Method", *Millennium*, Vol. 12, 1983, p. 164.

② Andreas Hasenclever, Peter Mayer, and Volker Rittberger, *Theories of International Regimes*, pp. 202—207.

③ Ibid., p. 1.

④ 关于国际机制主要理论流派的不足之处,请参见门洪华:《对西方国际机制主要理论流派的批评》,《世界经济与政治》2000 年第 3 期。

⑤ Hollis and Smith, *Explaining and Understanding International Relations*, Oxford: Clarendon Press, 1990, p. 7.

⑥ 关于国际机制理论发展趋向的分析,详见门洪华:《国际机制理论的批评与前瞻》,《世界经济与政治》1999 年第 11 期。

权以及霸权结构从根本上制约国际机制的变化及其作用的发挥,而国际机制也制约霸权的恶性膨胀;在国际社会多极化和民主化进程中,二者的互动影响着未来国际局势的发展。这些看法是总结国际机制理论流派观点得出的,在以下美国霸权与国际机制关系的探讨中,笔者将结合对美国霸权的剖析验证之。

二、美国霸权与国际机制

霸权国是有能力确保管理国家关系的核心原则,并愿意这样做的国家。① 按照该定义,霸权建立的基础条件是:实力与意愿。具体地说,霸权国的标志就是该国在政治、经济、军事等各个方面拥有超出国际体系中诸国的占绝对优势的国家实力;而且有将自己的力量转化为对国际事务、国际体系和其他国际行为体进行干预乃至控制的意愿。霸权国建立霸权的手段或方式就是建立管理和控制国际事务、国际体系的各种国际机制,并胁诱其他国家参加,从而建立起自己的霸权体系。②

第二次世界大战给美国提供了建立霸权的机遇。美国的经济实力在19世纪末已经跃居世界首位,而二战使得美国一度占世界财富的40%,在生产效率、工业、商业能力、金融等方面处于绝对优势的地位,并主导着欧洲的战后经济重建,美国国力之强盛"令人难以置信";美国的军事力量大大超出世界其他强国,并一度垄断原子弹,它在全球建立战略基地,并拥有向任何地区投送兵力的能力;作为战时三大盟国之首和世界反法西斯联盟的核心,美国的政治意愿和设计曾基本得到其他主要国家的配合。美国不仅拥有影响和管理的实力,也表现出强烈的政治意愿。自立国之日起,美国就把自己当作"自由的灯塔",坚信自己的"天定命运"(Manifest Destiny)是安排整个世界,把人类引向"新的耶路撒冷"。③ 爱德华·卡尔(Edward Carr)认为:"1918年,在差

---

① Robert Keohane, *International Institutions and State Power: Essays in International Relations Theory*, p.234.

② 吉尔平指出,构成对国际体系统治的三个组成部分是权力的分配、威望的等级以及统治或至少是影响国家间互动的一系列规则,其观点与以上分析大意相同。参见罗伯特·吉尔平:《世界政治中的战争与变革》,中国人民大学出版社1994年版,第29—38页。

③ Albert Weinberg, *Manifest Destiny: A Study of Nationalist Expansionism in American History*, Chicago: Quadrangle Books, 1963, pp.72—77.

不多一致赞同的情况下,世界领导权已奉献给美国,……但被拒绝了。"① 其原因不仅在于英国霸权依然残存,也源于美国尚不具备建立霸权体系的实力和意愿。第二次世界大战被许多美国人视为"美国世纪"到来的前奏,影响美国至深的孤立主义思想退出外交决策圈,建立霸权已经成为美国的根本性外交目标。

  美国建立霸权的方式就是在各个领域建立国际机制,填补英国霸权崩溃造成的真空,从而确立自己的霸权地位和霸权体系。大多现存国际机制是由美国在二战结束不久建立的。② 这恰恰验证了基欧汉等学者的观点,即国际机制的创立与霸权国的出现和积极鼓励密切相关。③ 按照国际关系政治经济学的观点,美国霸权首先在经济领域建立起来。④ 英国在 1933 年的世界经济会议上就已经无法起到世界性的领导作用,并把"制定世界计划的角色"留给了美国。⑤ 美国建立经济霸权的标志就是布雷顿森林体系的建立,而后者也被看作美国按照自己的利益和意图塑造国际经济秩序的结果。⑥ 自此,国际货币基金组织(IMF)、世界银行(WB)、关贸总协定(GATT)所确立的国际经济机制成为美国赖以控制和管理世界经济的得力工具。在安全领域,美国主导促成了联合国的建立以取代国际联盟,并确立联合国安理会的权威和大国决定的原则,从而确保了美国在安全领域的至上地位;在军事领域,美国在二战期间及其后在世界各战略要地建立了军事基地,并驻军欧亚,建立了保障自己利益与权力资源的军事战略网。而且,美国文化及其价值观念也随之呈现"扩张"态势。⑦ 这些国际机制相互影响、共同协作,构成了美国的霸权体系。"美国治下的和平"(Pax Amer-

---

  ① Edward Carr, *Twenty Years' Crisis*:1919—1939 (2nd edition), London: Macmillan Company, 1946, p.234.

  ② Chris Brown, *Understanding International Relations*, Houndmills: Macmillan Press Ltd., 1997, p.50.

  ③ Robert Crawford, *Regime Theory in the Post-Cold War World: Rethinking Neoliberal Approaches to International Relations*, p.53; Robert O. Keohane, *After Hegemony: Cooperation and Discord in the World Political Economy*, pp.32—38.

  ④ 罗伯特·吉尔平:《国际关系政治经济学》,第 89—95 页。

  ⑤ 查尔斯·P.金德尔伯格:《1929—1939 年世界经济的萧条》,上海译文出版社 1986 年版,第 354 页。

  ⑥ Robert Crawford, *Regime Theory in the Post-Cold War World: Rethinking Neoliberal Approaches to International Relations*, p.57.

  ⑦ 资中筠主编:《战后美国外交史——从杜鲁门到里根》,世界知识出版社 1994 年版,第 10—12 页。

icana)时代来临了。在美国的霸权体系中,国际机制扮演着重要的角色。对美国而言,这些国际机制体现出来的主要是美国政治—文化观念,反映着美国式的政治结构和组织原则;美国按照其国内所认可的一套系统的规则,为其他国家制定行为规范,并向其他国家提供公共商品,力求它们遵循这些行为规范。① 约瑟夫·奈认为,国际机制是美国重要的权力资源,在他著名的软实力理论中,国际机制即被视为软实力的重要成分。② 对其他国际行为体而言,国际机制不仅是霸权提供的公共商品,也是它们所需求的物资,因为国际机制的建立从某些方面上也符合它们的期望;国际机制不仅被视为降低成本和不确定性的工具,也被视为创立责任的原则,在国际机制范围内达成协议要比机制之外方便得多。既然国际机制是在达成共识的前提下创立的,则违背机制规范不仅有损双方获益的制度安排,也将破坏违反者的声名,从而损害其未来制定协议的能力,这是任何国家都必须虑及的;③由于美国霸权的巨大投射力,国际机制对它们的影响和制约更显强大。另外,美国霸权提供的是一种"庇护性领导"(paternal leadership)④,美国并非仅仅垄断他国必须遵从的条款,而且鼓励他国参与制定;美国帮助建立的国际机制不仅体现着基本原则、规范的创新,也体现着某种延续;这些国际机制不仅影响着其他国家追求利益的方式,也影响着它们对自己行为的理解及其国家利益的判定,塑造着它们处理国际问题的方案。⑤ 概言之,美国霸权与国际机制相辅相成,从某种意义上讲,国际机制为美国霸权提供了便利的权力资源,其本身也成为美国霸权的重要组成部分,我们称之为"机制霸权"(regime hegemony)。当然,国际机制建立之后,也获得了独立的生命力,并对霸权形成了一定的制约。霸权国也必须遵循自己创立的国际机制,尽管后者并不总是体现或维护前者的利益。当然,美国这样做的目的是"最大限度地实现自身利益,作出

---

① 参见:布热津斯基:《大棋局——美国的首要地位及其地缘战略》,上海人民出版社1998年版,第39页;Stephen D. Krasner, "Structure Causes and Regime Consequences: Regimes as International Variables", *International Organization*, p.186。

② 奈认为,软实力包括文化吸引力、意识形态和国际机制三个方面。参见 Joseph Nye, *Bound to Lead: The Changing Nature of American Power*, New York: Basic Books, 1990, p.188, p.267。

③ Robert Keohane, *After Hegemony: Cooperation and Discord in the World Political Economy*, p.126.

④ Klans Knor, *The Power of Nations*, New York: Basic Books, 1975, p.25.

⑤ Joseph Nye, *Bound to Lead: The Changing Nature of American Power*, p.192.

让步,维持稳定。"①

表 3-7　16—20 世纪主要支配国及其权力资源

时期	支配国	主要权力资源
16 世纪	西班牙	黄金、殖民地贸易、雇佣军、王朝统治
17 世纪	荷兰	贸易、资本市场、海军力量
18 世纪	法国	人口、乡村工业、公共管理、陆军
19 世纪	英国	工业、财政与信贷、海军、岛国位置(易于防卫)、自由规范、政治融合
20 世纪	美国	经济规模、科技领先、普世性文化、军事实力与联盟、自由国际机制、跨国传播中心

来源:Joseph Nye, *Bound to Lead*:*The Changing Nature of American Power*, New York:Basic Books, 1990, p.34。

　　美国霸权最突出的弱点是其不完整性。约瑟夫·奈指出,学者们对霸权的定义各有千秋,但他们一致认为完整的霸权应包括生产、商业、金融、政治与军事等各方面。根据这一认识,美国从来不是一个完整意义上的霸权国。在政治与安全领域,冷战的爆发导致联合国作用的式微,美国设计的安全框架被它自己放弃;在军事领域,美国未曾拥有霸权式的权力资源,它的军事力量受到苏联军事力量的制衡,欧洲和日本也时常因此与美国在联盟体系内讨价还价;②从某种角度上讲,美国 40—50 年代的经济强大是反常的,随着其他国家的经济重新获得健康发展,美国经济实力的相对下降是必然的。这种弱点也表现在国际机制的建立与维持上:美国未建立国际贸易组织(而代之以关贸总协定)、世界石油机制(建立于 70 年代美国霸权衰落之后),而它苦心经营的《巴格达条约》遭到了失败等。这个根本性弱点也直接导致了美国霸权的衰落。③ 60 年代末 70 年代初,随着美国经济实力的下降,美国霸权的式微在政治、经济、军事等各方面都凸显了出来:政治上,第三

---

①　Robert Gilpin, *U. S. Power and Multinational Corporation*:*The Political Economy of Foreign Direct Investment*, New York:Basic Books, 1975, p.85。
②　苏联的三个主要的权力资源是军事力量、地理位置与软实力(跨国的意识形态与共产主义的政治制度)。参见 Joseph Nye, *Bound to Lead——the Changing Nature of American Power*, Preface to the Paperback Edition, p. xiv, p.90。
③　基欧汉认为,美国的衰落是"不完全衰落"(incomplete decline)。参见 Robert O. Keohane, *International Institutions and State Power*:*Essays in International Relations Theory*, p.27。

世界力量的壮大从政治上制约着美国意图的实现,中东石油武器的运用就是一个明确的标志;经济上,布雷顿森林体系的破产标志着美国经济上绝对优势地位的丧失,大国之间的经济竞争步入了新阶段;军事上,美国卷入越南战争并遭到惨败,美苏战略核武器达到实质性平衡。①

霸权的衰落使得承担义务与资源平衡成为美国决策者考虑的核心课题。② 对现有的国际机制,美国从对自己利益的制约采取"宽容的忽略"变成了对其他国际行为体利益的"恶意的忽视",成为一个掠夺性的霸主。③ 由于美国实力的下降与意愿的改变,现存的霸权体系受到严重冲击,国际冲突愈加频繁。

制定国际机制并监督协调其执行、提供公共商品、保障世界秩序是霸权国的职责。美国霸权的衰落及其职责的放弃,必然导致国际机制的震荡。1971年8月15日美国单方面宣布终止固定汇率制、破坏布雷顿森林体系的机制安排,就是一个明证。但这种震荡并未完全导致国际机制的崩溃。实际上,这时国际机制的独立作用才得以较充分的发挥。基欧汉认为,国际机制有两种:(1)霸权国通过一系列组织化安排维持着对他国行为某种程度控制的控制性机制;(2)在霸权销蚀过程中替代控制性机制的保险性机制。④ 1973—1974年的石油危机使西方世界品尝到既无霸权也无国际机制的痛苦,从而导致了1974年国际能源规划协议的签署和国际能源机构(IEA)的建立,基欧汉称之为"霸权后合作的形成"。该机制就是一种保险机制,它替代了霸权国降低交易成本、减少不确定性和提供指导原则的职能,以及通过协调建立原则的方式。基欧汉认为,国际机制不能像强大的霸权国那样创立秩序,

---

① 关于美国霸权衰落的时间,沃勒斯坦认为是1967年;莫德尔斯基认为是1973年;而基欧汉认为70年代石油危机的爆发标志着美国霸权的衰落。根据以上推断,美国霸权衰落于60年代末70年代初,其标志为:越南战争、布雷顿森林体系的崩溃、中东石油武器的运用等。参见:Immanuel Wallerstein, *The Politics of the World Economy*, New York: Cambridge University Press, 1984, pp.41—42; George Modelsiki, "Long Circle of Global Politics and International Relations", *International Organization*, Vol.41, No.2, 1987, pp.214—235; Robert Keohane, *After Hegemony: Cooperation and Discord in the World Political Economy*, p.16。

② 李普曼认为,这是外交政策的基本问题。参见 Walter Lippmann, *U. S. Foreign Policy: Shield of the Republic*, Boston: A. W. Sijthoff Company, 1943, p.7。

③ John Conybeare, "Public Goods, Prisoners' Dilemmas and the International Political Economy", *International Studies Quarterly*, Vol.28, 1984, pp.5—22。

④ Robert Keohane, *International Institutions and State Power: Essays in International Relations Theory*, pp.122—125。

但是机制能够导致平衡,满足成功的期望并远离混乱与失败。非霸权合作是困难的,因为国家为自我利益而非公共利益所驱动。但是,世界政治并非时时处在战争状态,国家之间确实有互补利益。霸权的衰落并未终止对国际机制的需求。而且,"美国霸权的遗产仍存在于一系列国际机制中,这些机制甚至创造着更有利的组织环境"①。除新国际机制在霸权之后建立起来之外,原有的国际机制也继续发挥着作用。随着第三世界力量的壮大,联合国奠基者确立的基本原则得到强调,联合国成为两个超级大国缓冲乃至政治协商的场所,从而发挥着独特的作用。布雷顿森林体系虽然瓦解了,但国际货币基金组织、世界银行和关贸总协定仍发挥着各自的作用;更为关键的是,一个制度化的框架已经建立起来,协作精神也得以保留,国际经济生活中的重要规则继续得到遵守;自1975年起,西方七国首脑会议(G-7)逐渐成为协调西方乃至世界经济的重要机制,大国协调代替了霸权管理的部分权限。由于世界日趋相互依赖,自由制度主义所主张的"制度安排"是起到较大作用的。但是,由于国家是国际体系中的基本行为体,而国际机制不具备超越国家的权威性,因此后者的作用是有限度的。当某种国际机制对霸权国有损无益且不断使它处于不利地位时,该国就可能推翻之,如果它有能力承受为此所付出的巨大成本。处于相互依赖关系中的霸权受到特定国际机制的制约,它从这种相互依赖关系中获得了利益,也为此付出了一定的机会成本。概言之,国际机制与霸权的相互关系在霸权衰落期间更为清晰地表现了出来。

  1989年冷战的结束、敌手苏联的消失,美国成为唯一的超级大国。进入90年代,美国经济一直保持增长和竞争力上升的趋势,并率先进入了知识经济的新时代。知识资本孕育着新的世界霸权。莫蒂默·朱克曼(Mortimer Zucherman)认为,"在21世纪即将来临的时候,美国正处在类似其进入20世纪时的地位。……美国拥有过20世纪,它也将拥有21世纪"②。美国决策者认为,在近中期(即从现在到2015年前后),世界将是一超多强的格局:军事上,美国是唯一的超级大国,军事力量将遥遥领先;经济上,美国仍是世界上最强大的经济体,中国有可

---

① Robert Keohane, *After Hegemony: Cooperation and Discord in the World Political Economy*, pp.218—244.

② Mortimer Zucherman, "A Second American Century", *Foreign Affairs*, Vol.77 No.3, May/June 1998, pp.19—31.

能成为新的、与美日欧并列的经济中心,但尚需时日;政治上,美国仍将发挥领导作用,但受到一定的抑制;文化上,美国的民主价值观得以认证,在世界上的影响越来越大。当前是美国重建单极霸权体系的最佳时机。肯尼思·沃尔兹甚至问,哪个国家,或者哪些国家具有物质上的实力和政治上的愿望,能够结束美国的"单极时刻"呢?①

　　冷战结束不久,美国总统布什就倡议建立世界新秩序。此后,美国致力于跨世纪全球战略的制定,以抢占21世纪的制高点。经过数年的探索,通过启动北约东扩、强化美日同盟、调整美中关系等外交实践,美国基本确立了重建霸权的跨世纪战略总目标,并从安全、经济等不同领域就全球、地区、国家等不同层次规划战略蓝图。其基本战略部署是:在政治上,构造由美国领导的、由民主国家组成的世界,以此为中心建立世界新秩序,弱化联合国机制的作用,使之限定在人权、环境保护、人道主义干预等领域。在经济上,构筑以美国控制的国际货币基金组织、世界银行和世界贸易组织为中心的全球经济体系,以扩大北美自由贸易区的范围,加快亚太地区贸易和投资自由化的进程,构筑泛大西洋自由贸易区。在军事上,实施"塑造—反应—准备"战略,谋求"压倒性军事优势";在地区安排上,立足本土和美洲大陆向大西洋和太平洋同时出击,构筑两洋战略机制:首先确保在欧洲的霸主地位,把北约作为在全球实施军事干预的工具;确保并推进在亚太的政治、经济和安全利益,积极参与亚洲问题的解决;继续实施"东遏两伊、西和阿以"的中东战略,确保在中东的战略和经济利益。可以看出,美国跨世纪全球战略的构想就是利用当前的有利局势,以经济实力和军事实力为后盾,以北约军事干预为样板,以参与制定国际机制为诱饵,联合西方盟国、诱压新兴或未来大国、打击"无赖国家",重建单极霸权体系,实现21世纪仍旧是"美国世纪"的梦想。在美国的霸权体系设计中,经济、技术和军事实力是美国霸权得以建立的物质基础,是为硬实力(command power);而机制霸权则是其霸权体系赖以维持的侧翼,是为软实力(soft power)。具体地讲,美国在全球扩张自己的民主制度和文化价值观,以此塑造国际机制和国际体系,根据自己的战略安排继承或修改现有的国际机制,制定新的国际机制,使之成为全球共同遵守的国际规则,诱迫他国接受自己的制度安排,从而确立自己的机制霸权;对不服从或意

---

① Kenneth Waltz,"East-West Relations After the Cold War",载周荣耀主编:《冷战后的东西方关系——学者的对话》,中国社会科学出版社1997年版,第232页。

图挑战美国霸权的国家则以"硬实力"进行无情打击,保证美国对整个国际事务的控制权。在美国重建单极霸权的规划中,国际机制无疑占据着绝对重要的位置。

三、简短的结论

国际机制理论发端于美国,从一定意义上讲,是美国学术界对美国霸权衰落寻求解释与对策的产物,国际机制理论也主要反映着美国的政治—文化价值观念,美国无疑拥有解释国际机制理论的"话语霸权"。在现实中,美国是国际机制的主导者、主要制定者和监督实施者;现有的国际机制一方面反映了客观发展的规律,另一方面又与美国的霸权地位有关。美国一贯重视在国际上制定有形和无形的法规、行为规则和制度安排。从理论上讲,当前的国际机制体系与美国霸权是相互促进的,现存具操作性的国际机制对美国基本是有利的,通过有利于自己的国际机制发挥作用,美国可以弥补实力缺陷、促进霸权重建。世纪之交,影响世界未来走向的"机制之争"趋于激烈。美国力图维持对美国有利的国际机制,改造对美国既有利又有弊的国际机制,使之符合美国的利益;对不符合美国利益的国际机制,则弃置不用或打破;建立新的国际机制,以更好地维护和促进美国的霸权目标。

由于美国所拥有的军事、技术和经济优势,美国单极霸权的建立似乎不可避免。[①] 约瑟夫·奈甚至质问到,作为国际体系中硬实力和软实力资源最强大的国家,未来世界的霸主舍美国其谁?[②]

美国建立单极霸权的欲望能否实现,取决于多种因素。但有必要说明的是:其一,从理性思考出发,霸权国力量和地位的衰落是必然的。沃伦斯坦的认识给我们提供了某种辩证的启示:"一个国家一旦真正成为霸权国就开始衰落:因为一国不再是霸权国,不是因为它丧失了力量,而是因为其他国家将取得胜利。达到巅峰就意味着未来肯定不属于你,不管现在多么显赫。"[③] 其二,美国尽管是世界上唯一的超级大国,但其控制世界的能力并未因之而增强。王缉思指出:"美国不会失

[①] 菲利普·科恩:《美国将并购整个世界吗?》,法国《玛丽安娜》周刊 1999 年 11 月 22—28 日。转引自《参考消息》1999 年 12 月 6 日、7 日第 3 版。

[②] Joseph Nye, *Bound to Lead*: *The Changing Nature of American Power*, p. xv.

[③] I. Wallerstein, *The Modern World System II*: *Mercantilism and the Consolidation of the European World Economy*, 1600—1750, New York: Academic Press, 1980, p. 38.

去其超级大国的地位,但也不会拥有传统意义上那种称霸世界的能力。"① 而且,美国国内诸多因素限制着其霸权作用的发挥。前总统国家安全事务助理布热津斯基认为,"对美国全球角色的真正挑战越来越来自内部而不是外部"。② 实际上,被视为美国霸权复兴标志的海湾战争却恰恰是"本世纪以来美国感到无力独自负担的第一次军事行动"。③ 其三,世界多极化的趋势对美国霸权形成制约。美国对外政策研究所所长理查德·哈斯(Richard Hass)认为,美国的经济和军事优势尽管巨大但并非无限或永久,美国的优势将不会持久,世界多极化越来越明显。④ 国际机制作用的增强与世界多极化不无关联。美国构筑单极霸权体系与多极化潮流是背道而驰的,失道寡助必是其基本表现特征。其四,世界民主化对美国霸权的影响。现存国际机制固然反映着美国的利益,但并非与美国利益完全契合。现存国际机制赖以建立的原则从民主化程度上讲是不足的,但国际机制的价值并不局限于创建者的意图。随着世界民主化进程的进一步发展,国际机制的独立作用将进一步得到发挥,它对美国霸权的制约也将愈加越明显和具有根本性。⑤ 而且,没有大多数国家的同意,一种完备的、全球性的国际机制体系难以建立。尽管现存国际机制倾向于发达国家的利益,但只有广大发展中国家接受美国确立的国际机制,美国完整的霸权体系才能建立起来。对国际机制的继承、修改、制定,不仅仅是美国利益的体现,其他国家也期望通过以上行为反映自己的利益。因此,未来的国际机制体系并不取决于美国的一厢情愿。以上种种矛盾,必然从根本上制约着美国单极霸权的重建。

本文发表于《美国研究》2001 年第 1 期。

---

① 王缉思:《高处不胜寒——冷战后美国的世界地位初探》,《美国研究》1997 年第 3 期。
② 布热津斯基:《大失控与大混乱》,中国社会科学出版社 1994 年版,第 158 页。
③ Robert D. Hormats,"The Roots of American Power", *Foreign Affairs*, Vol. 70, No. 3, 1991, pp. 132—149.
④ Richard Hass,"What to Do With American Primacy", *Foreign Affairs*, Vol. 78, No. 5, Sept. /Oct. 1999, pp. 37—48.
⑤ Robert Keohane,"International Institutions: Can Interdependence Work?", *Foreign Policy*, No. 110, Spring 1998, pp. 82—96.

关于美国大战略的框架性分析

美国素以大战略谋划著称,其宏观战略安排之精当、谋划之深远,诸大国无出其右。从历史上看,美国的大战略谋划有几个关键的历史阶段,从18世纪华盛顿的孤立主义战略定位到19世纪初确定其美洲霸主地位的"门罗主义",从19世纪开始的逐步扩张战略到第一次世界大战、第二次世界大战之间走向西方世界领导地位的渐进战略,从冷战期间的遏制战略到冷战结束之后"接触加遏制"(con-gagement)的战略思考,从冷战结束以来单边主义与多边主义的战略摇摆到当前单极霸权战略的定位,美国塑造周边环境和确定世界大国关系的战略安排无不体现出一种深谋远虑的能力,且不乏实用主义的灵活战术运用。

本文旨在建立一个评估大战略的理论框架,并据此剖析冷战后美国大战略的基本特征,以加深对21世纪初美国战略调整的认识。

评估大战略的理论框架

从大战略谋划的角度看,大战略研究一般包括战略形势判断、战略目标选择和战略手段确定等主要方面的内容。所谓"形势判断",指的是对国家战略资源、国际环境进行战略评估,其中战略资源是大战略的物质基础。所谓"战略目标选择",就是在以上战略评估的基础之上,选择清晰、明确、可行的战略目标,战略目标是大战略的核心。所谓"战略手段确定",即选择大战略目标赖以实现的各种战略手段。"智者之虑,杂于利害"。① 作为一种思维方式,大战略始终围绕利害关系展开思考和进行运筹,通过对经济、政治、军事、外交、精神文化等多类手段的综合运用来实现国家安全及其国际战略目标。大战略的成功有赖于战略目标与战略手段之间的平衡。利德尔·哈特(B. H. Liddell Hart)指出,"战略能否获得成功,主要取决于对目标和手段(工具)能否进行精确计算,能否把它们正确地结合起来加以使用。目标必须与现有一切手段相适应"。② 保罗·肯尼迪(Paul Kennedy)认为,目标与手段的协调有一个最起码的要求,那就是战略决策者对本国及对手国家的目标、手段或能力做出基本充足、大致合理的估算;任何过高或过低的估计都可能使得本国的目标与手段脱节,从而给国家带来风险。③

从一般意义上讲,国家实力、战略观念、国际制度等因素是构建大战略框架的主要支柱或核心变量,三者整合为国家的对外与安全能力(foreign & defense capabilities)。④ 其一,具体地说,国家实力是大战略的物质基础,而如何运用国家实力至关重要。鉴于国家实力的纷繁复

---

① 《孙子兵法·火攻》。
② B. H. Liddell Hart, *Strategy: The Indirect Approach*, London: Faber and Faber Ltd., 1967, pp. 335—336.
③ Paul Kennedy, *Grand Strategy in War and Peace*, New Haven: Yale University Press, 1992, p. 4.
④ 国家实力、国际制度、战略观念三个基础变量的选择,来源于作者对国际关系理论主流范式新现实主义、自由制度主义和建构主义的研究和把握。权力、国际制度、观念分别是以上三个理论范式的核心变量,源于笔者对国际关系理论范式相互借鉴与融合的认识,作者看重权力、制度与观念在理论解释和实践应用中的价值。这些变量的选取还受惠于对保罗·肯尼迪著作的研读。肯尼迪指出:"鉴于大战略概念内涵与外延的延伸,我们必须将一系列原本传统军事历史未曾关涉的因素纳入考虑之中,具体地说,(1)国家资源,即使用与管理国家资源以实现目的与手段之间的平衡;(2)外交,即外交通过结盟、赢得中立国支持和减少敌对国数目的方式提高国家地位;(3)国民士气和政治文化,其重要性不可低估。"这一观点与作者的判断有异曲同工之妙。此外,这些基础变量的选择还来源于对约瑟夫·奈软权力理论的研读。参见:Paul Kennedy, ed., *Grand Strategy in War and Peace*, pp. 4—5;Joseph Nye, *Bound to Lead: the Changing Nature of American Power*, New York: Basic Books, 1990;Joseph Nye, *The Paradox of American Power: Why the World's Only Superpower Can't Go It Alone*, New York: Oxford University Press, 2002;门洪华:《国际关系理论范式的相互启示与融合之道》,《世界经济与政治》2003 年第 5 期;门洪华:《建构新自由制度主义的研究纲领——关于〈权力与相互依赖〉的一种解读》,《美国研究》2002 年第 4 期;门洪华:《罗伯特·基欧汉学术思想述评》,《美国研究》2004 年第 4 期。

杂,笔者认为其战略资源(national strategic resources)——包括经济资源、人力资源、自然资源、军事资源、知识资源、政府资源、资本资源、国际资源等八类战略资源——是国家实力在大战略中的集中体现。其二,一个国家的大战略谋划还取决于该国的战略观念及其战略决策能力等,后者决定了一个国家能否准确地全面认识自己所面临的环境,确定自己的国家利益,提出和实现自己的战略目标,形成有效的战略决策。① 其三,国际制度构成国家大战略意愿和能力得以体现的世界舞台,在全球化如火如荼的局势之下,国际制度成为体现国家战略影响力的主要途径。综上所述,国家实力、战略观念、国际制度三个核心变量分别代表着国家的物质实力、精神实力和国际影响力,是全球化背景之下制定和实施大战略的基础要素。

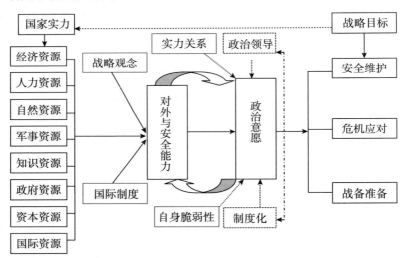

图 3-2 评估大战略的理论框架

在一般意义上讲,一个国家大战略的制定与实施,有赖于该国对国家实力、战略观念和国际制度的认识、把握与运用;而评估一个国家大战略的态势与效应,则需要强调政治意愿(political resolve)的价值。具体地说,经济资源、人力资源、自然资源、军事资源、知识资源、政府资源、资本资源、国际资源等是构成国家总体实力的基本要素,它们经过战略观念的优化组合、国际制度的参与等整合构成国家的对外与安全

---

① 法国的富勒将军指出:"大战略家的第一职责是评估国家的经济和财政地位,并发现其优劣之所在;第二,他必须了解其国民的精神特性,其历史、社会以及其政府制度。"参见 J. F. C. Fuller, *The Reformation of War*, London: Hutchinson & Co., 1932, pp. 218—220。

能力;在国家战略态势上,政治意愿至为关键,笔者视之为国家战略目标得以实现的关键性武器,其中政治领导(political leadership)和制度化(institutionalization)决定政治意愿,而实力关系(power dynamics)和自身脆弱性(self-vulnerability)是影响政治意愿的重要变量;国家运用对外与安全能力通过政治意愿实现战略目标(strategic aims),而国家的战略目标包括和平维护(如战略威慑)、危机应对(crisis management)和战备准备(combat readiness)等几个方面。综上所述,剖析美国大战略,应要重点关注美国的对外与安全能力、政治意愿和战略目标等三个层面。

冷战后美国大战略的选择

冷战的结束标志着一个新时代的到来,如何确定新时期的美国大战略成为各界关心和思考的重大问题。在激烈的争论过程中,四种战略选择明显地凸现出来,这就是新孤立主义(neo-isolationism)战略、选择性接触(selective engagement)战略、合作安全(cooperative security)战略和单极霸权(unipolar hegemony)战略。随着美国实力的持续膨胀,美国决策者越来越认识到,没有哪个国家拥有结束美国"单极时刻"的物质实力和政治意愿,美国的大战略选择也迅速确定为确保其领导地位、利用其实力和机遇塑造国际秩序、建立单极霸权。①

---

① 参见如下文献:Kenneth Oye, et al., eds., *Eagle in a New World: American Grand Strategy in the post-Cold War Era*, New York: Harper-Collins, 1992; Barry Rosen and Andrew Ross, "Competing Visions for U.S. Grand Strategy", *International Security*, Vol. 21, No. 3, Winter 1996/1997, pp. 5—53; Michael Mastanduno, "Preserving the Unipolar Moment", *International Security*, Vol. 21, No. 4, pp. 49—88; Christopher Layne, "From Preponderance to Offshore Balancing: American's Future Strategy", *International Security*, Vol. 22, No. 1, pp. 86—122; John Ikenberry, "Institutions, *Strategic Restraint*, and the Persistence of American Postwar Order", *International Security*, Vol. 23, No. 3, pp. 43—78; John Ikenberry, "American Grand Strategy in the Age of Terror", *Survival*, Vol. 43, No. 4, 2001, pp. 19—34; John Ikenberry, "America's Imperial Ambition", *Foreign Affairs*, Vol. 81, No. 5, Sept. /Oct. 2002, pp. 44—60; Michael Mandelbaum, "The Inadequacy of American Power", *Foreign Affairs*, Vol. 81, No. 5, Sept. /Oct. 2002, pp. 61—73; Stephen Brooks and William Wohlforth, "The New Rome: American's Primacy in Perspective", *Foreign Affairs*, July/August 2002, pp. 20—24; Robert J. Art, *Grand Strategy for America*, Ithaca: Cornell University Press, 2003; John Ikenberry, *After Victory: Institutions, Strategic Restraint, and the Rebuilding of Order after Major Wars*, Princeton: Princeton University Press, 2001; Charles Kupchan, *The End of the American Era*, New York: Alfred Knopf, 2002, etc. 。

表 3-8 可供选择的大战略菜单①

	新孤立主义战略	选择性接触战略	合作安全战略	单极霸权战略
理论支点	防御性现实主义	传统的均势现实主义	自由主义	最大限度的现实主义/单边主义
国际政治的主要问题	避免介入他国事务	大国之间的和平	和平不可分割	匹敌对手的崛起
期望的世界秩序	远距离的均势	均势	相互依赖	霸权
国家利益的概念	狭隘的	受到限制的	跨国性的	宽泛的
区域重点	北美洲	工业化的亚欧地带	全球	工业化的亚欧地带以及潜在竞争对手
核扩散	与我们无关	有选择地防止扩散	不加选择地防止扩散	不加选择地防止扩散
北约	退出	维持	转型、扩大	扩大
区域冲突	不介入	遏制、有选择地进行干预	干预	遏制、有选择地进行干预
种族冲突	不介入	遏制	不加区分地进行干预	遏制

---

① Barry Rosen and Andrew Ross, "Competing Visions for U. S. Grand Strategy", *International Security*, Vol. 21, No. 3, Winter 1996/1997, pp. 5—53；美国学者罗伯特·阿特则指出，美国有八种战略选择，其目标分别是：霸权战略的目标是统治世界；全球集体安全战略的目标是维持世界各地的和平；地区集体安全战略的目标是维持某些地区的和平；合作安全战略的目标是通过限制各国的进攻性军事实力而减少战争爆发的频率；遏制战略的目标是对一个特定的国家形成包围；孤立主义战略的目标是从多数战争中摆脱出来，并使美国的行动不受约束；离岸平衡战略的目标是确保行动不受约束并打败任何崛起中的大国；选择性干预战略的目标是有选择地履行一些关键性任务。以上所有战略均把争取两项最终利益——安全与繁荣作为奋斗目标，但是，在追求这些目标的方式上它们又有区别。除了孤立主义战略之外，所有的战略都致力于改变世界环境，使之符合美国利益，但是在多大程度上以及采取何种方式改变世界上，它们产生了分歧。参见 Robert J. Art, *Grand Strategy for America*, Ithaca：Cornell University Press, 2003, p. 82。

续表

	新孤立主义战略	选择性接触战略	合作安全战略	单极霸权战略
人道主义干预	不介入	有选择地进行干预	几乎不加选择地进行干预	有选择地进行干预
使用武力	自卫	区别对待	经常	根据意愿使用
武装力量	最低限度的自卫力量	打赢两场重大区域战争的力量	进行多边行动所需的武力	两倍于其他大国的武力标准

在以上四种战略选择中,新孤立主义野心最小,也最不为美国大众所接受。选择性接触战略力图确保大国之间的和平,它缺乏理想主义的色彩,完全以实力为界定标准,力图避免美国介入世界其他地区的纷争,从而实质性地限制了美国对全球利益的追求、对自身利益的维护。合作安全战略最具有协调意义,同时也强调了美国利益的扩张性。① 它建立在自自由主义的理论基础之上,强调民主和平论的价值,认为可以通过"参与扩展战略"(engagement & enlargement)改变中国、俄罗斯的战略诉求,并促使其成为民主社会的成员。可以说,合作安全战略是为克服传统的集体安全缺陷而提出的,它与集体安全一样,建立在大国之间存在战略相互依赖(strategic interdependence)的理念前提之上。然而,这一战略忽视了美国长期形成的战略思维逻辑,漠视美国在冷战中形成的战略合作框架、战略目标,忘记了国家利益至上这一基本的诉求。就大战略而言,单极霸权战略最符合美国的战略逻辑,也是美国长期孜孜以求的战略目标。它强调的是,美国的领导地位是维护世界和平、美国国家安全最为保险的途径。冷战时期的大国结盟并不足以保障冷战后的世界安全和美国安全。作为上述四种战略中最具进攻性的选择,单极霸权战略不仅仅重视大国关系(即确保大国之间的和平),其战略目标重心在于确保美国的政治、经济、军事实力远远超出任何挑战其领导地位的国家,从而确保其独立自主的战略能力。因此,寻找和确定政治、经济和军事竞争对手成为美国战略谋划的核心任务(这实际上是美国在冷战时期形成的战略思维逻辑的合理延伸)。为了达成

---

① Arnold Wolfers, *Discord and Collaboration*: *Essays on International Politics*, Baltimore: John Hopkins University Press, 1962, pp.183—184.

该战略目标，美国必然在诸多方面采取进攻性的态势，如北约东扩就是美国确保欧洲优势、防止俄罗斯重新崛起为美国竞争对手的努力；对区域冲突进行遏制并有选择地进行干预就是要从全球角度防止任何敌对势力的崛起。从战略思考上讲，它对国际制度、大国合作持怀疑态度，但并不放弃它们作为利用工具的效用，因此其战略安排是实用主义的、现实主义的，兼具灵活性。

自冷战结束以来，美国历届政府均明确地寻求维持领导地位的战略目标。小布什下车伊始，就采取了与克林顿不同的、咄咄逼人的进攻战略，单边主义色彩彰显。"9·11事件"之后，布什政府的反恐呼吁得到诸大国的积极支持，布什积极组建反恐联盟，并从大国合作中获得好处。然而，就在享受大国合作带来红利的过程中，布什政府加紧了确定单边主义作为核心战略原则的步伐。美国通过了一系列战略文件（如《2001年四年防务评估报告》《核态势评估报告》《美国国家安全战略》等），并提出追求先发制人的"布什主义"，将确保美国单极霸权作为核心战略确定下来。可以说，单极霸权战略是冷战结束迄今十余年美国战略决策界思考、酝酿和进行战略选择的结果，布什总统的再次当选与决策核心的调整（尤其包括科林·鲍威尔的辞职、康多丽扎·赖斯升任国务卿、拉姆斯菲尔德留任国防部长等）是该战略进一步得到巩固的保证。今后，关于美国大战略更重要的问题将是：如何确保这一战略的顺利实施？如何确定这一战略的最终目标？

美国大战略的实力基础

国家实力、战略观念和国际制度构成大战略的核心因素，三者整合而成的国家对外与安全能力是国家大战略的实力基础。以下，笔者将分述美国的国家实力基础、战略观念调整、国际制度战略，并就其对外与安全能力进行基本评估。

国家实力堪称一国大战略的"家底"，它既是国家大战略目标体系的组成部分，也是实现大战略目标的手段。① 在现代历史上，从没有个哪个国家具有美国这样近乎全面的显著优势——包括经济优势、军事优势、政治优势、文化优势、技术优势、战略谋划优势等等。尤其是，对比20世纪40年代和今天，美国拥有的技术优势和军事优势依旧是不

---

① 吴春秋：《论大战略和世界战争史》，解放军出版社2002年版，第48页。

可挑战的。① 作为一个霸权国家或追求单极霸权的国家,美国的实力资源之雄厚,似乎是无可挑剔的。

鉴于国家实力与国家可调动的战略资源有所不同,笔者认为,研究国家实力应重点关注国家战略资源,即一个国家实现本国战略目标所可以利用的现实的和潜在的关键性资源,它们反映了一个国家在全球范围内利用各种资源的能力,是运用国家实力实现对外与安全目标的关键变量。国家战略资源可具体划分为经济资源、人力资源、自然资源、资本资源、知识技术资源、政府资源、军事资源、国际资源等八大类资源。笔者对1980—2000年的美国国家战略资源进行了量化评估,其计算结果是美国的国家战略资源一直占世界的1/5以上,其超级大国的实力基础是非常可观的。② 正是在这一实力基础上,美国决策者倾向于认为,军事上,美国是惟一的超级大国,军事力量将遥遥领先;经济上,美国仍是世界上最强大的经济体,政治上,美国仍将发挥领导作用,但受到一定的抑制;文化上,美国的民主价值观得以认证,追求单极霸权成为最合乎战略逻辑的诉求。

表3-9　美国国家战略资源占世界的比重　　　　　（%）

	1980	1985	1990	1995	2000	1980—2000年变化量
经济资源	21.96	21.60	20.85	20.73	21.64	-0.32
人力资源	1.16	1.02	9.30	9.01	8.60	7.44
自然资源	18.29	16.81	16.42	15.95	15.82	-2.47
资本资源	23.02	20.33	23.4	23.8	25.54	2.52
知识资源	32.69	32.8	34.26	34.59	35.19	2.50
政府资源	19.1	19.0	18.7	15.9	16.13	-2.97
军事资源	21.07	21.24	21.55	21.55	20.99	-0.25
国际资源	22.47	24.01	22.10	22.18	24.44	1.97
战略资源总计	22.485	22.022	22.138	21.903	22.518	0.033

---

①　资中筠先生指出:"从当前整个世界正在经历的又一轮的转型或革命——不论称之为信息、网络、知识经济或全球化时代——来看,美国又处于遥遥领先地位。"参见资中筠:《美国强盛之道》,《学术界》2001年第1期; William Wohlforth, "The Stability of a Unipolar World", *International Security*, Vol. 24, No. 1, Summer 1999, pp. 5—41.

②　关于国家战略资源的划分和量化依据,请参见胡鞍钢、门洪华:《中美印日俄有形战略资源比较——兼论旨在"富民强国"的中国大战略》,《战略与管理》2002年第2期。

数据来源：World Bank, *World Development Indicator* 2001, Oxford University Press, 2001; R. J. Barro and Lee Jong-Wua, "International Data on Educational Attainment Updates and Implication", NBER Working Paper, Harvard University, 2000; World Bank, *World Development Report* 2002: *Building Institutions for Markets*, The World Bank and Oxford University Press, 2001。

然而，量化分析往往提供的只是线形结果，而数字往往是误导的。美国国家实力是否可保证美国单极霸权战略的有效实施呢？约瑟夫·奈的分析似乎可以提供认识这一问题的指向标。① 他指出，在全球信息时代，实力的分布就像一个三层棋盘。处于最高层的军事棋盘是单极的，美国远远胜过所有其他国家，但中间的经济棋盘是多极的，美国、欧洲和日本占去了世界产品的 2/3，而底层的跨国关系棋盘则跨越边境脱离政府的控制，其实力分布结构极为分散。美国在军事上具有超强地位，其军事开支超过其他 8 个大国的总和，军事技术远远领先于其他大国。在这两个方面，其他国家在可预见的将来难望其项背。因而，从军事方面上看，确实形成了美国的单极格局。但是，在经济上，世界却逐渐形成多极格局。美国保持着世界第一经济大国的地位，但它在世界经济中的绝对优势却减退了。1950 年，美国国内生产总值占世界的 27%，现在下降为 22%；1953 年，美国出口占世界的 24.6%，现在只占 16.1%。欧盟和日本仍然是美国的强劲对手，中国作为后发大国，其经济形势喜人，并具有成为世界经济发动机的巨大潜力。而且，作为造就当前美国经济繁荣的经济全球化和信息技术革命具有天然的扩散（diffusion）优势，美国丧失其经济优势的可能性因此而增加。从跨国领域的角度看，国家的直接控制能力大大下降，越来越多的非国家行为体参与到具体事务的治理过程（governance process）中，国际协调和合作因而变得至为关键。许多跨国问题——金融流通、艾滋病蔓延、环境恶化、恐怖主义等——没有其他行为体（不仅仅是国家，还有非国家行为体）的合作是难以解决的，美国注定要与人分担责任。当然，总体而言，美国对国际事务的影响力最为强大，但其他国家乃至非国家行为体的行为仍然对美国的战略目标有着重要影响，而且这种影响可能会在不同的时间、地点发挥极其重要的作用。因此，美国并不具备控制世界事务的绝对能力，美国也难以为所欲为、一味根据自己的意愿塑造

---

① Joseph Nye, *The Paradox of American Power: Why the World's Only Superpower Can't Go It Alone?*, New York: Oxford University Press, 2002, pp. 137—171.

世界。

构成大战略实力基础的因素,不仅包括经济、军事等硬实力,还包括战略观念、战略谋划能力等软实力。尤其是,在世界转型、战略转轨之际,战略观念变革的影响至关重要。① 冷战结束以来,美国的战略观念就一直处于调整之中;而"9·11"之后,美国的战略思想、战略框架和基本部署均有所改变。作为先导的,就是进一步强调单边主义和先发制人等战略思想的进一步固化。

作为一种战略观念,"先发制人"在大战略谋划存在已久,但将之作为大战略思想核心的则非小布什政府莫属。2002 年 6 月 1 日,布什在西点军校发表讲话,提出反恐战争需要先发制人,布什指出:"在上个世纪的许多时间里,美国防务依靠冷战中的威慑和遏制理论。在一些情况下,这些战略仍然适用。但是,新的威胁需要新的思维。威慑对于对抗没有国家或公民可以保护的恐怖主义网络而言毫无用处。而一旦拥有大规模毁灭性武器的失去理性的独裁者能够用导弹来运载这些武器或者悄悄把这些武器提供给恐怖主义盟友,遏制也遏制不住。"因此,布什强调,"我们的安全需要所有的美国人……做好必要时采取先发制人的行动捍卫我们的自由和保护我们生命的准备"。这一讲话被称为"布什主义",成为美国正式确定单极霸权战略之核心地位的标志。布什主义用完全依赖于先发制人和积极防御的战略来取代冷战时期占主导地位的威慑战略,寻求以更加可靠的方式对付所面临的不确定的、非常规的新危险,成为过去四五十年来战略思想的最大变化。

当前美国决策者的单边主义思想以先发制人为核心,主要包括如下方面:第一,它致力于维护一个单极世界,在这个单极世界里,美国根本没有实力相当的竞争对手;第二,对全球威胁以及如何应对这些威胁做出全新的分析,强调不能姑息迁就恐怖主义组织,对恐怖主义组织而言,威慑战略已经过时,惟有消灭恐怖主义组织一途;第三,威慑思想已经过时,因为恐怖主义的跨国网络并非仅仅威慑可以对付,惟一的选择就是进攻,即使用武力也必须是先发制人的;第四,由于恐怖组织是跨越国界的,美国必须在任何时候、任何地方采取先发制人的行动,摧毁恐怖主义威胁,由于恐怖主义根本不会遵守边界的规定,美国也不能受

---

① 笔者认为,观念是一种干预性变量,一个国家的战略观念对其大战略的制定及实施起着至关重要的作用,只有把观念因素纳入研究视角,才能对一个国家的大战略进行更为周密的解释。

到边界的制约,因此,必须重新确定主权的意义;第五,对国际准则、条约和安全合作关系普遍持有轻视的态度,这也为单边主义战略提供了理论依据;第六,美国在对恐怖威胁做出反应方面需要发挥直接的和不受约束的作用,认为任何国家和国家联盟——即使是欧盟——都无力对世界上的恐怖组织和"无赖国家"做出有效的反应,因此,美国的盟友只有在特定情况下才具有意义;第七,单边主义战略并不特别重视国际稳定的价值,美国决策者认为,退出《反导条约》、抵制其他军备控制条约的目的在于摆脱陈旧的冷战思想,保持威慑作用和大国之间稳定关系的做法不能确保国家安全,保障国家安全惟有通过先发制人战略。

正是在这个意义上,查尔斯·库普乾(Charles Kupchan)指出,美国在其实力达到颠峰之际,却一直靠冷战的激情维持运转;布什团队的老练经验只适用于迎接过去的挑战,而不是现在和未来的挑战。①

构成美国大战略实力基础的核心因素,还有国际制度。在笔者看来,霸权国建立霸权的手段或方式就是建立管理和控制国际事务、国际体系的各种国际制度,并胁诱其他国家参加,从而建立起自己的霸权体系。② 美国一贯重视在国际上制定有形和无形的法规、行为规则和制度安排。从理论上讲,现存具操作性的国际制度对美国基本是有利的,通过有利于自己的国际制度发挥作用,美国可以弥补实力缺陷、促进霸权建立。鉴于美国战略目标的调整,承继雅尔塔体系而来的现存国际制度体系在一定程度上成为美国单极霸权的制约因素,因此,美国对待国际制度的基本政策倾向从维护转向重塑乃至重建,且不惜打破旧有的制度框架。自小布什上台以来,接二连三地拒绝参与和履行国际协议(包括《京都议定书》、设立国际刑事法庭的协议、《生物武器条约》等),单独退出1972年的《反弹道导弹条约》等。美国政府撕毁的国际条约和违背的联合国协议比世界上其他国家在过去二十年的总和还多。当然,对于体现国际制度精神本质的多边主义,美国更是采取了实用主义战略。美国在反恐行动中组建的主要是临时联盟(coalition)而非正式盟友(alliance),结成临时联盟赋予了美国以无可比拟的灵活性,同时也表明了控制世界的美国信心在上升。但是,临时联盟最大的问题在于战略利益的不稳定,某些协议可能昙花一现。概言之,在美国

---

① 查尔斯·库普乾:《美国时代的终结:美国外交政策与21世纪的地缘政治》,上海人民出版社2004年版,第18页、第28页。
② 门洪华:《国际机制与美国霸权》,《美国研究》2001年第1期。

的战略谋划中,单边主义战略是根深蒂固的,而多边主义不过是战术层次的安排或运用。

综上所述,就美国大战略设计来看,美国的实力优势——巨大的、可以利用的和持久的——是决策者决心建立单极霸权的关键。正是在国家实力的基础上,美国确立了"以维持优势地位和先发制人原则为基础的大战略"。① 这一战略设计的核心理念是先发制人和单边主义,建立在这种观念基础之上的美国对外与安全能力更具有进攻性,其塑造能力有所增强,但其破坏能力也会无限放大,其所遭遇的软制衡也会增加,其战略目标的实现也会愈加困难。

美国大战略的政治意愿

一般而言,实力与意愿是建立霸权的两个基础条件。具体地说,霸权国的标志就是该国在政治、经济、军事等各个方面拥有超出国际体系中诸国的占绝对优势的国家实力;而且有将自己的力量转化为对国际事务、国际体系和其他国际行为体进行干预乃至控制的政治意愿。② 在大战略的制定与实施上,政治意愿至为关键。可以说,美国是当前世界上最强大的国家。这种强大不仅体现在军事、经济等硬实力方面,体现在文化价值观、国际影响力等软实力方面,更进一步体现在美国运用其强大实力的意愿上。

但是,将美国的政治意愿视为预设因素有可能是误导的。在一般意义上,政治意愿是由国家的政治领导及其决策机制的制度化所决定的,但受制于国家的实力关系(尤其是与其他大国的关系)和自身的脆弱性,后二者成为影响政治意愿的重要变量。

似乎从美国的国家政治领导及其决策机制的制度化角度看,美国制定和执行单极霸权战略的政治意愿是坚定而明确的。可以预见,经过新任期人员调整的布什团队将集中体现新保守主义的理念追求。如约翰·伊肯伯里指出的:"新保守主义的外交政策观点并不集中于全球秩序如何运行和重建,而是聚焦于在一个充满竞争和危险的无政府

---

① 查尔斯·库普乾:《美国时代的终结:美国外交政策与21世纪的地缘政治》,第12页。

② 正是在这个意义上,罗伯特·基欧汉将霸权界定为"有能力确保管理国家关系的核心原则并愿意这样做的国家"。参见 Robert Keohane, *International Institutions and State Power: Essays in International Relations Theory*, Boulder: Westview Press, 1989, p.234。

世界上如何保护美国的利益。"①新保守派的理念包括：第一，美国应该越来越远离世界其余国家并且使用单极实力对正确和错误做出公断和强行实现和平，拒绝按照与其他国家相同的规则参加游戏，围绕着联盟、多边合作和战略交易而形成的指挥办法将不复存在；第二，军事力量和为追求国家利益而坚决使用它的意愿必须重新回到美国外交政策的中心，实力必须重新为美国原则和国家利益服务；第三，对开明的国际主义的错综复杂的规则和机构感到失望，鼓吹退出危害美国主权和限制实力使用的条约和国际协议；第四，将威尔逊思想纳入其中，强调在世界各地混乱的国家建立民主和法治，则它们就不再是威胁。② 然而，新保守主义的理念建立在虚假的设想、失败的政策、对历史的误解和关于实力的错误概念基础之上，它所引致的争论和战略失误将具有匡正作用。即使美国的政治领导将一如既往地坚持新保守主义主张，美国决策机制的开放性和包容性也不会因为这种理念偏执而消失殆尽，制度化的决策机制内在地具有纠偏职能。

可以预料的是，即使以上二者均不发挥制约作用，实力关系和自身脆弱性对美国战略决策的制约作用将越来越大。从实力关系的角度看，从二战结束至冷战结束，面对两极霸权的国际格局，美国与西方国家建立了基于相互依赖和广泛认同感的多元安全共同体，制度化的战略约束确保了美国战略目标的实现。美国霸权因此有了某种程度的合法性，日本和德国以半主权国家形式加入，不仅确保了他们不会成为美国霸权的挑战者，而是成了这一体系的重要维护者。③ 冷战结束后，美国亦曾设想过以美日欧战略合作为基础的霸权秩序。1999年4月北约成立50周年大会通过了面向21世纪的新战略构想，北约新战略明确规定，其管辖范围从北约内部逐步扩大到外部，从大西洋和西欧扩展到中东欧、中亚和东北亚，且北约的干预行动不受联合国安理会的约束，可自行授权。同时，美国与日本签订新美日安保条约，把其适用范围扩展到东亚乃至东南亚。美国这一战略构想的目标是确保对大西洋和太平洋的控制，力图形成一个环欧亚大陆的战略围堵圈，即将两洋战略转为连接大西洋、印度洋、太平洋的三洋战略，以建立美国所主导的

---

① G. John Ikenberry, "America as a Liberal Leviathan" (unpublished manuscript).

② G. John Ikenberry, "The End of the Neo-Conservative Moment", *Survival*, Vol. 46, No. 1, Spring 2004, pp. 7—22.

③ 时殷弘、宋德星：《21世纪前期中国国际态度、外交哲学和根本战略思考》，《战略与管理》2001年第1期。

世界新秩序。但是,随着欧洲联合和扩大的步伐加快,欧洲与美国的实力差距在减少,战略竞争在加剧,甚至在战略理念上的分歧也越来越明显了。美国与日本的关系也处于微妙状态。我们不能否认,美国是谋划战略联盟的高手。美国在美洲后院的战略控制、在欧洲和亚洲的战略联盟安排确保了美国全球利益的战略基石、战略支点和战略纵深。可以说,美国与欧洲诸大国如英国、德国、法国等国结成的西方联盟根基牢固,美国在欧洲安全和防卫战略上的领导地位极少受到直接挑战;美国与日本的军事结盟是美国大战略中最为成功的布局,美国的战略意图在于稳定美日同盟,确保其在亚太地区的领导地位和战略纵深;日本的意图在于利用美国军事优势,争取亚洲领导国地位,美日同盟相对稳定。俄罗斯仍然处于痛苦转型和缓慢发展的进程之中,俄罗斯采取了积极的亲美政策,与美国结成了稳定的外交关系,被美国视为半盟友。中国极其重视与美国的关系,在反恐战争中,中美逐渐找到了某些战略共识,确立了建设性的合作关系。美国改变了对印度的战略,与印度的关系正在加速改善之中。从这种角度看,美国与大国的关系处于相对稳定的状态中,美国的战略意志得到了相对有效的贯彻。然而,从另一个角度看,随着欧洲经济力量的进一步强大,随着欧洲联合的进一步深入,欧洲外交越来越体现出独立性,德国明确而强烈地反对美国在伊拉克动武就是明证,欧洲诸大国对美国单边主义政策的反应超出美国乃至世界其他国家预料。这种非挑战性独立对美国战略意图的贯彻至为麻烦。由于日本经济的长期低糜,如何利用亚洲力量促进其经济利益成为一个核心问题,回归亚洲成为一个重要的选择,而日本今后是否继续雌伏于美国战略之下将成为一个需要思考和探讨的问题。法国、中国、俄罗斯继续倡议建立多极化的世界秩序,这种独立姿态将长期保持下去。俄罗斯目前的战略仍然受到美国的质疑和考验,美国继续扩大其在欧洲的战略纵深地带,俄罗斯的战略空间进一步受到挤压,俄罗斯国内政治的压力反弹不容忽视。就中美关系而言,两国结成了被诸多战略家视为临时性的反恐联盟,体现了双方政策的灵活性。但是,这种联盟的稳定性受到质疑,美国将中国视为未来战略竞争对手的战略安排难以更改,两国关系仍将是风雨兼程。从大国关系的角度着眼,短期内,不存在结成反美联盟的可能性,美国的战略意图仍然可以通过大国协调得到基本贯彻;但是,美国也难以一意孤行,其他国家仍然会进一步体现其外交独立性,各国在外交上合作与竞争并存,在经济上则竞争激烈,着眼于未来综合国力的较量和长远的战略谋划。

另外，从自身脆弱性的角度看，全球化对美国而言亦是双刃剑，美国面临的安全威胁在无限扩大，非传统安全威胁增加了美国自身的脆弱性。而且，非传统安全威胁是无处不在的。恐怖主义只是影响世界和平与安全的一种重要因素，其他因素如防止武器扩散、非法移民、毒品走私、生态危机、卫生危机、海盗等，都有可能对国际安全、国家安全构成严峻的挑战。对美国而言，传统安全因素的威胁似乎并不为甚，但非传统安全因素的威胁却是无法预料的，美国在打击恐怖主义、防止武器扩散等方面的急迫努力也说明了这一点。非传统安全因素来源甚广，表现形式殊异，说它们将与人类的存在相始终也不为过。当前，美国将非传统安全视为对其全球战略目标的重大挑战。非传统安全是全球性问题，绝非美国一家可以包揽。

综上所述，从美国大战略的政治意愿角度看，美国当前的政治意愿是清晰而强烈的，有着明确的战略理念支撑，但鉴于美国制度化的战略决策机制、美国实力关系及其自身脆弱性，该战略意愿维持多久仍将是一个值得探讨的问题。

美国大战略的核心目标

一般而言，一个国家大战略的目标主要集中体现为和平维护（如战略威慑）、危机应对和战备准备等几个方面。应该说，美国大战略的谋划基本上可以确保以上目标的实现。然而，对美国而言，以上战略目标仅仅是初步的，其核心战略目标不仅是要实现美国的安全，而是要塑造世界体系，建立单极霸权，甚至建立新帝国。

应该说，"9·11事件"给美国提供了按照自己的模式运用美国实力和塑造国际秩序的绝佳机遇。"9·11"之后，美国采取果断措施，化被动为主动，迅速调整与其他大国之间的关系，主导了世界反恐斗争，并利用反恐斗争的机会，推进其全球战略部署，实现了在正常条件下一时难以达到的目标，如顺利进入中亚地区，扩大了在南亚的影响等。美国从"9·11"的创伤中塑造出了单极霸权的大战略，其规模和雄心堪与冷战时期的遏制战略相比肩。论者指出，"新帝国论"的出笼代表着美国大战略的核心目标诉求。

按照斯蒂芬·罗森（Stephen Peter Rosen）的分析，帝国不同于霸权或首要地位，帝国是一个国家对其他国家实行的统治，这种统治既规范其对外行为，又确保其国内行为方式在下属国家具有最低限度的可接受性。因此，帝国的中心任务就是创造并管理一种国家间的等级秩序。

围绕这一任务,帝国必须有效地解决如下五大问题:维持使用有组织的军事力量的垄断地位,有效运用独占却又有限的军事力量,确保其组成部分的安全及内部稳定,征取税收以支付帝国成本,将非帝国社会的精英分子吸纳进宗主国的核心。帝国制定和推行规则,其他国家必须接收这些规则的约束,而帝国自身却不受制约,这就是帝国的组织原则。① 如果说,"新帝国论"集中代表着美国称霸世界的理论范式的话,则美国的追求目标似乎太过宏大了。

且不说美国自身的实力和意愿是否足够(我对美国建立新帝国的意愿更持怀疑态度),也不论其他国家能否雌伏于美国气势之下、甘愿接受美国建立单极霸权之下的世界秩序,在笔者看来,即使美国遏制新大国崛起的战略目标也未必能够顺利实现。首先,即使我们承认美国已经将"单极时刻"变为了"单极时代",但大国实力兴衰消长的历史规律不会因此而停止发挥作用,随着经济和技术能力的进步,新兴大国的崛起是必然的,而迄今为止尚未有遏制新兴大国崛起并取代其领导地位的成功案例。随着全球变革和大国实力对比消长,美国是否有意愿和能力放手一搏,甚至不惜发动预防性战争呢? 其次,美国并没有与其他大国取得共同遏制新兴大国崛起的共识,其他大国未必心甘情愿地接受美国的领导地位,甚至会公开反对美国的霸权领导诉求。最后,美国对单极霸权的追求难以避免战线过长、扩张过度(overstretch)的战略弊端。库普乾不无忧虑地指出,"布什政府已经扩张过度了,它过分夸大了恐怖威胁界定新国际体系的程度。通过把反恐战争确定为指导性优先议程,并出台新的维持优势地位和先发制人的原则,华盛顿已经接受了一个世界上很多国家都反对的大战略,并因而损伤了继续作为国际和平与繁荣基石存在的伙伴关系和国际制度"。②

在笔者看来,如果美国确实将建立新帝国作为其大战略的核心目标,则问题不在于美国太强大了,而在于美国是否足够强大。

简短的结论

艾尔弗雷德·马汉(Alfred Thayer Mahan)指出,"一根链条的强度

---

① Stephen Peter Rosen,"An Empire, If You can Keep It", *The National Interest*, No. 71, Spring 2003, pp. 51—61;王开明:《美国新保守主义帝国战略探源》,《国际政治研究》2004年第1期。

② 查尔斯·库普乾:《美国时代的终结:美国外交政策与21世纪的地缘政治》,第17页。

实际上是由其最薄弱环节决定的"。① 据此,对大战略态势及其效应做出评估,首要原则是重点关注其薄弱环节,而不是其强项。以上对美国大战略几个层面的评估表明,美国当前的大战略在其对外与安全能力、政治意愿、核心目标方面都存在着薄弱之处乃至缺陷。其核心问题在于,任何大战略的成功,有赖于战略目标与战略手段之间的平衡。且不论当前美国大战略的目标何其宏大、意愿何其强烈,实力不足堪为美国单极霸权战略目标得以实现的最大障碍。毋庸置疑,大战略是大国的必需品。然而,如果其核心目标超越其现实能力,又有着强烈意愿的支撑,则大战略就会成为一种奢侈品。

此外,一个国家大战略的设计,不仅要从本国的实力出发,还应符合世界发展潮流,其目标的实现在一定程度上取决于其塑造共识的能力。换言之,大战略需要道德原则的支持。伊肯伯里就此指出:"布什外交政策的矛盾在于,它向世界提供了这样一种体系,美国统治着世界,却并不遵守规则。实质上,这是一个帝国。但是,它在国内是不可持续的,而在国外也不受欢迎。"②

在看到这种战略尴尬的同时,我们必须清醒地认识到,美国大战略框架已经确定,美国的战略意愿已经充分展现出来,美国统治集团追求单极霸权体系的目标得到国内的有效支持,其具体战术运用可以灵活变更,其战略调整能力之强大不可忽视,而其追求单极霸权的核心目标将长期保持稳定,这必将对世界的未来产生重大影响。

本文系作者主持的国家社科基金青年项目"国际机制与美国霸权"的阶段性成果,发表于《国际观察》2005年第1期。

---

① 艾尔弗雷德·马汉:《海权论》,中国言实出版社1997年版,第240页。
② G. John Ikenberry, "America as a Liberal Leviathan" (unpublished manuscript).

中国对美国的主流战略认知

纵观国际关系史,新兴大国的实力加速接近守成大国之际,往往是两者关系最动荡、最不稳定的时期。对这一安全困境的经典论述来自修昔底德,即"雅典实力的增长和这种增长在斯巴达引起的恐惧,使得战争不可避免",这就是所谓的"修昔底德陷阱"。

当前的中美关系正在"修昔底德陷阱"的边缘徘徊。一方面,中美两国的国家实力在加速接近。根据胡鞍钢教授的计算,中美 GDP 相对差距从 2000 年的 8.25 倍缩小至 2012 年的 1.90 倍,货物贸易相对差距从 2000 年的 4.30 倍缩小至 2012 年的 1.03 倍;两个国家正在成为世界上综合国力最强的两个国家,2012 年中美 GDP 占世界总量比重 33.6%,进出口额占世界总量比重 21.3%,初级能源消费量占世界总量比重的 39.8%,二氧化碳排放量占世界总量比重的 44.0%,科技实力占世界总量比重的 38.8%。[①] 另一方面,纵观当今世界与大国力量的消长,中国最有资格作为美国的假想敌,曾几何时,美国担心的是中国并非和平崛

---

① 参见胡鞍钢:《构建中美新型大国关系:背景与建议》,《国情报告》(清华大学国情研究院主办)2013 年第 19 期(2013 年 5 月 9 日)。

起,如今对和平崛起的中国亦顾虑重重;而最有能力也最有可能给中国造成巨大伤害的惟有美国。两个国家均有针对实力持平期(power parity)的考虑,其设计与部署体现出丰富的战略意涵。有鉴于此,双方都深刻感受到了来自对方的战略压力,战略信任的匮乏颇为抢眼,"一山二虎论"逐渐发酵,中美关系越来越被视为左右国际关系大势、决定人类走向和平与否的核心要素。① 中美关系牵动着世界的神经,处理得好是世界之福,反之则是世界之祸。当前,世界关注的核心是:中美之间能否、如何避免热战、冷战、冷和,建立新型大国关系?

美国及中美关系素来在中国国家战略体系中占有极其重要的位置,客观冷静地判断美国战略趋向是中国国家战略体系建构最优先虑及的国际议题之一。当前,中美关系既重要又复杂,其基础既牢固又脆弱。基于此,中美对彼此的战略认知至关重要,是决定中美两国战略走向和中美关系前景的核心要素。本文意在概括中国对美国的战略认知,或中国对美国的主流看法,以客观而理性地认识美国具象,以战略耐心塑造中美关系的未来。

中国对美国国家实力的认知

自20世纪60年代,美国衰落就类似于一个"狼来了"的故事,每每为人所提及,却每每为现实所证伪。然而,近年来,随着世界转型和大国兴衰的加速,尤其是2008年以来的世界金融危机冲击,发展中大国群体崛起带动发展中世界的加速发展,发达国家的总体实力相对下降已成定局,美国的相对衰落已经势在必行,或许在今后几十年仍然比其他任何国家都强大,但美国已不再是英文意义上的"霸权",而是中文意义的"霸权"(即常常奉行霸权主义和强权政治,却已缺乏为所欲为的雄厚基础和国内外条件),美国不再风光如昔,也难以在全球为所欲为。

然而,如何评估国家实力原本就是一个见仁见智的问题,正如弗朗西斯·培根指出的:"在所有公共事务中,没有比准确评估一个国家的实力更容易犯错误的事情了。"② 而有关美国衰落的分析,如果仅仅和

---

① 门洪华:《关键时刻:美国精英眼中的中国、美国与世界》,《中国社会科学》2012年第7期。

② William C. Wohlforth, *The Elusive Balance: Power and Perceptions during the Cold War*, Ithaca: Cornell University Press, 1993, p.9.

中国崛起对照,则是不完整的,也容易得出错误的结论。

从综合国力的角度来看,美国无疑依旧是世界上最强大的国家,中国经济规模在未来一二十年有超过美国的现实可能,但综合国力与美国的差距依旧长期存在。尽管一些乐观者认为,中美国家实力的鲜明对照是疲惫不堪的超级大国美国面对扶摇直上的中国,①但大多数精英对中美实力差距保持着清醒的认识,尽管美国面临着霸权衰退,但仍拥有相对于中国的重大、众多优势。

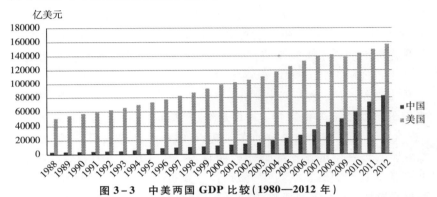

图 3-3 中美两国 GDP 比较(1980—2012 年)

资料来源:World Bank,http://data.worldbank.org.cn/indicator/NY.GDP.MKTP.CD。

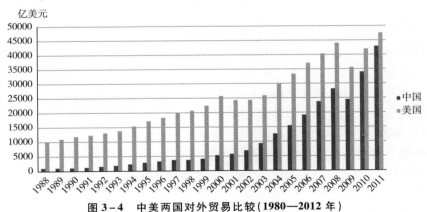

图 3-4 中美两国对外贸易比较(1980—2012 年)

资料来源:World Bank,http://data.worldbank.org.cn/indicator/NE.EXP.GNFS.CD,http://data.worldbank.org.cn/indicator/all。

---

① 例如:胡鞍钢:《中美关系实力基础的根本变化:对中美综合国力的评估(1990—2010)》,《国情报告》(清华大学国情研究院主办)2013 年第 24 期(2013 年 5 月 24 日);高程:《认同危机、社会裂痕与美国对外战略的困境》,《开放时代》2012 年第 7 期。

美国仍然是世界上惟一的综合性超级大国,其强大不仅体现在军事、经济等硬实力方面,体现在文化价值观、国际影响力等软实力方面,亦进一步体现在美国运用其强大实力的意愿上。相对于其他大国而言,美国依旧拥有巨大的人口、经济、军事、科技、教育、创新、国际制度等几乎普遍性的优势,其文化影响力之强大亦非其他国家所能望其项背(全世界56％的广播和有线电视收入、85％的收费电视收入、55％的电影票房来自美国),美国当前存在的困难和问题是局部性的,有些可能是短期的,美国实力地位尚没有出现全局性的、明显的、根本性的衰退,没有出现明确的长期衰退趋势。进入2013年,美国经济已经提前走出泥潭而实现了强劲恢复。可以说,美国自立国以来综合国力的绝对值一直处于上升态势①,苏联解体以来一直保持着相对于其他大国的总体领先地位,尤其在科技和军事领域尚无国家对其构成严重挑战,当前美国综合国力绝对值(尤其是经济总量)还在走高,而在相对值(速度、比重等)方面也是有的在提高、有的在降低或减弱,尽管美国经济在世界经济中的比重降低比较明显。② 另一方面,美国依然拥有一系列帮助其摆脱衰退的机制,如科技创新机制、自我调节修复机制、危机转嫁机制、人才吸引机制等,它们是帮助其走出危机的重要保障,因此美国能够长期保持世界主导地位。③

当然,世界正在进入全面转型的时代,其基础条件之一就是大国兴衰的加速。从相对意义上讲,美国不仅出现了经济份额的相对下降,长期看其政治、文化乃至军事实力的下降恐怕也势在难免。尽管我们并非生活在"后美国时代",但已经不再处于"美国世纪"。进入21世纪的一系列事件昭示了美国相对衰落的前景:伊拉克战争和阿富汗战争揭示了美国军事能力的局限,全球金融危机揭示了美国经济基础的动摇,新兴大国崛起揭示了美国相对衰落的必然,衰落论者认为,当前国际关系最核心的事实就是美国正在走向衰落。就像著名评论家扎卡利亚(Fareed Zakaria)指出的,美国统治的时代正在终结。

---

① 高程:《认同危机、社会裂痕与美国对外战略的困境》,《开放时代》2012年第7期。
② 美国GDP总量从1990年的5.7508万亿美元(现价美元)增至2012年的15.6848万亿美元,增长了近1.63倍。除2009年受国际金融危机影响GDP总量明显下降外,其他年份都保持着稳步增长。与中国之外的其他主要大国相比,美国GDP实际增量最大,俄罗斯、加拿大、德国、日本、法国、英国、意大利、印度等与美国之间的GDP绝对差距都呈扩大之势。参见黄平:《美国的力量变化:10年来的一些轨迹》,《中国党政干部论坛》2012年第5期。
③ 朱成虎、孟凡礼:《简论美国实力地位的变化》,《美国研究》2012年第2期。

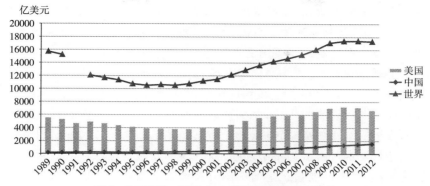

图 3-5　1988—2012 年中美两国军费开支比较

资料来源：SIPRI Military Expenditure Database 2012, http://milexdata.sipri.org.

美国实力的内在困境在于，即使美国是世界上最强大的国家，没有其他国家的帮助也无法实现它想要的结局，在处理任何一个全球性问题上，美国都无法单独解决。可以说，大国合作并非万能，但没有大国合作却万万不能。在应对地区性问题，美国也需要其他大国的实质性合作，实际上美国不再有能力单方面为地区做出安排，而是越来越多地参与到地区安排之中。在某种程度上，这也是美国实力相对衰退的一种标志。如果说过去中国崛起是世界的忧虑的话，现在美国衰落也是世界的忧虑，因为这不仅意味着世界格局更具有不确定性，也意味着美国战略动向的不稳定性增加，它如何进行战略抉择成为各国高度关注的问题。

中国对美国战略意愿的认知

对大国尤其是霸权国而言，政治意愿至为关键。① 护持霸权、确保世界领导权是美国二战结束迄今的大战略目标，根据情势变化大幅调整战略部署亦其常规作为。美国密切关注世界趋势、大国动向与本国情势，长于、勤于战略谋划，致力于维护其世界领导地位。

近年来，美国大战略目标逐步明确为护持全球领导地位，确保东亚主导地位，维系东亚均势格局。护持全球领导地位，美国采取的途径是构建由盟国和伙伴网络、地区组织和全球性制度等组成的全球体系，调控国际关系尤其是大国关系。确保东亚主导地位，维持有利于美国的

---

① Robert O. Keohane, *International Institutions and State Power: Essays in International Relations Theory*, Boulder: Westview Press, 1989, p.234.

地区均势不被蚕食,防止因退出东亚、丢失亚洲主导地位而退守为地区国家,是美国的战略底线。然而,美国不是东亚霸主,其目标并非无限,而是聚焦于维持有利于美国的地区均势不被打破。

冷战结束以来,美国的全球领导地位为欧亚大陆悄然出现的多极格局所侵蚀,为非洲、拉丁美洲的新发展所冲击,持续进行地缘战略再平衡成为美国调整的主线,而调整最剧者莫过于奥巴马政府积极推行的从欧洲到亚太的战略转移。美国战略东移以抓住亚太世纪的机遇和应对中国崛起的挑战为核心议题,以巩固和发展美国在亚太的领导地位为目标,其核心要素是平衡中国日益增长的全球和地区影响力。美国最为担心的是中国在东亚乃至亚太的影响力超过自己,进而导致美国失去东亚乃至亚太主导地位。美国认识到与中国合作的收益,但更忧虑中国崛起带来的严峻挑战,把维系其主导的地区均势不被打破视为东亚战略底线。因此,美国极力充当"离岸平衡手",有意在东亚保持适度的紧张关系,利用中国和邻国的嫌隙,特别是周边国家对中国崛起的担心,推动这些国家加强与美国的政治、经济、安全合作,进而扰乱东亚地区内部整合的步伐。有鉴于此,美国对中国崛起的战略认知整体上开始偏向消极,视中国为竞争者和挑战者,既担心中国走非和平崛起之路,又对中国的和平发展忧心忡忡。防止和打破亚洲国家对中国在经济、安全等方面的战略依赖成为美国对华关系的一条主轴,其主要做法是大肆渲染中国崛起威胁论,巩固和发展盟友关系,尤其是加强与中国有争端的周边国家关系,挑拨中国周边国家惹是生非,从东北亚、东南亚、南亚等各战略方向加强对中国的战略遏制,同时鼓励中国政治制度向民主化和平演变,促使中国进一步融入美国主导的国际体系之中。①

如何确保战略意愿与国家实力的平衡,一直是进入 21 世纪以来美国最为焦虑的战略议题,基于美国战略能力下降和战略雄心不变的情势,如何确保二者之间的平衡确实令美国头疼不已。面对中国的加速发展,美国既不能用简单直接的施压策略迫使中国让步,又不能将中国排斥在解决全球或地区问题的多边进程之外,既离不开中国合作,又担心中国不予合作,既认识到适应中国的必要,又放不下防范中国的必

---

① Wu Xinbo, "The End of the Silver Lining: A Chinese View of the U. S. -Japan Alliance", *The Washington Quarterly*, Vol. 29, No, 1, Winter 2005—2006, pp. 119—130;仇华飞:《美国学者研究视角下的中美战略困境》,《当代亚太》2012 年第 1 期。

然,其战略处于漂流状态。而现在世界上主要国家都在推行全方位外交和无敌国外交,美国难以像过去一样一呼百应。就像迈克尔·伊格纳蒂夫指出的:"问题不在于美国太强大了,而在于美国是否足够强大。"①因此,继续奉行两面下注的做法是美国不得不为之的战略取向。当然,美国对华政策的战略漂流导致诸多内在矛盾和风险,如不善加管理和调整,中美滑向非蓄意对抗的风险并非没有可能。②

中国对美国战略部署的认知

源于对国内、国际形势的冷静判断和主动把握,美国大幅度调整其战略部署。美国战略调整的重点是,优先促进国内稳定发展,同时确保亚太主导地位。为此,在战略部署上,美国重点思考如何处理中国、印度等崛起大国与现行国际秩序关系的问题,如何在即将到来的多极时代确保领导地位,并大幅度调整其国际战略,主要是改变长期以来奉行的先欧后亚战略,力争从中东、阿富汗等挑战中脱身,转向重点应对长期而影响深远的亚洲问题。美国将亚太主导权视为美国世界领导地位的核心保障,全面加大对亚太地区外交、经济和军事投入,加紧价值观渗透,将其战略重心从欧洲大西洋向亚洲太平洋转移,并将亚太战略的针对者锁定为中国。与此同时,美国明确意识到自身实力的相对下降,难以仅仅依靠经济手段、军事威慑维系主导权,更需要外交等软实力手段弥补其硬实力的不足,综合运用经济、安全、外交乃至意识形态手段,谋求强化整体实力。在维护亚太主导地位上,美国利用亚洲国家对中国意图与战略走向的忧虑,通过加强军事同盟、深化安全合作、扩大经贸合作的制度化等途径进一步介入亚太事务,与这些国家密切捆绑在一起,打造对华柔性包围圈。概言之,调整全球布局、强化制度霸权、锁定中国目标是其战略部署的集中体现。具体地说:

第一,调整全球布局,实现战略重心东移。自 1898 年美西战争以来,美国就一直没有离开过亚洲事务;二战使得美国成为东亚安全秩序的主导塑造者;冷战以来,随着亚洲大国的一波波崛起,美国始终把亚洲视为重点关注对象;冷战结束以来,随着亚太重要性的增强,美国把亚洲事务的处理视为优先议题;进入 21 世纪以来,美国持续进行着战略东移的各种准备。近年来,美国全球战略重心转移至亚太,在全球进

---

① Michael Ignatieff,"The American Empire: The Burden", *New York Times*, Jan. 5, 2003.
② 樊吉社:《美国对华战略的漂流:适应抑或防范?》,《外交评论》2013 年第 1 期。

行收缩,而在亚太进行扩张,以打造美国主导的所谓跨太平洋构架。2010年1月,美国国务卿希拉里·克林顿在夏威夷发表美国与亚太地区关系的演说,拉开了美国战略东移的序幕。① 2011年11月19日,美国首次以正式成员国身份参加东亚峰会,是美国战略东移的重要标志。与此同时,希拉里发表题为《美国的太平洋世纪》的专文,提出美国战略东移的六大目标:加强双边安全联盟;深化美国与新兴大国(包括中国在内)的合作;参与地区性多边制度;扩大贸易和投资;打造有广泛基础的军事存在;促进民主与人权。② 美国近年来动作频频,表明其战略重心东移是全面的,在安全、经济、价值观等方面同时出击:通过巩固和扩大盟友加强军事存在,以"跨太平洋伙伴关系协议"(TPP)为抓手介入和主导亚太经济一体化;在印尼和缅甸加强价值观外交,鼓励印度等其他新兴大国与中国竞争,力图从中国与周边国家的领土争端中渔利。另一方面,正如黄仁伟教授指出的,美国的战略东移以军事力量前沿部署调整为核心,其亚太军事部署有四个重大因素:防止传统盟国脱离美国的基地体系;确保美国在亚洲的战略通道可以随时准入;以空海一体战来压制中国的"反介入";形成美国领导的、包括中国的亚洲安全机制。美国的亚太军事战略重点已经调整到第二岛链,在美国战略后撤过程中,从第二岛链到中国大陆之间可能出现一大块权力真空。美国的亚洲战略调整就是防止这一空白区域出现多米诺骨牌效应,故而挑动亚洲其他国家与中国之间的麻烦,尤其是在海上迫使中国卷入一系列冲突,使这些亚洲国家在安全上更加依赖美国。③

第二,重塑制度霸权,确保地区主导地位。美国的战略东移以制度化途径为主要抓手。美国积极推动传统同盟关系的深化,同时扩大与新兴国家的制度化合作,致力于构筑新型多边军事合作体系。其主要做法是:强化与澳大利亚的同盟关系,驻军达尔文空军基地,加强美军在太平洋、印度洋的存在;借朝韩冲突之机,深化与韩国的军事同盟关系,伺机推动美日韩安全协调的制度化,并积极推动同盟体系的网络

---

① Hillary R. Clinton, Remarks on Regional Architecture in Asia: Principles and Priorities, January 12, 2010. Http://www.state.gov/sectuary/rm/2010/01/135090.htm.

② Hillary R. Clinton, "America's Pacific Century", *Foreign Policy*, Iss. 189, Nov. 2011, pp. 56—73.

③ 黄仁伟:《美国亚洲战略的再平衡与中国战略优势再评估》,《现代国际关系》2012年第8期。

化,在加强美日韩、美日澳三边安全合作的同时,启动美日印三边对话①;借南海争端之际加强与菲律宾、越南等国的安全合作,试图把军事合作体系扩展到与东盟国家的双边和多边军事合作上;引导海上安全问题的讨论,以此介入南海争端,并伺机进驻曾经撤出的军事基地。与此同时,美国对亚太地区经济合作进程的主导权被提升到前所未有的战略高度。美国大力推进 TPP,着力打造美国主导的亚太自由贸易圈(TTAPP),介入东亚一体化,阻碍中国掌握地区经贸主导权。可以说,摆脱金融危机、推动经济复苏是美国高调参与 TPP 的直接诱因,遏制东亚地区合作和中国崛起及推广意识形态则是内含于 TPP 战略并服务于美国霸权维持的战略手段,而维护在亚太地区体系中的霸权地位则是美国推进 TPP 战略的根本动力。②

第三,锁定中国目标,防止中国掌控东亚。中国崛起无疑加重了美国衰落的忧虑,美国各界精英普遍将中国视为锁定的对手。当然,这里所谓的"对手",其含义是最重视的竞争对象,而不是注定的敌人(adversary)。在美国精英看来,中国作为一个大国重新崛起势不可挡,中美之间已经出现了经济影响力的转移,中国大战略有可能藉此调整,并对中国的走向异常担忧。在维护亚太主导地位上,美国利用亚洲国家对中国意图与战略走向的忧虑,通过加强军事同盟、深化安全合作、扩大经贸合作的制度化等途径进一步介入亚太事务,与这些国家密切捆绑在一起,打造对华柔性、开放性的包围圈。在推进军事同盟扩大和大力推进 TPP 的同时,美国深化与日本的安全同盟关系,视之为遏制中国的战略支撑;大幅度提升与印度的战略合作关系,视之为制衡中国影响力扩大的亚洲柱石;或明或暗地支持菲律宾、越南等与中国的领海争端,视之为给中国制造麻烦的战术支点。美国借助部分亚洲国家寻求利用美国平衡中国地区影响力的意图,加大对亚洲尤其是东亚事务的介入力度,强化对中国的围堵施压,挤压中国的发展空间,打破本地区国家对中国的依赖。当然,遏制中国的目标过于宏大,难以达其所愿。与此同时,在越来越多的全球性问题应对上,美国又迫切需要中国的鼎力支持。因此,美国必有借重和接触中国之意图,促使中国全面融入国际体系,接受既有国际规则的框束,塑造中国的国际作为,亦是美国对

---

① 孙茹:《美国亚太同盟体系的网络化及前景》,《国际问题研究》2012 年第 4 期。
② 刘昌明、孙云飞:《美国推进"跨太平洋经济伙伴关系协定"的动因新论》,《山东大学学报》(哲学社会科学版)2013 年第 5 期。

华战略的重要目标。随着美国重返亚太战略的推进,美国对华两手政策愈加明显,中美之间的博弈明显加剧。中国感知到周边环境变化带来的压力,不少国内人士认为美国重返亚太战略的主要目的就是为了遏制或防范中国,压缩中国的战略空间。美方在中国周边地区的所作所为加剧了中方的忧虑。

美国战略调整引发了亚太地区的权力重新组合,使得亚太地区安全形势更趋复杂,传统的领土争端与愈演愈烈的海权竞争相互交织,中美安全冲突成为世界各国关注的焦点。美国战略调整的矛头直指中国,在热点问题上采取明显偏袒中国邻国的干预立场,强化与相关国家的同盟、准同盟关系,推行海空一体化,着力前沿部署,对中国进行战略试探,对地区争端升温起到了火上浇油的作用,使得中国感受到了军事遏制态势和强大的战略压力,并造成了两国地缘战略竞争的深化。与此同时,美国不仅维护了既有盟友和潜在盟友的利益,实际上也将它们置于两难境地。多数亚洲国家把美国看成是消除焦虑的工具,但并不完全将中国崛起视为自己的威胁,而是期望美国在既有的领土领海争端中发挥制衡中国的作用。各国并不愿意在中美之间做出选择,或为美国火中取栗。迄至今日,美国对实现抢占亚太战略制高点的目标并无根本信心,其建立在传统同盟基础上的威慑体系能否持续奏效值得深入观察。

中国对中美关系的战略认知

中国对美国及中美关系的认知,实际上建立在对自身认知与中美比较的基础上。1978年改革开放以来,中国的经济地位迅速攀升,国家总体实力不断增强。随着中国国家实力的上升,中国更加关注海洋利益,国际影响力延伸至整个亚太地区,全球影响力迅速上升。当前,亚太地区的所有重大事务,没有中国的积极参与难以获得满意的结果。中国具备成为世界大国的诸多条件,但人均资源短缺、经济发展不平衡、文化价值观影响力有限、是典型的军事防御型国家,尚缺乏足够的海外利益和被国际社会所公认的世界性特权。因此,中国的战略定位是具有世界性影响的亚太地区大国。①

---

① 门洪华:《两个大局视角下的中国国家认同变迁(1982—2012年)》,《中国社会科学》2013年第9期。

表 3-10　中国对美国的经济追赶(2003—2012 年)　　　(%)

	中国		美国	
	累计	年均	累计	年均
GDP 增长	244.2	10.4	114.2	1.6
汇率变动	129.7	2.9	100	0.0

资料来源:《中国统计年鉴》、中国国家统计局网站。

中国深刻认识到崛起大国的最大风险在于高估自己、盲目扩张、民族主义激进、走偏方向,因此中国申明坚定走和平发展道路,聚焦于自身发展,积极承担国际责任,理性扩大国际责任,推进与各国共同利益,在国际事务中把握好能力与责任的平衡,并积极要求增加相对应的国际权利。在与其他国家共同促进国际合作的同时,中国还要继续强调以确认国内建设为核心的战略布局,促进国家的平衡性发展。

近年来,中国实力的增长引起了世界的关注,中美之间经济的不平衡增长缩小了双方的实力差距,金融危机使中国的国际地位凸显。中美综合实力的一升一降,国际影响力的一增一减,必然给两国关系增添新的含义。[①] 然而,从综合国力的角度看,乃至从军事、科技、地缘战略纵深支撑等单一指标看,中国与美国的差距依旧有数十年之大。正如约瑟夫·奈指出的,实力增长会使中国在力量资源方面日益接近美国,但未必意味着中国超越美国成为世界上最强大的国家。当前,中美之间的权力转移并不意味着世界主导权的转移,中国成为世界大国的进程刚刚开始,我们应有足够的战略耐心。

1972 年迄今,中美关系历经风雨,和斗相兼,走到今天实属不易。当前,中美关系是世界上最重要、最具复合性(most complex)和挑战性的双边关系,并位移至世界变革的重心,其前景不仅决定着两国的当前福祉,也深刻影响并塑造着世界的未来图景。中美关系亦堪称不同社会制度、不同文明形态、不同发展阶段的大国和平共处、共存共荣的典范。进入 21 世纪以来,尤其是"9·11 事件"以来,中美以共同利益为诉求,致力于塑造 21 世纪的新型大国关系,积极推进互利共赢的合作关系,两国之间建立的双边机制 90 多个(包括具有标志性意义的中美战略与经济对话、中美战略安全对话),每年定期举行会议,两国领导人形成较为明确的择期互访机制,达成了一系列战略共识。

---

① 马振岗:《中美关系的现在与未来》,《国际问题研究》2012 年第 4 期。

当前,中美之间既存在结构性、战略性、利益性的矛盾与冲突,也正在进行双边的、地区性和全球性的战略合作,这一态势既反映了全球化条件下大国关系的普遍复杂性,也预示着中美应对当前、谋划未来的不同战略思路所导致的特殊碰撞。总体而言,中美接触与合作日益紧密,但双边关系的稳定性明显下降。中美互不信任的状况突出,双方均对对方的能力和意图备感疑虑,对对方的一举一动高度关注。以往中美之间的冲突摩擦领域相对单一、内容较为集中,而此番博弈则几乎牵扯两国关系的方方面面,且时间密集,频度很高,各种问题环环相扣,具体表现为:在政治和安全领域交往密切,但互信度有限;经贸金融领域广泛合作但纷争不已,冲突不断;人文社会领域交流丰富,相互影响巨大但相互设防;国际事务上责任相近,但常常立场相左,主张各异,利益趋异。① 近年来,两国学界研究和媒体评论对未来中美关系发展前景的悲观论调不是在降低而是在上升。②

另一方面,两国关系近年来的发展证明,大国竞争并不必然带来危机与战争。中美关系开始体现出互补性(complementary)、合作性(cooperative)、建设性(constructive)、竞争性(competitive)、创新性(creative)的特征,一种复合相互依赖(complex interdependence)的双边关系正在形成,这是我们乐观其成的。③ 当然,我们应清醒地认识到,美国对华政策是两面的,一方面推进双边关系发展,对扩大中美合作抱有期待;另一方面在安全战略上对华防范心理明显,对中国政策走向不断提出要求甚至施压,力促中国朝着美方所期望的方向演变。

中国对发展中美关系的战略思考

对中国而言,稳定和发展中美关系至关重要。正如戴维·蓝普顿(David Lampton)指出的:"未来 20 年,预计仍是美国居于支配地位的时代,因而北京的首要任务便是处理好与华盛顿的关系,同时坚持不懈地建设国家的军事实力、经济实力和观念实力。"④对美国而言,处理好与中国的关系,也是其战略谋划和实施能力面临的核心考验。可以说,

---

① 于洪君:《关于中美新型大国关系的回顾与思考》,《国际安全研究》2013 年第 2 期。
② 樊吉社:《美国对华战略的漂流:适应抑或防范?》,《外交评论》2013 年第 1 期。
③ 参见门洪华:《聚焦东亚:中美的冲突与合作》,《毛泽东邓小平理论研究》2005 年第 6 期;《扩大共同利益,进一步稳定中美关系》,《现代国际关系》2007 年第 6 期。
④ David Lampton, *The Three Faces of Chinese Power: Might, Money and Mind*, Berkeley: University of California Press, 2008, p. 2.

打破大国争霸宿命,开创新型大国关系时代,是中美两国的共同目标。

1972年至今,每当面临关键时刻,中美两国总能找到超越差异的解决路径,在新型大国关系的打造上屡有创新。1972年尼克松访华和中美《上海公报》的发表是冷战时期中美建立新型大国关系的重要尝试;2005年美国常务副国务卿佐利克关于期待中国成为负责任利益攸关方的讲话,是冷战后美国政府对中美新型大国关系的一个经典表述。2012年以来,中国领导人提出并集中阐述了建立新型大国关系的命题。2012年5月3日,胡锦涛在第四轮中美战略与经济对话开幕式上致辞,呼吁打破历史上大国对抗冲突的传统逻辑,探索经济全球化时代发展大国关系的新路径,首次提出努力"发展让两国人民放心、让各国人民安心的新型大国关系"。2012年7月19日,习近平在"世界和平论坛"开幕式上致辞指出:"中美正在积极探索构建相互尊重、合作共赢的新型大国关系。"2013年4月13日,习近平会见美国国务卿约翰·克里时指出,中美应"走出一条平等互信、包容互鉴、合作共赢的新型大国关系之路"。2013年6月7—8日,习近平在美国加州安纳伯格庄园同奥巴马举行会晤,双方同意共同努力构建新型大国关系,相互尊重,合作共赢,造福两国人民和世界人民。2013年12月4日,习近平同美国副总统约瑟夫·拜登会谈指出,"加强对话与合作是两国唯一正确选择。双方要牢牢把握两国关系正确方向不动摇,尊重彼此核心利益和重大关切,积极拓展务实合作,妥善处理敏感问题和分歧,确保中美关系持续健康稳定向前发展"。12月5日,拜登在北京美国商会和美中贸易全国委员会举办的早餐会上发表演讲,对中美新型大国关系做出了积极的回应:"我们正在努力打造大国之间的一种新型关系,这种关系与以往的关系不同,其特征是建设性合作、健康竞争以及共同尊重各方一致同意的新的行路规则和21世纪的国际规范。"

中国强调新型大国关系始于但并不限于中美关系,其目标是维护国际体系的和平转型,超越新兴大国和守成大国必定冲突的历史宿命,避免并克服旧有大国关系中互不信任、相互敌视、相互排斥、相互为敌的消极因素,增强相互信任、相互尊重,追求合作共赢,建立合作共赢的新模式,健全风险管理机制,为国际关系发展输入正能量。

中国驻美大使崔天凯指出,中美新型大国关系的探索之路需要破解五大难题:"战略互信缺失""核心利益瓶颈""真正践行平等相待"

"贸易结构重组"和"在亚太地区真正实现良性互动"。① 中美两国构建新型大国关系是国际政治理论与实践的崭新议题,需要双方不断培育共同认知,精心维护大局,努力实现创新。中国应在如下方面做出努力:

第一,客观判断国家实力,坚持和平发展道路。中国必须客观冷静地评估中国的国家实力和国际影响力,认识到经济总量位居全球第二并不等同于第二大世界经济强国,经济强国并不等同于世界大国,不要低估美国的战略优势,切忌高估中国自己的战略地位。中国惟有坚持和平发展道路,向美国表明中国不是霸权的挑战者,向世界表明中国不是国际体系的破坏者,摒弃以大欺小、以强凌弱的旧大国行为模式②,遵循"坚持韬光养晦、争取更大作为"的建设性原则,以和平方式投射其影响力,积极承担国际责任,才能成长为国际社会认可、尊重的世界大国。

第二,加强战略信任建设,努力消除误解误判。中美关系存在的问题,首在战略信任的缺失。中国决策者深刻认识到培育战略信任对中美关系的重要性,在诸多重要场合都强调培育和深化战略信任是中美关系顺利发展的重要前提。例如,习近平2012年2月15日在华盛顿发表演讲指出:"战略互信是互利合作的基础,两国信任程度越深,合作空间越大。"③互信是一条双行道,双方应持续增进相互理解和战略信任,保持高层密切往来,充分利用战略与经济对话、人文交流、两军交往等各种渠道,多对话、多交流、多沟通,加强对彼此战略意图和发展走向的了解和认知,努力避免误读、防止误判,以相互理解和战略信任进一步挖掘中美互利合作的巨大潜力。中美要加强交流,加深相互理解,减少误解,协调减少相关风险。

第三,坚决维护核心利益,积极扩大共同利益。共同利益是中美关系发展的内生动力。当前世界重大问题的处理,离不开中美两国的参与和贡献,如果中美携手合作,就会出现共同的解决方案;如果两国发生分歧,全世界将被迫在相互冲突的做法之间作出选择。中美双方在应对全球经济危机、塑造国际金融秩序、相互投资、新能源开发、维护亚

---

① 崔天凯、庞含兆:《新时期中国外交全局中的中美关系——兼论中美共建新型大国关系》,载王缉思主编:《中国国际战略评论2012》,世界知识出版社2012年版,第4页。
② 黄仁伟:《中国道路的历史超越和国际解读》,《求是杂志》2012年第21期。
③ 习近平:《共创中美合作伙伴关系的美好明天——在美国友好团体午宴上的演讲》,《人民日报》2012年2月16日第1版。

太稳定等诸多领域拥有越来越多的共同利益,双方拥有广阔的合作空间。在强化和扩大共同利益基础的同时,我们还要清醒地认识到中美之间存在的深刻分歧和对抗性因素,认识到美国是能够给中国核心利益带来最大侵扰的国家,必须在事关国家主权和领土完整等核心战略问题上清晰划定中国的战略底线,坚决维护核心国家利益。

第四,加强亚太良性互动,申明共同发展意愿。亚太是中美利益重叠最多、共同利益体现最充分的地区,也是两国最容易产生冲突的地区。中美构建新型大国关系之路始自亚太,成败也很可能取决于亚太,双方应共同努力探索在亚太和平相处、良性竞争、合作共赢的互动模式。在重塑亚太战略格局上,中美两国均具有较强的主动性。中国应明确表明无意采取排挤美国的亚洲版门罗主义,而是致力于建立地区所涉各国和谐共处的亚太共同体,欢迎美国作为亚太国家为地区和平发展做出努力,同时督促美方采取客观公允的态度推动有关国家采取实际行动,为维护亚太和平、稳定、繁荣发挥积极作用。

第五,强化战略管理意识,妥善应对重大分歧。中美关系体现出既有全面接触与合作,亦有深刻分歧与矛盾的基本特征。鉴于两国战略竞争态势已然形成,如何妥善处理分歧、加强危机管控、防止某一方面的风险蔓延至整体关系就变得至关重要。中美双方在许多问题上存在着严重的分歧。中美关系的关键就在于加强战略管理意识,在宏观层面的高层往来、中观层面的功能领域合作和微观层面的危机管理上善加统筹;同时要加强对重大分歧的管控,防止冲突调门升级导致安全困境式的情势。妥善处理两国分歧,其基础在于相互信任,加强相互理解,坚持求同存异的原则,坚信宽阔的太平洋、蓬勃的全球化足可容纳中美两国合理的利益诉求。

本文系作者2013年9月23日在首尔大学(韩国)、2013年10月29日在上海外国语大学讲座的基础上整理成稿,发表于《国际观察》2014年第1期。

第四部分

大国东亚战略聚焦

中国崛起与东亚安全秩序的变革

中国崛起成为牵动世界命脉的重大议题。中国通过改革开放实现迅速和平发展;与此同时,从"中国崩溃论""中国威胁论"到"中国机遇论""中国责任论",国际社会对中国的看法也在发生巨大变化。鉴于中国为具有重大国际影响力的地区性大国,在中国与世界的互动过程中,尤其是随着进一步融入地区一体化,中国成为东亚变革的核心推动力。如何理解中国崛起与东亚秩序变革逐渐被视为核心议题,受到国际社会的普遍关注。

引 言

中国崛起必然冲击既有的国际秩序,而最为敏感的莫过于中国对东亚安全秩序的影响。从地区意义上讲,"中国威胁论"滥觞于东亚国家有其必然性。冷战结束以降,曾有许多学者对亚洲的未来抱有悲观心态,认为亚洲必成争夺之所。其主要原因在于对中国成为修正主义国家的预测。① 然而,亚洲尽管冲突不少,但并未爆发大规模冲突,而且其前景也在趋向光明。康灿雄(David C. Kang)指出:"从历史上看,历来都是中国的软弱导致亚洲动荡不安;在中国强大和稳定之时,亚洲秩序井然。从历史的角度看,一个富有和强大的中国是巩固地区稳定的力量。"②另一方面,中国一个世纪的衰弱和混乱,以及期间世界其他国家(尤其是美国)影响的日益增强奠定了今日亚洲格局的基础。中国的强大和富庶自然会引起疑虑、猜测和某种期待。国际关注的是,一个更加强大和自信的中国如何对待邻国、其邻国对中国东亚影响的扩大做出何种反应。③

关于中国崛起对东亚安全秩序的影响不乏悲观认识,但总体而言,越来越多的国家领导人和学者对东亚前景持有乐观看法。在一定意义上,这是中国崛起进程中的正向变革所导致的。中国崛起是东亚秩序变动的一部分,进而成为东亚秩序变动的主要推力,成为引领东亚秩序变革的核心要素。中国长期以来不是从地区(region)角度出发处理与亚洲国家的关系,而是在双边层次上处理与各相关国家的关系。20世纪90年代中期以来,中国积极接受地区的概念,并将其国际战略重点放在促进东亚一体化进程上,立足临近地区,加强地缘政治经济的塑造能力。中国促动的东亚合作机制代表了中国外交的新思路,即在自己利益攸关的地区培育和建立共同利益基础之上的平等、合作、互利、互助的地区秩序,在建设性的互动过程中消除长期积累起来的隔阂和积怨,探索并逐步确立国家间关系和国际关系的新准则。中国在地区合作中的积极进取,既促进了地区内国家对中国发展经验和成果的分享,也提高了中国的议程创设(agenda-setting)能力。中国在地区秩序建设中的努力实际上为国际秩序变革提供了一种可堪借鉴的范式。④

---

① Aaron L. Friedberg, "Ripe for Rivalry: Prospects for Peace in a Multipolar Asia", *International Security*, Vol. 18, No. 3, Winter 1993/1994, pp. 5—33; Gerald Segal, "East Asia and the Containment of China", *International Security*, Vol. 20, No. 4, Spring 1996, pp. 107—135; Alastair Iain Johnston, "Is China a Status Quo Power?", *International Security*, Vol. 27, No. 4, Spring 2003, pp. 5—56.

② David C. Kang, "Getting Asia Wrong: The Need for New Analytical Frameworks", *International Security*, Vol. 27, No. 4, Spring 2003, pp. 57—85.

③ David Shambaugh, "China Engages Asia: Reshaping the Regional Order", *International Security*, Vol. 29, No. 3, Winter 2004/2005, pp. 64—99.

④ 门洪华:《国家主义、地区主义与全球主义——兼论中国大战略的谋划》,《开放导报》2005年第3期。

无疑,中国崛起对东亚安全秩序的影响,在日本和美国引致了更多讨论。鉴于中日之间对宿怨、现实冲突和未来竞争的判断,日本在经济上加强与中国合作、在安全和战略上制衡中国的目标短期内不会改变。当然,随着东亚合作进程的加速进行,中日问题走向缓和、稳定和逐步解决是可能的,也符合东亚所有国家的利益。近年来,美国对中国的战略体现在如下两个方面的结合:将中国网入一系列国际组织的多边战略,与中国政府在一系列功能性领域进行综合性双边接触的战术。① 在这个过程中,尤其是随着非传统安全重要性的上升,中美安全关系出现了深具建设性的变化。尽管美国对中国能否约束其增强的实力、信守承诺存在疑虑;②但越来越多的美国人士支持对华接触政策。戴维·蓝普顿强调,由于中国日益成为地区和全球经济发展的引擎,美中保持稳定的战略关系超越了狭隘的安全利益。③

以上看法表明,对中国崛起与东亚安全秩序变革的认识正在变得理性和客观,某些理解颇具启发意义,但总体而言,它们并未站在中国角度看待中国崛起,对中国变革的正向性缺乏全面的认识,甚至缺乏对中国自身安全困境的基本关注。基于此,笔者拟从国际秩序的建构逻辑为起点,论述中国崛起对东亚安全秩序变革的促动作用,剖析中国的安全困境、安全观念创新、安全实践,从而对中国崛起与东亚安全秩序的关系做出较为全面的评述。

中国与东亚安全秩序的演变

从结构上讲,东亚安全困境俯拾皆是,既有大国如中美、中日、日俄之间的安全困境,也有中等力量国家之间如朝鲜半岛南北双方之间的安全困境;既有大国与小国之间如中国与东盟国家之间存在的低烈度的安全困境,也有小国之间如东盟成员之间存在的某种程度上的安全困境。东亚各国奉行不同的安全政策,或牵制或防范或联盟,致使东亚众多的安全之间形成某种连动的复杂关系。东亚地区至今没有形成为各方广泛接受和认同的安全制度或体制,缺乏制度约束的众多行为体

---

① David Shambaugh,"China or America: Which is the Revisionist Power", *Survival*, Vol. 43, No. 3, Autumn 2001, pp.25—30.
② G. John Ikenberry,"American hegemony and East Asian order", *Australian Journal of International Affairs*, Vol.58, No.3, September 2004, pp.353—367.
③ David M. Lampton,"China's Growing Power and Influence in Asia: Implications for U.S. Policy", http://www.nixoncenter.org/index.cfm? action = publications.

之间难以形成相对稳定的安全关系,地区热点问题始终没能得到根本解决,热点升温甚至失控的可能性依然存在。

从进程的角度看,东亚安全秩序一直处于变动过程中,并逐步奠定了东亚稳定的基础。其中,中国从东亚安全秩序的被防范者到积极参与者,中国的角色发生了变化,中国的安全观念和安全行为也发生了重大变化,从而为中国与东亚安全秩序的良性互动提供了基本条件,也为东亚安全秩序建设提供了新的动力。

二战结束之后,东亚地区秩序的建构一直被冷战的阴影所遮盖,并为东亚民族主义浪潮所淹没。美国主导建立的双边安全同盟成为东亚安全秩序的主体,也成为中国安全困境的主要来源。当时,东南亚地区与朝鲜半岛忙于非殖民化与国家重建,1967年成立的东盟因外部牵制和内部聚合力不足难以在东亚秩序建构上发挥作用,20世纪60年代至80年代日本和东亚四小龙的崛起并没有立即从根本上撼动既有的东亚安全秩序。中国忙于国内革命建设、突破西方的封锁和应对苏联威胁,截至1982年中国国际战略调整,中国长期关注的是政治安全和军事安全,尽管其后中国经济安全的重要性开始明显上升,政治安全和军事安全的地位开始下降,中国的安全观念仍然集中于核心安全领域。① 彼时,霸权与均势并存仍是东亚安全秩序的基本特征。

东亚安全秩序的变动始于冷战的结束,尤其是为1997年亚洲金融危机和中国安全思想的创新及其付诸实践所激发。冷战结束之后,东亚多边安全机制开始萌芽,其根本动因是美国从东南亚撤军。冷战结束后,随着两极对峙局面的结束,社会主义阵营的瓦解,东亚安全形势发生了重大的变化,美国也相应地调整自己的战略,减少了在东亚的军事存在,甚至在1992年撤出了东南亚。由于美军撤出东南亚,在东南亚留下巨大的权力真空,原来被冷战所掩盖的矛盾以及历史上遗留的领海和领土纠纷纷纷浮现,加上该地区国家在经济发展水平以及文化、民族、宗教等方面存在的差异,使该地区内部出现了不稳定因素。为填补美国撤退后留下的权力真空,保持本地区的安全稳定,东盟进行了积极探讨。由于东盟地区各国中没有一个国家能够独自主宰本地区的安全事务,东盟引入了多边主义,并在1994年创立了东亚迄今唯一的多边安全机制——东盟地区论坛(ARF),从而引入了合作安全的理念和

---

① 秦亚青:《国家身份、战略文化和安全利益——关于中国与国际社会关系的三个基本假设》,《世界经济与政治》2003年第1期。

实践。① 与此同时,中国面对安全环境的巨大变化,积极寻求与周边国家的安全协调与合作。1996年4月上海五国机制创立,中国领导人将非核心安全领域纳入安全战略思考的重心,开始构筑以合作安全、相互安全为核心的新安全思维。1997年3月,中国在东盟地区论坛会议上,正式提出了"新安全观"。1997年4月,中俄签署的《中俄关于世界多极化和建立国际新秩序的联合声明》中,双方主张确立新的具有普遍意义的安全观,呼吁通过双边、多边协调合作寻求和平与安全。1999年3月26日江泽民在联合国裁军谈判会议上第一次全面阐述了中国的新安全观,强调新安全观的核心是"互信、互利、平等、合作"。中国的新安全观不仅在随后成立的上海合作组织中得到积极体现,也逐步引入到中国—东盟自由贸易区的建设中,引申到关乎朝鲜半岛稳定的六方会谈之中,并在其中寻求和扩大与各国的共同利益。② 同时,中国积极参与东亚一体化的进程,促使东亚进入全面接触的时代,并促进了东亚政治对话和安全协调的显著进展。

中国认识到亚太地区是强国最密集的地区,中国地区安全战略的首要目标是与地区内的主要强国均维持一种至少可以正常运转的关系,从而使中国不会再次在大国中陷入孤立。中国地区安全战略的第二个目标是尽可能维持与地区内国家间的友好关系,以防止一个针对自己、得到其他大国支持的遏制联盟形成。中国越来越接受这样一种观点,即经济的相互依赖能创造共同利益、有利于防止冲突,最好的战略就是通过成为地区内国家的市场和投资、技术提供者,使中国逐渐成为地区经济增长的火车头。③ 随着中国的崛起,中国与周边国家之间的关系发生深刻转变,一个紧密型的环中国经济带正在形成。与之并行的是,中国崛起带来的地区震动表明,中国有必要以东亚地区发展为核心,大力促进东亚一体化,创立有助于地区经济和进一步经济开放的地区性国际制度,为其他国家搭中国发展之便车的提供机会。中国对地区合作的参与是一个逐步演变的过程。冷战结束后,中国与周边国

---

① 吴金平:《东亚多边安全合作机制建设与美国因素》,《东南亚研究》2004年第4期。
② Benjamin Self, "China and Japan: A Façade of Friendship", *The Washington Quarterly*, Vol. 26, No. 1, 2003, pp. 77—88; G. John Ikenberry, "American hegemony and East Asian order", *Australian Journal of International Affairs*, Vol. 58, No. 3, September 2004, pp. 353—367; 王毅:《全球化进程中的亚洲地区合作》,《外交学院学报》2004年第2期;芮效俭:《中国和平崛起和东亚合作:中国和美国的视角》,《外交评论》2005年第6期。
③ 唐世平、张蕴岭:《中国的地区战略》,《世界经济与政治》2004年第6期。

家特别是东南亚国家关系陆续正常化,经济全球化迅猛发展,构成了这一转变的历史背景。中国周边安全面临的挑战和隐患,中国与世界尤其是与周边关系的日趋紧密,东亚金融危机的爆发,则提供了启动地区合作的契机和动力。中共十六大报告中明确提出加强睦邻友好与地区合作,地区合作首次出现在党的代表大会政治报告中,首次与双边关系并列。此后,中国将加强地区合作与交流作为实现亚洲共赢的有效途径,积极探索新的合作新方式。中国积极参与了上海合作组织的活动及"10+3"的进程,逐步加大对这两大地区合作的投入。在北面,上海合作组织已完成机制化建设,逐步从安全合作向经济政治合作扩展。在南面,中国率先与东盟确定建立自由贸易区,带动其他域外国家对自由贸易安排采取更为积极的态度。中国率先加入《东南亚友好合作条约》,巩固与东盟关系的政治法律基础。中国率先提出开展非传统安全合作,拓展了东亚合作的范围和内涵。中国率先与东盟建立战略伙伴关系,提升本地区各国合作的水平。中国支持"东盟方式"所体现的合作原则和规范,注意维护东盟在东亚合作中的主导地位,中国还与日、韩协商发表了中日韩三方合作联合宣言。这些积极主动的举措,增进了中国与域内各国的相互信任,缓解了周边邻国对中国的疑虑,取得了良好的政治和经济效果。

东亚主要采用双边安全体制(尤其是双边军事同盟)和多边安全体制来维护和确保整个地区的安全。① 东亚国家有不同的安全追求,美国追求单边霸权,中国、俄罗斯乃至日本都在或明或暗地追求多极化,其他国家则期望建立多边安全协调机制,导致存在名目繁多的安全安排,从而构成了霸权、均势、合作安全等看起来相互冲突的安全选择都不同程度地存在着②,东亚安全秩序被视为各种相关安全模式的叠合。③ 随着中国崛起正向性作用的发挥,东亚安全秩序呈现出与冷战结束之前截然不同的特征。双边同盟、多边对话和特殊外交的混合,既没有出现军事竞争对抗,也还没有发展成为多边合作体系,而是处于均

---

① 王良:《东亚安全与复合安全体制》,《国际观察》1999 年第 5 期。
② 沈大伟认为,东亚存在着霸权体系、大国竞争体系、轮辐模式、大国协调、大国共治、规范性共同体、复合相互依赖等几种形式。David Shambaugh, "The Rise of China and Asia's New Dynamics", in David Shambaugh, ed., *Power Shift*: *China and Asia's New Dynamics*, London: university of California Press, 2005, pp.12—16。
③ Michael Yahuda, "The Evolving Asian Order: The Accommodation of Rising Chinese Power", in David Shambaugh, ed., *Power Shift*: *China and Asia's New Dynamics*, p.348.

势与共同体秩序之间。① 在一定意义上,东亚安全正在经历着美国同盟秩序构想和东亚合作安全构想的博弈。

当前,传统军事同盟无法完全应对非传统安全威胁,随着合作安全观念的深入人心,随着共同利益和共同威胁的扩大,以合作安全为主体建立东亚安全体系开始被视为合理的选择。② 东亚总体上体现出从安全困境到安全合作、从传统安全困境到非传统安全合作的发展路径,并促使传统安全走向可管理性。中国的新安全观与合作安全的理念契合,中国近年来的安全实践体现了合作安全的战略价值,并成为东亚安全秩序变革的核心推动力。

中国崛起与东亚秩序变革的驱动力

东亚经济一体化及其溢出效应、中国全面崛起、美国的战略调整、日本加速迈向政治大国的步伐、东盟的规范性效应等是东亚安全秩序变革的主要驱动力。其中,中国崛起是安全秩序变革的核心驱动力,也是其他要素发挥战略效应的牵动力。

1. 东亚经济一体化及其溢出效应

东亚经济一体化迄今经历了三个主要发展阶段。20 世纪 60 年代到 90 年代中期,东亚经济一体化处于市场或投资驱动阶段,日本经济复兴、"四小龙"经济奇迹和中国经济崛起成为东亚发展的助推力量,但东亚经济增长主要依靠各自的经济和贸易政策,而非多边框架下的经济合作。日本在东亚经济合作和产业转移中发挥了关键性的作用,其投资政策主导推动雁行经济秩序,东亚国家和地区之间形成依照劳动分工和动态比较优势的垂直分工格局。东亚地区内贸易比重逐渐上升,贸易和对外直接投资(FDI)成为东亚经济增长的发动机。

1997 年的亚洲金融危机触发了东亚的紧密合作,地区内各国积极采取合作措施应对危机,并为未来挑战未雨绸缪。自此,地区主义成为东亚秩序变动的明确指向标,东亚经济一体化进入经济、政治双轮驱动阶段。金融危机使东亚各国认识到更紧密合作的重要性,随着相互依

---

① G. John Ikenberry and Jitsuo Tsuchiyama, "Between Balance of Power and Community: The Future of Multilateral Security Co-operation in the Asia-Pacific", *International Relations of the Asia-Pacific*, Vol. 2, No. 1, 2002, pp. 69—94.

② 牛军、王东:《中美日安全关系与东亚安全环境》,《国际经济评论》2005 年第 11—12 期。

赖的加深,各经济体有必要采取各种措施实现相互依赖的制度化。各国在贸易、投资、金融等领域的合作取得重大进展,共享增长成为东亚一体化的主要推动力。①

2001年中国加入WTO并倡议建立中国—东盟自由贸易区,为深化东亚经济一体化注入了新的动力,东亚经济一体化进入经济、政治、制度、战略四轮驱动阶段。中国—东盟自由贸易区建设触发了地区自由贸易区热潮,尽管全地区性的FTA协议难以在近期内签署。1997年迄今,中国进行了大规模的战略调整,并迅速确立了富有建设性的地区战略,开始在东亚一体化进程中发挥关键性作用。

地区经济一体化是东亚稳定和繁荣的基础,其溢出效应反过来加强了政治、安全、社会、文化等领域的地区合作,一些制度框架开始建立起来,东亚共同体理念被接受为地区合作的愿景。经济相互依赖、既有的规范和制度起到了缓解地区内权力失衡的冲击,防止安全困境泛化的效用。② 与此同时,一系列双边同盟、安全对话、多边论坛、部长级会议、第二轨道接触及其他特定机制逐步建立起来,并发挥着越来越重要的作用。③ 各国意识到,未来东亚秩序建构并不通过霸权战争实现,而是基于共同利益、以国际制度为主要方式的国际协调。④ 共同利益的汇聚和制度化逐步成为东亚合作的主导要素。

2. 美国的战略调整

美国的重要利益遍布东亚每一个角落,并为此建立了维护其战略利益的正式或非正式制度安排。⑤ 在安全领域,美国与日本、韩国、菲律宾、泰国等建立了正式军事联盟。20世纪90年代中期以来,美国采取了一系列战略举措,调整并重新确立了以美国为轴心、由五对正式的双边同盟和若干非正式的安全关系构成的、涉及军事合作各个领域、辐射整个东亚的轮辐体系(hub-spoke system)。该体系可以分为三个层

---

① 陈虹:《共享增长:东亚区域经济合作的现实与思考》,《国际经济评论》2003年第9—10期。
② Amitav Acharya, "Will Asia's Past Be Its Future", *International Security*, Vol. 28, No. 3 Winter 2003/2004, pp. 149—164.
③ G. John Ikenberry and Jitsuo Tsuchiyama, "Between Balance of Power and Community: The Future of Multilateral Security Co-operation in the Asia-Pacific", pp. 69—94.
④ 代帆、周聿峨:《走向统一的东亚秩序?》,《太平洋学报》2005年第12期。
⑤ Dennis C. Blair and John T. Hanley, Jr., "From Wheels to Webs: Reconstructing Asia-Pacific Security Arrangements", *The Washington Quarterly*, Vol. 24, No. 1, Winter 2001, pp. 7—17.

次:第一层次是与日本、韩国和澳大利亚的双边同盟,其中与日本和澳大利亚的同盟分别被美国视为其亚太安全战略的北锚和南锚,尤其是与日本的同盟更是被美国当作其东亚战略基石;第二个层次是与菲律宾和泰国的双边同盟;第三个层次是与马来西亚、新加坡和印尼等东盟核心国家日益密切的安全合作关系。① 这一调整的另一个方面就是,冷战结束不久,美国减少了在东亚的军事存在,甚至在1992年撤出了东南亚。美国撤军导致东南亚出现巨大的权力真空,原来被冷战所掩盖的矛盾以及历史上遗留的领海和领土纠纷纷纷浮现,激发了东亚多边安全合作机制的萌芽。2001年"9·11事件"之后,美国重返东南亚,积极参与东盟地区论坛的活动,凭借其强大的力量持续影响东亚安全。

在经济领域,美国是东亚所有经济体的重要伙伴,东亚在美国贸易中的比重长期稳定在37%—38%,美国在东亚的对外直接投资占其总量的比重近年来有所增长,从15%上升到18%左右。美中、美日经济关系往往吸引着全球的目光,并在一定程度上被视为衡量双边关系的标尺。自20世纪90年代早期起,美国就在亚太经合组织(APEC)中发挥领导作用,并且成功地把非经济议题纳入非正式领导人会议的议程。美国还致力于加强与中日之外其他经济体的合作,寻求与某些东亚国家建立双边自由贸易协定。

总体而言,美国在东亚的安全制度安排得以持续,其战略利益得以维护和拓展,美国将继续在东亚秩序建构中扮演关键角色。但另一方面,美国不是东亚霸主,它与东亚其他大国形成均势格局,将均势视为东亚和平的主要标杆;②并寻求与东亚国家关系的重新定位。美国在东亚战略调整最剧者莫过于中美关系。冷战结束以来,美国对华战略一直在遏制和接触之间摇摆。美国一直对华实施两边下注战略。期间,双方通过"接触"发展出包括高层战略对话在内的一整套沟通交流机制以及政治、经济、文化乃至军事安全等全方位的协商合作机制,实现了世界最大生产者和消费者之间的相互依存、共同发展,互利双赢,形成了利益共同体。③ 经过十数年的犹豫,美国终于开始以较为平衡

---

① 杨光海:《美国的东亚同盟体系:态势、趋向及意图》,《国际论坛》2004年第4期。
② 阎学通:《东亚和平的基础》,《世界经济与政治》2004年第3期。
③ 俞正梁、阙天舒:《体系转型和中国的战略空间》,《世界经济与政治》2006年第10期。

客观的眼光看待中国的崛起。2005年9月,副国务卿佐立克(Robert Zoellick)用"负责任的利益攸关方"表达对中国的预期①,此后美国呼吁中国承担起世界经济领袖的必要责任,在一定意义上锁定了美国对华奉行接触政策的战略趋向。中美通过制度化渠道稳定了双边关系,为战略互动和多边领域的对话奠定了坚实的基础。

3. 日本加速迈向政治大国的步伐

日本在20世纪60年代末成为世界第二大经济强国,逐步建立了资本密集型、技术密集型、知识密集型经济②,实现了以往用武力没有实现的目标。与其国际地位相适应,日本开始在认同上出现变化。自80年代以来,日本把成为"正常国家"视为战略目标,追求与其经济实力相符合的政治大国地位。日本热望在全球和地区事务中扮演更为显著的角色。在全球舞台上,日本寻求更大的国际认可、成为世界秩序的主导者之一,将联合国安理会常任理事国席位作为孜孜以求的目标,并为此不遗余力近二十年;在地区舞台上,日本寻求界定未来东亚共同体的理念、框架和主要特征的领导权。

战后《美日安保条约》是日本的"生命线",而美国主导的自由贸易体制则是其"利益线"。③ 日本受益于第二次世界大战后美国在东亚主导建立的安全体系,并以此为依靠建立了日本主导的雁行经济秩序,从而确立了日本在东亚的优势地位。日本以"普通国家"为主要动力和旗帜,以美日同盟为依托,不断强化军事力量,争取在东亚安全事务中的发言权,加强对东亚的影响力。④ 冷战结束以来,东亚国家尤其是中国的经济崛起改变了东亚的权力关系,也使得东亚安全情势处于演变之中。日本是中国的近邻,面对中国在东亚地区呈现的越来越强大的地区力量,日本比美国更深切感受到巨大的压力。对日本而言,最为关键的步骤莫过于重新定义和确认美日安全同盟,因为后者是两国在东亚利益的柱石。东南亚对日本经济繁荣至关重要,日本与东盟国家签署双边或多边经济伙伴协定(EPA),以进一步巩固合作关系。自由贸易区在东亚经济一体化中发挥着富有成效的作用,不仅促进经济增长,

---

① Robert B. Zoellick, "Whether China from Membership to Responsibility", speech at National Committee on U. S. -China Relations, September 21, 2005, http://www.state.gov/former/zoellick/tem/53682.htm.
② 周茂清:《不同类型国家对外开放政策的比较》,《中国工业经济》2003年第10期。
③ 冯昭奎:《日美关系:从战后到冷战后》,《美国研究》1996年第3期。
④ 牛军、王东:《中美日安全关系与东亚安全环境》。

而且有助于政治和社会稳定,也会对日本带来积极的影响。① 当然,这些调整必然影响中日经济关系。作为东亚秩序的首倡者,日本不会甘心在自由贸易区建设、地区秩序建构上落于中国之后。2002 年,日本首相小泉纯一郎提出超越"10 + 3"框架的"扩大的东亚共同体"构想,其基本内涵是日本主导、日本和东盟为核心、将澳大利亚等非东亚国家吸收为共同体核心成员,制衡中国在东亚影响力扩大的意图不言自明。2006 年下半年以来,中日两国在确立战略互惠关系上做出了积极的努力,但日本从安全和战略上制衡中国的意图却愈发明显。

塞缪尔·亨廷顿(Samuel Huntington)分析指出,日本未来有四个选择:第一,与美国维持和加强盟友关系,扮演英美关系中的英国角色,这一关系在亚洲情势之下不可避免被视为本质上是反华的,可能陷日本于某些冲突情境;第二,如果中国实力继续增强,日本可与中国结盟,扮演法德关系中的法国角色,但与中国结盟意味着大幅削减日本与美国的联系;第三,日本竭力避免卷入东亚的敌对和竞争,不与强国结盟,而是发展自己的军事力量以求必要的自卫,其角色如在欧洲保持中立的瑞士;第四,与所有其他大国和次要大国发展合作关系,积极参与亚洲外交活动,并缓和彼此的矛盾,如同欧洲的德国,但是德国是欧洲最强大的国家,而中国是亚洲最强大的国家,日本很难这样做而不针对中国。② 从当前的情势看,日本选择了一条混合路线,即在经济上加深中日相互依赖的同时,继续加强在安全和战略上对中国的制衡,这在一定程度上决定了东亚安全秩序建设的渐进性和变革性。

4. 东盟方式的规范性效应

东盟逐渐形成了富有次地区特色的决策模式。阿查亚将东盟处理成员国之间关系的一系列基本原则和规范概括为东盟方式(the ASEAN Way),其中最主要的两个原则是非正式性和协商一致。在非正式性原则下,地区合作保持较低的制度化程度。在协商一致原则下,地区合作的决策机制回避了多数表决和强制执行,而是满足地区合作

---

① Shujiro Urata,"Japan's FTA Strategy and a Free Trade Area of Asia Pacific", in Takatoshi Ito, Hugh Patrick and D. E. Weinstein, eds., *Reviving Japan's Economy*, Cambridge: The MIT Press, 2005, pp. 71—86.

② Samuel Huntington,"Japan's Role in Global Politics", *International Relations of the Asia-Pacific*, Vol. 1, No. 1, 2001, pp. 131—142.

参与者的舒适感。① 东盟所有成员国,不论大小和国力强弱,在东盟事务的决策、执行过程中绝对平等。东盟最高一级的决策机构由各成员国轮流主办,最高一级的执行机构常务委员会也实行轮换制,各国通过轮流执掌常务委员会均衡地取得对下属执行机构的领导权。东盟采取协商一致的决策方式,即通过全体成员国的反复磋商和妥协,最后达成一致共识,任何议案只有在全体成员没有反对意见时才能通过。在对外事务上,东盟合作以各国政策的独立为前提,允许单边主义在多边主义的框架内发展,允许国家决定与地区追求并存。② 这种最大限度兼顾国家利益和地区利益的做法,保证了利益各异的成员方之间进行有效合作,也导致较低的制度化合作水平。以东盟方式为准绳,东南亚各国有效地和平解决了一系列双边和多边争端,并逐步建立了稳定的次地区秩序。

在对外安全关系上,东盟一方面确立了"东盟主导、大国均衡"的战略,积极发展与东盟外国家的关系,逐步建立起多层次的论坛式协商制度(东盟地区论坛),另一方面仍然支持与地区外大国尤其是美国的双边安全合作,并将双边防务合作视为最有效、最现实的安全模式。③ 东盟的地区安全战略可以概括为:通过东盟合作增强集体安全保障能力;通过磋商与对话,与地区大国建立互信关系,解除外来威胁;积极倡导东盟地区论坛,开展"第二轨道"安全对话,建构地区多边安全机制;调整军事战略,独立发展军事力量,积极开展军事领域内的合作。

亚洲金融危机表明,东盟自身不能解决危机,国际货币基金组织等国际制度不可倚靠,东亚国家之间的紧密合作成为惟一可行的选择。自此,东盟一直是东亚地区主义的主要组织者,"东盟方式"也逐渐扩展到东亚一体化进程中。尤其是,东盟各国对中国采取接触战略,寻求将中国纳入地区制度和地区对话;中国则支持东盟提出的东亚峰会模式和东盟在共同体建设中的领导地位,东盟与中国关系的健康发展是

---

① Amitav Acharya, "Ideas, Identity, and Institution-Building: From the 'ASEAN Way' to the 'Asia-Pacific Way'?", *The Pacific Review*, Vol. 10, No. 3, 1997, pp. 328—333.

② Masahide Shibusawa, *Pacific Asia in the 1990s*, London: Routeledge, 1991, p. 101.

③ Amitav Acharya and Richard Stubbs, eds., *New Challenge for ASEAN-Emerging Policy Issues*, Vancouver: UBC Press, 1995, p. 195.

东盟在东亚秩序建构中发挥重要作用的基本条件。① 迄今,东盟在东亚合作进程中的作用堪称富有成效,东盟在经济一体化进程中的主导地位得到了地区内外国家的认可和尊重,在东亚合作的制度化以及东亚秩序建构中发挥关键性作用,并寻求在所有地区合作倡议中扮演中心角色。然而,东盟方式所秉持的低制度化、避免承诺和义务的做法不仅导致东盟内部整合缓慢,也在一定程度上放缓了东亚安全秩序建构的进程。

综上所述,中国崛起是引领东亚安全秩序变革的核心力量。随着中国的全面崛起、日本加紧迈向政治大国的步伐、东盟规范性影响的扩大和美国的战略调整,东亚权力关系进一步趋于平衡。东亚的权力结构决定了东亚秩序的开放性,而美国等外部力量的强大决定了共同利益的汇聚和制度化是东亚安全秩序建构的惟一可行路径。

中国崛起与东亚安全秩序的未来

随着东亚合作进程的积极推进,中国与东亚安全秩序建构开始呈现良性互动的特征。从未来前景看,二者相互影响、相互制约、相互促进,不仅中国崛起是引领东亚安全秩序变革的核心力量,后者也是考验中国能否实现和平崛起的重要标尺。

1. 东亚安全秩序的前景

尽管东亚在安全设计和冲突解决上少有多边主义的传统②,东亚地区合作依旧保持了低制度化(under-institutionalized)的特征③,但应对安全困境的需要催生了东亚地区安全认同的形成,广义的合作机制正在发展,有助于促进相互信任的基本框架正在确立。在目前的东亚安全秩序建构中,处理某些冷战遗留问题仍是应对重点,但积极因素已经在发挥作用,追求合作安全已经成为是本地区国家的基本目标。总体而言,冷战之后的东亚各国没有根本性的敌友之分,竞争与合作并存

---

① Nikolas Busse,"Constructivism and South East Asia Security", *Pacific Review*, Vol. 12, No. 1, 1999, pp. 39—60; Gerald Segal, "Tying China into the International System", *Survival*, Vol. 37, No. 1, 1995, pp. 60—73.

② Desmond Ball, "Strategic Culture in the Asia-Pacific Region", *Security Studies*, Vol. 3, No. 1, Autumn 1993, pp. 44—74.

③ Amitav Acharya, "How Ideas Spread: Whose Norms Matter? Norm Localization and Institutional Change in Asian Regionalism", *International Organization*, Vol. 58, No. 2, Spring 2004, pp. 239—275.

成为国家间安全关系的主流,东亚多边合作进程既维持着地区稳定、促进地区合作、塑造地区规范,也建构着地区认同,从而促使军事同盟框架和多边安全对话框架并存于东亚,形成二元安全结构。两种安全框架既是目标和手段,也代表了不同的战略思路。

展望未来的东亚安全秩序,传统的零和博弈难以在东亚再现,在多边合作安全框架之中,平衡中国日益增长的地区影响、平衡美国在东亚的作用将合力催生新的安全制度安排①,战略约束——特别是自我战略约束——成为中美等大国必须认真思考的议题。总体而言,东亚安全秩序开始从实质上的美日主导向共同主导发展,作为东亚安全秩序建构的重要层面,推进经济相互依赖、推进六方会谈等应对传统安全困境的制度安排、促进在应对非传统安全上的制度建设、促进大国之间的战略互动机制建设都将持续下去,传统的轮毂体系、新生的共同体趋向并非非此即彼,而是在寻求和平共处之道。

在这样的情势下,东亚多边合作安全制度建设必然也必须是共同利益发展的产物。只有确立、巩固和发展共同利益,多边安全制度的相关成员才能取得共识,多边制度才能有效实施。因此,东亚地区的多边合作安全制度应从各方具有共同利益的领域先行,逐渐扩大到更多的领域。以共同利益为基础,才能防止或制止大国将其个别利益置于多数国家之上。

2. 中国东亚安全秩序战略的基本趋向

中国崛起被逐步承认和接受,与中国在东亚秩序建构中发挥越来越积极、建设性的作用密切相关。从某种意义上,"过去20多年中国的所作所为是对现实主义理论的挑战"。② 东亚(乃至全世界)对中国崛起、对中国与东亚秩序互动的认识正在发生变化,其基本趋向是,从"中国崩溃论""中国威胁论"到"中国机遇论""中国责任论",从中国崛起不可避免引发冲突到包容中国在内的东亚秩序可以达成,从反对、抵制中国发挥作用到认可并希望中国发挥更大、更具有建设性意义的作用。

中国明确意识到东亚是中国崛起的战略依托地带,中国必须先积

---

① 芮效俭:《中国和平崛起和东亚合作:中国和美国的视角》,《外交评论》2005年第6期。

② David Kang, "Getting Asia Wrong: The Need for New Analytical Frameworks", pp. 57—85.

极参与东亚新秩序的建构,才可能具备引导世界秩序演变的条件。①目前,中国积极参与到东亚合作进程中,对东亚共同体建设持有开放性的态度,着力促进与东亚各国进一步的经济合作,稳妥开展政治安全对话与合作,并避免被视为寻求东亚合作的主导权。

在东亚安全秩序的建构上,中国将体现出如下基本战略趋向:

第一,秉持新安全观,寻求共同利益,促进合作安全。中国将继续秉持新安全观,并寻求共同利益、合作安全与新安全观的结合,从而积极促进东亚的合作安全。中国新安全观的实质就是寻求合作安全。合作安全议题广泛,既包括传统安全领域的合作,也包括政治、经济、环境等非传统安全领域的合作,追求合作安全的前提条件是,参与各方拥有避免对抗、维护地区稳定与和平的政治意愿。合作安全为符合各国的愿望和东亚的现实,也符合中国的战略利益。中国在东亚安全上的实践,包括加深中国—东盟关系、积极参与东盟地区论坛活动、支持"10+3"作为东亚合作的主体框架、主持六方会谈等均体现了通过合作安全缓解东亚困境、促进东亚安全秩序良性变革的战略思路。

第二,构建基于共同利益的东亚战略框架。东亚迄今已经在次地区、地区和超地区(super-regional)层面建立起东盟、"10+1""10+3"、东盟地区论坛、东亚峰会等颇具效用的制度框架,它们均是共同利益汇聚和制度化(或处于制度化进程中)的结果。东亚各国将继续秉持开放精神促进合作,追求共同获益的双赢结果。随着东亚进入制度建设和寻求认同的时代,共同利益成为地区各国思考问题的基础和出发点。只有以共同利益为基础,才能防止或制止大国将其个别利益置于多数国家之上。在一定意义上,东亚秩序的核心发展动力来自本地区面临的共同利益、共同威胁和挑战,它基于各国的战略利益考虑,又超越狭隘的国家利益,并以追求共同利益、应对共同挑战和威胁为路径。我们认为,应确立东亚各国基于共同利益的基本战略框架,并逐步丰富之,以奠定东亚秩序建构的基石。以上东亚共同利益的战略框架是一种理想模式,需要随着地区关系的深化而有所调整和拓展,其总体目标就是建立东亚利益共同体,将东亚各国一荣共荣、一损俱损的认识制度化。

如何通过共同利益汇聚及其制度化建构一个稳定而富有建设性的地区秩序,实现地区安全秩序的良性变革,是摆在东亚诸国面前的重大战略议题。中国的建设性崛起、东亚各国的战略优化为此提供了基础

---

① 朱云汉:《中国人与21世纪世界秩序》,《世界经济与政治》2001年第10期。

条件,各国合作确立了未来合作的总体目标和基本框架,展望未来,中国将继续作为引领东亚安全秩序变革的力量,东亚安全秩序建构将进一步稳定对中国崛起的预期,二者互动将成为影响东亚秩序建设的核心要素。

本文系作者提交 2007 年 10 月 5 日韩国现代中国学会主持召开的"东亚新国际秩序和韩中关系的前景"学术会议的论文,发表于《国际观察》2008 年第 2 期。

美国霸权与东亚:一种制度分析

东亚是美国霸权的主要支撑点。美国不是东亚国家,却与东亚各国均有解不开的渊源,对东亚的发展与繁荣发挥着重要的杠杆作用。在欧亚大棋盘上,东亚的地位无疑会越来越重要。美国在东亚的战略布局以安全双边合作为主要模式,同时辅以经济多边主义,而且强调安全双边主义与经济多边主义的相辅相成。① 但是,与欧洲不同的是,东亚在冷战期间没有形成一个强有力的制度网络,中日之间也没有像法德那样在欧盟和北约的框架内实现和解,东亚其他国家对作为美国力量地缘延伸的日本有着强烈的反感,东亚难以建立类似北约的制度安排来提供安全基础,冷战结束使得东亚早期历史冲突再次凸显,"军备竞走"(arms walk)成为东亚各国安全战略的一时之选。② 在这样的态势之下,鉴于欧洲局势基本趋于稳定,冷战结束以

---

① Ralph A. Cossa,"US Approaches to Multilateral Security and Economic Organizations in the Asia-Pacific", in Foot Rosemary, et al., eds., *US Hegemony and International Organizations*, New York: Oxford University Press, 2003, p.193.

② Joseph S. Nye,"China's Re-Emergence and the Future of the Asia-Pacific", *Survival*, Vol.39, No.4, Winter 1997/1998, pp.65—79.

来,美国改变其传统的先欧后亚、重欧轻亚的战略,开始推行两洋平衡政策,努力抓住太平洋的经济和外交机遇①,促成战略重心的东移。以此为契机,美国开始调整其东亚的战略布局,这给东亚诸国既带来了新的战略机遇,也带来了震荡和挑战。

美国在东亚战略布局的形成与初步演变

美国是通过对外贸易与东亚结识的,跟随在英、法等其他殖民主义国家之后,以利益均沾为名攫取东亚的利益是美国在19世纪中后期的一般性战略。当然,美国偶尔也充当主角——如1853年迫使日本开国——以扩大在远东的势力范围。兹后,尤其是南北战争结束以来,美国强调太平洋的战略意义,向太平洋和远东扩张成为美国的一贯战略目标。

美西战争在美国的霸权史上具有里程碑意义,美国不仅展示了自己维护美洲体系的决心,而且通过占领菲律宾、攫取夏威夷和关岛获得了远征东亚尤其是中国的跳板。鉴于老牌帝国主义国家已经将世界瓜分完毕,美国于1899年9月6日、1900年7月3日和1900年10月22日先后三次发出所谓"门户开放"的照会②,强调不得干涉列强在中国任何所谓利益范围或租借地内的任何通商口岸或任何既得利益、列强在华贸易机会均等、呼吁保持中国领土和行政完整。门户开放政策的实质就是基于美国当时的实力地位,明确美国在东亚的根本利益,将美国扩展商业利益和影响力的图谋隐藏其中③,并通过保持东亚地区的战略均势,防止英、日、俄任何一方在东亚称霸。它是美国争夺世界经济霸权的先声,代表着美国独立亚洲政策的形成。在一定意义上,门户开放政策也代表着美国建立东亚新秩序的尝试。尽管美国在中国的门户开放政策和在菲律宾的闭关政策同属于美国东亚战略的组成部分,但史家更加关注的却是门户开放政策的前瞻性及其包含的先进理念。应该说,美国把理想与现实利益相结合的构想代表着一种不同于欧洲的霸权战略思路。

第一次世界大战后,美国试图在国际联盟和无政府状态之下的帝

---

① 沃伦·克里斯托弗:《美国新外交:经济、防务、民主》,新华出版社1999年版,第303页。
② 董小川:《关于美国对华门户开放政策的几个问题》,《美国研究》1998年第4期。
③ Felix Gibert, "Bicentennial Reflections", in New York University, ed., *Two Hundred Years of American Foreign Policy*, New York University Press, 1977, p.15.

国主义秩序之间建立一个半制度化的机制,其中倡议召开裁军会议、倡议召开华盛顿会议解决东亚问题、倡议签署《非战公约》等都反映出美国在国际联盟之外建立世界秩序的努力。其中,1921 年 11 月至 1922 年 2 月的华盛顿会议通过了《五国海军军备条约》和《九国公约》,在远东建立了相对安全的均势,确立了国际合作、大国协商、门户开放、和平竞争、裁军为原则的行为规范。华盛顿会议还设计了以金本位制为基础的国际货币体系,并在中国设立国际银行团,在东亚初步建立了以自由贸易与国际合作为核心的国际经济机制。① 其后到第二次世界大战的历史就是美国及其盟国捍卫华盛顿体系、日本脱离华盛顿体系并谋求建立大东亚体系的过程,太平洋战争就是大东亚体系与华盛顿体系冲突激化的结果。

在第二次世界大战期间,罗斯福意识到苏联将成为远东的超级大国,扶植中国抗衡苏联的威胁变得极其重要;然而,国共内战的结果是蒋介石输掉了大陆,1949 年中华人民共和国的成立使得美国扶植中国成为其远东战略支撑点的设想破灭,日本开始成为美国的战略核心点,扶植日本成为美国远东政策的重心。朝鲜战争的爆发使得冷战白热化,加快了美国以中国为主要对手的东亚遏制战略正式确立的步伐。朝鲜战争将中国推到美国在东亚的最大对立面的位置上,使得美国遏制的对象清晰化,并由此加大了遏制中国的力度与强度;而日本成为美国冷战遏制的关键支撑因素,东南亚则成为美国在远东最重要的战略支点和军事上的必争目标。②

作为二战后唯一在东亚有行动能力的西方国家,美国的东亚战略布局是以单独占领日本开盘的。新中国成立之后不久,美国国家安全委员会就于 1949 年 12 月公布了第 48/1 号文件和第 48/2 号文件,强调美国的主要战略利益和战争目标都不在亚洲。"我们目前的基本战略理念是在西方进行战略进攻,而在东方进行战略防御"。③ 基于这种

---

① 王立新:《美国的世界秩序观与东亚国际体系的演变(1900—1945)》,载陶文钊、杜瑞清、王旭主编:《中美关系与东亚国际格局》,中国社会科学出版社 2003 年版,第 1—31 页。

② 胡德坤:《美国东亚遏制战略与日本对东南亚经济外交》,《世界历史》2002 年第 5 期。

③ US Department of Defense, *United States-Vietnam Relations* 1945—1967, Vol. 8, pp. 225—272.

认识,美国提出多米诺骨牌理论,曾力图建立与欧洲类似的多边安全制度①,同时利用双边主义发展同亚洲国家的特殊关系,通过双边军事同盟建立遏制中国、苏联的战略包围圈。②

由于冷战的开始和对华政策的失败,美国的对日政策由单独占领日本、消灭其战争潜力转向扶植日本。1951年9月8日,美国单独与日本签订和约,并于当日签订《日美安全保障条约》,日本被纳入美国遏制战略的轨道,成为美国在远东地区的反苏战略堡垒和军事基地;1952年2月28日,美国与日本签订《美日行政协定》,规定美国可以在日本无限制地设置陆、海、空军事基地,日本在基地内外享有治外法权;1954年3月8日,双方签署《美日共同防御援助协定》,将日本纳入其远东安全保障机制。从此,美日特殊关系正式建立。这种特殊关系是美日双方国家利益互有需求的结果。在苏美争霸的冷战背景下,美国把日本看作远东的新重心、在东方战略防守的"第一道防线"③,通过与日本结盟,获得在远东的活动条件。为此,美国在政治、经济、军事等各个方面扶植日本。日本则把美国的保护伞看作是最佳安全形式。更重要的是,在美国保护下,它可以避免直接的国际纷争,集中力量于经济发展。正是因为有利于双方的国家利益,符合双方的战略需要,美日特殊关系才得以建立和维持。美日从结盟中获益不菲,但也付出了不少代价。美国取得驻军日本的特权,最终得以建立起包围苏、中的战略态势,在亚太地区取得了对苏的优势;同时,美国也不得不承担起保护日本安全的责任和义务,且扶植日本也在亚太给自己造就了经济上的对手,可谓养虎遗患。日本利用美国的保护伞放手发展经济,但同时也丧失了外交自主,在国际事务中唯美国马首是瞻,在各方面冲突中都不得不做出比美国更大的让步;在美日关系中,日本的地位也是从属性的。

1951年,美国和澳大利亚、新西兰结成联盟,构成其东亚战略的外围屏障。1954年9月,美国、英国、法国、澳大利亚、新西兰、菲律宾、泰国和巴基斯坦在马尼拉举行外长会议,《东南亚集体防务条约》正式缔

---

① G. John Ikenberry,"State Power and the Institutional Bargain: America's Ambivalent Economic and Security Multilateralism", in Rosemary Foot, et al., eds., *US Hegemony and International Organizations*, New York: Oxford University Press, 2003, p.58.

② G. John Ikenberry, ed., *America Unrivaled: The Future of the Balance of Power*, pp.192—195.

③ 宋成有等:《战后日本外交史》(1945—1994),世界知识出版社1996年版,第70—72页。

结,强调"各缔约国分别地和共同地以持续和有效的自助和互助办法,维护并发展它们个人的和集体的能力,以抵抗武装进攻,并防止和反对受外界指挥的针对它们的领土完整和政治稳定的颠覆活动"。随后,东南亚集体防务条约组织随后成立。① 然而,作为一个军事性条约组织,东南亚集体防务条约组织既没有建立有关的军事机构,也没有设置联合军事司令部或者联合武装部队,因此该组织自成立之日就没有起到什么作用,"在宣布成立时像一只狮子,而后来的表现却是一只十足的绵羊"。② 这一情势使得美国对在东亚推行多边主义的可能性进行反思,开始以怀疑主义的态度看待在东亚安全上的多边主义行动。

美国在东亚的双边主义举措以美日同盟为起点,以建立对苏遏制、对华包围的战略圈为主要目标。1950年朝鲜战争爆发后,美国加紧构筑以双边军事同盟为核心、包围远东地区的军事条约体系。1950年10月17日,美国和泰国签署了《美泰军事援助协定》;1951年8月,美国与菲律宾签订《美菲共同防御条约》,在菲律宾建立了40个左右的军事基地;1951年9月1日,美国同澳大利亚、新西兰签订《澳新美安全条约》,美国在西南太平洋获得了牢固的战略后方;1953年10月1日,美国与南朝鲜签订《美韩共同防御条约》;1954年12月2日,美国与台湾当局签订了《美台共同防御条约》。这些双边条约和《美日共同防御援助协定》、多边性质的《东南亚集体防务条约》构成了美国在东亚的军事联盟体系。

美国通过组建北大西洋公约组织、东南亚条约组织、中央条约组织等多边军事同盟和安全机制,通过与日本、韩国、菲律宾、泰国、中国台湾等签署双边军事条约,不但构建了对社会主义国家的遏制性包围圈,而且迅速形成了美国支配下的同盟体系。这一安全战略并不单单是为了"打退苏联共产主义的扩张",而是有着控制亚欧大陆局势、扩张资本主义制度体系的深远战略意图。美国东亚军事联盟体系的建立标志着美国霸权在东亚布局的初步完成。

自20世纪50年代中期至冷战结束,美国霸权之东亚布局的变化主要体现在如下三个方面:

第一,美日关系由主从同盟关系向平等伙伴关系演变。1952年以

---

① 美国主导成立东南亚条约组织不仅仅是为了对付中国,也是为了协调与英国和法国的亚洲政策。参见姚椿龄:《美国与东南亚条约组织的建立》,《美国研究》1995年第3期。

② 艾登:《艾登回忆录》,世界知识出版社1960年版,第191—192页。

后,美日同盟就成为国际政治的完整组成部分,但美日之间的军事合作却是冷战时期才发展起来的。① 对于日本而言,日美关系是巨大利益的源泉,日本成为冷战格局最大的受益者。但日本也有不满之处,名义上的同盟、实质上的主从关系,这种不平等事关国家主权,总令日本人有篱下之感。所以,日本在利用"美日基轴"执着追求自身利益的同时,也对自己所付出的政治代价设法予以弥补。1960年修改《日美安全保障条约》是一个划时代的事件。它删除了驻日美国可以镇压日本"内乱"的条款,突出了日美双方的对等性。从此,日本的外交自主性加大,对自主外交的追求也日愈强烈。日本在20世纪60年代末成为西方世界第二经济强国,美日由保护与被保护关系变为经济上的竞争对手,并开始了所谓"对等关系的危机"。进入70年代以来,日美经济矛盾公开化,日本多边自主外交的步伐亦越来越大。80年代以来,日本的政治大国意识愈加强烈,与美国争夺东亚主导权的意图昭然若揭。当然,这些矛盾与摩擦并未导致同盟的解体,防共防苏的共同战略需要把美日两国牢固地维系为一体。美国容忍了日本对战后冷战格局的利用和有损同盟利益的某些作法。当然,随着双方相对实力的变化,美日缓解矛盾的余地缩小了,已出现了根本利益的碰撞。

第二,美中关系由对抗演变为非正式联合抗苏。进入20世纪60年代,国际关系进入大分化、大组合的阶段。美苏实力对比逐渐缩小,美、日、欧经济竞争态势日显,尤其是美国陷入越南战争的泥潭,其霸权在60年代末70年代初出现相对衰落;中苏关系由分歧发展到交恶,甚至在珍宝岛兵戎相见。在这样的态势下,1969年上台执政的美国总统尼克松提出鼓励亚洲国家自己处理国家安全和军事事务的关岛主义,并进而将之扩展为以伙伴关系为核心、以实力为后盾、以谈判为手段的尼克松主义。以这一全球战略调整为基础,尼克松主动打开对华关系的大门,与尚未建立正式外交关系的中国联合抗击苏联扩张,成为改变美国东亚政治和军事安排的重要步骤。正如尼克松强调的:"我们的利益必须决定我们的义务,而不是相反。"②可以说,美国将通过双边主义与东亚国家建立特殊关系的准则应用于中国,从而主动调整了其东

---

① 迈克尔·格林、帕特里克·克罗宁主编:《美日联盟:过去、现在与将来》,新华出版社2000年版,第81页。

② 约翰·加迪斯:《遏制战略:战后美国国家安全政策评析》,世界知识出版社2005年版,第312页。

亚战略布局。中美联合进行的这次战略调整具有深远的影响,为日后中国实行改革开放政策创造了国际条件,也为日后东亚格局的演变提供了动力之源。

第三,美国筹划通过多边制度建设融入东亚经济,共享繁荣。日本和"亚洲四小龙"的先后崛起为东亚经济繁荣奠定了基础,1978年以来中国的改革开放为东亚经济腾飞提供了新的契机。美国对亚太经济圈的兴趣始自20世纪80年代。1983年,里根总统访问日韩,反复强调美国是太平洋国家。1984年,美国成立了由政府官员、国会议员、金融界人士、学者等组成的太平洋经济合作美国委员会。1984年国务卿舒尔茨正式表示美国政府决定促进"太平洋共同体"的建立。自此,美国与东亚其他国家一起筹划亚太地区的制度化经济合作,并于1989年促成了亚太经合组织的创立。

东亚地区制度建设的进程

二战结束以来,美国力图主导东亚安全事务,建立了以双边同盟为基础的安全关系,但在经济上一直没有着力推动区域制度的发展。东亚再次进入有序时代是以经济合作为基本推动力的。到20世纪90年代末,东亚地区的内部贸易已经占到50%以上,东亚内部的投资和技术转移也得到迅猛发展,而中国经济的崛起正在创造一种新的区域联系格局和经济增长的动力机制,中国成为吸纳外来投资和加工生产的重要中心,通过跨国公司的生产和销售网络在东亚地区各经济体之间建立起一种水平式的分工联系,并成为这个新结构的联系枢纽和增长之源。东亚的合作进程从经济合作开始,以经济合作为重点,同时也逐步发展政治对话和社会文化合作,通过合作建立各国之间的战略信任,发展区域制度,从而实现东亚地区的总体稳定与发展。①

东亚既有的区域制度安排涵盖经济、政治和安全层面,并主要体现在区域层次、次区域层次和双边层次。其中,亚太经合组织是惟一涵盖整个东亚区域的多边合作机制,而东盟地区论坛是目前东亚地区的惟一多边安全机制,这两个制度安全均以东亚国家为主体。亚太经合组织成立于1989年,亚太地区经济合作的需求和欧洲联合发展的压力与

---

① 张蕴岭主编:《未来10—15年中国在亚太地区面临的国际环境》,中国社会科学出版社2003年版,第265—270页;张蕴岭:《为什么要推动东亚区域合作》,《国际经济评论》2003年第5期。

启示是建立亚太经合组织的内外动力。1993年,亚太经合组织首次召开一年一度的非正式领导人会议,提出了建立亚太地区大家庭(community),推进贸易和投资自由化、实现区域经济共同发展的远景目标。迄今十多年来,亚太经合组织在进程中发展、调整与完善,其议程范围亦有所扩大。亚太经合组织以推动贸易投资自由化和开展经济技术合作为根本动力,经济合作为其主要议程;然而,一年一度的非正式领导人会议使之成为各国共商区域重大事务的场所,领导人必然就地区合作与稳定展开对话与协商,政治、安全事务逐渐成为其重要议程。总体而言,作为一个论坛和协商机制,亚太经合组织不具备采取共同行动的功能。从另一个方面看,随着国际事务的日趋复杂化和各国面临共同事务的增多,保持和推动其功能性发展是大势所趋。

成立于1994年的东盟地区论坛是东亚惟一的政治、安全多边对话机制,以东盟为中心,吸引了中国、日本、美国、韩国等参加,对建立互信、互利的地区安全制度起到了非常重要的作用。东盟地区论坛建立了一套规模较大的安全对话框架,其主体是外长会议、高官会议及安全政策会议,下设建立信任措施与预防性外交会间辅助会议以及救灾、反恐和打击跨国犯罪、海上安全、防扩散与裁军等四个专题会间会,还辅以一系列有政府官员以个人身份及学者参加的第二轨道会议,以建立信任措施、开展预防性外交和处理冲突为主要内容。在运作方式上,东盟地区论坛强调协调一致,循序渐进;在安全观念上,强调通过非军事手段和对话合作预防潜在的热点失控。

表4-1 亚太经合组织(APEC)和东盟地区论坛(ARF)成员比较

	同时为APEC和ARF成员	仅为APEC成员	仅为ARF成员
东盟	印尼、马来西亚、泰国、菲律宾、新加坡、文莱、越南		缅甸、老挝
OECD国家	日本、韩国、美国、加拿大、澳大利亚、新西兰		欧盟
重要强国	中国、俄罗斯		印度
其他东亚实体	巴布亚新几内亚	中国台湾、中国香港	蒙古
拉美		墨西哥、智利、秘鲁	

东亚次区域层面的经济合作发展蓬勃,但安全合作的发展并不尽如人意。经济合作的主要表现形式是多边自由贸易区建设。在过去数

十年中,贸易自由化进程实际上包含了两个进程:一个是通过 WTO 架构下的多边贸易自由化谈判推动全球贸易自由化进程,另一个则是通过邻国之间进行的多边和双边谈判推动的区域贸易自由化。但是,东亚经济合作不仅仅是贸易自由化的问题,而自由贸易区的建立也不仅仅是经济问题。事实上,许多自由贸易区的建立受政治动机驱使,或至少受政治因素的严重制约。① 东亚的经济合作以 1967 年东盟成立为启动标志,直至 1997 年亚洲金融危机爆发三十年间进展缓慢,并以东盟单一形式进行。② 亚洲金融危机是东亚一体化的转折点,东亚从危机之中吸取教训,各国加强合作的愿望不断增强,合作领域和范围不断扩展,合作形式多样化,初步形成了多层次的合作机制,并以建立分享性的地区主义(shared regionalism)为基本表现形式。③

东盟目前已成为涵盖东南亚国家的地区合作组织,形成了年度首脑定期正式会晤机制、外长会议、经济部长会议等制度安排,其一体化程度为东亚地区之最。东盟合作以政治对话起步,逐步扩展到经济领域,1990 年提出了建立东盟自由贸易区的战略目标。1998 年东盟决定在 2002 年完成以落实"共同有效优惠关税"(common effective preferential tariffs)为重心的自由贸易区计划。东盟还致力于建立"东盟投资区",并在 2003 年发表《东盟共同体宣言》,计划在 2020 年将东盟建成一体化市场。2007 年,东盟决定提前至 2015 年建成共同体。在东盟各国的积极推动下,东盟合作进入制度一体化阶段,东南亚地区形成了稳定的地区合作机制,在本地区事务中发挥着积极作用。

如果说东盟是东亚一体化发展的突破点,"10 + 3"(东盟加中日韩)机制、"10 + 1"机制(尤以中国—东盟自由贸易区的建设为代表)就是其发展基点。从 1997 年起,中日韩与东盟建立了经济合作机制,1999 年发表了《东亚合作联合声明》,确立了"10 + 3"机制的基本形式,建立了东亚合作领导人会议、部长级会议、高官会议等多方面合作磋商机制,成立了推动东亚地区经济合作的具体研究机构——东亚合作展望小组,合作进程从纯粹对话开始进入提出具体合作方案、论证方案阶段。2000 年年底,在东盟与中日韩领导人会晤期间,朱镕基总理

---

① 于永定:《我看世界经济》,生活·读书·新知三联书店 2004 年版,第 577 页。
② 国家发改委外事司与外经所课题组:《东亚经济合作的新发展及我国的对策研究》,《经济研究参考》2004 年第 4 期(总第 1772 期)。
③ 庞中英:《地区化、地区性和地区主义——论东亚地区主义》,《世界经济与政治》2003 年第 11 期。

首次提出了研究建立中国与东盟自由贸易区的可能性。2001年11月,朱镕基在第五届东亚合作领导人会议上正式提出建立中国—东盟自由贸易区的倡议。2002年11月,中国与东盟签署了《中国与东盟全面经济合作框架协定》,决定在2010年建成中国—东盟自由贸易区。2003年10月,在巴厘岛东亚合作领导人会议上,中国正式加入《东南亚友好合作条约》,并与东盟签署了《面向和平与繁荣的战略伙伴关系联合宣言》,与东盟正式建立战略伙伴关系,这对双方来说都是开创性的,标志着建立东亚自由贸易区迈出了坚实的步伐。① 随之,中国提议促使日本、美国乃至印度加强与东盟的经济合作,以东盟为中枢的区域经济合作计划正在展开。② 日本也力图加强与东盟的经济合作,率先与新加坡签署了建立双边自由贸易区的协定,并提出了建立东盟与中日韩框架的"东亚共同体"以及将澳大利亚、新西兰包括在内的"东亚扩大共同体"的构想。这样,东亚出现建设性合作竞争的局面。

中日韩三国的经贸合作起步于20世纪80年代,一体化措施在亚洲金融危机之后逐步展开,三国迄今建立的合作机制——包括东亚合作框架下的合作机制(领导人协商合作机制和三国经贸部长会议及工商论坛)、三国联合研究交流机制等——目前尚处于对话阶段。2003年10月,三国领导人签署《中日韩推进三方合作联合宣言》,决定加强合作并正式启动建立三国自由贸易区的可能性进行研究。此外,三国之间还加强了双边合作机制的探索。

与自由贸易区积极建设形成对照的,是踌躇不前的东亚多边安全合作。东亚安全格局有着两大特征:一是美国战后双边安全协议具有强大适应能力,二是该新近尝试的多边安全机制软弱无力。中国在东亚扮演着越来越重要的角色,但是亚洲传统上抵制任何受到某个大国主导的多边安全格局。日本曾经设想建立大东亚共荣圈、美国在20世纪50年代发起东南亚条约组织、苏联70年代提出亚洲集体安全体系等都以失败而告终。东亚安全合作面临种种困境,军事同盟被视为冷战思维的表现,合作安全被视为理想主义的产物,多边合作被视为缺乏效力,而双边合作有破坏均势之嫌。概言之,东亚缺乏普遍接受的安全

---

① 冷战的结束和亚洲金融危机导致东盟的政治和经济重要性均有所下降,中国—东盟自由贸易区协议的签订也成为东盟重新赢得重要地位的契机。

② 张幼文、黄仁伟主编:《制度竞争与中国国际分工地位》,上海远东出版社2003年版,第198—199页。

机制。从现有制度安排——包括东盟地区论坛、朝鲜半岛六方会谈等——来看,东亚的多边安全合作尚处于磋商阶段,而传统的双边安全合作仍为主要形式。

相比而言,东亚地区双边合作内容丰富,尤以双边自由贸易协定、双边经济合作协议、双边安全同盟为主要形式。

东亚是具有世界影响力大国的集中地带,中、日、美等均位于该地区或在该地区拥有重大利益。尤其是,美国在东亚安全议题上的主导地位和中日在东亚经济发展中的经济竞争构成东亚一体化的最大变数。近年来,中美之间形成了比较具有建设性的战略协调机制,中国所积极促动的开放地区主义减少了外部力量对东亚一体化的疑惧,美国基本上对中国促动的东亚一体化保持了默许和一定程度的欢迎。相比而言,在东亚一体化上,日本的消极态度和中国的积极态度形成了鲜明的对照。日本对地区内贸易的依存度仅为32.1%,因此不愿意建立关税同盟以上的地区一体化组织,日本的消极构成了东亚地区主义发展的障碍;而对中国而言,随着经济实力和贸易实力的增强,中国已经成为支撑东亚乃至整个亚太地区经济发展的柱石,这实际上给中国提供了一个循序渐进、逐步主导地区一体化的机遇。

多种合作机制并存,互相促进,各有侧重,共同发展,是一个地区富有生气和活力的标志。总体而言,东亚区域制度化建设目前正处于发展阶段,东亚合作已经涉及政治、经济、安全、社会、政治、文化教育等多个层面,推进东亚一体化既是东亚各国发展的必然需求,也逐渐内化为各国的战略目标。

美国东亚布局的新构思

冷战后,美国在东亚政治和安全上拥有霸权地位,也被认为可以在东亚扮演维持平衡者的角色。① 当然,东亚的权力格局已经发生了巨大变化,尤其是,伴随着日本、四小龙、中国三波崛起浪潮,东亚经济地位迅速攀升,随着各国经济相互依赖的加强,开放主义式的经济一体化进程不可逆转,东亚国家对中国市场的依赖程度在加深,而中国作为一个重要国家的兴起成为影响美国地缘战略布局最为重要的因素,造成一个非常重要的地缘战略问题,中国力量的上升被美国视为在东亚的

---

① 克雷·施奈德:《建构亚太地区的区域安全》,《国防政策评论》(台湾)2001年第1卷第4期。

最大挑战。① 与之相伴随的"中国威胁论"使得东亚国家在政治、安全上靠向美国,以寻求中美之间的平衡点。这在一定程度上给美国的霸权战略布局带来了机遇,从长远看却将构成切实的挑战。

冷战后,美国在东亚的战略目标就是保持安全和政治上的霸权地位,防止出现一个能够挑战和威胁美国霸权地位、战略利益的地区霸权国家;与此同时,搭上东亚经济快速发展和中国迅速崛起的便车,通过市场力量和制裁手段迫使东亚各国对美国的商品和服务开放市场,获得经济利益。为此,美国力图寻求一种不同于欧洲布局的主导性霸权模式,维护自身在东亚错综复杂的安全、经济、价值观、制度等国家利益。

美国在东亚的战略新构思主要体现在经济和安全两个层面。美国的东亚经济战略就是利用亚太经合组织推进投资和贸易自由化,通过多边(主要是通过世界贸易组织)和双边的方式融入东亚经济,分享东亚增长的成果。亚太经合组织在美国的东亚乃至亚太经济战略中扮演着关键性的角色,美国力图籍此获得对亚太经济合作与发展的主导权,同时防止东亚出现把美国排斥在外的地区经济集团和贸易集团,严防任何其他国家主导东亚的经济合作与发展②,并通过各种途径强化东亚在经济、安全等方面对美国的固有依赖。

美国控制亚太经合组织的主旨是建立一个开放的、以美国安全同盟为基石的多边贸易体系,以倡导泛太平洋经济合作来避免东亚地区成为类似欧盟那样的区域经济组织,确保自己在东亚的经济和安全利益不受排挤。1992年,美国国务卿詹姆斯·贝克曾指出:"亚太经合组织是一柄张开的扇子,扇轴在北美穿越太平洋向西辐射,美日同盟是中央骨干,美韩同盟是北翼,美泰、美菲关系是南翼,而美澳关系则是另一根扇骨。"③克林顿执政初期,力图将之改造为制度化的经济合作协调机构,以此加强美国在亚太地区的经济合作,同时,继续保持美国在亚

---

① 兹比格纽·布热津斯基:《大棋局:美国的首要地位及其地缘战略》,第71页;Julian Weiss,"A New Asian Agenda", *The Washington Quarterly*, Vol. 23, No. 1, Winter 2000, pp. 21—24.

② 正如莱斯特·瑟罗指出的:"美国对一个有凝聚力的亚洲贸易集团没有兴趣,分而治之才是真正重要的。"参见莱斯特·瑟罗:《资本主义的未来》,中国社会科学出版社1998年版,第121页。

③ James Baker, "America in Asia: Emerging Architecture for Pacific Community", *Foreign Affairs*, Vol. 70, No. 5, Winter 1991/1992, pp. 4—6.

太的前沿部署和同盟体系,以主导亚太地区的安全和政治进程。正是在美国的提议下,才自1993年起出现了非正式首脑的年度会议。美国以提议和承办第一次会议确立了自己的主导地位。但是,美国急于推行贸易和投资自由化的做法与东亚各国的目标并不契合。此后,亚太经合组织的发展趋于泛化,而东亚各国之间的经济合作却如火如荼地发展起来。美国不会坐视东亚各国的经济合作发展威胁自己的利益,正是在美国的反对下,马哈蒂尔倡导的东亚经济集团(EAEC)、日本倡导的亚洲货币基金组织(AMF)均胎死腹中。① 然而,期望完全阻止东亚各国之间的经济合作及其溢出效应是不可能的,东亚"10+3机制""10+1机制"(尤其是中国—东盟自由贸易区的建设)依旧在美国矛盾心理的制约下发展起来。② 鉴于此,美国改变其东亚经济战略:第一,利用发挥美国在全球经济制度上的主导地位,同意中国加入世界贸易组织,力图以此促进它所孜孜以求的经济自由化,并抓住中国崛起提供的广泛机会③,以所谓创造性的方式应对和处理中国上升为世界大国的可能性;第二,提升亚太经合组织的机制化,扩大其政治、安全职能("9·11事件"以来将反对恐怖主义纳入其议题就是明证),以确保亚太经济组织在东亚经济和安全事务中均可以发挥主导作用;④第三,着手与东亚某些国家签订双边贸易协定,以此为基础推动美国主导的亚太自由贸易合作。2002年的墨西哥亚太经合组织领导人非正式会议期间,美国向东盟领导人提出"面向东盟计划",提议签订美国—东盟自由贸易区,并迅速与新加坡展开自由贸易谈判,同时向菲律宾、马来西亚等表达了进行自由贸易谈判的意向。2003年5月6日,美国与新加坡正式签署自由贸易协议,这是美国第一次与亚洲国家签署双边自由贸易协议。此后,美国与日本签署了双边自由贸易协定,与中国台湾地区等就双边贸易协定展开了商讨。

---

① G. John Ikenberry, "Getting Hegemony Right", *The National Interest*, No. 63, Spring 2001, pp.17—24;韩志强:《东亚区域合作中的美国因素》,《国际问题研究》2004年第3期。

② 与对欧盟扩大的态度类似,美国对"10+3机制""10+1机制"的态度也颇为复杂,美国一方面担心这些机制发展为制约或反对美国的政治、经济集团,一方面又期望借此推进东亚的稳定并获得更多的经济和政治利益。

③ 艾什顿·卡特、威廉姆·佩里:《预防性防御:一项美国新安全战略》,上海人民出版社2000年版,第104页。

④ Ralph A. Cossa, "US Approaches to Multilateral Security and Economic Organizations in the Asia-Pacific", pp.211—213.

在安全制度安排上,美国依旧依赖其冷战期间形成的同盟体系,继续推行基于联盟的战略。① 其中出现的变化是,对既有的双边同盟进行调整;开始着手加强同盟国之间的横向联系;参与多边安全机制的活动;在"9·11事件"之后根据任务决定联盟的理念组织临时合作联盟等。另外的一个变化就是,在苏联解体之后,美国在东亚的主要防范对象锁定为中国,但对华战略却并不是一味的遏制,而是防范与接触的结合,我们似乎可以用"织网"(weaving a net)战略来概括美国的对华政策。综上所述,美国的东亚安全战略以美国的军事存在为基础、以双边军事同盟为依托、以多边制度安排为补充(参与多边安全对话,同时探索同盟国之间多边战略对话机制的建立)、以中国为主要对象,在制度建设层面体现出双边主义与菜单式多边主义的结合(bilateralism plus multilateralism a la carte)。②

首先,加强双边军事同盟是美国调整东亚安全战略的基础。20世纪90年代中期以来,美国转变同盟职能,扩大同盟范围、扩展合作领域等,初步完成了东亚同盟体系的调整,改变了美国单方面提供安全的单向模式,在确保美国盟主地位的同时,强调盟国分担责任③,合作领域和合作方式的多元化,形成以美国为轴心、由五对双边同盟和若干非正式安全关系构成的、涉及军事合作各个领域、辐射整个东亚的扇形结构。其中,美日同盟是美国亚太战略的基石和对付"周边事态"的进攻之矛;美韩同盟是美国在东北亚的安全支柱;④美澳同盟是美国主导东亚安全的南部支柱,美国与东盟国家的安全合作同盟化(美国与菲律宾和泰国有着传统的军事同盟关系,与印尼、新加坡安全合作的制度化正在加强),构成美国深入东亚腹地的主体。美国通过这些安全合作关系构成一个以双边联盟和双边军事安排为核心的地区安全网络。通过一系列双边安排,美国可以有效地对东亚安全施加影响,塑造有利于

---

① Ralph A. Cossa, "US Approaches to Multilateral Security and Economic Organizations in the Asia-Pacific", p. 197.

② 实际上,中国也被视为美国菜单式多边联盟的成员。David Malone and Yuen Foong Khong, eds., *Unilateralism and U. S. Foreign Policy: International Perspective*, London: Lynne Rienner Publishers, 2003, pp. 375—398。

③ 周煦:《冷战后美国的东亚政策(1989—1997)》,生智文化事业有限公司(台北)1999年版,第52页。

④ 美国在东亚共有10万驻军,其中85%驻扎在日本和韩国,两国在美国东亚安全战略中的地位由此可见一斑。参见 *The United States Security Strategy for the Asia-Pacific Region*, Washington D. C.: US Department of Defense, 1998, p. 9。

自身的地区安全环境,并在发生紧急事件之际与有着共同利益的国家一道迅速组织起有效的特定组合。

美日同盟是美国东亚同盟体系的核心。一个紧密的美日联盟为美国发挥平衡作用提供了必不可少的立足点,尤其是针对日渐强盛的中国、可能复兴的俄罗斯和可能重新武装的日本而言,其重要性不言而喻。通过20世纪90年代后期的再定义,美日同盟将地理范围从日本周边扩展到亚太,其功能由应付"日本有事"发展到"日本周边有事",合作内容从日本提供基地设施、美国提供安全保护扩展到日本向美国的军事行动提供补给、运输、维修、通讯、警戒等多项支援,以及两国在搜集情报、公海扫雷、人道主义援助、紧急疏散、海上封锁和空间管制等多个领域;用"周边事态"这一看似模糊的概念为美日联手军事干预亚太突发事件提供了依据。① 可以说,随着防范中国崛起的心理占据上风,美日同盟由保卫日本为主的"内向型"变为以介入周边冲突为主的"外向型"。与此相关,日本重新武装的步伐也加快了。1999年,日本国会通过了《美日防卫合作指针相关法案》;2001年9月,借日本国会恐怖主义之便相继通过了《恐怖对策特别措施法案》《自卫队法修正案》《海上保安厅法修正案》。通过这些新的法案,日本摆脱了专守防卫的承诺,开始走向海外派兵,美日同盟的进攻性由此增强。

其次,美国积极探求加强同盟国之间横向联系的途径,主要成果就是美日澳就安全问题进行的战略对话、美日韩三方就朝鲜危机组织的协调与磋商等。1996年美国重新加强与日本、澳大利亚、韩国的关系后,就积极推动盟国间的横向联系。日澳自1997年起开始举行一年一度的政府首脑会议;2001年7月,美澳国防部长会议探讨了建立美澳日三国正式对话机制的问题。2002年4月日本首相访问澳大利亚,提出建立三方高层次防御对话机制的重要性。之后,美澳日三方频繁协调立场,2003年10月举行了第一次三方战略对话,美日澳针对南太平洋的三角安全框架已成雏形。为共同应对朝鲜核问题,美日韩1999年成立了三边协调监督小组,举行不定期磋商。三国于2002年11月,2003年1月、4月、6月四次召开"三边协调与监督会议",就朝核问题统一认识、协调政策,并通过外长级磋商和非正式会谈沟通立场,强化情报共享机制等,三方应对东北亚安全的意图彰显。2001年7月,澳

---

① 杨光海:《美国的东亚同盟体系:态势、趋向及意图》,《国际论坛》2002年第4期。

大利亚外长提出了美、澳、日、韩四国磋商机制的设想。从发展前景看，美国积极促动建立美、澳、日、韩四国磋商机制的可能性甚大。

其三，美国以积极态度参与东亚的多边安全协商。美国期望建立以美国的军事同盟关系为基础、以其军事存在为后盾、以美国为中心辐射到盟国并广泛吸收非盟国在内的、由东亚各国广泛参与的东亚多边安全秩序。因此，对东亚出现的多边安全对话，美国保持了欢迎的态度，甚至主动将安全协调纳入到亚洲经合组织的非正式首脑峰会之议题中。1992年，美国曾一度撤出东南亚，东盟地区的多边合作自此进一步展开。1994年东盟地区论坛创立，提出了建立信任措施以消除大国威胁、开展预防外交以维护地区稳定、制度化建设以提供解决冲突的多边舞台等阶段性战略目标，以平等协商、循序渐进、协商一致为基本原则，追求合作安全。这与美国所寻求的安全同盟战略是不相契合的。但总体而言，美国对东盟地区论坛持支持态度，认为它对美国的利益发挥着积极而有用的影响①，可以加以利用，甚至考虑将它纳入美国的"亚太安全共同体"设想之中，通过与东盟地区论坛的合作建立危机预防临时联盟。正是在这样的思想指导下，2002年8月，东盟国家与美国签署了《合作打击恐怖主义联合宣言》，增进了双边安全协调。但总体而言，美国将东盟地区论坛为代表的东亚多边安全制度视为实现安全和外交目标的补充，利用美国的霸权地位和巨大优势塑造这些国际制度并使之为其所用才是美国的主要目的。可以说，在东亚安全制度的架构上，美国的同盟战略和东盟、中国等主张的合作安全是两种截然不同的思路，后者对美国的霸权战略必会构成制约乃至挑战。

其四，将任务决定联盟的理念贯穿于东亚安全战略之中。美国不仅加强了与印尼等国的安全合作与磋商，还与中国、俄罗斯等结成反恐、应对朝核危机的临时联盟。

随着东亚整体实力的崛起及其在世界政治经济中地位的提高，美国必将更加关注东亚。美国与东亚的关系越来越密切，也将越来越复杂。总体而言，美国的东亚战略确保了其主导地位，但美国在经济上要求东亚各国放弃美国市场份额和开放自己市场、在安全上需要盟国支持和配合的布局自身就存在不可调和的矛盾。与此同时，美国与东盟、中国等东亚国家的路线斗争将越来越突出，如东亚国家期望建立地区

---

① Ralph A. Cossa, "US Approaches to Multilateral Security and Economic Organizations in the Asia-Pacific", p. 200.

性的自由贸易区,而美国致力于双边贸易协定;东亚国家追求合作安全,而美国致力于加强安全同盟体系。应该说,美国的东亚战略存在着内外矛盾。当然,美国确保东亚安全霸权的战略目标能否实现,亦非美国一家能够决定。

本文系作者主持的国家社科基金青年项目"国际制度与美国霸权"(02CGJ005)的阶段性成果,发表于《太平洋学报》2005年第9期。

聚焦东亚:中美的冲突与合作

东亚是世界政治经济的中心之一,也是全球力量消长最剧的地区;东亚拥有全球最具活力的经济形态和市场,也拥有全球最具变数的经济转型和社会转型;东亚集中了世界上几乎所有类型的经济体制和政治体制,也体现出世界上最为多样的矛盾和冲突。

亚洲曾以封闭的朝贡秩序长期保持世界综合实力最强的地位。然而,英国工业革命以降,伴随着欧洲列强、美国先后在世界舞台上充当主角,亚洲由盛转衰,直至 20 世纪中晚期才开始重现风采。尤其是,过去二十多年来,亚洲的经济、军事和外交实力甚至开始超过欧洲,其影响力的增强给予了战略家以充分的空间来研究和想象这个世界的未来。① 亚洲崛起的中心就在东亚,无论人口、陆地面积还是综合实力、消费需求,东亚在全球地位均可谓举足轻重。作为东亚地区最大、最重要的国家,中国的崛起更是世界关注的重心,中国是否成为东亚乃至世界主导国也是近年来各大国尤其是美国关注的重大议题。

---

① David C. Kang,"Getting Asia Wrong: The Need for New Analytical Frameworks", *International Security*, Vol. 27, No. 4, Spring 2003, pp. 57—85.

其间,中美关系逐渐位移为探究东亚未来的核心。美国的全球主导地位和中国的东亚崛起这一结构性碰撞是否会成为一场新大战的起源?抑或中美可以通过战略接触与政策协调实现共存共荣?这些问题逐渐成为决策者、战略家乃至普通民众最为关心的议题。约瑟夫·奈就此概括道:"10年、20年后,一个既存的大国(美国)和一个兴起的大国(中国)究竟应当有一种什么样的关系?应当如何实行合作?这是超越两国目前许多争论的最重要的战略问题。"①

本文要探究的问题是:中美在东亚的战略目标是什么?其间存在哪些矛盾与冲突?中美之间能否实现在东亚的战略合作?

中美在东亚的战略目标

美国是集经济、军事、金融、高科技、传媒、信息、文化、人才吸纳等众多有形和无形战略因素于一身的世界大国,追求"美国治下的和平"(Pax Americana)似乎变成了美国当下战略目标的应有之义。冷战结束以来,美国寻求对世界重大事务的全面控制。东亚作为世界上力量消长变化最大的地区,自然是美国关注的重中之重,而美国的亚洲战略及其政策的变化将是影响该地区关系的决定性因素。实际上,美国的战略利益早在19世纪中期就开始逐步向东亚渗透,第二次世界大战给了美国主导东亚的机遇,这也就是20世纪50年代美国热烈探讨"谁失去了中国"的一个大背景——这种讨论的潜台词是:美国为什么未能主导东亚?美国如何达到控制东亚的目标?此后,美国在东亚构建了主要以双边安全关系为主轴的战略布局,并以此为核心深化与东亚的经济联系,力图达成对东亚事务的主导。其间,美日同盟与美苏中三角关系构成东亚关系的战略主轴。20世纪60、70年代迄今,东亚发生了重大变化,尤其是70年代末期以来中国改革开放所造就的战略崛起改变了东亚的实力版图,使得美国全面主导东亚的战略前景变得黯淡。苏联的解体及其在东亚战略影响的消退使得中美日三边关系存在的种种问题暴露出来,并使之成为东亚困局的集中缩影。

维持美国在东亚的既有战略布局和战略利益是美国在东亚的主要战略目标,在这个意义上,美国是一个追求维持东亚现状的超级大国。

---

① Joseph S. Nye, Jr., "China's Re-Emergence and the Future of the Asia-Pacific", *Survival*, Vol. 39, No. 4, Winter 1997/1998, pp. 65—79.

按照兰德公司的分析,美国在亚洲的长远目标是阻止可能导致战争的亚洲对抗势力、可疑对象和不安全因素的增长。在这一总目标下,还要实现三个目标:阻止地区霸权的兴起、保持稳定、控制亚洲的变化并防止事态失控。为达到以上战略目标,美国应在经济上继续支持扩大实施自由贸易政策;在政治和军事深化并扩大其双边安全联盟,在崛起大国和亚洲主要国家——包括中国、印度、俄罗斯——之间谋取一种实力均衡战略,积极应对可能诱惑其他国家动用武力的情况并支持所有亚洲国家之间的安全对话。① 鉴于此,美国继续维持并加强了美日同盟这一战略稳定支柱的作用,继续维持与其他东亚盟国的关系,加强与东盟的战略联系,并积极应对中国崛起的战略效应。② 推进美洲经济一体化,加强对欧洲、西亚控制,督促亚太地区的贸易和投资一体化,加强在东亚的军事力量,加强与澳、泰、菲、新等其他亚太盟国的防务合作均可视为其东亚战略的外围布局。

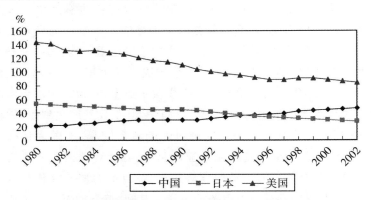

图 4-1 中美日 GDP 占东亚地区的比重(1980—2002 年)

注:按照 PPP(1995 年国际美元)计算。

数据来源:世界银行世界发展数据库(WDI 2004)。

美国一直以矛盾心理对待东亚内部的合作,1997 年东亚金融危机之前只有亚太合作、没有东亚合作的局面与美国的战略考虑不无关系。美国力图牢牢把握对亚太经合组织的主导权,倡导泛太平洋经济合作,

---

① 兰德公司:《美国和亚洲:美国新战略和军事力量态势》,转引自《参考资料》2001 年 6 月 15 日,第 1—16 页。

② 参见张蕴岭主编:《未来 10—15 年中国在亚太地区面临国际环境》,中国社会科学出版社 2003 年版,第 84—103 页。

避免东亚地区成为类似欧盟那样的地区经济组织。在东亚一体化趋势不可阻遏之际,美国开始着手与东亚国家签订双边贸易协定,以确保自己在东亚的经济利益和战略利益。当前,美国对东亚国家之间的经济合作保持着表面的欢迎和审慎的关注,并正在思谋应对之策,确保东亚安全的主导权、分享东亚发展的红利、以安全控制寻求经济主导权、防止其他大国在经济上主导东亚似乎是美国必然的战略目标。

但是,东亚各国似乎并不认为美国可以完全承担其作为单极世界之唯一超级大国的角色①,甚至有的美国学者认为,美国不是东亚的地区霸权,而是与中国共享均势之下的东亚大国地位,中国主导东亚大陆与美国主导东亚海域是相辅相成的。② 正是因为如此,美国对中国崛起的态度也是相对矛盾的,它尽管不时宣称"美国欢迎一个强大、和平与繁荣的中国"③,却时时不忘将中国视为其利益的主要战略威胁。④

自 20 世纪下半叶始,中国迎来历史性的崛起,尤其是 20 世纪的最后二十年,中国主动开启了融入国际体系的进程,并逐步成为国际体系中负责任的、建设性的、可预期的塑造者。⑤ 1978 年至今,中国综合国力上升居诸大国之最,中国经济保持了年均增长 9.3% 的高水平,2004 年中国国内生产总值达到 13.65 万亿元人民币;外贸进出口总额达到 1.15 万亿美元,世界排名第三位。按购买力平价(PPP)计算,目前中国已是世界第二大经济体,仅次于美国。中国被视为世界经济发动机之一,继美、日、欧之后的第四大世界经济支柱。⑥ 概言之,中国崛起不再被视为神话,而是活生生的现实,中国已经重归强国之列。

---

① Julian Weiss,"A New Asian Agenda", *The Washington Quarterly*, Vol. 23, No. 1, Winter 2000, pp. 21—24.

② Robert Ross,"The Geography of the Peace: East Asia in the Twenty-first Century", *International Security*, Vol. 23, No. 4, Spring 2004, pp. 81—118.

③ 美国总统乔治·W. 布什(George W. Bush)2002 年 2 月 22 日在清华大学的演讲。

④ Andrew Wells-Dang, "Aggression or Coexistence: China's Intentions towards Southeast Asia", http://www.resistinc.org/newsletter/issues/2002/01/wells-dang.html.

⑤ 章百家:《改变自己 影响世界——20 世纪中国外交基本线索刍议》,《中国社会科学》2002 年第 1 期;门洪华:《中国崛起与国际秩序》,《太平洋学报》2004 年第 2 期。

⑥ Emma V. Broomfield, "Perceptions of Danger: the China Threat Theory", *Journal of Contemporary China*, Vol. 12, No. 35, 2003, pp. 265—284.

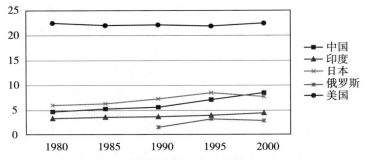

图 4-2　五大国国家实力占世界的比重(PPP)

资料来源:门洪华:《构建中国大战略的框架:国家实力、战略观念与国际制度》,北京大学出版社 2005 年版,第 100 页。

确保周边安全环境、维持东亚的稳定和经济增长、通过地区制度化合作构建战略依托地带、最终实现中华民族的伟大复兴成为中国在东亚的主要战略目标。有必要指出的是,中国曾经长期缺少地区主义政策,近代以降,中国一直把外交的重点放在与西方大国的关系上,并未在东亚建立起牢固的战略关系。随着东亚相互依赖的加深,特别是亚洲金融危机的带动,中国开始推出促进地区一体化的战略措施。中国积极促动东亚一体化既可视为东亚地区合作内在需求的体现,也可视为中国战略布局的重大调整。

在过去一个半世纪里,西方国家已经习惯了一个实质性影响不大的中国,但现在却不得不面对一个待选的世界大国。中美之间的关系是不对称的,但正在向着有利于中国的一边倾斜。中国崛起已经成为改变亚洲秩序的主要推动力。[1] 约瑟夫·奈指出:"中国实力的增强即使不会使得中国成为一个与美国势均力敌的全球强国——甚至是地区大国,也确实意味着中国对其邻国来说可能显得更加可畏。中国实力的增强还意味着,今后美国任何军事任务的完成都需要更多的军队和资源。换言之,即使排除所有夸张和夸大的成分,美国也必须认真看待中国经济和军事实力的增强,应视之为亚太地区不可忽视的新生因素。"[2]

中美在东亚的矛盾与冲突

美国建立"美国治下的和平"的全球战略目标与中国在东亚崛起

---

[1] 沈大伟:《中国、美国与正在演变中的亚洲秩序》,《外交学院学报》2004 年第 4 期。
[2] Joseph S. Nye, "China's Re-Emergence and the Future of the Asia-Pacific", pp.65—79.

的趋势并行不悖,构成一对战略性、结构性矛盾。当前,中国并没有表现出"修正国家"的基本特征,尽管其崛起不可避免地成为改变现状的动力。① 然而,20世纪90年代早期以来,美国战略家就中国是否会成为未来几十年美国的安全威胁及其地区利益威胁一直争论不休②,主张遏制中国的人士更是明确将中国视为破坏东亚均势的危险国家。③ 在他们看来,中美在东亚的矛盾似乎是不可调和的,其未来冲突也将是不可避免的。鉴于此,如何客观看待中美在东亚的矛盾冲突已经成为两国制定东亚战略的基础条件。

中美在东亚的矛盾是战略性的,这尤其体现在两国对东亚未来走向的判断上。确保在东亚安全上的主导权是美国首要的战略目标,中国的国家安全战略与美国在太平洋地区的目标和利益处在冲突的轨迹上,而中国崛起将是美国战略目标面临的最大挑战。一方面,许多美国人士强调,中国是美国的一个长期威胁,中国的最终目标不是要达到东亚第二大强国的水平,而是要取代美国而成为地区霸权国家,并在全球与美国平起平坐,因此必须削弱它的力量并对它进行遏制。④ 另一方面,促使中国参与国际制度、促进贸易和投资的接触政策只是硬币的一面,经济接触与战略遏制相结合才属于完整政策的组成。⑤ 确保在东亚的经济利益乃至一定程度的经济主导权是美国孜孜以求的目标,长远观之,中国与东亚其他国家推动的东亚一体化(即使在较浅层面的经济合作和自由贸易区的建设上)也自然成为美国这一战略目标的潜在障碍。

中美在东亚的矛盾是结构性的,这尤其体现在东亚权力分配的变化上。在美国的战略布局中,确保在东亚主导权是主体目标之一,而中

---

① 江忆恩指出:"中国比以往任何时候都更加合作。没有明确证据表明,中国领导人正在付诸积极努力,以抗衡美国的力量,从而破坏一个美国主宰的单极体系,并用一个多极体系取而代之。"参见 Alastair Iain Johnston, "Is China a Status Quo Power?", *International Security*, Vol. 27, No. 4, Spring 2003, pp. 5—56。

② Thomas Christensen, "Posing Problems without Catching Up: China's Rise and Challenges for U. S. Security Policy", *International Security*, Vol. 25, No. 4, Spring 2001, pp. 5—40.

③ Gerald Segal, "East Asia and the Constrainment of China", *International Security*, Vol. 20, No. 4, Spring 1996, pp. 107—135.

④ Denny Roy, "China's Reaction to American Predominance", *Survival*, Vol. 45, No. 3, Autumn 2003, pp. 57—78.

⑤ Gideon Rachman, "Containing China", *The Washington Quarterly*, Vol. 19, No. 1, Winter 1996, pp. 129—139.

日尤其是关注重点。美国通过安全同盟控制了日本的安全趋向,通过《广场协议》、贸易对垒遏制了日本的经济扩张,从而确保将日本的未来与其战略目标捆绑在一起。然而,中国的崛起却打破了东亚的权力格局:中国的土地面积是东亚的68%,人口占东亚的66%,按照购买力评价计算其经济实力超过亚洲的40%(港澳台地区未计算在内),近年来其经济"虹吸现象"分外明显;尤其是,进入21世纪,中国积极促动长期停留在观念层次上的东亚地区主义①,以地区深入合作构建崛起战略依托带,成为新一轮地区主义浪潮的推手。中国成为东亚格局中更加举足轻重的力量,而"中国机遇论""中国贡献论"开始取代"中国威胁论"成为东亚国家对中国影响力的主体评价,也在无形中扩大了中国的未来潜力。中国崛起是否引起东亚秩序的调整和大国冲突已经成为东亚的中心议题。② 无论如何,即使中国比美国弱得多,其未来发展潜力也必然会导致东亚的结构性权力分配的变革,在美国的战略家看来,对美国的主导利益而言,这一变化带有某种零和性。

中美在东亚的冲突也必然是战略性、结构性的、利益性的,并集中体现在对中国国内发展的干预性关注上。 例如,在中国的政治走向上,美国期望中国实行经济改革、走上市场经济之路后迟早要推进西方所欢迎的"政治改革",但这种和平演变的希望很渺茫;美国幻想中国青年将更加亲西方,但现在从媒体和网络中看到中国怀疑西方价值观的倾向很强烈,对中国崛起的担心更盛。③ 在中国的军事实力上,美国对中国没有立即将经济实力转化为军事力量表现出一定程度的理解,但仍然坚持认为中国无须在国家军事实力和科技方面完全赶上美国就会

---

① 庞中英:《中国的亚洲战略:灵活的多边主义》,《世界经济与政治》2001年第11期。
② 参见:Aaron L. Friedberg, "Ripe for Rivalry: Prospects for Peace in a Multipolar Asia", *International Security*, Vol. 18, No. 3, Winter 1993/1994, pp. 5—33; Richard K. Betts, "Wealth, Power, and Instability: East Asia and the United States after the Cold War", ibid., pp. 34—77; Charles A. Kupchan, "After Pax Americana: Benign Power, Regional Integration, and the Sources of Stable Multipolarity", *International Security*, Vol. 23, No. 2, Fall 1998, pp. 62—66.; Gerald Segal, "East Asia and the Constrainment of China", *International Security*, Vol. 20, No. 4, Spring 1996, pp. 107—135; and Douglas T. Stuart and William Tow, *A U.S. Strategy for the Asia-Pacific: Building a Multipolar Balance-of-Power System in Asia*, Adelphi Paper No. 229, London: International Institute for Strategic Studies, 1995; Samuel Huntington, *The Clash of Civilizations and the Remaking of World Order*, New York: Simon and Schuster, 1996。
③ 王缉思:《对中美关系的几点分析》,《现代国际关系》2001年第6期。

对美国安全利益带来严峻的难题。① 在台湾问题上,中国认为,美国不能在其核心战略利益上要求中国配合,但在国家统一这一最核心的中国战略利益上设置羁绊。对中国而言,"台湾"是一百多年屈辱、日本殖民主义和帝国主义侵略的象征;但美国却视之为民主和自由市场的象征。② 美国的这种观念趋向是导致"台独"气焰嚣张并最终伤害美国战略利益的根本原因之一。以上分歧都将成为中美冲突之源。

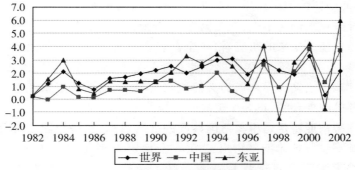

图 4-3　出口增速与 GDP 增速之比

数据来源:世界银行世界发展数据库(WDI 2004)。

中美在东亚的竞争与合作

中美之间曾有过冲突的经历,美国在与中国战略冲突中遭受过挫折,中美合作也给双方尤其是美国带来了巨大的收益。当前,美国的战略重心在于应对其霸权地位面临的种种挑战,尤其是恐怖主义等非传统安全挑战,需要诸大国尤其是中国的合作,并且与中国也有了积极的合作;中国开始以积极的、建设性的、负责任的、可预期的国际形象重现于国际舞台中心,中国采取积极合作的对美战略,无意构造反美联合战线③;而东亚多数国家更愿意搭中国崛起之便车,也无意与崛起的中国为敌。④ 有识者指出,如果美国具有容纳中国这个非西方大国崛起所

---

① Thomas Christensen, "Posing Problems without Catching Up: China's Rise and Challenges for U. S. Security Policy", pp. 5—40.

② "An Examination of the Forces Driving US-China Relations", *Harvard China Review*, Spring/Summer 2000, Vol. 2.

③ Alastair Iain Johnston, "International Structures and Chinese Foreign Policy", in Samuel S. Kim, ed., *China and the World* (4th edition), Boulder: Westview Press, 1998, p. 64.

④ David Kang, "Getting Asia Wrong: The Need for New Analytical Frameworks", pp. 57—85.

需要的气度①,如果中国能够正确意识到美国是东亚合作唯一不可或缺的国家②,如果两国都能理智处理同对方的关系,尊重而不是挑衅对方的敏感点,那么中美关系目前的稳定局面将会保持下去。

冷战结束以降,许多学者对亚洲的未来抱有悲观心态,认为亚洲必成争夺之所,其主要原因在于对中国成为修正主义国家的预测。但是,亚洲尽管矛盾重重,却没有爆发大规模冲突,其前景也似乎在趋向光明,其间中国的带头作用是不可忽视的。从历史上看,历来都是中国的软弱导致亚洲动荡不安;在中国强大和稳定之时,亚洲秩序井然。无论是从历史还是未来的角度看,一个富有和强大的中国是巩固地区稳定的力量。③ 尤其是,中国崛起促使东亚乃至亚洲自身力量的增强,使得开放性地区主义成为东亚的必然战略选择,从而造就了东亚整体崛起所需要的内外环境,也为中美战略合作奠定了基础。

保持东亚稳定是中美两国共同的战略目标,也是两国战略合作的主要基石。布热津斯基指出:"在一个稳定而多元的欧亚大陆上,一个更强大中国的地缘政治影响力并不必然与美国的战略利益不相容。……在欧亚大陆的稳定上,美国和中国彼此需要。"④美国一直将亚洲稳定视为其重要的战略利益。美国是影响东亚稳定与否的重要力量,而保持美国在东亚的稳固的安全主导权是其实现建立单极霸权的长远战略目标和应对非传统安全挑战的中短期目标的重要条件,就东亚和中美两国而言,总体稳定之中才可能求得更多战略利益。在一定意义上,中国是美国确保欧亚大陆东部力量平衡的关键。领土和人口规模、与其他地区国家的关系定位、经济和军事实力的增强等都决定了,中国是影响东亚稳定的主要力量,而中国稳定亚洲的愿望得到了战略学界的一致肯定。⑤ 冷战结束的一段时间里,中美战略关系由联合

---

① 如约瑟夫·奈指出,"如果你把中国作为敌人,中国就会成为敌人"。参见 Joseph Nye,"The Case against Containment: Treat China like an Enemy and That's What It Will Be", *Global Beat*, June 22, 1998。

② 陈虹:《共享增长:东亚区域经济合作的现实与思考》,《国际经济评论》2003 年第 9—10 期。

③ David C. Kang, "Getting Asia Wrong: The Need for New Analytical Frameworks", pp. 57—85; Alastair Iain Johnston, "Is China a Status Quo Power?", pp. 5—56。

④ Zbigniew Brzezinki, "A Geostrategy for East Asia", *Foreign Affairs*, Vol. 76, No. 5, September/October 1997, pp. 50—64。

⑤ David C. Kang, "Getting Asia Wrong: The Need for New Analytical Frameworks", pp. 57—85。

抗击苏联转变为在亚太地区尤其是东亚发挥稳定作用,两国合作因此而具有了新的战略价值。美国学者就此指出:"中国的崛起给美国安全构成特别的威胁,但同时也提供了大量的机会。中国的未来存在着诸多可塑性,应与中国保持接触,争取……中国在21世纪成为美国的安全伙伴,而不是敌手。"①

保持东亚经济增长是两国合作的重要考虑。中国是东亚经济增长的主动力,在一定意义上,中国的经济崛起已经成为东亚经济增长源之一。保持东亚经济增长对中国的崛起目标至关重要,与东亚共同崛起符合中国的战略预期。对美国而言,蓬勃发展的中国经济、东亚经济具有不可抵御的诱惑力,而通过资本力量及随之而来的价值观念牵引中国走向西方之路仍是其重要战略考虑,中国自改革开放以来逐步接受国际制度,越来越认可自由贸易、开放资本流动和透明等原则也成为美国部分目标实现的证据②,从而巩固了美国的战略预期。美国从中国的改革开放中获得了重要的经济和安全利益,如果中国从开放的进程后退,其利益也会受到相当的损害。③ 鉴于此,与中国的经济接触是美国对华既定政策,保持东亚的经济增长符合美国的战略利益。而且,由于中国日益成为地区和全球经济发展的引擎,美中保持稳定的战略关系超越了狭隘的安全利益④,而更具有了全面性的战略价值。

应对东亚不稳定因素是两国战略合作的阶段性目标。东亚拥有世界上最复杂的国际政治经济,领土纷争、武器(包括核武器和其他大规模杀伤性武器)扩散、海洋主权争端、经济资源竞争、非理性的民族主义、宗教冲突、恐怖主义等影响东亚地区长远未来的一系列传统的、非传统的、消极性的、破坏性的、冲突性的因素同时存在,构成东亚不稳定之源。应对全球重大不稳定因素,尤其是武器扩散、恐怖主义等是美国阶段性的战略目标,也是中国确保和平国际环境所必须关注的重要因素,因而成为中美当前合作的重要方面。近年来,中国投票支持了联合国安理会所有与"反恐"有关的关键性决议,在解决朝鲜核武器问题的六方会谈上发挥了积极的作用,展示了与美国合作而不是竞争领导作

---

① 艾什顿·卡特、威廉姆·佩里:《预防性防御:一项美国新安全战略》,上海人民出版社2000年版,第104页。
② Alastair Iain Johnston, "Is China a Status Quo Power?", pp.5—56.
③ 章百家:《改变自己影响世界——20世纪中国外交基本线索刍议》,第4—19页。
④ David M. Lampton, "China's Growing Power and Influence in Asia: Implications for U.S. Policy", http://www.nixoncenter.org/index.cfm?action=publications, March 28, 2004.

用的战略姿态。

东亚国家之间的积极合作也是促使中美战略合作的重要因素。中国的崛起带动了东亚经济的发展,推动了东亚的战略竞争,也促进了东亚地区的深入合作。东亚正在逐渐赢得更大的影响力和自主权,新东亚经济正在形成,它主要依赖地区贸易的大幅增长并以中国为中心。过去几十年,亚洲奇迹除了应该归功于东亚各经济体的社会和经济发展政策外,东亚国家之间的积极合作也功不可没。① 目前,东亚国家之间的经济合作开始走上地区制度化建设的轨道,而中国在其中发挥的积极作用给中国带来了更广阔、更深远的战略空间。在这样的发展态势之下,避免中美冲突符合所有东亚国家的利益,也符合美国的战略利益,中美合作是绝大多数东亚国家的期望。

综上所述,笔者认为,中美之间存在着巨大的合作空间,中美合作符合东亚乃至全球利益。近年来,中美双边合作取得了积极的成效,两国都对双方在东亚的定位给予了符合战略高度的评价。中国明确支持美国在亚洲的存在,钱其琛 2003 年 11 月 15 日在中美关系会议上指出,"我们欢迎美国在亚太为促进地区的和平与发展发挥积极的作用"。美国对中国崛起表示了一定的正面理解,美国总统乔治·W. 布什 2002 年 2 月 22 日在清华大学的演讲指出"美国欢迎一个强大、和平与繁荣的中国"。此外,在地区合作的层面上,两国也都展示了战略性高度,布热津斯基指出:"中国的未来走向不仅取决于中国本身将如何发展,而且在很大程度上还取决于美国的反应。……最理想的结果就是把中国纳入亚洲地区合作的框架。"②而中国在 20 世纪 90 年代中期之后所展示对东亚地区合作的促进、对开放性地区主义的坚持为中美在东亚地区发展中的合作提供了条件。

中美之间既存在结构性、战略性、利益性的矛盾与冲突,也正在进行双边的、地区性和全球性的战略合作,这一态势既反映了全球化条件下大国关系的普遍复杂性,也预示着中美同时出现巨大发展(美国成为世界唯一超级大国并致力于建立全球霸权、中国快速崛起并致力于实现中华民族的伟大复兴)造成的特殊碰撞。我们不能否认两国在东亚未来上目标与利益的冲突性,我们更期望的是两国之间出现良性竞

---

① 于永定:《我看世界经济》,三联书店 2004 年版,第 567—568 页。
② 兹比格纽·布热津斯基:《大棋局:美国的首要地位及其地缘战略》,上海人民出版社 1998 年版,第 71 页。

争。无论如何,两国关系近年来的发展证明了,大国竞争并不必然带来危机与战争。我们相信,它继续是符合全球化态势下大国关系的一个逻辑推论。

简短的结论

东亚是并将继续是世界上最复杂、变数最大的地区,而中美关系将是影响东亚变局的核心因素。历史上,东亚曾出现三种地区秩序或秩序设计,即中国主导的朝贡体系、美国促进的"门户开放政策"和日本追求的"大东亚共荣圈"。[①] 当前,东亚积极发展的地区主义既吸收了中美秩序中的优点,如经济主义、开放主义、提供公共物品、共享繁荣与发展等,也在避免两种秩序的弱点,如霸权主导、利益至上等,更在警惕日本秩序设计中的糟粕。在这样的态势下,中美的战略关系——包括矛盾、冲突、竞争与合作——均集中体现在对东亚未来秩序的影响上。

在可预见的将来,中美关系将介于战略竞争与战略伙伴之间的灰色地带。在中国的改革开放和未来发展上,美国扮演着重大外在压力(乃至促动力)的角色;中国将在东亚扮演越来越积极、越来越主动、越来越具有建设性的重要角色,而美国的东亚战略将随之调整。换言之,中美之间均有塑造对方战略的意图和可能性,二者之间的正向互动效应将会进一步展现。

中美之间存在千丝万缕的联系,也潜藏着太多可能导致双边战略关系破裂的问题。鉴于此,中美关系的"压舱石"是否稳固成为至关重要的战略议题,而加强中美战略对话机制、促进两国政治和安全互信、避免误解和误判将会变得越来越重要。

本文系作者主持的清华大学亚洲研究中心项目"东亚区域经济一体化战略研究"的阶段性成果,发表于《毛泽东邓小平理论研究》2005年第6期。

---

① Norman Palmer, *The New Regionalism in Asia and the Pacific*, Lexington: Lexington Books, 1991, p.45.

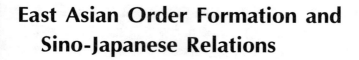

East Asian Order Formation and Sino-Japanese Relations

Introduction

East Asia is now widely regarded as being at the center of the world's attention.① Since the end of the Cold War, East Asia has entered into an era of comprehensive engagements, triggered in particular by China's constructive and peaceful rise and the region's reply to the challenge of Asian financial crisis in the late 1990s. The security, political, and economic map of East Asia has been transformed, and an institutionalized framework for regional cooperation, represented by "Ten Plus Three" (ASEAN plus China, Japan and South Korean) and the East Asia Summit, is emerging. East Asia is surging, and this development helps explain why experts perceive that power and influence in international relations are shifting

---

① For purposes of this article, "East Asia" encompasses the countries of Northeast Asia and Southeast Asia.

towards Asia. What happens to order in East Asia will significantly affect the role Asia plays in the emergence of any Asian-centric international system. Thus, it is appropriate to think about the future of the East Asian order, and the most important relationship for this future is that between China and Japan.

This article's analysis proceeds in five parts. First, I provide an overview of order in the East Asian region, emphasizing the importance of economic integration and the pivotal role of Sino-Japanese relations in the formation of a new type of order in East Asia.

Second, the article considers some conceptual and definitional issues concerning order formation in international relations. Specifically, I look at definitions of international order and examine some new aspects of order formation in the early 21st century, which I call power shift, problem shift, and paradigm shift. These developments affect the logic of regional order formation generally and in East Asia specifically.

Third, I explore the dynamics of the evolving East Asian order. I begin with a look at past and present orders in East Asia, and then the analysis delves into the five key features of order formation in East Asia, namely (1) the importance of economic integration and its spillover effects; (2) the comprehensive and peaceful rise of China; (3) Japan's pursuit of greater political roles regionally and globally; (4) the leading role played in East Asian order formation by the Association of Southeast Asian Nations (ASEAN); and (5) strategic adjustments being made by the United States.

Fourth, the article considers the future of the East Asian order, and argues that the key to its further development revolves around the relationship between China and Japan.

Finally, I outline a strategic framework for future Sino-Japanese relations based on the convergence and institutionalization of their common interests bilaterally, regionally, and globally. This framework takes into account the complexity of Sino-Japanese relations, identifies the common interests in which a strategic framework can be grounded, and looks at possible strategic measures China and Japan can take to move East Asian order formation forward.

I. Overview of the East Asian Order

A. The Importance of East Asian Economic Integration

Rapid economic integration in East Asia has proved to be the main catalyst of regional cooperation. The pace of economic integration indicates that the region is a natural trade territory, but this integration has increasingly facilitated regional cooperation beyond trade and investment. Economic integration has produced spillover effects in the form of political and security dialogues, functional coordination in some areas of "low politics," and intensive social interactions among countries in the region. As the East Asian order matures, politics, especially political considerations at strategic level, will drive regional cooperation, coordination, and integration.

Since the end of the Cold War, economic integration in East Asian has seen steady progress. Even the bitter experience of the Asian financial crisis in the late 1990s triggered comprehensive efforts on better economic and financial coordination. Thus, trade, investment, and financial cooperation have been enhanced further. In the early years of the 21st century, free trade agreements (FTAs), both bilateral and multilateral, have become an important trend in East Asian economic integration. However, the difficulties China and Japan have experienced in negotiating a bilateral FTA shows that FTAs in East Asia do not constitute a framework for regional cooperation that encompasses all economies. The institutional aspects of regional economic cooperation have, thus, lagged behind the substantive integration that has taken place between East Asian economies.

Politics and economics interact, and political factors have observable effects on economics. ① Economic integration is not only an attempt to increase economic growth and achieve other economic objectives, but it is also an effort to regain some measure of political control over economic globalization, which has constrained national policy instruments. ② Economic

---

① Susan Strange, ed., *International Relations Theory Today*, Pennsylvania University Press, 1995, p. 154; James D. Morrow, Randolph M. Siverson and Tressa E. Tabares, "The Political Determinants of International Trade: The Major Powers, 1907—1990", *American Political Science Review*, Vol. 92, No. 3, September 1998, pp. 649—661.

② Peter J. Katzenstein and Takashi Shiraishi, eds., *Network Power: Japan and Asia*, Ithaca: Cornell University Press, 1997, p. 344.

interdependence, by itself, is insufficient to establish a steady regional order in East Asia. Such interdependence does not operate at the nation-State level, nor does it necessarily require the creation of security arrangements, features that any sustainable regional order or community must exhibit.

Regionalism provides East Asian countries with not only the opportunity for economic integration, but also the impetus to political dialogues and security cooperation. Political dialogues and security coordination do exist among East Asian countries. The "Ten Plus Three" framework, which combines the ten countries of the ASEAN with China, Japan, and South Korea, is the main channel of East Asian economic and political cooperation. This framework is transforming from a market-driven mechanism into a mechanism where economic, political, and security institutions are becoming more prominent. ASEAN countries have set up a comparatively mature sub-regional order in Southeast Asia, while the three Northeast Asian countries, China, Japan and South Korea, have promised through the "Ten Plus Three" framework to enhance political trust among themselves and with ASEAN members.

However, these developing political dialogues and cooperative efforts have only managed to address problems that still exist from past political confrontations and other long-term political and security problems. The slow progress made on political and security issues is exacerbated by the fact that countries in East Asia think nationally, talk regionally, but always act bilaterally. Thus, the development of a positive and strategic framework for order in East Asia is still wanting.

Nevertheless, as East Asia enters into a new era of engagement, the predominant trend in East Asia is towards boosting interdependence among countries. Cooperation and co-development become the focus of a common vision of the future East Asia, and a community dedicated to co-existence and co-prosperity is emerging within the overall development of economic interdependence and in response to the growing severity of some non-traditional security problems.

B. A New East Asian Order under Formation

A formal, institutionalized East Asian Community is a lofty goal promising a bright vista for regional order, but this goal is still very distant. Order in East Asia is a traditional but crucial feature of analyzing the prospects of regional integration, although the concept faded after World War II because of historical legacies (e. g., Japan's aggression during the 1930s and 1940s) and intervention from great powers outside the region (e. g., the United States). Great powers talk a great deal about global or international order, but regional orders are the pillars of the global one, and a chaotic order in East Asia would be a severe problem for the great powers and for global order in the future.

In the early stages of East Asian integration, economics united but politics divided. The complexity of East Asian power relations made political cooperation difficult, and the difficulty stemmed from the competing interests of relevant actors inside and outside the region, and from the asymmetries and rapid changes in the power profiles of these actors. Yet, gradually, the spillover effects of economic interdependence pushed forward more regional cooperation and a greater momentum for regionalism generally. The norms and institutions that have been emerging through efforts on regional economic integration have helped East Asian countries to mitigate intraregional power asymmetries that would otherwise aggravate the security dilemma existing among them. ① Meanwhile, a patchwork of bilateral alliances, ad hoc security dialogues, multilateral forums, ministerial meetings, track-two encounters, and other mechanisms of engagement developed across the region. ② Although political mistrust and security distrust still impede more comprehensive regional cooperation, most countries involved realize that the route to future order building in East Asia is not through hegemony or war, but through the convergence and institutionalization of common interests among them.

Order formation is a process of common interest convergence and institutionalization. Japan and China are the two crucial pillars of East Asian integration and of any stable East Asian order. Before the mid-1990s, East A-

---

① Amitav Acharya, "Will Asia's Past Be Its Future?", *International Security*, Vol. 28, No. 3, Winter 2003/2004, pp. 149—164.

② G. John Ikenberry and Jitsuo Tsuchiyama, "Between Balance of Power and Community: The Future of Multilateral Security Co-operation in the Asia-Pacific", *International Relations of the Asia-Pacific*, Vol. 2, 2002, pp. 69—94.

sia had no region-wide institutional framework for economic integration. At this time, Japanese investment in East Asia was largely responsible for the growing common prosperity in the region. However, the 1997—1998 Asian financial crisis triggered more concerted efforts at regional economic cooperation, and, since that crisis, the Chinese economy has assumed the role of leading regional economic integrator. Yet, in the process of East Asian order formation, ASEAN has played the leading role because it has provided the framework within which the leading East Asian powers have cooperated politically and on security issues. In addition, ASEAN and the United States play balancing or counterbalancing roles in the formation of East Asian order.

In essence, deeper levels of cooperation in East Asian emerged in economics and functional "low politics" issue areas and from the challenges created by the Asian financial crisis. East Asian cooperation is now at a crossroads because the great powers in the region, Japan and China, need to determine what types of political and security cooperation they wish to develop.

C. Sino-Japanese Relations: The Pivotal Factor of East Asian Order

As important as ASEAN has been in playing a leading role in facilitating greater cooperation among East Asian countries, ASEAN's ability to push East Asian order formation farther and faster is very limited. The keys to such order formation are reconciliation, cooperation, and coordination between China and Japan.

China's economic rise and Japan's political rise are the principal catalysts to the emerging regional order, but the mistrust between China and Japan is a daunting obstacle that East Asian order formation faces. The "Two Tigers Dilemma"——no two rival tigers can exist in the same territory—— makes it is difficult for the two countries to have and institutionalize common interests. Sino-Japanese competition profoundly affects the process of regional economic-institution building in all core dimensions: the nature of preferential trade ties between Northeast and Southeast Asian nations; the proliferation of overlapping FTA networks; and the rekindled debate on the inclusivity and exclusivity of economic integration processes. On security issues, a traditional security dilemma between the two countries exists, and this dilemma makes it difficult to foster mutual trust, mutual benefit, and interdependence. Strategic mistrust between the two countries sharpens the East Asian security dilemma and hinders multilateral security institution building.

For certain, the future of any East Asian order depends on the nature of Sino-Japanese relations. Avoiding or resolving the "Two Tigers Dilemma" is necessary to facilitate more stable East Asian order building. How Japan and China move forward will also drive how the shift of power and influence towards Asia will operate and be perceived by other countries. Thus, Japan and China will determine what happens to East Asia at its present strategic crossroads.

II. The Logic of Regional Order Formation

A. Definitions of International Order

Hedley Bull defined international order as "a pattern of activity that sustains the elementary or primary goals of the society of states, or international society"①. Bull identified three sets of rules necessary to maintain order: principled or constitutive rules (the system of states as the foundation for order), rules of coexistence (states respect the sovereignty of other states), and rules of cooperation (legal and other rules that govern interaction among states and societies).② G. John Ikenberry defined international political order as the governing arrangements among a group of states: "The focus is on the explicit principles, rules, and institutions that define the core relationships between the states that are party to the order. This limits the concept of order to settled arrangements between states that define their relationships to each other and mutual expectations about their ongoing interaction."③ In Ikenberry's view, institutions both limit and project state

---

① Hedley Bull, *The Anarchical Society: A Study of Order in World Politics*, New York: Columbia University Press, New York, 1977, p. 8.
② Ibid., p. 69.
③ G. John Ikenberry, *After Victory: Institutions, Strategic Restraint, and the Rebuilding of Order after Major Wars*, Princeton: Princeton University Press, 2001, p. 23.

power, thus playing a key role in order building and maintenance. ①

In my view, international order is based on the power relations among great powers in any given period of time, and it flows from the distribution of power and interests between and among the great powers. The stability of an international order depends on whether great powers can come to terms on the core ideas or conceptions of the order. ② International institutions or regimes, which include principles, norms, rules, and decision-making procedures, are the crucial variables in order formation.

In sum, international order results from the distributions of power, interests, and ideas between and among the main actors involved, especially great powers, and international order is usually facilitated by the building and functioning of international institutions. International order is kind of public good, which is provided by the most powerful and important states in international society, and it reflects and leads to cooperation and conflict among great powers. Nevertheless, order formation is always based on common interest convergence and institutionalization. In Charles P. Kindleberger's view, public goods always play the role of stabilizer in international order. ③ While Robert O. Keohane and Joseph S. Nye, Jr. argue that hegemony is not the sole provider of public goods, a few great powers can provide public goods, thus stabilizing international order. ④

International order among states has taken many different forms, but the following three major varieties are the most important: balance of power, hegemonic, and community-based orders. Balance-of-power order is one where the power of the leading state is counterbalanced by other states, with coalitions shifting with the changing distribution of power. A hegemonic

---

① Institutionalists argue that institutions can enable states to achieve their own objectives more efficiently and that order can be maintained through an ever-growing set of agreements and institutions. See Katzenstein, Keohane, and Krasner, eds., *Exploration and Contestation in the Study of World Politics*, MIT Press, 1999, p. 662.

② As to the importance of ideas, please refer to Albert S. Yee, "The Causal Effects of Ideas on Policies", *International Organization*, Vol. 50, No. 1, Winter 1996, pp. 69—108.

③ Charles P. Kindleberger, *The International Economic Order: Essays on Financial Crisis and International Public Goods*, Cambridge: MIT Press, 1988, pp. 121—124.

④ Robert O. Keohane and Joseph Nye, Jr., *Power and Interdependence* (3rd edition), New York: Addison-Wesley, Longman, 2001, pp. 18—19.

order is organized and maintained by a state wielding a predominance of power capabilities, and this dominant power shapes the international order in which relations between states are stable and follow certain patterns and rules of behavior determined by the dominant power.① A community-based order happens where binding security institutions and shared political interests and values exist to shape and limit how states exercise power; the distribution of power may still matter, but not as much as in balance of power or hegemonic orders.②

B. New Dynamics of Order Formation: Power Shift, Problem Shift, and Paradigm Shift

Order is always in the process of transformation as great powers rise and fall. Since the end of the Cold War, or even since the end of World War II, with globalization and regionalization surging in differently timed waves, new dynamics of order formation emerge, namely power shift, problem shift, and paradigm shift.③

1. Power Shifts

"Power shift" identifies that globalization and regional integration, the two main trends of today's world, have transformed the actors and the configuration of power internationally. Regionalism and regionalization have become both generator and accumulator of power resources for states. With the further development of globalization, self-reliance by states is not regarded as a realistic choice, and regional economic cooperation, and then economic integration, becomes new global trends and are regarded as strategic choices made by great powers. The world has entered a third century of rapid growth driven by science and technology. Accordingly, economics and technology, instead of politics, war, and security, have played an increasingly dominant role in order formation.

Globalization and regionalism have factored into many important power shifts that have occurred over the past few decades, including Japan's eco-

---

① A. F. K. Organski, *World Politics*, New York: Alfred Knopf, 1958, pp. 313—330.
② G. John Ikenberry and Jitsuo Tsuchiyama, "Between Balance of Power and Community: The Future of Multilateral Security Co-operation in the Asia-Pacific", pp. 69—94.
③ Men Honghua, "Power Shift, Problem Shift and Paradigm Shift: A Study of the Hegemonic Explanation Model", *American Studies*, No. 3, 2005, pp. 7—31.

nomic and political rise since the 1980s, the hegemony of the United States in the immediate post-Cold War period, and the economic and political development of China, India, Russia, and Brazil. The nature of these power shifts involves not just hard power but increasingly the utility of soft power in international relations. Another type of power shift encouraged by globalization in particular has been the growth in the power and influence of non-State actors, such as multinational corporations, non-governmental organizations, and terrorist and criminal groups. ① Of course, these power shifts have also seen order-threatening problems arise, such as state failure,② that create new kinds of challenges for maintaining and deepening international and regional stability.

2. Problem Shifts

Along with power shifts, problems that countries have to deal with are shifting. Some newly emerging problems or issues stand out as new priorities on international agendas, and these challenges have grown as concerns of countries in terms of their security, political influence, and economic development and prosperity.

First, more global issues have emerged. Terrorism, drug and arms smuggling, public health problems, environmental problems, resource scarcity and depletion, migration and other human flows across national borders are all worldwide problems, which need the cooperation and coordination of countries. The great powers alone cannot resolve these global problems. ③ Accordingly, global issues blur traditional internal and external boundaries and require a level of understanding of the national interests of others. Thus, global problems act as restraints on the great powers and can

---

① Jessica Mathews,"Power Shift", *Foreign Affairs*, Vol. 76, No. 1, Jan. /Feb. 1997, pp. 50—66.

② Men Honghua,"Remedial Measures for Failed States: A Strategic Dimension of Sino-American Security Cooperation", *American Studies*, No. 1, 2004, pp. 7—32.

③ Dennis C. Blair and John T. Hanley, Jr. , "From Wheels to Webs: Reconstructing Asia-Pacific Security Arrangements", *The Washington Quarterly*, Vol. 24, No. 1, Winter 2001, pp. 7—17; Tsuneo Akaha, "Non-Traditional Security Cooperation for Regionalism in Northeast Asia", Waseda COE-CAS Working Paper Series No. 7, January 2004; Men Honghua,"New Security Concept, Interest Community and Strategic Thoroughfare: An Explanation to China's Security Interest", *Teaching and Research*, No. 8, 2004, pp. 54—58.

strengthen the sense of solidarity of the international community.①

Second, the emergence of more global problems has increased the importance of new ways of cooperating globally and regionally. Many global problems threaten economic development and security, and they entangle science, technology, information, ecology, and other issues in security discussions. As non-traditional security problems, these global challenges can facilitate more cooperative relationship in achieving national, regional, and global security.

Third, the need for new solutions and innovative regimes to address global problems highlights existing problems with international institutions, such as their "democratic deficit", and countries, including the great powers, have begun to re-evaluate their significance and potential contributions to order formation and stabilization.

3. Paradigm Shifts

Power and problem shifts suggest that international affairs should undergo some paradigm shifts in how states and non-state actors analyze and behave in world affairs. For great powers, globalization and regionalization act as constructive strategic straitjackets, making the pursuit of the national interest more a matter of relative gains than absolute gains.② The need to address global challenges and non-traditional security threats makes power relations between and among countries look less like zero-sum games and more like opportunities to create positive-sum or "win-win" collective solutions. In the regional perspective, open regionalism is widely accepted, and regional structures and regimes focused on functional issues could produce a more durable order with liberal principles operating as constitutive rules.

---

① Jean-Marie Guehenno, "The Impact of Globalization on Strategy", *Survival*, Vol. 40, No. 4, Winter 1998/1999, pp. 5—19.

② Joseph Grieco, "The Relative-Gains Problem for International Cooperation: Comment", *American Political Science Review*, Vol. 87, No. 3; Robert Powell, "The Relative-Gains Problem for International Cooperation: response", *American Political Science Review*, Vol. 87, No. 3; Duncan Snidal, "The Relative-Gains Problem for International Cooperation: Comment", *American Political Science Review*, Vol. 87, No. 3, pp. 738—743.

Table 1. Summary of Power Shift, Problem Shift and Paradigm Shift

	Power Shift	Problem Shift	Paradigm Shift
National Level	Rise of NGOs, multinational and transnational corporations	Domestic reform and openness; state-society relations	Domestic governance
Bilateral Level	Transformation of national power; the rise of nationalism and statism	Bilateral agendas expand and become more penetrating.	Dialogue replaces confrontation, though rivalry remains. Competition on soft power.
Regional Level	Regionalism and regionalization become both generator and accumulator of power resources for states.	More regional conflicts are avoided; Traditional and non-traditional security problems take on increased importance.	Regional cooperation and integration are more important; Regionalism has balancing and counterbalancing effects globally.
Global Level	Globalization; Rise of new great powers; Economy and technology play more dominant roles.	Non-traditional security problems; North-South conflict replaces East-West conflict as the main concern.	Democratic deficit of international institutions; Global governance.

C. The Logic of Regional Order Formation

International order is often treated as a byproduct of threats of military violence, while the future of non-violent international orders that develop as a byproduct of inter-state collective identity is typically regarded as uncertain. ① Yet, regionalism and its spillover effects can affect how we think about order formation. Actually, regional order formation depends not only on power relations and the self-interest of the countries involved, but also on such process factors as idea innovation, collective identity, and institution building. Robert Cox argues that any international order is the interaction of three forces: power distribution, the role of institutions, and collec-

---

① Janice Bially Mattern, "The Power Politics of Identity", *European Journal of International Relations*, Vol. 7, No. 3, 2001, pp. 349—397.

tive identity, with consistency among the three forces contributing to a stable, preferred order. ①

In regional order formation, economic integration is always regarded as the bellwether of regional cooperation. In the process of integration, cooperation, coordination, and compromise become mainstream behaviors, and rules, norms, principles, and coordinative decision-making procedures gradually are accepted by all participants and are institutionalized as the hard and soft laws of the region.

These institutionalized factors typically include the following items: (1) reciprocity, which means that participating states pursue not only their self-interests, but the common interests of the whole region; (2) progressiveness, which means displaying tolerance and patience while waiting for consensus to form; (3) inclusivity and openness to outside actors, which accepts involvement by states located in different regions; (4) multilateral coordination and traditional bilateralism work simultaneously; (5) reinsurance arrangements, such as cooperative security arrangements. All the items above reflect the pursuit of common interests, and the formation and maintenance of these common interests should be regarded as the principium of the regional community. Since distributions of power are usually uneven or asymmetric within regions, small or weak states can, through regionalism, counterbalance regional great powers. Conversely, the coordination, cooperation, and compromise of great powers are essential to regional order formation, and great powers generally mitigate suspicion by providing regional public goods and seek strategic trust with small and weak states.

The convergence and institutionalization of common interests is the only workable way to build a constructive regional order. Common interests not only refer to the interest in gaining mutual benefits, but also to the need to address common global challenges. No country in the world can ward off present-day terrorism, the drugs threat, and other trans-border challenges at a time of intensifying globalization of political, economic, and social processes. In this context, the pressing need for broad collaboration among

---

① Robert Cox, "State, Social Force and World Order", in Robert O. Keohane, ed., *Neorealism and Its Critics*, Columbia University Press, 1986, pp. 204—254.

all countries, both at the regional and global levels, and for a practical contribution of each nation towards the solution of these global problems, are beyond doubt. In sum, formation of a constructive regional order should be based on the convergence of common interests between and among regional states.

III. Dynamics of the Evolving East Asian Order

Countries in East Asia have a long history of trying to create regional order. Today, East Asian States embrace both the globalization and regionalization waves, and, in the process, begin to think about the future framework of the regional order. Regional economic integration and its spillover effects, China's comprehensive and peaceful rise as a great power, Japan's political pursuit for a greater role both in regional and world arenas, ASEAN's normative influences, and America's strategic adjustments in the region are the main dynamics that will affect East Asian order formation and that will determine not only the openness of the regional order, but also the process and roadmap of its building.

A. East Asian Order: Past and Present

The idea of a regional cooperation in Asia has a long history, and the pursuit of an East Asian order has rich, yet heavy, historical legacies. The three most important attempts before World War II to create order within East Asia are ancient China's "Tribute System", America's Open Door System, and Japan's Greater Asia Co-Prosperity Sphere. ①

In ancient times, China played the leading role in the formation of a regional order in East Asia. The so-called imperial "Tribute System" was a culturally based hierarchical order, in which the Celestial Empire provided such public goods as political authorization, concessionary trade opportunities, and security guarantees to the feudatory neighboring states, which paid tribute and submitted to the supremacy of China. China's supremacy and Sino-centrism were reflected not only in cultural exchanges, but also in political structures and economic interactions. Invasion and colonization by

---

① Roy Kim and Hilary Conroy, *New Tides in the Pacific: Pacific Basin Cooperation and the Big Four (Japan, PRC, USA, USSR)*, "Preface"; Quoted from Norman Palmer, *The New Regionalism in Asia and the Pacific*, Lexington, Mass.: Lexington Books, 1991, p. 45.

Western industrial countries produced the collapse of Chinese Tribute System in the middle of the 19th century, which led to the United States' push for the "Open Door Policy" by the end of the 19th century and start of the 20th century. However, the Open Door System was a balance-of-power order that served the interests of outside imperial powers rather than the wishes of the countries of East Asia. The Greater Asia Co-Prosperity Sphere pursued by Japan in 1930s and 1940s was also an unequal and colonial arrangement, perpetrated this time by the leading Asian power of that time.

Both China's Tribute System and Japan's Greater Asia Co-Prosperity Sphere were hegemonic orders. The main difference between them was: China's Tribute System was dominated by the belief in Chinese cultural supremacy, while Japan's Greater Asia Co-Prosperity Sphere was dominated by military conquest. The historical legacies of China's Tribute System, when combined with China's economic rise since the 1980s, cause some perceptions that China poses a threat in East Asia and other regions. ① These perceptions give China pause to take the lead in building new East Asian regional institutions and processes. Given the problems that the Greater Asia Co-Prosperity Sphere caused, Japan is reluctant to take the initiative on building a new East Asian order. These realities explain why China and Japan so far have mainly focused on issues of global order and have spent little time and attention on pushing for a new kind of order in East Asia. ② This dynamic might also help explain why China and Japan agree that ASEAN could play a leading role in regional order design and corresponding practices.

Since the end of World War II, there have been three partial regional ordering arrangements in East Asia, namely the American-led security

---

① Dai Fan and Zhou Yu'e, "Towards a Unified East Asian Order?", *The Pacific Journal*, No. 12, 2005, pp. 20—27.

② It has been argued that over the past half a century, there was no original approach to having regional ideas in East Asia because proposing such ideas was considered imperialistic. It became taboo to debate how to create a wide-ranging order that spread across East Asia. See Yonosuke Hara, *New East Asia Theory*, NTT Press, 2002, pp. 32—33.

system, the Japan-led economic order (the so-called Flying Geese order①), and the ASEAN sub-regional order. The U. S. -led security system in East Asia has the character of hegemonic stability, and it is still regarded by many countries as the mainstay of East Asian stability. In the Japanese-led Flying Geese order, economic relations, especially foreign direct investment and trade, play the leading roles, informed by Japan's strategic interests in the order formation. The Flying Geese order and the ASEAN order have come of age during the recent wave of globalization and regionalization, and they coexist with American-led security system.

Thus, East Asia has experienced the influence of ASEAN's development, the political and economic rise of Japan and China, and preservation of U. S. security arrangements. As a result of these overlapping regional ordering mechanisms, East Asian power relations are more balanced, and a regional balance of power is taking shape.

Given the historical legacies, initiatives on regional order that go beyond what is in place lack a long-term vision and a clear roadmap. Therefore, cooperation in East Asia, in general, lacks formal institutionalization, especially compared with other regional orders, such as exist in Europe. In addition, a limited, but discernable, "arms walk" has emerged in East Asia between China, Japan, and the United States, indicating that the traditional security dilemma still hinders further cooperation among these great powers. ② To be clear, the military trends around the region are not the development of armed forces capable of invading and occupying neighboring

---

① In Kaname Akamatsu's view, division of labor in East Asia was based on dynamic comparative advantage, and the underdeveloped economies in the region could be considered to be "aligned successively behind the advanced industrial nations in the order of their different stages of growth in a wild-geese-flying pattern". In this pattern, Japan was regarded ad the lead goose, while the New Industrializing Economies (especially the Four Dragons) were the second-tier, after these two groups came Philippines, Indonesia, Thailand and Malaysia, and finally China, Vietnam and other least developed nations in the region. In many scholars' opinions, Japan set up a regional economic order in East Asia based upon the Flying Goose pattern from 1960s to the end of the 20th Century. See Kaname Akamatsu, "A Historical Pattern of Economic Growth in Developing Countries", *Journal of Developing Economies*, 1962, Vol. 1, No. 1, pp. 3—25.

② Joseph S. Nye, "China's Re-Emergence and the Future of the Asia-Pacific", *Survival*, Vol. 39, No. 4, Winter 1997/1998, pp. 65—79.

states. Instead, the great powers are developing capabilities to inflict damage for intimidation, deterrence, or punishment.① Accordingly, for years to come, East Asia will be a region that exists somewhere between a balance of power order and a community-based order.②

B. Dynamics of East Asian Order Formation

1. Economic Integration and Its Spillover Effects

To date, economic integration in East Asia has experienced three developmental phases. The period from 1960s to the middle of 1990s was driven by national policies and national market or investment reforms rather than formal cooperation under bilateral or multilateral frameworks. Japan played the key role in regional economic growth, especially in terms of trade and foreign direct investment (FDI). The Flying Geese order emerged from these Japanese-led economic interactions. The resulting expansion of trade and FDI became the engine of economic growth and development in East Asia.

The period from 1997 to 2001 was a phase of economic coordination triggered by the Asian financial crisis of 1997—1998. States within the region began to take concrete cooperative and coordination measures to respond to this crisis and prevent future severe macroeconomic challenges. Following the crisis, East Asian economies embarked on regional economic cooperation in the areas of trade, investment, currency, and finance. The crisis prompted the national economies to realize the importance of closer cooperation because they were increasingly interdependent and undertake initiatives to institutionalize such interdependence. Thus, coordination in trade, investment, and finance made great progress, which laid solid foundations for future cooperation. It is in this period that China begins to play a key role in regional economic cooperation.

The third period begins with the signing of the Chiang Mai Initiative in May 2000. This initiative is regarded as the milestone of East Asia's institu-

---

① Dennis C. Blair and John T. Hanley, Jr., "From Wheels to Webs: Reconstructing Asia-Pacific Security Arrangements", pp. 7—17.

② G. John Ikenberry and Jitsuo Tsuchiyama, "Between Balance of Power and Community: The Future of Multilateral Security Co-operation in the Asia-Pacific", pp. 69—94.

tional economic cooperation to date. Since 2001, and led by the Chiang Mai Initiative, economic integration in East Asia has entered an institution-driven and strategy-driven phase, and the notion of East Asia Community is increasingly accepted by most countries in the region. An East Asia Summit has been held twice, and many FTA proposals have been put forward, with some becoming realities. East Asia becomes a region characterized by FTAs (see Figure 1), though an overall FTA agreement for the region will not materialize in the near future. In this third phase, China has emerged as leading economic player in East Asia.

Figure 1. Matrix of FTAs Between/among ASEAN Members and China, Japan, and South Korea (through Feb. 2010)

	China	Japan	South Korea	The Philippines	Indonesia	Malaysia	Thailand	Singapore	Brunei	Vietnam	Laos	Cambodia	Myanmar
China	■	♂	♂	®	®	®	®	®	®	®	®	®	®
Japan	♂	■	▲	®	®	®	®	®	®	®	®	®	®
South Korea	♂	▲	■	®	®	®	▲	®	®	®	®	®	®
The Philippines	®	®	®	■	®	®	®	®	®	®	®	®	®
Indonesia	®	®	®	®	■	®	®	®	®	®	®	®	®
Malaysia	®	®	®	®	®	■	®	®	®	®	®	®	®
Thailand	®	®	▲	®	®	®	■	®	®	®	®	®	®
Singapore	®	®	®	®	®	®	®	■	®	®	®	®	®
Brunei	®	®	®	®	®	®	®	®	■	®	®	®	®
Vietnam	®	®	®	®	®	®	®	®	®	■	®	®	®
Laos	®	®	®	®	®	®	®	®	®	®	■	®	®
Cambodia	®	®	®	®	®	®	®	®	®	®	®	■	®
Myanmar	®	®	®	®	®	®	®	®	®	®	®	®	■

Notes: ⓡ = Entered into force or signed; ▲ = Under negotiation or agree to negotiate bilaterally; ♂ = Under consideration or feasibility study initiated.

Sources: http://www.aseansec.org/4920.htm.

East Asia's stability and prosperity depend on regional economic integration, and the spillover effects of economic integration in turn strengthen the regional cooperation in political, security, social, and cultural areas, all of which causes some institutional framework to emerge in the ongoing processes. One spillover effects of economic integration is that East Asia is being transformed as a region, and the notion of an East Asian economic community is generally accepted as a goal of regional cooperation. Competition between and among great powers in the region does not lead to severe conflict, crisis, or war-so far. ① Instead, the great powers are more interested in further cooperation with regional economies, obtaining preference trade and investment treatment, and the provision of more regional public goods. The Asian financial crisis triggered deeper regional cooperation and gave birth to political decisions supporting further economic integration, which meant that the traditional crisis response of "beggar-thy-neighbor" was not adopted. In fact, a strong sense among East Asian leaders that the future of their countries is linked to a stable regional and global order was enhanced, and co-development and co-prosperity become a positive driving force of East Asian cooperation.

2. The Comprehensive and Peaceful Rise of China

Economic reform and opening to the outside world since the late 1970s have shaped China as the fastest-growing economy in the world. Since 1978, China has transformed itself more thoroughly and more rapidly than any society in history. More than three decades of high growth, generally estimated at 9.8% annually, have made China the world's third largest economy and the third largest trading nation of the world.

East Asian economies have made great contributions to China's economic rise (see Table 2), while China, at the same time, provides market and other economic opportunities for its neighbors. Of its 26 neighboring e-

---

① Robert Ross, "The Geography of the Peace: East Asia in the Twenty-First Century", *International Security*, Vol. 23, No. 4, Spring 2004, pp. 81—118.

conomies in 1995, mainland China was the largest trading partner of 4 neighboring economies, the second trading partner of 3 neighboring economies, and the third trading partner of 5 neighboring economies. In 2005, mainland China became the largest trading partner of 10 neighboring economies, the second trading partner of 6 neighboring economies, and the third trading partner of 5 neighboring economies (see Table 3). Accordingly, mainland China's economic interdependence with its neighboring economies has increased significantly in recent years.

Table 2. FDI Flows into China(%)

	1998	1999	2000	2001	2002	2003	2004	2005	2006
Hong Kong	40.7	40.6	38.1	35.7	33.9	33.1	31.3	29.8	32.1
Taiwan	6.4	6.4	5.6	6.4	7.5	6.3	5.1	3.6	3.4
Japan	7.5	7.4	7.2	9.3	7.9	9.4	9.0	10.8	7.3
South Korea	4.0	3.2	3.7	4.6	5.2	8.4	10.3	9.4	6.2
Singapore	7.5	6.6	5.3	4.6	4.4	3.8	3.3	3.7	3.6
East Asia	66.1	64.1	59.9	60.5	61.4	61.1	62.0	59.2	52.6

Source: *China's Statistics Yearbook*, from 2000 to 2007.

Table 3. Trading Relations among Mainland China and Its Neighboring Economies

China as:	1995	2000	2005
The Largest Trading Partner	Hong Kong	Mongolia, Hong Kong and North Korea	Hong Kong, Macao, Chinese Taipei, Mongolia, North Korea, South Korea, Japan, Kirghizia and Viet Nam
The Second Largest Trading Partner	Afghanistan, Macao, Kazakhstan, Kirghizia, Japan, Mongolia, Chinese Taipei, North Korea and Burma	Japan, Macao, Chinese Taipei, Pakistan, Burma and Laos	Kazakhstan, India, Laos, Burma, Pakistan, The Philippines and Russia
The Third Largest Trading Partner	South Korea	Kazakhstan, South Korea, Kirghizia, Nepal, Russia, Viet Nam and Tajikistan	Singapore, Malaysia, Nepal, Tajikistan and Thailand

Sources: IMF, *Direction of Trade Statistics* 2006, CD-ROM.

In addition, China has recently been providing more regional public goods, such as macroeconomic stability, preferential trade treatment and cooperation in non-traditional security. The spillover effects of China's economic rise become the main factor in East Asian economic interdependence since the late 1990s. As Nicholas R. Lardy once said, "For all these countries in Asia, China is such a large force, the only rational response is to figure out how to work with it". ①

China's interest is to create a peaceful, prosperous and stable environment for its modernization goals, so it is now satisfied to play a constructive and increasingly active role in the world arena and regional integration. Accordingly, China has become a powerhouse of world economic growth (see Table 4), the stabilizer of regional macroeconomic prosperity, and the accelerant of regional integration.

Table 4. China's Contribution to World Incremental GDP (%)

Country	1990—2005	2006—2020
China	28.14	36.6
U.S.	19.31	16.2
Japan	2.95	1.9
Other OECD Countries	18.33	13.8
India	9.46	11.9
Other Asian Developing Countries	7.13	7.4
Latin America	7.14	6
World in Total	100	100

Source: David Dollar, "Asian Century or Multi-polar Century?", paper prepared for "The Rise of Asia?" the Global Development Network Annual Conference, Beijing, China, January 13—14, 2007.

Historically, rising great powers have been regarded as challengers to the existing order and have often precipitated major wars. China's rise has also evoked concerns from its neighbors and other major powers, including

---

① *New York Times*, June 28, 2002, http://www.sullivan-county.com/id2/china.html.

the United States. However, China and its neighbors have found ways of mitigating many of these concerns, principally through a process of integrating China into the region through its participation in a number of institutions based on the principles of cooperation and consensus. Such institutions do not, in and of themselves, meet all the standard security needs of member states, but they are well suited to improving relations between states that are neither adversaries nor allies. ①

China is a co-builder of the emerging regional institutions. In the process of mutual engagement, China becomes a responsible stakeholder within East Asia. China's policy is gradually but steadily focused on matters that relate to what is good globally, regionally, as well as what is needed internally. David Kang summarizes the improvement of China's relations with its East Asian neighbors by concluding that "historically, it has been Chinese weakness that has led to chaos in Asia. When China has been strong and stable, order has been preserved. East Asia regional relations have historically been more peaceful, and more stable than those in the West". ②

China, so far, has played constructive diplomatic roles in regional affairs. ③ Its new regional posture is summarized by David Shambaugh as participation in regional organizations, establishment of strategic partnerships, deepening bilateral relationships, expansion of regional economic ties, and reduction of distrust and anxiety in the security sphere. ④ In the realist view, the East Asian order under formation is structurally asymmetrical and, thus, unstable. Yet, from the liberal institutionalist perspective, China's reemergence and participation in economic interdependence chan-

---

① Michael Yahuda, "The Evolving Asian Order", in David Shambaugh, ed., *Power Shift: China and Asia's New Dynamics*, Berkley: University of California Press, 2005, p. 347.

② David C. Kang, "Getting Asia Wrong: The Need for New Analytical Framework", *International Security*, Vol. 27, No. 4, Spring 2003, pp. 57—85.

③ James A. Schear, "Remedial Strategies for Conflict Regions", paper prepared for a workshop of the U. S. -China Project on Areas of Instability and Emerging Threats, Beijing, February 23—24, 2004, sponsored by the China Institute of Contemporary International Relations and the Atlantic Council of the United States.

④ David Shambaugh, "China Engages Asia: Reshaping the Regional Order", *International Security*, Vol. 29, No. 3, Winter 2004/2005, pp. 64—99.

nels and shapes the evolving environment, including the institution building that is a key factor in order formation. From the constructivist outlook, China is being socialized into a set of norms that will not only pacify it but also will make Beijing a status quo power and cooperative partner. ①

3. Japan's Pursuit of Greater Political Roles in Both World and Regional Arenas

For Japan, economic growth, political stability, and security in East Asia are critically important because of its geographical proximity. Japan is the pioneer in regional economic cooperation, and it remains one of the investment powerhouses of East Asia (see Table 5). From 1960s to the middle of 1990s, Japan's Official Development Assistance (ODA), FDI, and relocation of production facilities acted as driving forces of East Asia's economic development, and Japan played a comparatively dominant role in how the region's economic order functioned. The Flying Geese order represented both Japan's economic strength and its leading regional role in East Asia.

Japan's economic ambitions have largely been fulfilled because it has become the second largest economy in the world and one of the world's most affluent societies. Since the 1980s, however, Japan has affirmed its strategic objective to be a great power politically. The concept of Japan becoming a "normal nation" captured this strategic ambition in the 1990ss. In other words, Japan began to pursue the status of a great political power to compliment its economic strength. In light of this goal, Japan has great aspirations to play a greater role in regional and global affairs. In the global arena, Japan seeks greater recognition by, for example, obtaining a permanent seat on the UN Security Council. In the regional arena, it seeks to play a leading role in defining and exploring the concept, framework, and main features of an East Asian community to be built in the foreseeable future.

---

① Nicholas Khoo, Michael L. R. Smith, and David Shambaugh, "China Engages Asia? A Caveat Lector", *International Security*, Vol. 30, No. 1, Summer 2005, pp. 196—213.

Table 5. Japan's Outward FDI (Balance of Payments Basis, Net and Flow)

Unit: million USD

	1995	1996	1997	1998	1999	2000	2001	2002	2003	2004	2005
Asia	8447	9749	13114	7814	1811	2132	7797	8177	5028	10531	16188
ASEAN	3987	5238	7780	4454	1032	207	4013	4256	432	2800	5001
Asia NIES	1771	3039	5228	2286	728	−686	2459	3001	31	1873	4902
ASEAN4	3312	3836	4954	3551	339	1684	2920	2166	773	2534	4276
China	3183	2317	1862	1301	360	934	2158	2622	3980	5863	6575
South Korea	347	405	172	421	383	1074	650	437	333	771	1736
Singapore	676	1119	2559	721	595	−1521	951	1884	−457	138	556
Thailand	935	1337	2044	1668	−119	593	1594	528	678	1867	2126
Indonesia	946	1494	1570	916	199	585	481	307	484	498	1185
Malaysia	371	522	992	445	−332	−4	570	257	−504	163	525
Philippines	1061	483	349	521	591	510	275	1074	114	6	441
EU	3230	3214	2581	2268	8334	10968	17886	9770	8029	7341	7873
USA	9018	11114	7430	6013	7140	14121	7031	7441	10691	7559	12126
World	22651	23443	26057	24627	22266	31534	38495	32039	28767	30962	45461

Notes:

ASEAN includes Laos and Myanmar from 1998, Cambodia from 1999;

Asia NIEs include Singapore, Taiwan, Hong Kong and South Korea;

ASEAN 4 includes Singapore, Malaysia, Thailand and Indonesia;

Due to the EU enlargement, member states have increased (Austria, Finland and Sweden in 1995, 10 accession states in 2004);

Here "World" includes countries those are not classified into each region, therefore world here is not necessarily equal to the sum of regional component.

Source: JETRO Website, http://www.jetro.go.jp/en/stats/statistics/bpfdi_03_e.xls.

Japan has benefited from the U. S. -led regional security order, which evolved in East Asia in the post-World War II era. But economic developments in many East Asian countries, and China's rise as an economic powerhouse, have transformed the context for regional security. So, the most important measure for Japan to take was to redefine and reaffirm the U. S. -Japan alliance, which is regarded by the two countries as the cornerstone of their bilateral national interests in East Asia.

Southeast Asia is vital to Japan's economy and regional status. Japan has further enhanced its cooperative relations with ASEAN countries by concluding bilateral and multilateral Economic Partnership Agreements (EPAs) with them. ① For Japan, FTAs play an effective role in promoting economic integration in East Asia, which contributes to economic growth and political and social stability, which in turn have positive impacts for Japan. ② In addition, Japan is eager to establish FTAs with ASEAN members because of their political and strategic importance to Japan. As the first mover in East Asia order formation, Japan does not want to fall behind China in designing and building a regional order. In 2002, then Japanese Prime Minister Junichiro Koizumi put forward the vision of an enlarged East Asia Community beyond the framework of the ASEAN-plus-3 approach, thus revealing Japanese intentions to counterbalance China's increasing regional influence.

4. ASEAN's Leading Role and Normative Influence

ASEAN was formed in August 1967, with Indonesia, Malaysia, the Philippines, Singapore, and Thailand as the founding members. By 1999, all countries in Southeast Asia had joined ASEAN, which has become an institutional framework for the whole sub-region.

ASEAN is a new model of regional cooperation and regional alliance. In its development and evolving processes, informality and consensus are cherished as the most important principles. The principle of non-interference in affairs external to the region and internal to ASEAN members is rig-

---

① Compared to a FTA, an Economic Partnership Agreement is a more comprehensive economic agreement, which includes the transfer of capital and the movement of labor between countries and regions.

② Shujiro Urata, "Japan's FTA Strategy and a Free Trade Area of Asia Pacific", in Takatoshi Ito, Hugh Patrick and D. E. Weinstein, eds., *Reviving Japan's Economy*, Cambridge: The MIT Press, 2005, pp. 71—86.

idly implemented. Equality is of utmost importance in ASEAN relations, and ASEAN members seek consensus through discussion and consultation, rather than by vote or any form of competition. All proposals are approved unanimously, or not at all. Amitav Acharya summarized this model by coining the term the "ASEAN Way", ① which captures the normative power of ASEAN in dealing with regional and global issues. Through the "ASEAN Way", Southeast Asian countries have solved bilateral or multilateral disputes peacefully, and have gradually built up a stable sub-regional order. Compared to Northeast Asia, Southeast Asia has wider cultural and ethnic diversity. While Northeast Asia is still lacking institutions to support common interests, Southeast Asian nations have already established a higher sense of community within their sub-region.

East Asian countries learned from the Asian financial crisis that ASEAN countries could not solve such crises alone, and that international institutions, such as the International Monetary Fund, were not reliable. Thus, closer cooperation between Southeast and East Asian countries became the most viable option. Since then, ASEAN's leading role in regional integration is respected and applauded by other countries within or outside the region. Accordingly, ASEAN adheres to open regionalism and appeals to co-development between economies within and without the region. ② ASEAN has continued to play a key role in institutionalizing the potential regional frameworks for establishing a larger East Asian order, and has sought to remain at the center of all regional initiatives as the potential rivalry for leadership between Japan and China has intensified. ASEAN is also taking the lead on institutionalizing the ASEAN Regional Forum (ARF), the ASEAN-plus-Three process, and the East Asian Summits.

5. Strategic Adjustments of the United States

The United States has important interests in all corners of East Asia, ③

---

① Amitav Acharya, "Ideas, Identity, and Institution-Building: From the ASEAN Way to the Asia Pacific Way?", *The Pacific Review*, Vol.10, No.3, 1997, pp. 319—320.

② Masahide Shibusawa, et al., *Pacific Asia in the 1990s*, London, 1992, p.101.

③ Dennis C. Blair and John T. Hanley, Jr., "From Wheels to Webs: Reconstructing Asia-Pacific Security Arrangements", *The Washington Quarterly*, Vol.24, No.1, Winter 2001, pp.7—17.

and it attempts to safeguard its interests in the region through a network of formal and informal institutional arrangements. In the security area, by allying with Japan, South Korea, the Philippines, and Thailand, the United States has set up a hub-spoke security system in East Asia, with the United States at the center of bilateral ties. As the cornerstone of these security arrangements, the U. S. -Japan alliance was redefined in 1990s in light of the end of the Cold War and the emergence of China. The United States is also active in ARF, the sole trans-regional security process in East Asia. It was American withdrawal of its armed forces from Southeast Asia in the aftermath of Vietnam that triggered multilateral security dialogues in the region and provided the possibility for regional security regime building. After September 11, 2001, the United States returned to Southeast Asia again, and now plays an even more active role in East Asian security.

The United States is a major economic partner of all the East Asian economies. East Asia's share of American trade is steady at 37%—38% (see Table 6),① and its share in American FDI increased from 15% to 18% in recent years (see Table 7). America's complicated economic relations with Japan and China always catch the eyes of the world, and economics have become a weatherglass in measuring America's overall relations with the two Asian powers.

Since early 1990s, the United States has been playing a leading role in the Asian Pacific Economic Cooperation (APEC) Forum, the sole trans-regional framework for economic cooperation, and it has had some success in discussing security and other non-economic issues on during APEC and other summits with leaders of the Asia Pacific region. The United States has decided to strengthen its economic interactions with East Asian economies other than China and Japan, and recently it has sought to sign bilateral FTAs with East Asian countries.

---

① East Asia's share of U. S. trade is broadly comparable to the United States' NAFTA partners, and exceeds Western Europe's share. See Eng Chuan Ong, "Anchor East Asian Free Trade in ASEAN", *The Washington Quarterly*, Vol. 26, No. 2, 2003, pp. 57—72.

Table 6. East Asia's Share in U. S. Trade (%)

	1995	1996	1997	1998	1999	2000	2001	2002	2003	2004	2005
ASEAN	8	8	8	7	7	7	6	7	6	6	6
China	4	5	5	5	6	6	7	8	9	10	11
Japan	14	13	12	11	11	11	10	9	9	8	7
South Korea	4	3	3	3	3	3	3	3	3	3	3
World	100	100	100	100	100	100	100	100	100	100	100

Source: UN COMTRADE Database, see http://comtrade.un.org/db/.

Table 7. America's FDI in East Asia (selected economies, billion US dollar)

	1995	1996	1997	1998	1999	2000	2001	2002	2003	2004	2005
ASEAN 5	30	37	39	40	44	50	70	72	71	79	83
Mainland China	3	4	5	6	9	11	12	11	11	15	17
Hong Kong	12	14	17	18	23	27	32	40	36	35	38
Japan	37	35	34	41	55	57	56	66	58	68	75
Korea	6	7	6	7	7	9	10	12	13	17	19
Taiwan	4	4	5	6	7	8	9	10	12	n.a.	13

Notes:

"ASEAN 5" includes Indonesia, Malaysia, the Philippines, Singapore and Thailand;

The data for Indonesia from 2002—2004 are not available.

Source: U. S. Department of Commerce, *International Economic Accounts*, *Bureau of Economic Analysis*, http://bea.gov/international/di1usdbal.htm.

The most dramatic change in America's strategic adjustment in East Asia involves the improvement of Sino-U. S. relations. Since the end of the Cold War, American strategy towards China has swayed between engagement and containment. ① After hesitation for more than a decade, the United States began to take a more balanced view of China's rise. Robert Zoellick articulated the American vision of China as a responsible stakeholder in September 2005, reaffirming America's commitment to engagement with China. ② Generally speaking, the Sino-U. S. relationship is now stabilized through bilateral channels, and engagement is the constructive path that provides a solid foundation for bilateral strategic interaction and multilateral dialogues.

IV. The Future of the East Asian Order

Today's East Asian order is characterized by economic integration, regional openness, intensive bilateralism and regionalism, public goods provision by great powers, comparatively low levels of institutional development, and counterbalances to prevent the rise of regional hegemony. The stability of the existing order is not, however, guaranteed to last forever. In thinking about the future of the East Asian order, a number of uncertainties arise.

Although the power structure in East Asia is much more balanced than

---

① Thomas Christensen, "Posing Problems without Catching Up: China's Rise and Challenges for U. S. Security Policy", *International Security*, Vol. 25, No. 4, Spring 2001, pp. 5—40. For examples of concerns about China's rise to great power status, see Denny Roy, "Hegemon on the Horizon? China's Threat to East Asian Security", *International Security*, Vol. 19, No. 1, Summer 1994, pp. 149—168. Richard Bernstein and Ross Munro even predict that China will become a global rival of the United States in the next two decades. See Bernstein and Munro, "Coming Conflict with America", *Foreign Affairs*, Vol. 76, No. 2, March/April 1997, pp. 18—31; and Richard Bernstein and Ross Munro, *The Coming Conflict with China*, New York: Alfred A. Knopf, 1997. For predictions of China as a peer competitor in line with previous power transitions in history, see Peter T. R. Brookes, "Strategic Realism: The Future of U. S.-Sino Security Relations", *Strategic Review*, Summer 1999, pp. 53—56. For counterarguments emphasizing China's persistent weaknesses in comparison to the United States and other militaries, see Michael C. Gallagher, "China's Illusory Threat to the South China Sea", *International Security*, Vol. 19, No. 1, Summer 1994, pp. 169—194; Paul Godwin, "The PLA Faces the Twenty-first Century: Reactions on Technology, Doctrine, Strategy, and Operations", in James R. Lilley and David Shambaugh, eds., *China's Military Faces the Future*, Armonk: M. E. Sharpe, 1999, pp. 39—63; Robert S. Ross and Andrew J. Nathan, *The Great Wall and the Empty Fortress China's Search for Security*, New York: W. W. Norton, 1997.

② Robert B. Zoellick, "Whether China from Membership to Responsibility", speech at National Committee on U. S.-China Relations, September 21, 2005, http://www.state.gov/former/zoellick/tem/53682.htm.

has ever been the case historically, the process of economic integration process has, so far, played the decisive role in building a constructive and stable order, not efforts to build political and security cooperation. Economic integration may not, in the future, have such position regional effects, as illustrated by the concern that the multiplication of FTAs will create adverse "spaghetti effect"① for the regional economy and made further economic integration more difficult. Thus, more attention may be paid to the development of political and security arrangements.

In terms of security, there has been gradual change and reconstruction from hub-and-spoke wheel arrangements to webs, with East Asian countries increasingly able to manage security problems through shared regional norms, rising economic interdependence, and growing institutional linkages. ② On the other hand, the only security-specific process, the ARF, is simply a talking shop, not a formal security and defense cooperation arrangement. ③ The absence of such a security regime has not yet posed severe problems for East Asian countries, but the emergence of serious security threats would be a nightmare to address without better security arrangements and would become an obstacle to further regional integration.

Moving towards deeper security cooperation and institutionalization in East Asia faces, however, problems that flow from imbalances in the region. The first imbalance is revealed by the contrasting situations in Southeast Asia and Northeast Asia. Even with a wider cultural and ethnic diversity compared to the Northeast Asia, Southeast Asia has already established a better community order. By contrast, the Northeast Asian countries, especially China, Japan and South Korea share more common cultural legacies, do not have a comparable sense of community among themselves, and still face a traditional security dilemma as between Japan and China. These

---

① "Spaghetti effect" is a term used to describe an entangle building condition in which unpredictable dependencies occur among parties involved, frequently leading to coordination breakdowns and lapses in quality control.

② Amitav Acharya, "Will Asia's Past Be Its Future", *International Security*, Vol. 28, No. 3, Winter 2003/2004, pp. 149—164.

③ Chong Guan Kwa and See Seng Tan, "The Keystone of World Order", *The Washington Quarterly*, Vol. 24, No. 2, 2001, pp. 95—103.

three countries have been deeply integrated through market forces, which will further deepen the three economies' integration even without any further institutional efforts. But the solution to the security dilemma needs more ideas, innovation, political foresight, and strategic courage. A more stable order for East Asia will be hard to create without making progress on the security issues facing Northeast Asian countries.

The second imbalance appears in the roles that ASEAN, China, and Japan play in regional order building. So far, ASEAN has played a constructive leading role in region order building, but its apprehensions about the ambitions of the great powers and the low-level of institutionalization ASEAN nations favor indicate that East Asia needs another powerhouse for order building. Cooperation between China and Japan could be a constructive engine for regional order building. The two countries realize that neither of them could dominate in East Asia, but they have not shown a willingness to engage in more comprehensive cooperation on security issues.

The third imbalance concerns the bilateral relations between China, Japan, and ASEAN members. So far, China and Japan have each set up a bilateral cooperative framework with ASEAN based on common interests, provision of regional and sub-regional public goods, and compromise on non-strategic self-interests. China and Japan, on the other hand, have not taken any similar actions towards each other. This imbalance indicates that any political rift between China and Japan poses the most serious challenge to East Asian order building.

The Sino-Japanese relationship is at the center of these three imbalances. As one of the most complex relationship in the world, economic interdependence and security distrust coexist in bilateral relations between Japan and China. The two countries have formed reciprocal and "win-win" economic relations, and the overall more ambiguous relationship does not check development of further economic interdependence. ① Japan's capital and technologies and China's market and economic potential are regarded as vital "special demands" for both countries. The close economic interde-

---

① Thomas J. Christensen, "Fostering Stability or Creating a Monster? The Rise of China and U. S. Policy toward East Asia", *International Security*, Vol. 31, No. 1, Summer 2006, pp. 81—126.

pendence helps prevent any serious conflicts. Mistrust and distrust between the two countries remain, but their bilateral interdependence still grows.

However, in my view, since both China and Japan are both attempt to rise in power and influence, strategic adjustments will be necessary, including creation of better security arrangements in East Asia. The change in Sino-Japanese relations since the second half of 2006 has proved the correctness of this view. China and Japan have committed themselves to set up a bilateral strategic reciprocal relationship, and have reached some consensus on the contents of this new strategic relationship:

- Support the counterpart's peaceful development to enhance bilateral political trust;
- Deepen reciprocal cooperation to reach common development;
- Strengthen defense dialogue and communication to safeguard and promote regional stability;
- Intensify human exchanges to enhance the mutual understanding and friendly feelings between Chinese and Japanese people;
- Strengthen coordination and cooperation to meet regional and global challenges together.

The two governments have also decided to enhance cooperation in energy, environmental protection, agriculture, medicine, information technologies, and other fields, and cooperate in dealing with both regional and global problems. The development of these more intense bilateral relations provides new dynamics and opportunities for common interest convergence in the region and, thus, potential regional order building through greater institutionalization.

The new mode of Sino-Japanese bilateral relations can also support existing East Asian institutional frameworks, such as ARF, and the East Asia Summits, all of which previously resulted from common interest convergence and varying degrees of institutionalization. Among those frameworks, the ARF is the only one focused on security, and that is expected to work as a confidence-building measure, thus decreasing the risk of escalating security dilemmas and promoting cooperative security. The East Asia Summit is the only super-regional framework, but East Asian countries have different views on its functions, so it could fail to play a leading role in dealing with regional issues. ASEAN-plus-3 is regarded as the main channel in pushing forward East Asian integration, and East Asian states will continue to promote cooperation in the spirit of openness, tolerance, and "win-win" results. In light of these realities, strategic cooperation between and among the three Northeast Asian countries——China, Japan and South Korean——will be key to the development of future region-wide order for East Asia.

In a sense, China and Japan are ready for regional order building, although competition for regional leadership exists. The two countries are active in regional cooperative frameworks, and they have been implementing additional proposals of regional cooperation. Increasingly, Japan and China realize that fierce competition restricts their strategic interests, and moving towards a stronger bilateral cooperative framework based on common interests would be the feasible route to solve existing imbalances and advance regional order building. All things considered, Japan and China have an unprecedented opportunity to advance East Asian order and stability through expanding their common interests and engaging in deeper institutionalization of their relationships.

V. A Common Interests-Based Strategic Framework for Sino-Japanese Relations

The Sino-Japanese relationship is very complex, featuring a long history of friendly relations and deep strategic distrust and mistrust. Both countries have recently realized that they must address their bilateral issues within a broader regional and global perspective. The transformation of East Asia as a region, made possible by the impact of regional integration and globalization, provide the necessary conditions for positive development of Sino-Japanese relations. Moving forward, Japan and China should work to develop a bilateral strategic framework built on convergence of common interests and better institutionalization of the East Asian order.

A. The Complex Sino-Japanese Relationship

As one of the most complex bilateral relationships in the world, Sino-Japanese relations affect not only the two countries themselves, but also the entire East Asian region and the whole world. Historical legacies, political mistrust, and security distrust lead to complex dilemmas between the two. Conversely, close economic cooperation and common security concerns indicate that interdependence between China and Japan also exists. In this relationship, "complexity" contains both negative and positive aspects.

As to bilateral relations, although there are 236 sister-city agreements between China and Japan, and human traffic between the countries is significant (more than 5.5 million persons in 2008), historical legacies still weigh heavy on the minds of the Chinese and Japanese people, which reflects on fragile sentiments and complicated public opinions in both China and Japan.

Economic interdependence between China and Japan has been enhanced, and the two countries enjoy ever-closer economic ties. Their bilateral trade volume in 2008 reached to U.S. $266.78 billion, and Japan's investment in China was U.S. $65.38 billion by the end of 2008, second only to Hong Kong. The cumulative total of Japan's ODA to China from 1979 to 2007 reached to 2888.9 billion Yen, and 41,162 Japanese projects have been implemented in mainland China by the end of 2008. ① In a word, Japan has been and continues to be an indispensable source of China's capital, technology, and, to a less extent, an export outlet.

China's economic rise provides Japan with even more opportunities. China today is the leading market for Japanese imports, and is the second-largest destination for Japanese exports. China's economic development has so far played a positive role in the revival of Japan's recent economic growth, demonstrating that co-development is achieved in their bilateral economic relations. Such interdependence would be costly to break for either side and acts as a deterrent to severe conflict.

Yet, in political and security terms, both have been beset by antagonisms and deep-seated suspicions, which magnify the implications of run-of-mill disputes, such as those involving the Diaoyu Islands and the East China Sea. Bilateral relations are often mixtures of hot economics and cold politics, and Sino-Japanese relations exhibit this mixture. In the broader

---

① Please refer to: http://www.fmprc.gov.cn/chn/pds/gjhdq/gj/yz/1206_25/sbgx/, September 20, 2009.

picture, although distrust remains, bilateral interdependence continues to grow, and the two governments are showing a desire to see an improvement in their bilateral relations. Accordingly, to portray Sino-Japanese relations as a zero-sum game would be misleading, and any account that does not factor in the *de facto* economic interdependence and political adjustments already made between Japan and China would be myopic.

In dealing with regional affairs, China's and Japan's respective desires for a larger role have become principal catalysts in shaping a new order in East Asia. Japan worries about possible Chinese dominance of East Asia, while China worries that the strategic ties between the United States and Japan will impair its ability to achieve key national interests. Regional institutions, therefore, can play a catalytic role in maximizing gains from economic exchange, and help diffuse mistrust in the security arena. In other words, regional cooperative frameworks could provide wide channels for Sino-Japanese bilateral coordination and dialogues.

Most countries in the region expect the improvement of Sino-Japanese relations, which would then be a driving force for further regional cooperation. China and Japan realize that dominance by any single country would not be welcomed in East Asia. Thus, the most effective way to safeguard their vital national interests is to act as the stakeholders in the region and play responsible roles within the regional frameworks. Competition between the two cannot be avoided all the time, and "win-win" results will not always be reached in bilateral relations, but Japan and China have growing opportunities to avoid the type of zero-sum outcomes that lead to political problems and potential conflicts.

B. Common Interests between China and Japan

China and Japan are in the process of making mutual adjustments. Many strategists predict that the next 10 years will be the moment of truth for Sino-Japanese relations. The best outcome would be establishment of a comprehensive framework for coordination and cooperation, with strategic trust at the center. Given the complexity of Sino-Japanese relations, the practical measures to take are to set up a strategic framework based on common interests, and hopefully strategic trust would be produced through the framework, step by step.

Japanese Prime Minister Shinzo Abe proposed building a relationship of strategic reciprocity with China shortly after he took office in September 2006. It was the first time that a Japanese leader used the word "strategic" to describe Sino-Japanese relations, and many experts regarded it as a great turn in Japan's policy towards China. In the spring of 2007, Chinese Premier Wen Jiabao paid an official visit to Japan, during which the two governments reached important consensus on the content of their new strategic relations. In my understanding, this bilateral relationship of strategic reciprocity means a reciprocal relationship based on common strategic interests, a comprehensive, long-term, and stable bilateral relationship that moves beyond limited, tactical cooperation.

A key challenge in making this strategic reciprocity work is to define common interests between China and Japan. The central task for Chinese and Japanese decision makers is to define expectations for the future of Sino-Japanese relations in the context of globalization and regionalization. The agenda for such a relationship must be defined more broadly and strategically than simply returning to the issues of Japan's historical legacies, the Taiwan issue, and Chinese nationalism. ① It requires adding other regional and global concerns. In sum, Sino-Japanese strategic reciprocal relations must be centered on common interests that address bilateral concerns, regional challenges, and global issues. Table 8 summarizes the basic common interests between the two countries, which indicates that the convergence and institutionalization of regional common interests are vital to the bilateral strategic framework.

In the above strategic framework, the national level and bilateral levels should be regarded as where the basic interests reside, which reflects the importance of bilateral reciprocity. The regional level should be the center of the framework, which means that common interests are not based only on the pursuit of reciprocal benefits, but also on dealing with common threats together. The global level should reflect the strategic vision of these

---

① Scott Snyder, "Introduction: Prospects for a China-Japan-U. S. Trilateral Dialogue", in Japan Center for International Exchange, *New Dimensions of China-Japan-U. S. Relations*, Tokyo and New York: Japan Center for International Exchange, 1999, pp. 19—20.

two great powers, and the openness of East Asian regionalism should allow the two countries to consider global interests in decision-making and framework design.

Table 8. Common Interests-Based Strategic Framework for Sino-Japanese Relations

	National Level	**Bilateral Level**	**Regional Level**	**Global Level**
Political Dimension	Non-independence of Taiwan, to cooperate in efforts to ensure cross-strait relations do not escalate tensions; Both adhere to the road of peaceful development.	To enhance political coordination via certain mechanisms building; To keep routine exchange visits of top leaders.	To coordinate in regional political dialogues and cooperation; To coordinate to maintain regional cooperation and its main features as openness, inclusivity and progressiveness.	To set up dialogue mechanism on global issues of common concerns, and take an open attitudes on the issues vital to the core interest of the other side.
Economic Dimension	China and Japan manage to keep macro-economic stability.	To facilitate bilateral trade and investment; To expand and utilize bilateral economic complementarities for further economic cooperation.	To push forward regional and sub-regional (China, Japan and South Korea) trade and investment; To maintain regional macro-economic and financial stability; To facilitate financial market development.	
Security Dimension		To maintain and strengthen bilateral strategic dialogues; To enhance exchanges between bilateral military circles.	To resolve and prevent regional conflicts on the Korean Peninsula; To cooperate in sub-regional energy security by protecting the common petroleum transit; To cooperate in dealing with various non-traditional security problems.[1]	To resolve and prevent regional conflicts on the Korean Peninsula; To cooperate in dealing with state failure; To cooperate in dealing with various non-traditional security problems.[1]

the table continued

	National Level	Bilateral Level	Regional Level	Global Level
Cultural Dimension		To push forward study on historical issues together, to prevent historical issues from hindering present relations. Common efforts are necessary in walking out of historical shadow. To enhance cultural exchanges and mutual understanding.	To push forward study on historical issues together among China, Japan and South Korea.	
Social Dimension		To enhance non-governmental interaction such as tourism, academic exchanges, to set up exchange mechanisms for youth, thus to lay solid foundations for bilateral relations.	To enhance non-governmental interaction such as tourism, academic exchanges.	

[1] Non-traditional security problems include but not limit to terrorism; transnational crime prevention as drug trafficking, piracy, money laundering and corruption; human security issues as aging, communicable disease control, environmental protection and natural disaster response; clear energy; etc..

The above bilateral common interests-based strategic framework is an ideal type, which would need to be adjusted and expanded with the development of Sino-Japanese relations. In other words, when we analyze common interests in the bilateral relationship, we should focus not only on the structural aspects, which would be the foundation for bilateral relations, but also on the process elements, which would, over time, become more important in the future of Sino-Japanese relations.

However, there are undeniable zero-sum factors in Sino-Japanese relations, such as historical legacies and the disputes on the Diaoyu Islands and the East China Sea. Disputes and conflicts always coexist with cooperation and pursuit of common interests in bilateral and multilateral relations. This dynamic should be regarded as the dialectic of contemporary international relations. Disputes and conflicts should not stand in the way of the pursuit of common interests, and the mitigation and reasonable resolution of disputes and conflicts will, of course, enhance the promotion of common interests.

C. Feasible Strategic Measures to Take

China's and Japan's respective cooperation with ASEAN indicates that both countries have accumulated rich experiences in building strategic frameworks through common interest convergence and institutionalization. The White Paper on the "Peaceful Development Road of China", and recent speeches by Chinese top leaders, show that China wants to enhance cooperation with neighboring countries based on common interests. ① Accordingly, a combination of pragmatic accommodation, normative convergence, economic interaction, and some strategic hedging takes place between China and most of its neighbors. China and ASEAN are forging a productive and lasting relationship that is gradually erasing a history built on widespread suspicion, painful memories, and lingering tensions. ②

As Ryosei Kokubun points out, Japan's re-emergence and China's development support each other, yet genuine understandings on many issues are missing between the two countries. In principle, the main route for improving Sino-Japanese relations is to bring bilateral coordination efforts into the processes of East Asian order building, thus enhancing the bilateral strategic reciprocity in both regional and global arenas. In practice, to transcend the present mistrust and misperception, the two countries first need to make more determined efforts to understand the changes taking place within the other country and to engage in policy responses that can lead to mutual understanding and trust. Second, the two countries could take measures to build bilateral, institutionalized trust through transparency, strategic

---

① Mori Kazuko, "East Asia Community and China", *International Affairs*, No. 551, May 2006, pp. 4—14.

② David Shambaugh, "China Engages Asia: Reshaping the Regional Order", pp. 64—99.

dialogues, and other confidence-building measures. Third, the two countries could take necessary measures to set up a consulting mechanism to use in dealing with multilateral issues of mutual concern.

VI. Conclusion

The convergence and institutionalization of common interests can provide a workable way to build a constructive East Asian regional order. East Asia has a long history of attempts to establish order in the region. Today, East Asian countries embrace both globalization and regionalization, and are beginning to think more seriously about the future regional order framework. Regional integration and its spillover effects, China's comprehensive and peaceful rise, Japan's political pursuit for a greater role in both regional and world arenas, ASEAN's normative influence, and America's strategic adjustments in the region are the main dynamics in East Asian order formation, which determine not only the openness of the regional order, but also the processes and roadmap for continued order building. East Asia has set up or participates in useful institutional frameworks at sub-regional, regional, and super-regional levels, all of which advance common interest convergence and institutionalization.

Foresight tells us that Sino-Japanese relations are crucial to the future of East Asia order. China and Japan appear increasingly ready for more regional order building, but they realize that their fierce competition restricts their strategic interests. Setting up a bilateral cooperative framework based on their common interests would be the only feasible route. The existing strategic reciprocal relationship between China and Japan mainly deals with bilateral relations, especially how to stabilize the bilateral relationship. The next steps are to connect this bilateral strategic reciprocal relationship with other regional strategies, thus forming an overall common interest framework for East Asia. Moving in this direction would represent progress in East Asian order formation.

For China and Japan, this vision is not only a great challenge, but it is also an unprecedented opportunity. Great nations must think before they act. It is high time for China and Japan to think more clearly about their interests and responsibilities nationally, regionally, and globally, and act on strategic choices that benefit their people, Asia, and the entire world.

  本文系作者2006—2007年在日本经济研究中心做高级访问学者时的研究主题,亦是作者主持的国家社科基金项目"东亚一体化前景问题研究:地区秩序与中国战略"(08BGJ018)的阶段性研究成果,发表于 *Indiana Journal of Global Legal Studies*, Vol. 17, No. 1, Winter 2010, pp. 47—82。

关于中国东亚秩序战略的若干思考

促成稳定的国际秩序被视为大国取得真正成功的重要标志。① 地区秩序建设是任何一个崛起大国必须回答的战略和外交议题。随着中国的崛起,中国如何看待和参与东亚秩序建构已经成为世界瞩目的重要问题,也成为东亚各国乃至世界主要国家观察中国崛起效应的重要标尺。

东亚秩序建构与中国战略息息相关。② 20 世纪 90 年代中期以来,中国开始接受地区的概念,将其国际战略重点放在促进东亚一体化进程上,积极参与东亚地区新秩序的建构,为引导世界秩序演变创造条件。③ 近年来,中国立足临近地区,致力于促成东亚地区全面合作的制度框架,加强地缘政治经济的塑造能力。中国促动的东亚合作机制代表了中国外交的新思路,即在自己利益攸关的地区培育和建立共同利益基础之上的平等、合作、互利、互助的地区秩序,在建设性

---

① 巴瑞·布赞:《中国崛起过程中的中日关系与中美关系》,《世界经济与政治》2006 年第 7 期。

② 肖晞:《冷战后东亚秩序的转型与中美两国的东亚战略》,《教学与研究》2010 年第 1 期。

③ 朱云汉:《中国人与 21 世纪世界秩序》,《世界经济与政治》2001 年第 10 期。

的互动过程中消除长期积累起来的隔阂和积怨,探索并逐步确立国家间关系和国际关系的新准则。中国在地区合作中的积极进取,既促进了地区内国家对中国发展经验和成果的分享,也提高了中国的议程创设能力。中国在地区秩序建设中的努力为国际秩序变革提供了一种可堪借鉴的范式。随着东亚秩序转换的加速,地区内外各国均致力于促成有利于自己的东亚秩序架构,地区秩序走向竞争激烈,中国完整提出自己的地区秩序战略框架,恰逢其时。

中国东亚战略的演进

从历史角度看,世界大国都是先从自己所在的地区事务中逐渐拥有主导地位而发展起来的。传统而言,大国地区战略以国家实力为基础,以获取地区主导地位为目标,而在全球化和地区一体化并行不悖的趋势之下,大国的地区战略路径转而追求地区共同利益,将开放地区主义作为战略工具,将地区制度建设作为地区合作的主脉络,将地区秩序建设作为地区合作的愿景。

近代以降,西方势力在东亚扩张与中国在东亚影响力的下降并行,而中国把外交重点放在与西方打交道上,与东亚国家反而冲突不断,在这样的情势下,中国难以在东亚确立牢固的国家间合作关系。可以说,长期以来,中国不是从地区(region)角度出发处理与各国尤其是周边国家的关系,而是在双边层次上处理与各相关国家的关系;①20世纪90年代中期至今,中国才开始积极接受地区的概念,并将其战略重点放在促进东亚一体化的进程上。以全球化与地区一体化两大趋势并行不悖为观照,这一转变显然深得中国古代战略思想之三昧。在诸大国均以促进乃至主导本地区一体化作为未来国际竞争基础的情势下,中国将加强东亚合作视为国际战略的重中之重实为长远之举。

作为古代东亚政治、文化、经济乃至安全秩序的主导者,中国的强盛、开放与东亚密切相连。中国拥有自成体系的悠久文明,以华夏伦理性政治秩序的自然扩展为基本路径,在东亚地区形成了自成一体的帝国架构——朝贡体系。16世纪之后,中国进入传统政治制度的衰落阶段,固步自封,开始闭关锁国。19世纪初中期,在运用外交手段与清王朝建立更广泛、更直接联系的努力接连受挫后,西方列强诉诸武力,发

---

① Louse Fawcett and Andrew Hurrell, eds., *Regionalism in World Politics: Regional Organization and International Order*, London: Oxford University Press, 1995, p.239.

动一系列对华战争,用坚船利炮打破了中国天下一统的格局思想,将中国强行纳入一个强迫性的自由贸易体系之中。中华帝国完全沦为列强半殖民地,历经近两千年的华夷秩序寿终正寝。自此,中国长期受到列强的欺凌,领土被肆意瓜分,更谈不上东亚地位的维护了。

东亚传统秩序的最终崩溃,与日本崛起并追求侵略性的"大东亚共荣圈"直接相关,中日困境就此种下根苗。第二次世界大战和冷战使中日的敌对状态久拖不决。1945 年日本的投降并未带来地区的和解、东亚的融合,也没有带来日本国内对帝国所犯罪行的普遍和深刻的认识。① 二战结束之后,东亚地区一直被冷战的阴影所遮盖,并为东亚民族主义浪潮所淹没。东南亚地区与朝鲜半岛忙于非殖民化与国家重建,中国也忙于国内革命建设以及突破西方的封锁。尽管东盟在 1967 年成立,但受外部力量牵制和内部聚合力不足的影响,东盟在促进东亚合作上的能力有限。20 世纪 90 年代之前,东亚地区尚未建立起全地区性经济合作的制度框架,日本在东亚的投资促进了地区经济的繁荣,并成为东亚一波波经济崛起的重要推动力。

中国实行改革开放政策以来,东亚一直在其经济崛起进程中扮演着投资发动机的作用,在相当长时期内中国对外经济活动的 70% 是在东亚进行的,而投资中国的外商 85% 来自东亚。② 与此同时,中国进入东亚产业链之后,对加快东亚产业转移和产业结构升级起到了积极作用,为亚洲各经济体提供了巨大的市场空间和发展机遇。然而,20 世纪 90 年代中期之前,中国对东亚合作的态度是消极而游离的。中国官方 1999 年前甚至从来没有发表过对亚洲经济和安全的系统看法。③ 当时的东亚缺乏地区性的、正式的政府间合作协议,有亚太合作而无东亚合作,市场力量是东亚一体化的天然推手。④ 东亚一体化处于市场或投资驱动阶段,日本经济复兴、"四小龙"经济奇迹和中国经济崛起成为东亚发展的助推力量,但东亚经济增长主要依靠各自的经济和贸易政策,而非多边框架下的经济合作。

---

① Minxin Pei, "A Simmering Fire in Asia: Averting Sino-Japanese Strategic Conflict", *Policy Brief*, Carnegie Endowment for International Peace, No. 44, November 2005.
② 国家发展改革委员会外事司与外经所课题组:《中国参与区域经济合作的现状、问题与建议》,《经济研究参考》2004 年第 41 期。
③ 庞中英:《中国的亚洲战略:灵活的多边主义》,《世界经济与政治》2001 年第 10 期。
④ Shujiro Urata, "The Emergence and Proliferation of Free Trade Agreement in East Asia", *The Japanese Economy*, Vol. 32, No. 2, Summer 2004, pp. 5—52.

1997年的亚洲金融危机成为东亚合作的催化剂,促使各国在经济一体化上做出了积极的政治决定,避免了传统的"以邻为壑"战略。地区内各国积极采取合作措施应对危机,并为未来挑战未雨绸缪。此际,中国宣布"做国际社会负责任的大国",坚持人民币不贬值,成为东亚较快走出金融危机的重要支柱,其积极作为得到国际社会的高度认可。中国迅速成为东亚合作最重要的推动力,其东亚战略开始从消极观望转为积极融入。自此,东亚经济一体化进入经济、政治双轮驱动阶段。

2001年中国加入WTO并倡议建立中国—东盟自由贸易区,为深化东亚一体化注入了新的动力,东亚一体化进入经济、政治、制度、战略四轮驱动阶段。中国—东盟自由贸易区建设触发了地区自由贸易区热潮。地区经济一体化是东亚稳定和繁荣的基础,其溢出效应反过来加强了政治、安全、社会、文化等领域的地区合作,一些制度框架开始建立,东亚共同体理念被接受为地区合作的愿景。东亚大国之间不乏竞争,但大国竞争并不必然带来紧张与危机。① 与地区内国家加强合作、提供更多的地区性公共物品和优惠条件成为大国竞争的新趋向,各国之间合作与竞争并存,而竞争深化了合作。共同利益的汇聚和制度化逐步成为东亚合作的主导要素。

中国对地区合作的参与是一个逐步演变的过程。冷战结束后,中国与周边国家特别是东南亚国家关系陆续正常化、经济全球化迅猛发展,构成了这一转变的历史背景。中国周边安全面临的挑战和隐患,中国与世界尤其是与周边关系的日趋紧密,东亚金融危机的爆发,则提供了启动地区合作的契机和动力。党的十六大报告中明确提出加强睦邻友好与地区合作,此后中国将加强地区合作与交流作为实现亚洲共赢的有效途径,积极探索新的合作新方式。中国在地区合作中的积极进取,既促进了地区内国家对中国发展经验和成果的分享,也提高了中国的议程创设能力及其在东亚的战略地位。在相互接触的进程中,中国成为东亚负责任的利益攸关方,中国的东亚经济贸易主导地位也初步确立起来。

在参与东亚一体化的进程中,中国进行了基于共同利益的地区战略调整,与东亚国家达成了以共同利益为导向的建设性合作。中国积极参与了一系列基于合作原则和共识的东亚制度建设,支持东盟提出

---

① Robert Ross,"The Geography of the Peace: East Asia in the Twenty-first Century", pp.81—118.

的东亚峰会模式和东盟在东亚共同体建设中的领导地位,并持续表明了支持开放地区主义的立场。

东亚国家对中国的地区战略走向高度关注,它们愿意拉中国参与地区合作,但又普遍担心中国主导地区合作事务①,而美国等在东亚拥有重要利益的国家对中国的动向也颇为敏感。有鉴于此,中国东亚战略尤其是对东亚秩序建构的部署,引起了地区内外国家的高度关注。2012年至今,中国相继提出了一系列创新性的东亚战略倡议,秉持"亲、诚、惠、容"的合作理念,深化互利共赢格局,推进地区安全合作。中国升级其地区战略,提出21世纪"海上丝绸之路"的构想,积极促进地区合作的制度化。中国致力于与东盟携手建设中国—东盟命运共同体,打造中国—东盟自由贸易区的升级版,建设孟中印缅经济走廊,倡议筹建亚洲基础设施投资银行等,通过引导地区安排的方向,发展开放性全地区合作,缓解东亚疑虑,凝聚共同利益,深化地区认同,力争在新一轮东亚乃至亚太秩序的构建中发挥强有力的塑造和引导作用。

总体而言,中国的东亚战略取得了积极的成效,但源于中国在如何有效参与国际协调、如何维护和拓展国际利益上的经验不足,中国在宏观层面对于如何发挥大国作用还缺乏全面而深邃的理解;在中观层面上推进地区经济一体化的主动性尚不够,特别是在东亚自由贸易区的推进上尚乏总体战略框架和路径设计;在微观层面的双边关系处理上还有需要完善的余地。

中国东亚秩序战略的核心目标

中国东亚秩序战略的核心目标是,充分认识中国崛起的地区效应,有效降低中国崛起的负面冲击力,促进地区稳定与共同发展,完善东亚共同体的"中国论述",推动顶层设计,致力于以汇聚共同利益为基础开展开放透明的东亚共同体建设,通过制度性化合作发展东亚利益共同体,创立责任共担、大国多担的责任共同体,大力促成东亚命运共同体,培育并巩固建立在共同利益基础之上的平等、合作、互利、互助、开放的东亚秩序。

中国东亚战略的深化体现在,从推动多元并行的东亚一体化合作发展到致力于东亚共同体的制度化建设,实现更高层面的战略设计和战略运作。中国促成东亚命运共同体的核心路径是,以共同利益为基

---

① 张蕴岭:《东亚合作之路该如何走?》,《外交评论》2009年第2期。

础,推动创建东亚利益共同体和责任共同体。1997年至今,经过地区各国十余年的努力,东亚已经在次地区、地区和超地区层面建立起颇具效用的制度框架,这些都是共同利益汇聚和制度化(或处于制度化进程中)的结果。随着东亚进入制度建设和寻求认同的时代,共同利益成为地区各国思考问题的基础和出发点。随着中国进一步融入东亚地区合作,随着中国地区影响力的增强,寻求和扩大地区共同利益成为中国的战略趋向,中国主导推动创建东亚利益共同体的基本条件正在走向成熟。我们认为,中国应该在宏观层面上构想基于共同利益的东亚战略框架,并与东亚各国联合推进,推动创建东亚利益共同体。

表4-4 基于共同利益的东亚战略框架

	国家层面	双边层面	地区层面	全球层面
政治维度	东亚各国坚守"一个中国"政策。	建立高层对话、互访的常规机制。	加强政治对话与协调;秉持开放性地区主义。	加强磋商,共同在全球事务处理上发挥建设性作用。
安全维度	中日均坚持和平发展道路。	保持并加强战略对话;加强军队之间的交流,建立安全互信。	共同努力促进朝鲜核危机等地区热点问题的解决,预防地区冲突。	合作应对各种非传统安全问题。
经济维度		经济贸易关系良性发展,扩大经济共同利益。	促进地区的宏观经济繁荣和金融稳定。	保持世界经济稳定态势。
文化维度		加强文化、学术交流,尊重文化多样性。	加强文化、学术交流,尊重文化多样性。	加强文化、学术交流,促进世界的文化繁荣。
社会维度		促进旅游等民间交往,加强青年人之间的交流机制。	促进民间交往,加强青年人之间的交流机制。	促进民间交往,加强青年人之间的交流机制。

作为东亚关键的利益攸关方,中国迎来为地区和平发展做出更大贡献的时代,承担地区大国责任是中国必然的战略选择。中国承担地区责任,以大有作为为目标,以力所能及为条件,以循序渐进为原则。与此同时,地区事务纷繁复杂,各国利益诉求不一,惟有逐步建立责任共担、大国承担重要责任的责任共同体,地区合作才能有更为牢固的制

度化基础,地区命运共同体的意识才能逐步强化。有鉴于此,中国要深化对地区公共物品的认识,与各国一道确立地区和平发展的目标,客观评估地区国家的根本利益诉求,既能够做到雪中送炭,又能够实现共享繁荣,从而深化东亚命运共同体意识,实现东亚秩序的重塑。

中国东亚秩序战略的原则

中国东亚秩序战略应秉持的基本原则包括:

第一,奉行开放地区主义。在东亚这样一个经济、文化、政治和民族多样性的地区,开放地区主义是建立共同体的必经之路。开放地区主义要求摒弃冷战思维,实现政策的非歧视性和透明性,对地区外国家参与地区秩序建设秉持开放的态度,尊重地区国家与地区外国家在互惠开放基础上的各种合作,愿意倾听和响应各方呼声,共同致力于地区秩序的开放性重塑。对中国而言,这意味着中国应立足东亚又要具有超越东亚的胸怀和眼界,不急于倡导明确的地区概念,对各种并存的地区主义采取温和的态度,鼓励多样性和多样化,谨慎对待封闭性的地区合作,对美国、俄罗斯、印度、澳大利亚、新西兰等国在东亚发挥更积极作用的态度和做法持开放态度。

第二,坚持共同利益路径。东亚地区秩序的构建,应当从各方具有共同利益的领域先行,逐渐扩大到更多的领域。另一方面,以共同利益为基础,才能防止或制止大国将其个别利益置于多数国家之上。① 中国朝贡秩序的历史表明,中国强而不霸、大而不蛮、富而不骄,是践行共同利益路径的典范。1994年至今中国参与东亚地区合作的二十年间,一直坚持共同利益的路径,与东亚国家达成了以共同利益为导向的战略合作。东亚秩序的重塑应以共同利益为基础,而中国既有的经验弥足珍贵。

第三,积极承担大国责任。东亚各国经济社会水平不一,战略诉求各异,凸显出对地区公共物品的渴求。中国应抓住历史机遇,积极提供公共物品、让渡非战略利益并开展对外援助(开放援助与战略援助并行),以此深化对共同利益和命运共同体的认知,为地区秩序的塑造提供可预期的收益。东亚秩序的公共物品,包括市场、金融合作、安全合

---

① 黄仁伟:《新安全观与东亚地区合作机制》,《世界经济研究》2002年增刊。

作和自由贸易区建设等几个方面。① 在多边合作的框架下提供公共物品,是缓解地区国家对华疑虑的最有效途径。中国奉行"得道多助"的原则,在积极为东亚各国发展提供广阔市场的同时,积极与地区国家开展金融合作(亚洲基础设施开发银行就是典型的事例),共同促进东亚自由贸易区建设,并致力于逐步开展和深化安全合作,在地区秩序建设上的导航作用日趋显现。

第四,适时推进地区制度建设。从全球各地区的发展来看,促进地区合作的深化,尤以制度建设为基本特征,通过地区制度建设实现国家战略目标是一种可行的范式。中国将地区制度建设视为塑造地区秩序的主要手段。② 近年来,中国立足临近地区,开始参与乃至着手主导构建地区全面合作的制度框架,加强地缘政治经济的塑造能力。中国在地区合作中的积极进取,既促进了地区内国家对中国发展经验和成果的分享,也提高了自身的议程创设能力。中国地区制度建设战略通过参与、创设、主导等三种基本方式来实现。20 世纪 90 年代中期以来,中国一改昔日对地区合作的消极姿态,参与了所有中国有条件、有资格参加的所有东亚多边合作机制,并开始在这些多边机制中发挥积极作用。③ 主动创设地区多边机制并发挥主导性作用是近几年来中国着力而为的战略体现,中国在持续推动构建"10 + 1""10 + 3"两个合作框架的同时,也积极推进 RCEP 进程和中日韩三边 FTA 建设,致力于扩大中国在地区合作中的运作空间,④为积极塑造地区秩序奠定坚实的基础。

第五,坚持循序渐进的原则。鉴于东亚地区政治、经济、文化背景差异甚大,各国也难以接受对主权的让渡,因此地区秩序的重塑必然是一个循序渐进的过程,应该遵循先易后难、由功能性合作起步的思路,即从贸易、投资、金融等合作开始分阶段重塑经济秩序的框架;然后推

---

① 范勇明:《区域性国际公共产品——解释区域合作的另一个理论视点》,《世界经济与政治》2008 年第 1 期。

② Morton Abramowitz and Stephen Bosworth, "Adjusting to the New Asia", Foreign Affairs, Vol. 82, No. 4, July/August 2003.

③ 马来西亚学者郭清水指出:"东盟地区论坛(ARF)、东盟—中国合作(10 + 1)和东盟加中日韩(10 + 3)等机制具有一些有别于其他国际组织的特质。没有中国的参与,这些机制不是无法存在,就是其存在缺少了实质意义。这个特点给予了中国在这些机制中发挥作用的巨大空间。"参见郭清水:《中国参与东盟主导的地区机制的利益分析》,《世界经济与政治》2004 年第 9 期。

④ 姜跃春:《亚太区域合作的新变化与中日韩合作》,《东北亚论坛》2013 年第 2 期。

及政治安全领域,而在政治安全领域又从共同利益比较集中的非传统安全合作起步,如创立有关能源、环境、海上安全等的合作机制,同时大力推进作为长远合作基础的文化交流,以促进相互理解和地区认同。这一情势,实际上给了中国一个通过渐进方式逐步实现地区整合目标的机遇。有鉴于此,中国应深入把握东亚的历史基础和基本特点,既不应裹足不前,也不应急于求成,更不应试图"扛大旗",而应循序渐进,因势利导,同时推进多种进程,采用先易后难、循序渐进、多轨并行、开放包容的路径,在逐步推进过程中实现自身的战略目标。①

第六,抱持战略耐心。中国应深明确识到,东亚多个地区机制、多层参与、多样发展符合中国的利益②,这需要中国进行长远的战略谋划。东亚国家对中国仍存在矛盾心理,一方面对中国的经济需求强烈,希望从中国的发展中受益,另一方面与中国存在领土领海争端、历史问题和意识形态的矛盾,这些矛盾加剧了它们对中国崛起的担忧。在对中国崛起心存疑虑的情况下,一些国家试图强化与美国的政治、军事关系,为美国家加强在地区内的政治影响和军事存在提供了借口。③ 这些问题意味着,中国与诸国达成条约式的制度安排不易,且要为将来预留战略空间计,更需要战略耐心和时间。

中国东亚秩序战略的部署

中国东亚秩序战略的部署,突出体现在政治、经济、安全、人文等诸方面。在政治领域,中国应致力于推进地区合作的政治协商机制,奉行合作推进、多做贡献的积极作为方式,加强各国的政治认同,缓解和有助于解决各国之间发生和可能发生的矛盾和冲突。坚持既有的领导人定期会晤机制(如"10+1""10+3"、东亚峰会等),并深化地区相关政治议题的协调;加强事务级官员和部长级官员的定期交流机制,发展各国之间的部门合作,为领导人定期会晤机制、重大问题的协调提供渠道和支撑。与此同时,中国应大力加强与东亚国家在全球和其他地区事务上的交流合作,以此加深彼此的政治信任,培育地区认同和地区意识。

---

① 门洪华:《东亚秩序建构:一项研究议程》,《当代亚太》2008 年第 5 期;金熙德:《东亚合作的进展、问题与展望》,《世界经济与政治》2009 年第 1 期;石源华:《试论中国的"东亚共同体"构想》,《国际观察》2011 年第 1 期。
② 张蕴岭:《东亚合作之路该如何走?》,《外交评论》2009 年第 2 期。
③ 刘丰:《安全预期、经济收益与东亚安全秩序》,《当代亚太》2011 年第 3 期。

在经济领域,中国要积极促进与东亚国家的投资合作、金融合作、能源合作等,大力推动双边和多边自由贸易区建设。经济是地区合作最为重要的发动机,经济一体化是政治、安全、文化等领域合作的基础条件。中国应充分利用其经济影响力,主动推进宏观政策对话和重大经济事务的协调磋商,促进东亚宏观经济沟通协调机制建设,为解决地区经济发展和贸易增长不平衡问题做出积极努力,逐步完善地区经济合作框架。在此基础上,中国应加大对东亚国家的投资,抓住地区国家发展金融合作的愿望,通过亚洲基础设施投资银行的建设和发展,促进经济相互依赖的加深,通过提供公共物品为地区金融稳定做出贡献;① 与东亚国家联合推动 21 世纪"海上丝绸之路"建设,通过项目合作深化地区经济合作;采取灵活务实的态度,积极推动各类 FTA 谈判,这包括大力支持东盟主导的 RCEP 谈判,为中国—东盟自由贸易区升级版的打造插上翅膀,在达成中韩自由贸易协定的基础上,加速中日韩 FTA 的谈判并为参与 TPP 谈判做好必要的准备。

在安全领域,中国应强调以共同利益为引导,通过利益交汇破解安全难题,化解各国的战略忧虑,稳定各国的安全预期,从而有序推进东亚安全合作。东亚国家有不同的安全追求,美国追求单边霸权,中国乃至日本都在或明或暗地追求多极化,其他国家则期望建立多边安全协调机制,导致存在名目繁多的安全安排,从而构成了霸权、均势、合作安全等看起来相互冲突的安全选择都不同程度地存在着,东亚安全秩序被视为各种相关安全模式的叠合。② 随着中国崛起正向性作用的发挥,东亚安全秩序呈现出与冷战结束之前截然不同的特征。双边同盟、多边对话和特殊外交的混合,既没有出现军事竞争对抗,也没有发展成为多边合作体系,而是处于均势与共同体秩序之间。③ 在一定意义上,东亚安全正在经历着美国同盟秩序构想和东亚合作安全构想的博弈。展望未来,传统的零和博弈难以在东亚再现,在多边合作安全框架之中,平衡中国日益增长的地区影响、平衡美国在东亚的作用将合力催生

---

① 俞正樑:《东亚秩序重组的特点与挑战》,《国际展望》2012 年第 1 期。
② David Shambaugh, ed. , *Power Shift: China and Asia's New Dynamics*, London: University of California Press, 2005, pp. 12—16, p. 348.
③ G. John Ikenberry and Jitsuo Tsuchiyama, "Between Balance of Power and Community: the Future of Multilateral Security Co-operation in the Asia-Pacific", *International Relations of the Asia-Pacific*, Vol. 2, No. 1, 2002, pp. 69—94.

新的安全制度安排①,战略约束——特别是自我战略约束——成为中美等大国必须认真思考的议题。中国应寻求共同利益、合作安全与总体安全观的结合,着力推动东亚的合作安全。

在人文交流等低政治领域,中国应加强与各国的民间交流和往来,进一步扩大与东亚国家的国际合作范畴,建立双边合作与多边合作的平台。鉴于东亚地区文化、宗教、价值观的多样性,中国应积极促进不同文化的相互交流借鉴,开展丰富多彩的人文交流,特别是要加强各国青少年的相互交流,并积极发挥各国工商界、民间团体、学术机构、新闻媒体等的重要作用,进一步夯实东亚秩序重塑的民间基础。

中国东亚秩序战略的路径

中国的东亚秩序战略既要深刻理解和顺应东亚一体化的基本路径选择,也要实现自身的观念创新、路径创新,从而为东亚合作注入活力,进一步巩固引领东亚制度建设的战略效应。具体地讲,中国应积极推进基于开放地区主义思路上的新单边主义、新双边主义和新多边主义,并实现三者之间的相辅相成。

开放地区主义被视为在一个经济、文化、政治和民族多样性地区建立地区秩序的必经之路。我们认为,中国应将开放主义视为地区合作的一种基本价值观,通过地区开放主义实现中国与地区内外国家的积极合作。具体地讲,对美国、澳大利亚、新西兰等地区外国家介入东亚一体化进程秉持开放态度,积极称许亚太经合组织的合作框架,并对其进一步制度化秉持开放性态度;对非东亚国家(如印度、澳大利亚、新西兰)进入东亚一体化的讨论(如东亚峰会)和相关经贸活动持开放态度,并积极探讨与相关国家缔结双边自由贸易协定的可能性;对地区内国家间的活动持开放性态度,促进地区合作的良性竞争;对中国国内部分边境省份与周边国家的合作持有积极开放的态度,促进中国国内的全面开放等。

在开放地区主义基础上,中国要实行新单边主义、新双边主义和新多边主义。大国素有单边主义的传统,而中国昔日处理东亚关系中的诸多理念、方式在很大程度上是单方面的外交指针,未形成多边共有观念。所谓新单边主义(neo-unilateralism),就是中国在扬弃一些传统理

---

① 芮效俭:《中国和平崛起和东亚合作:中国和美国的视角》,《外交评论》2005年第6期。

念和方式的同时,从深化东亚合作着眼,进一步推动单边利益(尤其是非战略利益)让渡,加强单边援助,以改善中国的地区形象,展现中国的大国风度。

双边主义是中国传统的国际合作方式。总体而言,中国对地区双边主义的运用多基于政治而不是经济考虑。① 鉴于近年来东亚优惠安排体现出以双边为主要形式、在地理上开放的特征(尤以美日推进的双边自由贸易协定为体现),中国尽管不能放弃将将双边主义视为地区多边主义之过渡性工具的基本考虑,但有必要加强双边主义的经济分量、战略分量,推行新双边主义(neo-bilateralism)。具体地说,中国应进一步深化与东盟的双边合作,积极推进与韩国、俄罗斯、印度、澳大利亚等地区内外国家的双边自由贸易协定,加强与欧盟等地区外国家集团的双边合作;发展中美新型大国关系,提升双边战略对话的层次,使之成为全球性战略协调平台;以安全、经济战略对话为路径,与日本等东亚大国进行更深入的双边协调等。

改革开放以来,中国以参与多边国际制度为基本路径,成为多边主义的重要获益者和秉持者。总体而言,鉴于中国融入国际社会未久,对多边国际制度的运用尚欠圆熟,中国一般奉行工具性多边主义战略(instrumental multilateralism strategy),将多边国际制度视为国家利益得以实现的工具,体现出选择性或工具性的特征。近年来,中国在东亚国际制度的参与和创设上采取了越来越积极、开放的态度。随着东亚共同体愿景的深化和竞争,东亚迎来推进地区制度建设的新时代,中国总结和反思既有的国际制度战略,推行新多边主义恰当其时。所谓新多边主义(neo-multilateralism),即原则性多边主义和工具性多边主义的结合,换言之,在扬弃既有的工具性多边主义战略的同时,进一步强调多边国际制度的战略意义和道义价值,坚信可以通过国际制度建设实现中国国家利益的维护与拓展。

中国应以推进基于开放地区主义思路上的新单边主义、新双边主义和新多边主义为指导原则,全面推进东亚制度性合作。随着中国国家实力和国际威望的提高、参与国际社会的深入,中国对国际制度的理解和认识越加深刻,主动提议和创设地区制度,更好地维护和拓展国家

---

① Elaine S. Kwei, "Chinese Trade Bilateralism: Politics Still in Command", in Vinod K. Aggarwal and Shujiro Urata, eds. , *Bilateral Trade Agreements in the Asia-Pacific*, New York: Routledge, 2006, pp.134—135.

利益成为必然的战略选择。鉴于东亚制度建设仍处于草创时期,中国的地区制度战略应注重以下内容:其一,优先推动中国经贸一体化,使之构成中国崛起、东亚制度建设的内在基础;其二,以打造中国—东盟自由贸易区升级版为实践核心,积极推动RCEP谈判进程,并采取实质性行动推进亚洲国家之间的基础设施建设合作,夯实东亚经济合作机制;其三,以中韩自由贸易协定为突破,大力推动中日韩自由贸易区建设;其四,与东盟携手合作,以东盟地区论坛为基础促进东亚安全论坛的建设,促进东亚各国的战略信任,深化非传统安全领域的合作。

在宏观层面上,中国应以东亚秩序建设为地区战略的制高点,强调共同利益的汇聚和制度化是地区秩序建构的唯一路径,以此稳定和进一步发展与东亚各国之间的战略互动关系,把握地区战略上的主动权。把开放地区主义作为自我战略约束和约束他国的战略工具,稳定东亚各国对中国的战略预期。具体地说,以开放地区主义促进东亚经济相互依赖的进一步深化,提升中国经济主导地位的战略价值;以开放地区主义促进东亚政治合作和安全协调,积极化解围绕中国的软性战略包围圈;以开放地区主义引进更多的非东亚力量,构成对美日同盟的战略约束。在一定意义上,东亚的未来取决于中国的战略走向,应以建设性姿态和负责任的态度全面参与各类地区磋商,力所能及地提供地区性公共物品。

中国必须在东亚秩序建设进程中潜在但实质性地发挥主导作用,并着重处理如下中微观层面:其一,制定推动东亚贸易自由化、投资自由化、金融合作、能源合作的中长期战略规划。其次,稳定和发展与东亚国家的双边关系,抓住时机率先推进双边贸易、投资、交通运输的便利化。其三,利用传统关系加强内陆地区与周边国家的一体化,西南地区和南亚、东南亚的资源有着较多的互补性,在生产要素的组合方面也有较多的互补性,可修建国际高速公路和铁路,使中国西南货物通过南丝绸之路到达南亚、西亚和非洲;东北地区与日本有着传统的经贸联系,在软件开发、机械制造等方面已经建立了较深入的合作,仍有深化的空间。其四,落实自由贸易区战略的整体布局,加强与东亚及其他周边国家的自由贸易区谈判,并将之提升到反战略包围圈的高度加以认识和推行。

本文系作者主持的国家社科基金项目"东亚一体化前景问题研究:地区秩序与中国战略"(08BGJ018)的阶段性研究成果,发表于《国际观察》2015年第2期。

第五部分

实地调研与决策咨询

关键时刻：美国精英眼中的中国、美国与世界

1972年，中美两国领导人高瞻远瞩，以非凡的勇气和卓越的智慧打破僵局，促成了冷战的转折和双边关系的突破，展开了改变人类历史的新篇章。[①] 四十年来，中美两国既是世界转型的重要组成部分，又是世界转型的主要推动者，中美关系逐渐成为世界上最重要、最具复合性（most complex）和挑战性的双边关系，并位移至世界变革的重心，其前景不仅决定着两国的当前福祉，也深刻影响并塑造着世界的未来图景。

美国精英大多认为，世界正在酝酿巨大变革，而中美关系深刻体现了世界转型的复杂性，结合全球化进程、世界转型和大国兴衰变迁，诸多美国精英认为，"中美两国都在回复到正常状态"[②]，这具体表现在：美

---

① 亨利·基辛格，2011年11月8日（与笔者会谈日期，下同）；前美国驻华大使芮效俭（J. Stapleton Roy），2011年10月7日。

② 美国前助理国防部长傅立民（Chas W. Freeman, Jr.），2011年10月4日；霍普金斯大学教务长戴维·蓝普顿（David M. Lampton），2011年10月4日；俄亥俄州立大学教授兰迪·施韦勒（Randy Schweller）2011年10月28日；美国进步中心（Center for American Progress）高级研究员妮娜·哈赤宸（Nina Hachiqian），2011年10月14日。

国雄风不再,在经济、政治等领域均具有的超凡地位正在失去,尤其是经济规模占全球30%以上的盛况不会再现;中国从经济崛起走向全面复兴,开始恢复一个大国曾有的荣光。正如美国外交委员会高级研究员查尔斯·库普乾(Charles Kupchan)指出的,中国回复到正常状态的主要表现是全面崛起,而美国回复到正常状态的主要表现是经济衰退导致的霸权焦虑。① 这是一个刚刚开始的历史性时刻,美国的衰落可能持续数十年之久,而中美关系却由此进入关键阶段,尤其是中国越来越被视为最重要的竞争对手,甚至是多年来的最大挑战,尽管中国一再表明和平发展的决心,但在许多美国精英看来,中国对美国霸权地位的挑战之全面性超过了苏联。② 中美两国元首确定的"共同努力建设相互尊重、互利共赢的合作伙伴关系"的战略定位遭受挑战,尽管中美之间发生军事冲突的可能性微乎其微③,但诸多美国精英认为中美在其他方面的冲突却似乎已经不可避免。美国副国务卿威廉·伯恩斯(William Burns)2011年10月24日在第五届中美关系研讨会上发言指出,发生巨变的时刻是误解、误判或无意冲突的危险最大的时候。④

中美关系变动的核心因素是中国崛起的效应与美国衰落的焦虑。崛起大国与既有霸权国如何避免走向战争,不仅仅是一个重大的理论问题,已成为迫在眉睫需要妥善解决的现实议题。美国精英普遍关注的问题是,中国正在悄然改变大战略趋向,而美国出现战略异动并有可能导致根本性调整,中美关系未来走向充满变数,这是一个决定世界未来的关键时刻。许多美国精英认为,中国国内存在着各种严峻问题,世界影响力迅速增强,尤其是在东亚势力发展太快⑤,开始采取咄咄逼人的外交战略,中国大战略调整已经开始。这必然导致对美国东亚利益、亚太利益乃至全球利益的巨大挑战。许多精英指出,中美之间没有根

---

① 查尔斯·库普乾,2011年10月26日。
② 斯蒂芬·博斯沃斯,2011年9月29日;美国战略与国际研究中心高级研究员葛来仪(Bonnie Glaser),2011年10月3日;妮娜·哈赤宸,2011年10月14日。
③ 兰德公司资深研究员查尔斯·沃尔夫(Charles Wolf),2011年10月14日;美国前助理国务卿、波音公司副总裁斯坦利·罗斯(Stanley O. Roth),2011年10月3日。
④ William J. Burns, "Keynote Remarks at 5th Biennial U. S.-China Relations Conference", Texas, October 24, 2011. See http://www.state.gov/s/d/2011/176071.htm.
⑤ 美国政治学会前会长、普林斯顿大学教授罗伯特·基欧汉(Robert O. Keohane),2011年9月26日。

本性的战略冲突①,两国都无法承受相互视为敌人②,但双边关系的剧烈变动确是不争的事实,这反映了一种潜在的长期趋势,以及发生长期战略冲突的可能性。普林斯顿大学教授阿伦·弗雷德伯格(Aaron Friedberg)的观点颇具代表性:"与日俱增的利益冲突、意识形态和政治上的尖锐分歧具有决定意义,两国关系由此更为紧张,而亚洲是中美未来冲突的症结所在。"③美国精英关注美国东亚战略的调整,或称之为美国的主动战略谋划,或视之为防止中国将美国赶出亚洲的自然反应,并密切关注中国的回应。

面向未来,我们需要远见、勇气与智慧。④ 中美关系堪称有史以来最具挑战性、影响最大的双边关系,其走向考验着两国决策者和战略界的智慧。因缘际会,本人作为美国艾森豪威尔基金会高级访问学者,于2011年9—11月在美国进行了为期50天的研究考察,与美国各界精英就中美关系进行了战略对话,得以深入了解美国对华战略的走向。本文正是这次美国调研考察的成果结晶,其讨论的主题是:美国各界精英如何看待美国、中国、中美关系的现状与未来走向?面对世界转型,中美同时面临重大挑战与历史机遇,如何拨云见日、高瞻远瞩,规划各自与世界的未来?中国如何从美国精英的认识中见微知著,清晰勾勒对美战略的总体框架?

衰落的焦虑:美国面临的挑战及其战略应对

护持霸权、确保世界领导权是二战结束以来美国的大战略目标,根据情势变化大幅调整战略部署亦其常规作为。美国密切关注世界趋势、大国动向与本国情势,长于、勤于战略谋划,致力于维护其西方霸主地位,冷战结束以来更是追求其"单极时刻"的固化,挟其优势打造单极秩序。⑤ 然而,进入21世纪,世界进入全面转型时期,大国兴衰出现根本性变革,非西方国家群体性崛起,西方国家颓势初现,尤其是2008

---

① 查尔斯·沃尔夫,2011年10月14日;前美国总统安全事务助理布兰特·斯考克罗夫特(Brandt Scowcraft),2011年11月10日。
② 戴维·蓝普顿,2011年10月4日。
③ 阿伦·弗雷德伯格,2011年9月26日。
④ 中国驻美大使张业遂在哈佛大学的演讲,2011年10月12日;芮效俭,2011年10月7日;亨利·基辛格,2011年11月8日。
⑤ 秦亚青:《霸权体系与国际冲突》,《中国社会科学》1996年第4期;门洪华:《关于美国大战略的框架性分析》,《国际观察》2005年第1期。

年至今发端自美欧的金融危机、债务危机推动了世界转型的加速。

世界转型具体体现为权力转移、问题转移和范式转移。所谓权力转移(power shift),即行为体及其权力组成发生了巨大的变化,这尤其体现在非西方国家的群体性崛起、西方大国总体实力的相对下降上。国家行为体权力相对下降、非国家行为体权力上升,国家、市场和市民社会之间的权力重新分配,即使世界上最强大的国家也发现市场和国际舆论迫使它们更经常地遵循特定的规范。权力转移导致具有重大战略意义的问题转移(problem shift),这具体表现在全球性问题激增,国际议程越加丰富,安全趋于泛化,非传统安全上升为国际议程的主导因素之一,国家兴衰出现加速迹象,国际制度的民主赤字问题成为国际议程扩大的衍生因素。① 问题转移也导致国家战略的必然调整,生存不再是国家唯一的关注核心,发展和繁荣在国家战略中的重要性进一步提升。以上权力转移和问题转移导致了国际关系的范式转移(paradigm shift)。从宏观意义上讲,国际政治开始让位于世界政治,国际关系的内涵大大丰富,复合相互依赖日益加深,在一定程度上促成了世界各国共存共荣的全球意识,国际体系变得更富有弹性和包容性。从中观意义上讲,经济全球化和地区一体化约束着大国作为,各国追求的国家利益不再绝对,且融入了更多相对性含义。国家之间的权力关系不再完全是零和游戏,也会出现积极成效乃至共赢,国家间基于共同利益的合作具有更基础性的作用。从微观意义上讲,国家自身的战略谋划更具有本质意义,在竞争与合作并存、竞争更加激烈的情势下,如何在动态之中把握国家战略利益变得至为关键。②

世界转型的加速冲击着既有的国际秩序架构,催生了基于共同利益的国际秩序重塑。与此同时,开放地区主义受到普遍接受,地区结构及其运行机制因之有可能造就更加稳定的秩序,协调、妥协、合作被视为大国在秩序建构中的重要战略趋向。有鉴于此,美国所寻求的单极主导秩序难以建立,世界秩序的转型日益体现为以多极化为基础,以共同利益的汇聚及其制度化、共同责任的分担(大国承担重要责任、其他国家分担责任)为趋向,以地区秩序建构为先导。亚太地处世界转型的核心,一方面亚洲国家崛起此起彼伏,它们融入国际体系的努力冲击

---

① Robert O. Keohane,"Governance in a Partially Globalized World", *American Political Science Review*, March 2001, pp.1—13.

② 门洪华:《开放与国家战略体系》,人民出版社2008年版,第11—22页。

着国际秩序,它们塑造世界能力的增强深刻影响着国际秩序的走向;另一方面美国将亚太视为其国家利益的重心,力争确保亚太地区的领导地位,亚太秩序走向关乎世界未来,也关乎美国核心利益。

美国处于世界秩序重塑和地区格局变动的核心,基于其维护全球领导权的雄心,它面对的国际挑战无疑是严峻的。国际秩序的转型与重塑本身就是对美国的挑战,因为既有的国际秩序大致上是美国主导建构的,更多地反映了以美国为首的西方国家的政治利益和战略考虑。随着新兴国家的群体性崛起,它们的国际影响力稳步提高,它们完善国际秩序乃至建构新秩序的呼声趋于强烈,美国建构单极秩序的奢望已经落空,且其既有的全球利益布局遭受更多、更全面的冲击。

在美国精英看来,对美国全球主导权的挑战主要来自亚洲格局的变化。全球权力格局正在从欧美大西洋时代转向太平洋时代。亚洲尤其是东亚成为世界经济增长的重心,发展中大国经济崛起,进而扩展其国际影响力。与此相对照,欧美日发达国家面临债务危机加重、失业率居高不下等难题,持续陷入经济停滞。可以说,西方国家的相对衰落已成定局,国际政治重心正在加速东移。另一方面,亚洲内部的大国兴衰亦在加速,日本走向和平衰落,中国、印度、印度尼西亚等相继崛起,亚洲内部力量对比的巨大变化、亚洲大国(尤其是中国)与美国实力对比的变化导致亚洲格局出现失衡,使得亚洲在形成新的均衡过程中充满变数与挑战,对美国维系亚洲主导地位、确保亚洲战略利益的挑战也相对上升。笔者认为,对美国而言,亚太时代的来临既是机遇也是巨大的挑战,确保亚太地区领导地位成为美国大战略的核心诉求。

对任何国家而言,把国内事情办好都是海外利益拓展的基础,美国亦复如是。然而,美国当前最严峻的挑战却来自国内,经济处于困境,财政债台高筑,社会陷入失衡,政治难以决策,国内整体上呈现出最平庸的灰色。

其一,美国经济处于艰难转型中。尽管很多美国精英冷静地意识到,美国以5%的人口占有世界经济的30%—40%不正常,美国经济实力的相对衰落亦属正常,美国实力下降并不是零和的[1],但低靡的经济增长、持续的金融危机、巨额的财务赤字加重了美国人的危机感。2011年,美国存在1330多万的失业人口和1000万的半失业人口,即每6个美国人中就有1个处于贫困状态,当年美国仅增加了160万个就业岗

---

[1] 戴维·蓝普顿,2011年10月4日。

位,与巨大的失业人口相形见绌;财政赤字高达 1.234 万亿美元,债务余额增至 14.34 万亿美元,超过美国国会 2010 年立法设定的 14.29 万亿美元上限。与此形成鲜明对照的是,以华尔街为代表的美国金融业在数十亿公共基金救援和政府政策的扶持下恢复经济主导地位,但它并没有利用公共救助资源推动经济增长,而是继续其既有的博弈游戏。由于两党政治争斗,美国难以出台短期内刺激经济增长、长远看将公共债务降到可持续水平的有效财政政策。政治僵局、消费者和投资者信心不足、失业率居高不下、房地产市场低迷、银行业脆弱等因素恶性循环,制约着美国的经济复苏。

其二,两党缠斗不休,且只关心非常具体的问题。① 美国政党政治失去了昔日的节制和中立,国会处于分裂状态。自奥巴马当选总统以来,共和党就公开表示不与他合作,时任参议院少数党领袖米奇·麦康奈尔(Mitch McConnell, Jr.)明确表示,共和党的政治目标就是阻止奥巴马连任。查尔斯·库普乾指出,从政策取向上看,两党实际上没有多大差别,现在却公开讨论分歧,政界人士公开表达其意见,这在美国政治上实属异常。② 美国国会内的辩论表明共和党人和民主党人似乎身处完全不同的世界,仅有 9% 的共和党人给予奥巴马总统积极评价,各种民意调查表明,美国人不相信两党合作能够实现。限于选举因素,美国国内政治妥协越来越难,两党之间经常陷入政策僵局。

其三,美国社会不平等有所加剧。具有代表性的是,始于 2011 年 9 月 17 日的"占领华尔街"运动以街头政治形式对华尔街的贪婪无度表达愤怒,对金融机构缺乏监管、金融市场功能失灵表达不满,对社会不平等表达忧虑,呼吁抵制紧缩计划、改革美国经济、再创美国民主。"占领华尔街"运动暴露出美国社会的深层次问题,即贫富差距严重,1%的人控制着一半以上的股票和有价证券,这些超级富翁和 99%的其他人形成了理念中的对立。许多人士称,美国处于新的"镀金时代"(The Gilded Age),表面上金光闪闪,而社会面临被撕裂之虞。"占领华尔街"运动引发了美国社会对收入分配不均的广泛讨论,深刻地影响着美国的经济、政治议程。

美国政治、经济、社会的现状,促使美国民意发生巨大变化。《纽

---

① 外交政策研究所(Foreign Policy Research Institute)亚洲项目主任、宾夕法尼亚大学教授戴杰(Jacques DeLisle),2011 年 9 月 30 日。
② 查尔斯·库普乾,2011 年 10 月 26 日。

约时报》进行的社会调查表明,70%的美国人认为自己的国家日渐式微。加之美国反恐10年,伊拉克战争和阿富汗战争耗资7.6万亿美元,6000名美国士兵命丧战场,国内出现强烈的厌战情绪,民意开始变得内向,美国陷入自信危机、经济危机和社会危机之中。笔者认为,美国实力稳居世界之首,其海外资产丰厚,创新能力犹在,其国防、情报能力并未削弱,依靠其军事部署支撑的外交基础实际上更加牢固了,美国面临的棘手问题首在应对国内政治僵局和社会失衡,如何处理国内问题、恢复自信心和重建社会信任对美国前景更具实质性意义;而如何改变在全球议题上的战略短视、防止从扩张过度走向反应过度,亦是美国面临的核心政策命题。有鉴于此,美国将关注重心转向国内,进行国内政策大调整已势在必行。① 鉴于当前的政治现状,美国国内政策的调整取决于大选,宏大战略的调整尚需等待。诸多美国精英对美国政治体制可能走向崩溃表示深深的忧虑,而大选能否凝聚共识、国内紧张状况可否缓解亦令他们分外担心。②

诸多美国精英意识到,世界正在发生根本性的变化,美国永远拥有至高无上的霸主地位是不正常的。③ 查尔斯·库普乾不无冷静地指出,国际体系走向重构已成必然,未来的世界将是多边的,各种政治体制并存,多元政治并存其间,从绝对意义上看美国并没有衰退,其前景依旧光明;从相对意义上讲美国和西方在全球财富的下降刚刚开始,美国衰落可能历经数十年之久,但这一进程已经不可避免,国内问题的解决是其国际政策的基础,因此美国大战略转向国内将是必然的,美国国际影响的减少也是必然的。④ 当然,许多美国精英并不认为美国走向衰落,美国面临的最大问题在于如何进行战略调整。⑤ 正如美国著名评论家法伊德·扎卡里亚(Fareed Zakaria)指出的,我们深信美国可以在新的世界中繁荣昌盛,继续作为世界上最强大的国家,但是始于苏联

---

① 美国前驻上海总领事、威尔逊中心基辛格中美关系研究所副所长史伯明(Douglas Spelman),2011年10月27日;哈佛大学费正清中国研究中心主任柯伟林(William Kirby),2011年11月2日;查尔斯·库普乾,2011年10月26日。
② 查尔斯·库普乾,2011年10月26日;兰迪·施韦勒,2011年10月28日。
③ 兰迪·施韦勒,2011年10月28日。
④ 查尔斯·库普乾,2011年10月26日。
⑤ 美国政治学会前会长、康奈尔大学教授彼得·卡赞斯坦(Peter J. Katzenstein),2011年10月31日。

解体的美国单极时代已经结束,美国进行战略调整势在必行。①

笔者认为,美国的大战略目标依旧是护持西方霸权、确保全球领导地位。为此,美国在聚焦于国内稳定发展的同时,重点思考如何处理中国、印度等崛起国家与现行国际秩序关系的问题,如何在即将到来的多极时代确保领导地位,并大幅度调整其国际战略,主要是改变长期以来奉行的先欧后亚战略,从中东挑战中脱身,转向重点应对长期而影响深远的亚洲问题。当前,美国战略调整的主要表现是,借助部分亚洲国家寻求利用美国平衡中国地区影响力的意图,调整亚太地区的战略部署,加大对亚洲尤其是东亚事务的介入力度,从而体现出制衡中国的态势,搅动了世界各国的战略神经。

锁定的对手:中国崛起及其对美国的挑战

中国崛起无疑加重了美国衰落的忧虑,美国各界精英普遍将中国视为锁定的对手。当然,这里所谓的"对手",其含义是最重视的竞争对象,而不是注定的敌手(adversary)。许多美国精英强调,中国在走向复兴,其政治文化、经济实力、地区作为、外交政策值得密切关注。② 与对美国自身的判断不同,美国精英普遍认为中国作为一个大国重新崛起势不可挡,中美之间已经出现了经济影响力的转移③,中国大战略有可能藉此调整,并对中国的走向忧喜交加。

在许多美国精英看来,中国的战略优势是明显的。这不仅体现在经济贸易乃至金融的全球影响力上,也体现在中国的军事实力稳步增强和地缘优势上。具体地说,世界经济活力和贸易中心已经转移到中国,中国为许多国家提供了巨大的机会,其经济成就得到了其他国家的羡慕和钦服。④ 许多精英并不否认中国存在的经济社会问题,但相比而言中国已经渡过了危机,开始着手解决环境问题,并成为风能、太阳能等新能源领域的领先者,中国的经济可持续发展是可以预期的。许多精英也对中国政治体制的变迁表达了认可之意。波音公司副总裁斯坦利·罗斯(Stanley O. Roth)指出:"西方对中国的政治发展表示怀

---

① Fareed Zakaria, *The Post-American World: Release 2.0*, New York: W. W. Norton & Company, 2011.

② 傅立民,2011年10月4日;布鲁金斯学会东北亚政策研究中心主任卜睿哲(Richard C. Bush Ⅲ),2011年10月4日;妮娜·哈赤宸,2011年10月14日。

③ 纽约慈善总会副总裁伊阿宋·麦吉尔(Jason McGill),2011年11月4日。

④ 戴杰,2011年9月30日。

疑,但最愚蠢的就是预测中国政治体制会激烈变革,实践表明中国总在变革。三十多年来中国的体制发生了巨大的变化,可以说是一个完全不同的世界。"① 其他精英人士也对中国政治制度促进经济发展、有能力接受变化与挑战并愿意采取经济措施表示了肯定。② 斯坦福大学胡佛研究所教授托马斯·芬格尔(Thomas Fingar)总结指出,过去三十多年间,中国政策几乎没有犯过巨大错误,中国领导人保持了政策连续性,这对世界而言确是幸事。③ 哈佛大学费正清中国研究中心前主任马若德(Roderick MacFarquhar)以其研究中国政治制度多年的经验总结认为,中国会走向民主,但不会追随美国式民主,而将体现中国的传统与特色。④ 在文化上,冷战结束以来,中国的民族主义逐渐走向务实,和平主义、非扩张性的战略文化得到了继承,而中国传统文化的影响力得到了进一步的强调。前美国助理国防部长傅立民(Chas W. Freeman, Jr.)认为,随着中国回归其在国际社会的正常位置,中国更加注重孔孟之道,而不会移植或师从外国模式,中国倡导建立和谐社会在很大程度上是回归孔孟思想的要义。⑤ 美国各界人士都对中国软实力的扩展表现出浓厚的研究兴趣,认为中国软实力的拓展有实际成效。例如,全美东亚语文资源中心主任、俄亥俄州立大学教授吴伟克(Galal Walker)认为,中国用三四十年的时间造就了一个完全不同的国度,这是中国拥有软实力的重要基础。⑥ 乔治·华盛顿大学中国项目主任沈大伟(David Shambaugh)对中国软实力多有批评,但也承认中国政府非常努力提高国家形象,促进文化交流,加强公共外交,投入了大量的资源;⑦外交政策研究所亚洲项目主任、宾夕法尼亚大学教授戴杰(Jacques DeLisle)指出,中国更加开放,对外国人也比较友好,日益受到世界的关注。⑧ 与此同时,中国的战略优势也体现在地缘政治和外交作为上。随着中国经济贸易力量在亚洲的和平投射,中国的地缘优势正在凸显。在外交作为上,中国支持国际体系,提供公共物品,成为负责

① 斯坦利·罗斯,2011年10月3日。
② 例如,布鲁金斯学会约翰·桑顿中国研究中心主任李侃如(Kenneth Lieberthal),2011年10月6日。
③ 托马斯·芬格尔,2011年10月20日。
④ 马若德,2011年11月2日。
⑤ 傅立民,2011年10月4日。
⑥ 吴伟克,2011年11月11日。
⑦ 沈大伟,2011年10月5日。
⑧ 戴杰,2011年9月30日。

任的利益攸关方①,采取的和平、合作政策得到了其他国家的赞同和支持。② 芮效俭大使指出:"中国被强国包围,韬光养晦、有所作为的外交政策不宜轻动,2010 年的情况证明了这一点,2011 年中国外交政策已经回到既有的轨道,相比而言中国过去 10 年的外交是非常成功的。"③ 哈佛大学资深教授、肯尼迪学院前院长约瑟夫·奈(Joseph S. Nye, Jr.)认为:"数亿中国人成功脱贫是一种非凡成就,中国应对腐败、污染是有效的,并在继续推进改革,我对中国的未来相对乐观,中国将会变得更加富有、更加开放、环境更好、文化更有活力,但并不会遵循西方民主模式。"④

当然,美国对中国的认识也不乏负面看法、误解乃至歪曲。在美国的媒体中,中国往往被视为攫取资源的巨兽,不能保护知识产权,凌辱竞争者,忽视人权保护,操控人民币币值,似乎贸易战、资源战不可避免。⑤ 美国精英自然也少不了对中国存在的问题进行批评和指责,且集中于对中国民主进程的忧虑和对中国外交政策转向的担心。尽管美国精英普遍认为,类似"茉莉花革命"的政治现象不会在中国出现,认为中国共产党领导核心是理性的、有能力的,但地方层面存在的问题是严重的⑥,而腐败问题更是中国政治最大的问题,处置不当有可能导致灾难性后果。⑦ 与此同时,中国社会价值的缺失,尤其是传统社会伦理(social ethics)的丧失殆尽可能带来严峻的社会问题。李侃如指出:"中国社会为利益所驱动,当前中国政府难以在聚焦于经济发展的同时教育民众、促进社会公德。"⑧芬格尔进一步指出,如何使民众自己感受到中国生活方式存在着吸引力至关重要。⑨ 这些问题与中国文化现状相联系,成为中国面临的长远挑战。许多美国精英对中国传统普世

---

① 李侃如,2011 年 10 月 6 日。
② 戴维·蓝普顿,2011 年 10 月 4 日。
③ 芮效俭,2011 年 10 月 7 日。
④ 约瑟夫·奈,2011 年 10 月 12 日。
⑤ Terry Lautz, "U. S. Views of China: History, Values and Power", in Douglas G. Spelman, ed., *The United States and Change: Mutual Public Perceptions*, Washington: The Woodrow Wilson International Center for Scholars, 2011, p. 15.
⑥ 哈佛大学教授托尼·赛奇(Tony Saich),2011 年 10 月 11 日。
⑦ 马若德,2011 年 11 月 2 日。
⑧ 李侃如,2011 年 10 月 6 日。
⑨ 托马斯·芬格尔,2011 年 10 月 20 日。

性价值观的不复存在表示惋惜,认为中国在全球价值上贡献甚少。① 有的美国精英则担心中国改变邓小平开创的开放道路,改变参与国际社会的态度与方向,甚至出现根本性的大战略转向。② 他们担心中国走向不确定,怀疑中国的战略意图,力争约束中国将美国赶出亚洲的企图,加强对中国的防范,又强烈要求中国分担更大的国际责任,进一步开放市场,允许人民币进一步升值,甚至未达目的不惜诉诸威胁。③

概言之,美国精英认识到中国崛起带来的全球积极效应④,但对中国的战略走向争论不已。许多精英认为,中国以建立和谐世界和多极化世界为口号,致力于建立一个能够约束美国的多极化秩序,成为受认可的世界大国,并寻求替代美国。鉴于此,中国有可能实现大战略转向,而中国在东亚积极运用硬实力的作为理应引起警惕。中国影响力的迅速扩大已经赋予其塑造国际体系的能力,中国有可能调整现有的选择性合作战略,采取更加咄咄逼人的举措。⑤ 其他精英则从积极层面看待中国的战略走向。纽约大学教授熊玠(James Hsiung)强调:"纵观历史,实现第一次崛起的国家大都依靠侵略崛起。中国郑和发现新大陆的经历表明,中国第一次崛起并未采取侵略措施,第二次崛起也不会采取侵略做法。"⑥俄亥俄州立大学教授兰迪·施韦勒(Randy Schweller)则认为,中国无意采取进攻的措施,但中国发展深蓝海军的举措是可以理解的,只有中国才有可能主导亚洲。⑦ 另外一些美国精英从相对辩证的角度看待中国的战略走向。他们认为中国是美国面对的唯一潜在竞争对手,中国的经济规模可能会超过美国,这是19世纪末以来美国从未面对过的状况;中国是比苏联更全面的战略对手,它深深融入国际体

---

① 托马斯·芬格尔,2011年10月20日;美国国会研究事务局(Congressional Research Service)亚太问题专家托马斯·拉姆(Thomas Lum),2011年10月6日。

② 罗伯特·基欧汉,2011年9月26日;前美国负责东亚事务的助理国务卿帮办、普林斯顿大学教授柯庆生(Thomas J. Christensen),2011年9月26日。

③ 美中经济与安全审查委员会(U.S.-China Economic and Security Review Commission)早餐会,委员会主席威廉·芮彻(Williams Reinsch)、副主席丹·司雷恩(Dan Slane)、委员丹尼斯·舍尔(Dennis Shea)、罗宾·克莱夫兰(Robin Cleveland)、莫罗伊(Pat Mulloy)、武尔兹(Larry Wortzel)等参加,2011年10月6日。

④ 例如,哈佛大学教授江忆恩(Alastair Iain Johnston)指出,中国崛起的积极效应包括:促进全世界经济的发展;促进全球绿色的发展;增强处理全球问题的新能力;国际体系中出现新的中国声音等,2011年10月12日。

⑤ 卜睿哲,2011年10月4日。

⑥ 熊玠,2011年11月7日。

⑦ 兰迪·施韦勒,2011年10月28日。

系,更加依靠对外贸易和海外资源,更倾向于和平投射国际影响力。他们认识到,认为中国推翻现有国际秩序的看法过于简单化,而美国战略界长期以来按照融入思路来制定对华政策、希望改变中国行为的做法太过一厢情愿。笔者认为,中国既不会推翻既有的国际体系,也无意替代美国的主导地位,当然也不可能顺从美国的意愿,这一战略趋向既给美国提供了巨大的塑造空间,也给美国带来了前所未有的挑战。

关注的核心:摇摆于遏制与接触之间的中美关系

1972年迄今,中美关系历经风雨,和斗相兼,走到今天实属不易。中美成为世界上综合国力最强的两个国家,双边关系亦堪称不同社会制度、不同文明形态、不同发展阶段的大国和平共处、共存共荣的典范。当前,中美之间既存在结构性、战略性、利益性的矛盾与冲突,也正在进行双边的、地区性和全球性的战略合作,这一态势既反映了全球化条件下大国关系的普遍复杂性,也预示着中美应对当前、谋划未来的不同战略思路所导致的特殊碰撞。当前,两国实力对比的溢出效应发酵,使得两国合作异常重要,而两国竞争更为引人注目,中美有可能的冲突更是引起美国精英人士的密切关注。波士顿学院教授陆伯彬(Robert S. Ross)认为,中美关系处于1972年以来最糟糕的时候。① 哥伦比亚大学教授黎安友(Andrew J. Nathan)则担心,中国不会让美国人留在亚洲。② 当然,这些精英并不认为中美必有一战,他们一方面深刻意识到中美之间存在的社会制度、意识形态、价值观念、现实利益等的矛盾,另一方面也感受中美之间的共同利益并非减少而是正在扩大,两国携手应对经济复苏、气候变化、大规模武器扩散等共同挑战极其必要。恰如康奈尔大学教授寇艾伦(Allen Carlson)所言,中美两国相互依赖、相互需要、相互期望并相互观察,应该能够找到解决分歧的办法。③

实际上,进入新世纪以来,尤其是"9·11事件"以来,中美以共同利益为诉求,致力于塑造21世纪的新型大国关系,积极推进互利共赢的合作关系,两国已建立各类对话磋商机制近百个(包括具有标志性意义的中美战略与经济对话、中美战略安全对话,每年定期举行会

---

① Robert S. Ross,"Chinese Nationalism and Its Discontents", *The National Interest*, November/December, 2011, pp. 45—51.
② 黎安友,2011年11月7日。
③ 寇艾伦,2011年10月31日。

议),两国领导人形成较为明确的择期互访机制,达成了一系列战略共识。有的美国精英强调,检视中美关系四十年的历程,坚信中美之间没有根本性的利益冲突,双方存在着越来越多的共同利益,出现不同的利益认知和现实分歧也是自然的,强调寻求扩大共同利益是必要的。① 前美国总统国家安全事务助理布兰特·斯考克罗夫特(Brandt Scowcraft)举例指出:"中美两国在朝鲜半岛问题上均致力于实现无核化和去核化,中美在台湾问题上都认为应由两岸民众选择未来,只是在处理技巧上有所不同。我们更需要的是深入理解对方,超越文化差异。"② 许多美国精英认为,中美之间存在着诸多冲突因素,但双边关系的前景却是令人乐观的。美国外交政策全国委员会专家乔纳森·查理斯(Jonathan Charis)指出:"中美在环境、反恐、气候变化等领域有共同利益,在朝鲜问题上既有共同利益也有相悖的考虑,在人权问题上则存在着利益冲突,然而任何亚太国家——包括日本——都不愿意在中美之间做出选择,我们需要合作性的双边关系。"③柯伟林强调,中美在人民币升值、贸易等方面的争端不是决定性的问题,双方的政治矛盾是可以消弭的。④ 更多美国精英则强调了共同利益寻求的重要性以及实现共同利益的方式。近年来美国在全球经济危机、亚丁湾海盗、朝鲜核危机等一系列跨国问题上与中国合作,获得了显在或潜在的战略收益,为进一步扩大中美共同利益提供了信心和经验。曾长期参与中美经济与战略对话的美国财政部前助理部长、美国外交全国委员会研究员考伯·米科斯特(Cobb Mixer)指出,经过几年运作,中美经济与战略对话不仅关注宏观层面的认识,也开始讨论事关中美利益的现实问题,并在技术层面上找到了许多的共同利益,坐下来讨论如何促进相互理解与共同发展实属进步。⑤ 美国外交全国委员会的研究表明,中美两国在朝鲜半岛和平、稳定和无核化的寻求上有共享利益,但其政策目标的优先考虑确有不同,中国认为稳定的重要性超过无核化,而美国将无核化作为首要目标,即使以朝鲜政权更迭为代价也在所不惜。中美两国应该就

---

① 查尔斯·沃尔夫,2011年10月14日;史伯明,2011年10月27日。
② 布兰特·斯考克罗夫特,2011年11月10日。
③ 乔纳森·查理斯,2011年11月8日。
④ 柯伟林,2011年11月2日。
⑤ 考伯·米科斯特,2011年11月7日。

各自的战略意图及其对地区稳定的影响展开讨论。① 有的学者指出:"美国人应该反省其对华态度,认识到两国利益相互交织在一起,片面认为两国一致或相互敌对都是错误的,我们必须学会超越具体的政策领域,从相互核心利益的背景下看待双边关系。"② 戴杰直言不讳地指出:"美国应该考虑的问题是,面对自己影响的下降,有必要更加注重合作,尤其是与利益相悖的国家加强合作。"③

另一方面,中美之间的竞争、分歧与利益冲突引起了美国精英的更多关注。实际上,中美之间存在利益冲突是必然的,也是难以避免的,问题更在于如何冷静看待和妥善处理分歧,防止冲突升级,促成良性竞争。笔者通过调研发现,尽管美国精英认为中美竞争、分歧、冲突在战略、政治、民主、人权、经济、贸易、人民币升值、意识形态、文化、国际责任等各层面均有深刻体现,但他们最关注的却是战略层面和东亚地位两个议题,经贸冲突(包括人民币升值问题)亦退居其次,而在这一问题上的看法更是各有千秋。以美中经济与安全审查委员会为代表的一些美国机构和人士猛烈抨击中国对美贸易和人民币汇率政策,强调因此失去工作的美国民众会咆哮。④ 其他精英则认为这过于危言耸听,甚或如美国进步中心高级研究员妮娜·哈赤宸(Nina Hachiqian)所说:"只有少数人关注中美贸易问题,而这些人是要从与中国的分歧中受益。"⑤

美国精英强调,中美竞争和冲突首先体现在战略层面上。随着中美竞争从经贸向地缘政治领域扩展,两国战略分歧更显突出。一些美国精英人士对奉行接触政策产生了深刻的怀疑,认为对华接触政策促进了中国经济高速增长,却没有导致美国所希望的中国政治体制"民主化",强大起来的中国开始寻求取代美国在西太平洋的领导地位,并致力于在亚洲建立一个中国主导的排他性地区集团。2010 年以来美国在亚洲启动的前沿部署外交实际上就是这一认识推动的产物,也是美国大战略调整的征兆。中国对美国的战略意图高度警惕,认为美国正在采取让盟友放心、让中国焦心的战略。作者通过调研认为,中美都

---

① Paul B. Stares, et al., *Managing Instability on China's Periphery*, Washington D. C.: Council on Foreign Relations, 2011, p.19.
② Terry Lautz, "U. S. Views of China: History, Values and Power", p.16.
③ 戴杰,2011 年 9 月 30 日。
④ 美中经济与安全审查委员会,2011 年 10 月 6 日。
⑤ 妮娜·哈赤宸,2011 年 10 月 14 日。

在密切关注对方的战略动向,担心对方出现根本性的大战略转向,在中国看来,美国大战略转向就意味着美国放弃对华接触政策,走向遏制与对抗;在美国看来,中国大战略转移意味着中国放弃和平发展道路,放弃韬光养晦原则,转而采取咄咄逼人的进攻性措施。基于此,中美互有期待,亦互相设防,世界各国开始炒作中美之间行将爆发新冷战。

  上述战略层面与东亚安全联系在一起,使得中美东亚主导权之争受到密切关注。2010年下半年以来,美国在亚太地区动作频繁,无论是经贸投资层面的跨太平洋伙伴关系协议(TPP)的推行,还是与澳大利亚、日本、韩国军事同盟关系的加强,均体现出掌控地区主导权的战略意图。美国评估2010年的外交情势,认为中国借美国在亚洲影响力下降、陷入伊拉克和阿富汗战争之际,乘机扩大地区影响力。兰德公司资深研究员安德鲁·斯科贝尔(Andrew Scobell)认为,"中美存在安全困境,开始相互视为威胁"。① 美国高调加入中国南海争端,中国则强调应以双边方式解决南海争端。战略与国际研究中心资深研究员葛来仪(Bonnie Glaser)为美国辩护,强调美国的初衷是担心中国将美国赶出东亚,其频繁动作是为了寻求平衡而不是遏制。② 前助理国务卿帮办、普林斯顿大学教授柯庆生(Thomas J. Christensen)也认为,面对崛起的中国,美国加强与日韩澳等盟国的安全合作是一个必然的趋势。③ 卡内基国际和平基金会资深研究员史文(Michael D. Swaine)则指出,美国不能依靠对抗达到目的,也不应该对中国军事现代化采取针锋相对的军国主义政策,因为中国无意寻求霸权地位,美国应该采取积极措施加强双边沟通与多边接触。④

  中美竞争、分歧与冲突使得美国精英再次激辩对华战略选择。戴杰总结指出:"当前美国存在两种对华战略观,接触派认为经济发展会促进和平,促使中国利益和观念发生变化,从而减少发生冲突的可能。冲突派(或新冷战派)则强调中美存在结构性矛盾。"⑤这是接触论和遏制论的传统二分法,实际上,美国少有绝对的接触论者或遏制论者,大多数精英认识到接触中国是必需的,但仅仅采取接触政策并不能确保美国战略利益的实现;在某些方面、某些时刻采取遏制措施也是必要

---

① 安德鲁·斯科贝尔,2011年10月26日。
② 葛来仪,2011年10月3日。
③ 柯庆生,2011年9月26日。
④ 史文,2011年10月3日。
⑤ 戴杰,2011年9月30日。

的。但是,在全球化时代,完全遏制不可能奏效。故而,真正认为美国应该、能够遏制中国的美国精英并不多,更多人士强调遏制与接触并用的战略。芬格尔不无玩笑地指出:"我在政策分析部门工作 20 年之久,从来没有一个会议讨论如何遏制中国的问题。美国对中国采取了两面下注的战略,中国对美战略又何尝不是如此?"①美国精英在对华战略应是遏制为主、接触为辅还是接触为主、遏制为辅上存在着巨大的分歧,争论不休。阿伦·弗雷德伯格明确主张遏制为主的对华政策。他强调,亚洲是未来冲突的症结所在,美国应通过在东亚部署硬实力抗衡中国崛起:"我们需要采取行动,加大制衡的战略比重。"②其他的一些学者则力图维系二者之间的平衡,如柯庆生指出的:"美国应该维持目前的对华战略,它包含两个方面内容:一方面是在亚洲的安全和政治事务中发挥积极作用,阻止中国利用胁迫手段解决争端;另一方面是通过积极的外交接触,鼓励中国通过建设性的经济和外交政策寻求扩大影响力。"③笔者认为,当前及未来一段时间,美国对华战略依旧摇摆于接触与遏制之间,而遏制的分量已有加重之趋势,尤其是随着两国战略态势的变化,昔日采取接触政策的经贸领域也出现了更多遏制的成分,安全领域、战略领域的遏制分量无疑更趋加重。迄今,中国依旧避免直接冲突,对美国行为的反应十分谨慎,而美国仍未放弃加大压力。

综上所述,中美关系处于关键时刻,双方都深刻感受到了来自对方的战略压力,战略信任的匮乏颇为抢眼。许多美国精英都强调,中美令人不安的现状迫切需要领导人采取措施平息事态④,芮效俭大使强调,避免崛起国家与既有大国走向战争的方式惟有领导人介入,确保双方关系正面发展。⑤ 胡锦涛主席与奥巴马总统举行了 11 次会晤,确立了"建设相互尊重、互利共赢的合作伙伴关系"的战略定位,期间双方启动了中美战略与经济对话、中美战略安全对话等顶层双边机制。⑥ 这些都是从国家决策层推进两国关系全面发展的远见卓识之举。

---

① 芬格尔,2011 年 10 月 20 日。
② 阿伦·弗雷德伯格,2011 年 9 月 26 日。
③ Thomas J. Christensen,"Shaping the Choice of a Rising China: Recent of Lessons for the Obama Administration",*Washington Quarterly*,Vol.32,No.3,July 2009,pp.89—104.
④ 查尔斯·库普乾,2011 年 10 月 26 日。
⑤ 芮效俭,2011 年 10 月 7 日。
⑥ 2013 年 6 月,习近平主席与奥巴马总统在美国加州安纳伯格庄园成功会晤,就构建中美新型大国关系达成重要共识。

未来的走向：美国战略调整与中国应对之策

美国大战略是否会出现根本性的转向？如果出现重大的战略调整，其基本方向是什么？美国战略调整对世界产生了怎样的影响？这些问题为各国战略人士所密切关注，更是美国精英所讨论的问题。笔者通过调研认为，面对全新的国内外情势与趋向，美国战略调整势在必行，其大战略目标依旧在于护持西方霸权地位、确保全球领导地位，其战略方向和具体部署正在进行大幅度的调整。美国战略调整来源于对国内、国际形势的冷静判断和主动把握，但能否通过战略调整实现其根本目标，美国并无十足的信心，当前的美国依旧处于战略焦虑期，其未来走向仍值得密切关注。

美国国内政治、经济、社会形势迫使美国将战略重心转向国内，全球权力转移尤其是中国全面崛起的态势又迫使美国不得不主动谋划，而全球化时代国内外因素密切联动的特征使得美国受到更多战略约束，其目标实现更具难度。总体而言，美国战略调整的重点是，优先促进国内稳定发展，同时确保亚太主导地位。如此，美国必然调整全球战略部署，改变二战期间就奉行的先欧后亚战略，将自己的未来更加密切地与亚太地区捆绑在一起，将亚太主导权视为美国世界领导地位的核心保障，全面加大对亚太地区外交、经济和军事投入，将其战略重心从欧洲大西洋向亚洲太平洋转移，并将亚太战略的针对者锁定为中国。① 与此同时，美国明确意识到自身经济实力的衰落和经济地位的下降，难以继续依靠经济手段（包括经济合作、经济援助、经济制裁）、军事威慑维系主导权，不得不依靠外交等软实力手段弥补其硬实力的不足，综合运用经济、安全、外交乃至意识形态手段，谋求强化整体实力。在维护亚太主导地位上，美国利用亚洲国家对中国意图与战略走向的忧虑，通过加强军事同盟、深化安全合作、扩大经贸合作的制度化等途径进一步介入亚太事务，与这些国家密切捆绑在一起，打造对华柔性包围圈。这具体表现在：第一，推进同盟关系的深化，构筑新型多边军事合作体系，如强化与澳大利亚的同盟关系，驻军达尔文空军基地，加强美军在太平洋、印度洋的存在；借朝韩冲突之机，深化与韩国的军事同盟关系，伺机推动美日韩安全协调的制度化；借南海争端之际加强与菲律宾、越南等

---

① 堪为证明的是，2012年1月15日美国发布新的《军事安全战略》，放弃了同时在欧亚两线作战的战略，明确提出以海空军为支柱加强在亚太地区的战斗力。

国的安全合作,参加东亚峰会,引导东亚峰会讨论海上安全问题,以此介入南海争端,并伺机进驻曾经撤出的军事基地。第二,大幅度提升与印度的战略合作关系,视之为制衡中国影响力扩大的亚洲柱石。第三,大力推进跨太平洋伙伴关系协定,着力打造美国主导的亚太自由贸易圈,介入东亚一体化,阻碍中国掌握东亚经贸主导权。美国国务卿希拉里·克林顿撰文提出,今后十年美国外交战略最重要的使命是大幅度增加对亚太地区外交、经济、战略及其他方面的投入,如前沿部署外交、维护条约联盟、召集小型多边会议、探究新型贸易协定、扩大军力部署等,明确提出美军重心转移的主要目的在于应对中国。① 当然,很多美国精英也意识到,遏制中国的目标过于宏大,难以达其所愿。与此同时,在越来越多的全球性问题应对上,美国又迫切需要中国的鼎力支持。因此,美国必有借重和接触中国之意图,确保中国全面融入国际体系,接受既有国际规则的框束,塑造中国的国际作为,亦是美国对华战略的重要目标。就像史文指出的,美国对中国继续奉行两面下注的综合性战略。②

美国战略调整引发了亚太地区的权力重新组合,使得亚太地区安全形势更趋复杂,传统的领土争端与愈演愈烈的海权竞争相互交织,中美安全冲突成为世界各国关注的焦点。美国通过强势回归凸显影响力,其政治经济实力的下降与军事、外交影响力的扩大形成鲜明对照,引发了各国对美国今后战略走势的猜测。美国战略调整的矛头直指中国,在热点问题上采取明显偏袒中国邻国的干预立场,强化与相关国家的同盟、准同盟关系,推行海空一体化,着力前沿部署,使得中国感受到了军事遏制态势和强大的战略压力③,并造成了两国地缘战略竞争的深化。与此同时,美国不仅维护了既有盟友和潜在盟友的利益,实际上也将它们置于两难境地。多数亚洲国家把美国看成是消除焦虑的工具,但都认为自己的经济前景与中国紧密联系在一切,即使美国最密切的盟友日本亦如此。东亚各国并不必然期望美国遏制中国,也并不完全将中国崛起视为自己的威胁,而是期望美国在既有的领土领海争端中发挥制衡中国的作用。各国并不愿意在中美之间做出选择,或为美

---

① Hillary Clinton,"America's Pacific Century",*Foreign Policy*,November 2011,pp.56—63.
② 史文,2011年10月3日。
③ 俞正樑:《中国进入战略挑战期的思考》,《国际观察》2011年第6期。

国火中取栗。正如葛来仪指出的:"东亚国家存在着经济上依赖中国、安全上依赖美国的困境,希望与中美同时保持良好关系,并不希望看到中美冲突,此前各国都担心两国集团联合主导,现在开始担心两国冲突。"①美国建立在传统同盟基础上的威慑体系能否持续奏效值得深入观察,正如美国前助理国务卿、加州大学圣地亚哥分校教授谢淑丽(Susan Shirk)指出的:"美国的军事实力受到限制,尽管奥巴马政府强调美国是太平洋国家,但实际上离这个区域很远,事实上美国还是一个地区外大国。"②

曾几何时,美国担心中国并非走和平崛起之路;如今,美国对和平发展的中国顾虑重重,开始把战略矛头对准中国。中美战略困境可否缓解?中国如何积极应对美国战略调整,确保本国可持续的和平发展?这些问题的答案不仅来自对历史的回顾与梳理,更取决于对当前的把握和未来的谋划。四十年的风雨洗礼,铸就了中美关系的稳定基础。中美关系从几乎没有任何直接关联,发展成为"利益高度交织、利害彼此攸关的全面战略关系"③,并致力于实现双边关系的稳定和彼此都能接受的平衡④,我们深刻认识到维护和发展双边关系的重要性,也对中美关系和平发展的未来有信心。

从某种角度上看,中美关系正在走向正常而成熟的双边关系。⑤两国关系近年来的发展证明,大国竞争并不必然带来危机与战争。中美关系开始体现出互补性(complementary)、合作性(cooperative)、建设性(constructive)、竞争性(competitive)、创新性(creative)的特征,一种复合相互依赖(complex interdependence)的双边关系正在形成,这是我们乐观其成的。当然,我们应清醒地认识到,美国对华政策是两面的,一方面推进两双边关系发展,对扩大中美合作抱有期待;另一方面在安全战略上对华防范心理明显,对中国政策走向不断提出要求甚至施压,力促中国朝着美方所期望的方向演变。⑥

我们认为,中国应结合世界发展趋势、自身发展形势、美国战略调

---

① 葛来仪,2011年10月3日。
② 谢淑丽,中共中央党校"巧实力与中美关系"研讨会,2011年12月11日。
③ 袁鹏:《对中美关系未来发展的战略思考》,《现代国际关系》2010年庆典特刊。
④ Hillary Rodham Clinton, "Remarks at the U. S. Institute of Peace China Conference", Washington, DC, March 7, 2012. See http://www.state.gov/secretary/rm/2012/03/185402.htm.
⑤ 托马斯·芬格尔,2011年10月20日。
⑥ 门洪华:《中国国际战略导论》,清华大学出版社2009年版,第208—211页。

整态势,以长远的战略眼光来审视和处理中美关系的未来,密切关注、善加谋划、积极应对。这具体包括:

第一,清醒认识中美实力对比,坚持和平发展道路。美国对华战略调整基于两个方面的认识:中国实力增长和对中国意图的评估。21世纪前10年,中国日益发展壮大,而美国囿于内外困难而相对衰弱,两国力量升降形成鲜明对照,使美国人深感失落、焦虑和忧心忡忡。① 中国已经是美国最大的债权国,欧洲陷入债务危机向中国伸出求援之手,这就是超过2/3的美国人认为中国经济实力超过美国的原因所在。许多美国精英秉持既有的历史逻辑,认为中国将走向对外扩张,中美未来必然陷入某些危机。② 冷战结束以来,美国主导的伊拉克战争、阿富汗战争耗费了大量财富,但依旧难以从伊斯兰国家的军事争端中脱身,自身陷入经济危机、社会不宁、政治停摆的困境。许多机构和人士都从统计学角度研究中美实力对比,似乎中国实力超过美国已成必然。我们认为,必须客观冷静地评估中国的国家实力和国际影响力,认识到经济总量位居全球第二并不等同于第二大世界经济强国,经济强国并不等同于世界大国,"不要低估美国的战略优势,高估中国自己的战略地位"。③ 中国惟有坚持和平发展道路,遵循"坚持韬光养晦、争取更大作为"的建设性原则,以和平方式投射其影响力,积极承担国际责任,才能成长为国际社会认可、尊重的世界大国。另一方面,我们也要清醒地认识到,中国已经成为世界各国关注的中心,是各国制定政策、进行战略调整的核心关注点,甚至常常被视为潜在的威胁和对手,我们对此需稳住阵脚,冷静观察、沉着应对。就像亚洲基金会副总裁海恩(G. Hein)指出的:"同样的事情、同样的做法,小国圆润自如,大国却难以得到认同,这就是大国的困境。可以说,大国不可能在所有事情上获得他国满意,因此大国要有容人之量。"④

第二,促进战略信任建设,努力消除误解和误判。中美关系存在的问题,首在战略信任的缺失。中国决策者深刻认识到培育战略信任对中美关系的重要性,在诸多重要场合都强调培育和深化战略信任是中美关系顺利发展的重要前提。2012年2月,时任国家副主席习近平访

---

① 马振刚:《"中美战略竞争论"剖析》,《国际问题研究》2010年第6期,第30—33页。
② Paul B. Stares, et al., Managing Instability on China's Periphery, p.1.
③ 黄仁伟:《关于美国战略研究的若干思考》,《现代国际关系》2010年第7期。
④ 海恩,2011年10月20日。

美期间提出加强中美关系的系列建议,首先就强调持续增进中美相互理解和战略信任,保持高层密切往来,充分利用中美战略与经济对话、人文交流、两军交往等各种渠道,多对话、多交流、多沟通,加强对彼此战略意图和发展走向的了解和认知,努力避免误读、防止误判,以相互理解和战略信任进一步挖掘中美互利合作的巨大潜力。① 很多美国精英也深刻意识到中美加强战略信任的重要性,强调减少不信任是中美之间面临的核心问题。尤其是,许多美国人士认为中国强大对美国意味着危机,有待于培育双赢意识,增强相互信任。② 中美关系存在着诸多误解,有的精英认为,"中美之间最大的误解在于,中国认为美国致力于遏制中国,美国则错误地认为其他国家将追随美国来制衡中国"。③ 因此,中美要加强交流,加深相互理解,减少误解,协调减少相关风险。④

第三,清晰划定国家利益的底线,坚决维护核心利益,积极扩大共同利益。中国应以强化和扩大共同利益为国际战略的基点,而不是把缩小分歧作为处理大国关系的基点,一味避让毕竟不是大国崛起之道。随着中国全面参与国际事务,相关议程在迅速扩展,与其他国家寻求共同利益的巩固和扩大是可能和必要的。中国已经成为世界和东亚地区的利益攸关方,以强化和扩大共同利益作为国际战略指导原则有其可行性,符合中国的长远战略利益。共同利益是中美关系发展的内生动力。当前世界重大问题的处理,离不开中美两国的参与和贡献,正如许多美国精英指出的,如果中美携手合作,就会出现共同的解决方案;如果两国发生分歧,全世界将被迫在相互冲突的做法之间作出选择,"如果中美双方不能找到共同利益,则就是两国战略的失败、世界的失败。面对这么多世界性问题,两国惟有理性应对,如果选择非理性措施,则会引起严重的世界性问题"。⑤ 中美双方在应对全球经济危机、塑造国际金融秩序、相互投资、新能源开发、维护东亚稳定等诸多领域拥有越

---

① 参见 http://news.xinhuanet.com/politics/2012-02/16/c_111532782_2.htm,2012 年 2 月 20 日。

② 例如:美国前驻华公使、斯考克罗夫特集团高级顾问罗伯特·戈登伯格(Robert Goldberg),2011 年 10 月 5 日;李侃如,2011 年 10 月 6 日;美国战略与国际研究中心高级研究员维克托·查(Victor D. Cha),2011 年 10 月 26 日。

③ 拉姆,2011 年 10 月 6 日。

④ 斯考克罗夫特集团高级顾问倪可文(Kevin G. Nealer),2011 年 10 月 5 日。

⑤ 戴维·蓝普顿,2011 年 10 月 4 日。

来越多的共同利益,双方拥有广阔的合作空间。① 在强化和扩大共同利益基础的同时,我们还要清醒地认识到中美之间存在的深刻分歧和对抗性因素,认识到美国是能够给中国核心利益带来最大侵扰的国家。基于此,我们必须在事关国家主权和领土完整等核心战略问题上清晰划定中国的战略底线,坚决维护核心国家利益。②

第四,坚持求同存异原则,加强相互理解,妥善处理分歧。中美关系体现出既有全面接触与合作,亦有深刻分歧与矛盾的基本特征,双方都一再表明以大局为重、追求共赢目标的意愿。世界未来的和平与繁荣,在很大程度上取决于中美关系能否实现有效合作。鉴于两国战略竞争态势已然形成,如何妥善处理分歧、加强危机管控、防止某一方面的风险蔓延至整体关系就变得至关重要。中美双方在许多问题上存在着严重的分歧,正如国际与战略研究中心资深研究员维克托·查(Victor D. Cha)指出的,美国在意识形态、人民币升值等一系列问题上对中国提出了过高的、在中国看来很不公平的要求,中国不可能满足这些期待。③ 许多美国精英指出,中美关系的关键就在于如何管理这些分歧,防止冲突调门升级导致安全困境式的情势。④ 妥善处理两国分歧,其基础在于相互信任,加强相互理解,坚持求同存异的原则,坚信宽阔的太平洋、蓬勃的全球化足可容纳中美两国合理的利益诉求。

第五,注重文化软实力建设,强化对外文化交流机制,促进世界新文明的形成。2008年爆发全球金融危机以及随后的欧美债务危机加速了世界经济权力转移的进程,进一步推动了西方及其他国家对西方文明的反思,促使许多国家更加珍视本国传统文化。在这一进程中,中华传统文化的价值备受世界各国的重视,中国开始将弘扬传统文化上升到国家战略的高度,坚持中国传统文化本位,致力于通过文化开放、大力吸收其他文化的精华而实现民族文化复兴。有鉴于此,新的文明交融正在中华大地上展开,中国不仅为世界新文明的形成做出贡献,也迎来了引领世界文明潮流的战略机遇。当然,我们也深刻认识到中国文化建设面临的诸多难题,尤其是国家文化软实力亟待提升。中国当

---

① 门洪华:《聚焦东亚:中美的冲突与合作》,《毛泽东邓小平理论研究》2005年第6期。

② 中国领导人对此有深刻论述。例如,习近平2012年2月14日在与奥巴马的会谈中明确指出:"尊重彼此核心利益与重大关切,不相互制造麻烦,不逾越对方底线,建设合作伙伴关系才有根本保证。"《人民日报》2012年2月14日第1版。

③ 维克托·查,2011年10月26日。

④ 斯坦利·罗斯,2011年10月3日;戴维·蓝普顿,2011年10月4日。

前处于市场开放、观念更新、社会转型、文化重塑的特定历史时期,要成为一个真正的全球性大国,完成在国内建设和谐社会、在国际上建立和谐世界的目标,需要重点关注软实力建设。文化交流是促成软实力提升的重要途径,也是增进相互理解与信任、从社会层面化解分歧与冲突的良方。当前,中美文化交流愈加丰富,从战略层面考虑加强交流已成共识。① 沈大伟建议中国可参照美国经验加强文化交流机制建设,这包括:参考美国富布莱特计划(Fulbright Program),在教育部设立高端教育交流项目;参考美国国务院国际来访者项目(International Visitors Program),在外交部设立国际访问计划;参考艾森豪威尔基金会(Eisenhower Fellowships),在外交学会设立精英学者项目。② 这些建议颇具启发意义。

  第六,面向世界大国的愿景,积极建立科学完备的中国国家战略体系,加强马克思主义战略理论体系建设。中国既有的国家战略体系并未将世界大国作为远景目标,体现出内向性、经济性的特征,灵活反应有余,长远谋划不足,根据国内外环境变化建构科学的战略体系已迫在眉睫。建构科学完备的战略体系,应秉持"天时不如地利,地利不如人和"(《孟子·公孙丑下》)的传统战略思想,强调国家发展战略与全球战略、地区战略的内在协调,以国家实力的理性评估为基础,明确战略目标的渐进性和确保总体布局的合理性。鉴于中国和平发展与世界转型并行,我们更应以中国特色社会主义理论体系为指导,以战略观念变革为先导,强化共有观念的建构能力,在战略观念创新方面下"先手棋";在全球议程扩展、中国参与国际事务深化的情势下,将寻求和发展共同利益作为根本的战略路径;在全球关注重心向亚太转移的情势下,更加强调处理周边关系和地区关系的优先性;认真研究"中国责任论"的内涵,重视让渡非核心利益和提供公共物品的战略价值。在现实意义上,如何实现国内经济发展方式的转变、深化国际社会的融入幅度、确立集包容性与长远性于一身的亚太战略框架至关重要;在理论意义上,着力建构马克思主义国际战略理论体系更是恰当其时。

  展望中国未来,机遇和挑战并存,机遇大于挑战。孙中山先生指

---

  ① 美国国务院主管教育与文化事务的助理国务卿帮办亚当斯·艾瑞里大使(Ambassador J. Adams Ereli),2011年10月5日。
  ② 沈大伟,2011年10月5日。

出:"世界潮流浩浩荡荡,顺之则昌,逆之则亡。"①任何大国的发展必然与世界潮流趋同,而不是趋异。中国和平发展,应世界转型之天道,顺民族复兴之民意,顺势而为,必大有作为,就像罗曼·罗兰的优美诗句所描绘的:我们镇静而从容地迈进,我们不想追上时间,因为时间就在我们这一边。

本文系作者2011年9—11月作为艾森豪威尔基金会高级访问学者在美国进行50余天调研考察的部分成果,发表于《中国社会科学》2012年第7期。

---

① 《孙中山全集》第6卷,中华书局1986年版,第180页。

国家利益与战略视野
——关于中日关系的调研与思考

2006年10月,以日本总理大臣安倍晋三履新不久即首选访华为开端,中日政治关系发生巨大变化,经由两国总理互访,实现了"破冰"和部分"融冰",中日关系开始出现新的稳定迹象,中日确立战略互惠关系引起了世界的关注。

中日这样两个利益和矛盾交织的大国之间,无论出现任何新鲜事物,外界总是抱着怀疑的目光,两国国内也不乏激烈争议。国际社会普遍关注的重大议题包括:如何看待当前和今后一段时间的中日关系?如何认识中日战略互惠关系的内涵?中日经济高层对话机制的作用和前景如何?

笔者受日本经济新闻社"亚洲青年经济学家项目"之邀,于2006年9月至2007年8月担任日本经济研究中心访问研究员,成为中日关系变化的亲历者。笔者借此机会,对中日关系——尤其是如何通过制度化路径稳定双边关系——进行了实地调研,访谈对象涉及党派、政治、经济、军事、产业界、文化界等诸多层面,并集中于调研如下议题:对中日关系的总体评价;对中日经贸合作前景的认识,对中日经济高层对话的预期。

一、对中日关系的总体评价

"中国最近开始看不起日本,不愿意与日本合作"。如果这句话出自一人之口的话,不一定会引起笔者的高度重视,但笔者访谈的许多日本人士尤其是一些政要也如此说,显然就不是一时失言,也难以视之为故作悲情之举。时任日本贸易振兴机构执行副总裁鹫尾友春略带伤感地指出,"中日两国的前景不同,人口减少的国家(自2005年起日本进入'少子化'时代)从未有过美好的前景,而中国的前景显然是值得预期的"。

显然,中日关系进入新的阶段,并不仅仅源于两国领导人的互访和稳定对话机制的逐步建立,还源于更深层的因素,这包括:

第一,中日关系是世界上最具复合性的双边关系。

历史遗产、政治不和、战略不信任的存在导致了两国之间的复合安全困境,而紧密的经济合作、共同的安全忧虑表明双方也存在某种相互依赖。

从双边关系的角度看,双方在经济上已形成密不可分的互利共赢关系,经济相互依赖在不断加深。2006年中日贸易总额为2073.6亿美元,日本成为中国第三大贸易伙伴;日本迄今累计对华投资超过3.6万个项目,累计实际到位投资近600亿美元,是中国第二大外资来源地。对中国而言,来自日本的资本、技术和贸易依旧是不可或缺的。另一方面,中国经济崛起为日本提供了不可或缺的机遇,中国是日本第二大出口国,日本有识之士均将日本21世纪初的经济复苏归因于中国经济发展。两国经贸合作的深化对各自发展起到了重要推动作用,给两国企业和国民也带来了实实在在的利益。中日之间缔结233对友好城市,每年两国人员往来超过480万人次,各层次往来频繁有加。如此密切的相互依赖一旦打破,两国必然要付出高昂的代价。因此,相互依赖已经成为防止两国恶性冲突的重要杠杆。然而,在政治和安全领域,中日彼此存在根深蒂固的不信任乃至敌意,而钓鱼岛和东海争端进一步加深了政治争端。鉴于中国持续崛起在日本引起的忧虑,日本并非简单地追随美国,主动利用和借助美国的一面在加强,从而导致中日战略竞争的加深。当然,将中日关系视为零和博弈将是误导的,任何忽略事实上的经济相互依赖和政治调适均是短视的。实际上,中日均处于强势"崛起"进程中(中国的全面崛起、日本加速迈向政治大国的步伐),双边战略态势呈现某种动态均衡,必然伴随着心理和战略的调适过程,某些看起来竞争的层面实际上是相互调适的反映。

从地区关系上看,中日两国都期望在地区秩序塑造和建构中发挥更大的作用。日本担心出现中国主导东亚的情势,而中国对排他性的美日同盟有可能损害其核心利益也充满忧虑。日本认识到难以遏制中国崛起,希望加强经贸合作;另一方面又对中国心怀戒备,刻意阻止中国影响力的扩大。

第二,中日两国同时呈现强势。

20世纪下半叶,中国迎来历史性的崛起。改革开放以来,中国综合国力上升居诸大国之最,中国经济保持了近9.7%的年均增长水平。2007年,按购买力平价(PPP)计算,中国是仅次于美国的世界第二大经济体,对外贸易位居世界第三位,中国被视为世界经济发动机、世界贸易发动机之一,继美、日、欧之后的第四大世界经济支柱。大国崛起首先冲击的是国际社会固有的利益格局,进而最终影响国际权力格局,导致国际体系的变迁。从过去25年甚至50年来看,中国在经历一个不断向东亚乃至全球扩大其影响力的过程,而且这个进程正在加速。由于中国崛起与新一轮全球化浪潮、国际秩序的转型几乎同步,中国的发展前景在一定程度上成为影响全球未来的决定性因素之一。作为东亚一体化最强大的推动力,中国崛起的战略效应正在全面展现开来。在地区事务上,中国与东亚诸国全面合作,积极参与了一系列基于合作原则和共识的多边制度,在地区事务处理上发挥着建设性作用。中国全面崛起得益于东亚地区合作,中国对外经济活动的70%是在东亚地区进行的,投资中国的外商85%来自东亚。在地区一体化进程中,中国明确进行了基于共同利益的战略调整,并与地区内国家达成了以共同利益为导向的建设性合作。中国的全面崛起及其发展模式的吸引力,已经超过了日本强势一时的雁行模式。①

日本受益于第二次世界大战后美国在东亚主导建立的安全体系,

---

① 20世纪30年代,日本学者赤松要在《我国经济发展的综合原理》的文章中提出了著名的"雁行模式":日本的工业化是遵循着"雁行模式"发展的,即日本作为一个经济落后的国家,由于国内的资源与市场的约束,只有主要依靠对外贸易,向工业国输出消费性商品,从工业国输入工业设备,然后建立自己的工厂进行替代性生产,以满足国内需要,并进一步带动国内相关产业的发展。上述过程绘成图像,犹如雁群列阵飞行,故称其为"雁行模式"。进入20世纪60年代,日本刻意在东亚建立本国主导的雁行经济模式,逐步形成以日本为雁头、四小龙为雁身、东盟和中国为雁尾的东亚经济秩序。目前,随着中国崛起的加速,东亚经济格局已经出现巨大变化,以此描述东亚经济秩序已不适当。进入新世纪,日本对雁行秩序的看法也在变化。2001年5月,日本内阁通过《通商白书》第一次明确指出,以日本为领头雁的东亚经济雁行模式时代业已结束,代之而起的是"以东亚为舞台的大竞争时代",后"雁行模式"时代的首要特征就在于东亚经济不再由一只领头雁来牵引,而是进入了"群马奔腾"的新竞争时代。日本依旧是这一地区最有实力的经济体,但牵引东亚经济的"火车头"作用已大为减退;与此形成鲜明对照的是,中国正以产业技术上的跨越式赶超和经济规模上的"巨国效应",日益发挥着更多的牵引作用。

并以此为依靠建立了日本主导的雁行经济秩序,从而确立了日本在东亚的优势地位。日本是东亚地区合作的先锋,也是东亚投资发动机之一。20 世纪 60 年代到 90 年代,日本政府开发援助(ODA)、对外直接投资、产业转移促进了东亚一波波的崛起浪潮,在地区经济发展中扮演着相对主导性的角色。雁行经济秩序在一定程度上代表了日本盛极一时的经济强势。经过近 10 年的经济停滞,21 世纪初日本经济开始走出泥潭而且迈向政治大国的国内运作频繁。日本在 20 世纪 60 年代末成为世界第二大经济强国,逐步建立了资本密集型、技术密集型、知识密集型经济,实现了以往用武力没有实现的目标。与其国际地位相适应,日本开始在认同上出现变化。自 80 年代以来,日本把成为"正常国家"视为战略目标,追求与其经济实力相符合的政治大国地位,热望在全球和地区事务中扮演更为显著的角色。在全球舞台上,日本将联合国安理会常任理事国席位作为孜孜以求的目标,并为此不遗余力近20 年,占联合国总经费比重在 15% 以上,近年有所下降,但仍居第二位;在地区舞台上,日本寻求界定未来东亚共同体的理念、框架和主要特征的领导权。

然而,冷战结束以来,东亚尤其是中国的经济崛起改变了东亚的权力关系。日本采取的主要战略措施是:重新定义和确认美日安全同盟,通过签署双边或多边经济伙伴协定进一步巩固与东盟国家的合作关系。作为东亚秩序的首倡者,日本不会甘心在自由贸易区建设、地区秩序建构上落于中国之后,日本提出"10 + 6"(指东盟 10 国、中国、日本、韩国、印度、澳大利亚和新西兰 6 国)东亚共同体的设想并付诸实施,制衡中国在东亚影响力扩大的意图不言自明。

第三,中日关系进入心理较力的阶段。

进入新世纪以来,导致中日关系趋于紧张的最重要原因是面对"中国崛起"时日本战略的变化。日本追求政治大国的决心,促使其将制衡中国作为首要的战略选择。日本有两个最至为关键的选择:或与中国合作重建亚洲;或继续以美国马首是瞻,与中国竞争。日本采取的是混合战略,与中国进行经济合作,这是日本在世界政治经济形势下不得不为之的选择,也是出于日本的自身利益特别是经济贸易利益;同时在政治、安全上加强对中国的软遏制。日本加强与美国同盟、加深与东盟合作,力促美、日、印、澳联盟均以中国为假想敌。尤其是,过去对华关系中一直淡化意识形态因素的日本开始用西方的价值观——而不是他们口中所谓的东方价值观——来要求中国,制约中国。与此同时,尽管日本社会的大多数人承认日本侵略其他国家,将军队派到其他国家是错误的,日本战后反战思想很强烈;尽管有识者如日本前驻华大使谷野作太郎指出,亵渎20世纪日本侵略亚洲历史的状况只要进行下去,"日本人就会失去和亚洲其他国家人民对话的基础",但否认侵略历史、美化过去已经成为日本寻求国际地位的一条路径。这种恶性民族主义的膨胀与中国崛起的民族主义相碰撞,最终导致了长达五年的中日冷淡关系(chilly relationship)。

日本已经逐步认识到与中国对抗没有战略价值,政治家开始批评日本的失策,但也更严厉地批评中国。这种批评是中日关系调整的副产品。有意思的是,在中国经济刚刚起步的时候,在冷战刚刚结束之际,日本采取了相对客观的态度,在西方国家中率先积极支持中国发展,还扩大了官方援助;而在中国崛起不可遏制之际,日本却反其道而行之,其原因不仅在于日本战略设计出了问题,也可能源于日本战略思维存在着侥幸的盲点。

中日之间不仅存在战略利益冲突,历史认识和观念冲突也交织在一起,很多问题难以妥善解决。早稻田大学教授毛里和子指出:"中日之间主要有三个层次的问题,第一层次的问题是解决边界纠纷、领土或领海问题等——这些问题本身比较简单,也许能够找到理性办法、通过外交渠道就能解决;第二个层次问题是围绕有关国家实力的,例如中国的领导人也想着让自己在解决东亚事情方面发挥更大的作用;第三层次就是历史问题,这是一个涉及比较核心的价值问题,对这个问题的解决相应比较复杂。更让人头痛的是,两国之间三个不同层次的问题交织在一起。例如,讨论领土问题的时候会立即回到历史问题,这使得问题越来越复杂化,而找不到理性的解决办法。"在笔者看来,不是找不到解决办法,而是日本刻意回避一些可行的解决办法,最根本的原因在于日本依旧意在放手一搏,在中国尚未羽翼丰满之际寻求更大的战略利益、更具弹性的战略空间。但是,中国不会在国家实力发展之际,允许日本肆意挤占未来的战略空间,或挑战自己的核心战略利益——尤其是对中国民族尊严至关重要的台湾统一和历史认识问题。这种心理较力,刚刚进入一个同时呈现强势的状态,将是一个长期持续的过程,其最终结果取决于中国发展目标的实现。

同时,心理较力并未妨碍双方合作,两国关系开始走向战略理性。两国总理互访表明,中日关系从强调日本对中国的援助到强调分歧,到强调保护自己的利益,到开始强调共同利益,可以说积极的色彩在逐步

加强。日本认识到,中国问题是世界问题,而日本问题不是世界问题,中国重大问题的处理对日本的影响非常大。中日两国的关系对彼此来说,都是想割也割不断的,其重要性不言而喻。如日本前金融担当大臣竹中平藏指出的:"中日均有自己的问题,坚持合作是两者未来的共同方式,或者必需的途径。"让中日关系保持稳定状态并获得发展,不仅对中日两国来说十分重要,对亚洲乃至全世界的和平与发展而言,都相当重要。在各领域、各行业建立各式各样的对话和交流机制、增加交流平台愈加重要。时任中国驻日本大使王毅2007年5月25日在第13届"亚洲的未来"国际会议发言指出,温家宝总理访日使得中日关系从恶性循环变为良性循环,冷战后各国关系都有了新的框架,中日关系需要在如下方面进一步努力:坚持和平发展道路,不把对方视为威胁,而是合作伙伴;全方位交流,加深新的理解;寻求和扩大共同利益;敏感问题妥善处理。时任日本自民党干事长中川秀直(Hidenao Nakagawa)强调,中日关系具有战略性,两国应分担责任,提供公共物品,以体现"德""宽大""恩"的东方价值观,转向协调的价值观,推进和解外交,以提供合作的基础。而谷野作太郎则强调:"企望两国总理互访使得中日关系一口气冲上云霄是危险的,稳定的中日关系必须建立在相互信赖关系上,双方为此付出持续的、大量有意识的努力十分必要。"

二、对中日经济关系的认识

经济相互依赖是中日关系的基础,也是中日关系稳定和发展的动力。中日经济关系首先体现在中日经济实力对比发生了巨大变化。中国经济规模积累迅速,2007年有望超过德国成为第三大经济强国,赶超日本时日也不会太久。如果按照购买力平价计算,中国早在20世纪90年代就超过日本成为世界第二大经济体。此前,日本拒绝承认购买力平价的比较方式,但2004年中国贸易总量超过"贸易立国"的日本、对日本构成巨大的震撼之后,日本反而开始客观评估中国的经济增长趋势。2002年1月,日本经济进入复兴时期,迄今增长68个月,超过了1965—1970年的经济增长,且中国成为日本经济得以复兴的特需,日本对此心知肚明。日本进出口贸易额占世界总量比重持续下降,而与此同时中国的比重在上升,也超过了日本(见表5-1)。尽管继续质疑中国经济出现泡沫的可能,但中国经济崛起已经为日本广泛接受。

表 5-1　主要国家商品进出口额占世界比重(1980—2005 年)　　(%)

	中国		德国		印度		日本		美国	
	进口	出口	进口	出口	进口	出口	进口	出口	进口	出口
1980 年	1.0	0.9	9.1	9.5	0.7	0.4	6.8	6.4	12.4	11.1
1990 年	1.5	1.8	10.0	12.2	0.7	0.5	6.6	8.3	14.6	11.4
2000 年	3.4	3.9	7.4	8.6	0.8	0.7	5.7	7.4	18.8	12.1
2005 年	6.3	7.5	7.4	9.6	1.3	0.9	4.9	5.9	16.5	8.9

其次,中日经济关系呈现一种基础性的自然关系。时任日本经济研究中心会长小岛明指出,中日经济关系呈现出市场驱动,私人或经济协议而不是政府协议的特征,构成了双赢性的自然经济区域。东京大学教授田岛俊雄教授指出,与建立良好政治关系的艰难不同,双边经济关系呈现相互依赖,处于既相互竞争又密切合作的状态。从日本制造业的海外分支机构分布来看,中国成为最大的生产基地和销售基地,研发机构也在增加(见表 5-2)。可以说,中日经济相互依赖,相互影响巨大,一荣俱荣已经实现,未来处理不好,可能导致一损俱损。

表 5-2　日本制造业的海外分支机构一览表

	东亚				东亚其他国家或地区	北美	欧盟15国	其他地区	总计
	总计	新兴工业国/地区	东盟4国	中国					
生产基地	3331	593	1146	1592	215	719	444	406	5115
销售基地	2019	927	493	599	108	614	831	445	4017
研发基地	103	17	23	64	4	76	52	14	249
其他	324	101	93	130	17	195	113	122	771
总计	5777	1638	1755	2384	344	1604	1440	987	10152

资料来源:*JBIC Survey on Overseas Business Operations*, November 2006。

中日经济关系极其密切,中国是日本在东亚最大的投资东道国、日本最大的贸易伙伴,日本是中国第三大贸易伙伴。20 世纪 90 年代以来特别是中国加入 WTO 以后,双边经济一体化在加快,表现为双边贸易占中国 GDP 比重在迅速上升，2006 年中美贸易额占中国 GDP 的比重是 9.9%，中日贸易额占中国 GDP 的比重 7.9%。中国和美国成为世界上最大的利益攸关者，中国和日本在本地区成为最大的利益攸关者。从未来发展的角度看，根据日本经济研究中心预测，到 2020 年日本对中国的出口占其总出口比重将达到 27%，而对美国出口的比重降至 17%（见表 5-3），从美国市场依赖型变为中国市场依赖型，如果包括香港地区的转口贸易，它对中国的依赖度就会过高。中国对日本未来的经济繁荣至为关键。从进口角度看，中国已经居日本市场的首位，占 1/4，到 2020 年将上升至 1/3 以上（见表 5-4），"中国制造"已经是日本国民"吃穿用行"不可或缺的生活必需品，这在很大程度上制约了日本对中国的制衡能力。

表 5-3　日本出口的地区结构预测（2005—2020 年）　　　（%）

	美国	欧盟（25 国）	亚洲	中国	亚洲其他国家和地区	其他地区
2005	22	15	49	14	35	14
2010	20	14	52	18	34	14
2015	18	13	54	22	32	14
2020	17	12	58	27	31	14

资料来源：日本经济研究中心，2006 年 12 月。

表 5-4　日本进口的地区结构预测（2005—2020 年）　　　（%）

	美国	欧盟（25 国）	亚洲	中国	亚洲其他国家和地区	其他地区
2005	14	13	49	24	25	24
2010	13	12	52	28	24	23
2015	11	11	56	32	24	22
2020	9	11	61	37	24	20

资料来源：日本经济研究中心，2006 年 12 月。

中日经济关系受到更多重视，以 2006 年外务省亚洲大洋洲局日中经济室的成立为标志。该室室长松本盛雄介绍说，日本在中国加入 WTO 之后开始考虑成立日中经济室，因为 WTO 有很多专业知识，过去与 WTO 的事务由外务省经济局负责，该局对如何处理中国事务不了解，而亚大局中国课不了解专业知识。中国相关事务涉及经济产业省、财务省等9个部门,贷款事务则涉及政治问题,而气候变化、环保等热门话题关乎中国的事情也比较多,因此需要一个专门的窗口。松本强调,过去中日关系是双边关系,也是垂直关系,即日本向中国提供资金、技术等,而中国将资源、劳动力等出口日本,而现在中国成为生产链的重要一环,对日本尤其重要;另外,中国已经成为世界的大市场,原材料、技术进口等很大,如何发展与中国的经济关系变得至为关键。考虑到世界经济的良性运转,中日两个国家必须有制度性的合作。

最后,从地区经济关系的角度看,中日在地区经济中的地位开始呈现双雄并起的局面,贸易优势明显向中国倾斜。在中国、美国、日本与东亚贸易伙伴关系中,1995年只有香港地区是中国的第一大贸易大伙伴,而日本有7大贸易伙伴,美国最多,有8个;到2005年中国有9个第一大伙伴,而日本只有3个第一贸易伙伴,美国为4个(见表5-5)。中国崛起之快令人惊异,不仅成为东亚地区最大的贸易体,又成为最大的利益相关者,既取代了美国,又取代了日本。东亚地区内各国均强调,中日合作是确保东亚地区一体化、达成东亚制度化框架的唯一途径。

表5-5 中、美、日与东亚贸易伙伴关系

时间	国家	数量	第一大贸易伙伴
1995	中	1	香港
	日	7	阿富汗、文莱、印尼、马来西亚、朝鲜、泰国、越南
	美	8	澳门、印度、日本、韩国、巴基斯坦、菲律宾、新加坡、中国台湾地区
2000	中	3	蒙古、中国香港地区、朝鲜
	日	4	文莱、印尼、泰国、越南
	美	10	柬埔寨、中国澳门地区、马来西亚、印度、日本、韩国、巴基斯坦、菲律宾、新加坡、中国台湾地区
2005	中	9	中国香港地区、中国澳门地区、日本、韩国、吉尔吉斯斯坦共和国、蒙古、朝鲜、中国台湾地区、越南
	日	3	文莱、印尼、泰国
	美	4	柬埔寨、印度、巴基斯坦、菲律宾

数据来源:IMF, *Direction of Trade Statistics* 2006, CD-ROM。

小岛明指出,东亚地区关系处于可管理状态,加强地区经济合作基础厚实。时任日本自民党国会对策委员长二阶俊博指出,应该在东亚建立类似于 OECD 的组织,建立东亚经济研究中心促进东亚 16 国的经济合作研究,日本愿意提供人才和资金支持。2007 年是中日邦交 35 周年,中日两国应以此为契机,以环境、能源为议题进行民众之间的交往,从相互理解的角度加强合作。早稻田大学教授蒲田秀次郎指出,中日必然存在竞争,日本支持东亚全面经济伙伴区(CEPEA)而不是东亚自由贸易区(EAFTA),其实二者的形式并不重要,但成为全面的合作框架很重要,其最终结果都是东亚合作区,所谓殊途同归。中日经济界人士均强调中日共同为东亚提供公共物品的重要性,将双边关系协调纳入东亚地区一体化之中,共同发挥负责任大国的作用,提供地区性公共物品、公共知识、公共空间,为促进本地区的一体化创造有利的条件,通过在地区和全球事务中的协调增进战略互惠、战略互信。

综上所述,中日经济关系是一种竞合关系,既存在激烈竞争,又积极寻求合作,中日两国资源禀赋不一样,处在不同的发展阶段,产业结构也不同,存在较强的互补性,这就为双方寻求更大的共同利益奠定了经济基础。例如,中国有着丰富的人力资源,日本有着先进的可供转移的技术,双方的互补空间巨大。时任日本经济研究中心理事长深尾光洋认为,在中日经济关系中,日本应加强技术转移,同时修改其移民政策,为中国的脑力劳动者提供工作签证等便利条件。应该说,无论从长远的还是近期的角度来看,中日的合作不仅对双方有利,而且对本地区乃至全世界都有益。此外,地区一体化是有效实现中日政治和解和战略合作的重要途径,地区制度建设可以促进经济收益的最大化,同时有效缓解中日的战略不信任。换言之,东亚地区合作框架可以为双边协调和对话提供更为宽广的路径。中日均意识到单一国家主导的东亚合作模式是行不通的,维护本国核心利益最有效的途径莫过于承担东亚利益攸关者的责任,在地区框架内发挥负责任的作用。总体而言,两国之间的竞争不可能完全避免,冲突也不至于导致关系完全破裂,但双赢也难以常常达到,因此两国能够追求的最佳效果是避免零和博弈、争取积极成效。

三、对中日经济高层对话的预期

2006 年 10 月安倍访问北京,双方确定了建立中日战略互惠关系的目标,并同意举行中日经济领域部长级对话。2007 年 4 月 12 日,在温家宝总理访日期间中日经济高层对话机制启动会议在东京举行。温家宝指出,中日经济高层对话机制的启动,标志着中日经济合作将被提高到更高水平。对话机制的主要任务一是交流两国经济发展战略和宏观经济政策,加深相互了解;二是协调跨部门经济合作事宜,探讨合作中相互关切的重大问题;三是加强在重大地区及国际经济问题上的政策沟通,促进两国更广领域的合作。温家宝强调,这一机制对能源、环保、金融、高新技术、信息通讯、知识产权保护等重点领域的合作将发挥统筹和推动作用。安倍表示,建立经济高层对话机制是中日两国构筑战略互惠关系在经济方面的具体落实,希望双方站在全球的高度开展和推进对话,不断取得成果,促进中日关系的全面发展。两国总理就年内在北京举行中日经济高层对话达成共识。

中日关系尚处于初步稳定期,诸多解决方式都是过渡性的,双边问题的解决需要更多的交流渠道和平台,因而制度化交流路径变得越来越重要。

那么,如何看待中日经济高层对话机制的设置及其未来功能?实际上,中日经济高层对话既是20世纪80年代双边高官阁僚会议的延续,是中日经济相互依赖之溢出效应的体现,也是中日战略互惠关系的产出品,还受到中美战略经济对话的影响乃至激发。

1981—1987年,中日召开过数次中日高官阁僚会议,主要讨论日本对华ODA的问题,并积极推动了两国经济合作。之后中日经济关系更加密切,但却没有建立相应的专门协调机制。进入21世纪,中日政治关系恶化对经济关系造成了较大影响,建立经济对话机制的考虑早在其中。2005年开始的中美战略经济对话取得了引人注目的成就。中美将经济、能源、环保等议题转入经济高层对话,双边战略对话则更专注于政治和安全领域的制度安排发挥着积极作用,这种专业化分工有助于两大战略平台同时发挥作用,也使得制度化交流渠道进一步拓宽。另一方面,正如鹫尾友春等在访谈中表达出来的,由于日本与美国没有形成中美的深入合作关系,而美国也没有事先通知日本的惯例,因此日本对中美战略经济对话(SED)深感紧张,担心中美达成不利于日本的协议,逼迫日本成为规则遵从者。有鉴于此,安倍主动提出经济高层对话。中方对此表示了积极赞同,从而使得中日战略对话有了一个补足性的经济协调机制。

可以预期的是,中日经济高层对话机制将成为推动双边经贸关系的重要平台。松本盛雄指出,中日经济高层对话与美国不同,美国的主要目的是为了解决目前的重要问题,由财政部主导,集中于处理金融、汇率等问题,日本则更关心中日经济关系如何发展下去,顺着什么道路发展,因此中日经济高层对话更具有战略性和全局性。这一看法与中国颇有不同,许多中国学者则认为,中日经济高层对话的当前目标是作为危机处理机制的补充,其战略价值并不一定具备全局性。

另外,中日经济高层对话确实有着诸多内在制约因素。首先在宏观意义上,如高原明生指出的:"日中关系是比较特殊的,历史上、现在都如此,缺乏对对方客观的理解和认识,许多问题都成为探测对方真实意图的途径,两国都对彼此的未来理解不甚清楚,实际上是两国找不到直接交流渠道的原因所导致的。"鉴于中日之间交流渠道太过单一,增加新的交流渠道本身具有重要意义,但双方对如何认识和建构新渠道却有着不同的认识,分歧在渠道创立之初就已经开始了。其次,两国经济均存在内在难题,相互协调存在实际困难,松本盛雄指出:"日本资源缺少、人口高龄化、市场容量下降,安倍提出进一步开放、技术开发、与其他国家加强合作等方式能否贯彻有待观察。日本不开放的主要症结是农业,但日本经济前景已经受制于不开放;中国的经济机制没有完全市场化、开放不平衡。"田岛俊雄一针见血地指出,战略性经济对话的问题出在日本,狭隘的农业考虑必然制约其成果。小岛明等提出日本农业工业化的设想,期望日本成熟的农业产业链能够转移到中国,从而联合实现日中农业的产业化发展,这一创见能否实施尚存疑问。最后,日本主管部门外务省在经济事务上的影响力不够,其所起作用受到质疑。田岛俊雄指出:"日本外务省没有管理国内事务的权限,对国内事务没有重大影响力。日本对外经济谈判(包括世界贸易组织谈判)一般是经济产业省、农林省、负责关税管理的财务省出面主导,外务省虽参与其中,但只是负责安排议程。"中日经济高层对话机制中方承办部门适当,但日方由外务省承担,有可能导致一般性的观点交流,明确成果难以达成。因此,我们应该采取的态度的是,中日经济高层对话是一个进程,而不是一次性事件,两国要体现逐步推进的耐心。正如时任驻日本大使王毅指出的:"外交的使命就是把可能性变成现实。"

那么,如何设定中日经济高层对话的基本框架、核心目标和主要议题,才能立足当前、放眼未来?

中日经济高层对话的核心目标是解决分歧、寻求共识、促进合作、增进互信等,致力于创立建设性合作关系、健康稳定发展的平台,就共同关心的一些重大问题进行深入交流,增进双方在各领域的互信与合作。因此它应该探讨的是长期的、全面的经济关系,而且不应局限于双边问题,应将地区和全球层面的经济关系纳入考虑之中。其主要任务是,促进对彼此经济发展战略和宏观经济政策的深入了解,协调跨部门的经济合作事宜,探讨重大经济议题上的协调合作,加强地区乃至全球重大经济议题的政策沟通,促进双边经济利益的实现,从而进一步稳定和改善双边关系。同时,中日经济高层对话不仅要务实,也要务虚,允许乃至主动邀请学者和思想库以某种适当的方式加入对话之中,就相关议题发表见解,从而促成高层对话的可渗透性和弹性,以有利于其健康发展。

就主要议题而言,温家宝总理提出了中国的基本观点:集中于能源、环保、金融、高新技术、信息通讯、知识产权保护等领域。这些议题事关中日经济合作的前景,值得集中探讨合作协调之道。日本人士普遍认为,中日经济高层对话应明确先后顺序,先从功能性合作起步,如在环境和能源方面尽快启动合作。小岛明指出:"中国经济发展从数量型向质量型发展,通过什么合作机制促进中国实现这种转变,现在是日本高层讨论的重点。日中两国政府应该以此为契机,促进合作机制的常规化、稳定化。通过增长实现相互依赖。"鹫尾友春指出:"对日本而言,比较容易和达成共识的方面首先是环境问题。日本有技术,有意愿,有背后的推动力。与此相关,日本将知识产权保护视为合作和技术转让的前提,因此政府间制度安排还是需要的。"松本盛雄强调,在环境合作方面,需要日本政府对华进行资金投入的新框架,即如何安排新的 ODA 问题,双方可以就此进行探讨。能源合作是双方最早启动的议题,它不仅涉及能源安全的合作,还涉及节能、清洁能源开发、环境保护等方面,值得进一步加强专项协调。此外,能源、技术、金融等问题不仅是中日两国之间的问题,而应在这些问题上同时寻求地区合作和全球协调。竹中平藏则强调,在技术层面要加强两国统计方面的合作,在长远意义上则要加强学界的交流,为日中经济高层对话及其他战略协调机制提供知识、见解和动力。应该说,日方提出的议题更为具体,有些设想也颇具可操作性,值得我们重视和研究。

中日经济高层对话是中日战略互惠关系的重要组成,也是中日战略互惠关系的试金石,需要两国认真对待,确保其顺利运行,积极促进可观成果的达成。

四、需要思考的几个重大问题

对日关系是中国整体国际战略规划的重要组成部分。如何稳定中日关系依旧是摆在决策者面前的重大议题。笔者认为,结合对日战略调整与中国国家战略利益的维护和拓展,我们应着重抓住如下方面:

第一,以更加长远的眼光和更具战略性的大国风度处理中日关系。我们应更加理性地应对日本的调整和挑战,这包括:坚信中日关系的未来走向基本上取决于中国的发展前景;进一步了解日本的历史进程和未来目标,从而做到知己知彼;既强化中日之间解决历史问题的机制,更要促进面向未来的机制建设;下大力气加强与日本的非官方交流,以加强中日关系稳定的民间基础;加强与美欧的技术合作,视之为制衡日本、促使日本加强对华合作的重要手段等。同时,我们还要向日本学习成功的经验,吸取其发展历程中的教训,包括如何处理对美贸易摩擦、如何处理本币升值、如何拓展海外事业、如何促进国内和谐、建立循环经济社会等。应该说,我们在改革开放过程中积极学习美欧发展的经验教训是必要的,也是可取的,但是对与中国国情比较相近的日本经验教训了解不多,吸取不够,特别是对日本如何在人多、地少、油少的条件下迅速实现了工业化、城市化、国际化,同时还实现了真正的"青山绿水",保持了67%的森林覆盖率、世界最适宜居住的环境,我们还知之不多,而这些发展经验正是中国所需要的"公共知识"。

第二,区分轻重缓急,妥善处理中日关系与东亚未来的关系。中日战略互惠关系不仅限于双边事务,如何稳定这一关系并使之与中日各自的"10+1"(东盟+中国、东盟+日本)互惠关系相联结,以构成整体的东亚共同利益战略框架,对中日双方乃至整个东亚都是一个重大步骤,既是巨大的挑战,也是难得的机遇。笔者认为,中日稳定必然导致美国因素的加重,东盟对美战略必然要调整,美国战略也要调整。从实质意义上看,必须确保东亚地区成为中国未来发展的战略依托,因而中国与东盟的关系是基础性关系,不能动摇;中国与美国的关系是全球性合作关系,存在长远性的竞争因素,但更需要进一步加强相互依赖;中国与日本的关系则是地区性竞争性关系,难以完全通过寻求共同利益达到稳定,我们对此应有清醒认识。

第三,要积极应对"中国责任论",争取国际社会话语权。"中国崩溃论"和"中国威胁论"已经得到中国的冷静处理,现在如何应对"中国责任论"成为影响中国的重要基点。对中国而言,国际社会要求中国负责任的呼声与日俱增,这是一个压力,又是一个好事,公民权利、环境保护等国际社会的要求对中国并非没有好处。更重要的是,我们应思考如何借助国际社会的邀请和期望,进一步融入国际制度,成为国际事务中举足轻重的参与者,成为新国际规范的共同制定者。因此,"中国责任论"是压力,就一定是动力;是挑战,就一定是机遇。谷野作太郎指出:"日本期望中国大力施展符合大国形象的战略。日本在20世纪70年代囤积了大量的财富和国力,却对此没有充分的认识。暧昧的国体、国际社会中所作所为受到美国和东南亚国家的指责。我不希望中国重蹈覆辙。希望中国堂堂正正地行王道。"最近,"中国责任论"已经成为美国、日本战略界关注的核心课题,中国有必要集中力量进行研究,防止话语权流失。

第四,把共同利益追求提升到战略层次,将互利共赢作为中国国际战略的核心目标加以推行。"共同利益"一词1997年9月第一次出现在党的十五大政治报告中。十五大政治报告提出与发达国家"寻求共同利益汇合点";十六大政治报告提出"扩大与发达国家的共同利益";新的中央领导集体执政以来发展了这一战略思想,强调"维护与发展中国家的共同利益"的主张。随着中国进一步融入东亚地区合作,扩大与周边国家的共同利益成为中国的战略趋向,共同利益也将在中国战略中占据更重要的地位。笔者认为,中国应以强化和扩大共同利益为国际战略的基点,而不是把缩小分歧作为处理大国关系的基点,一味避让毕竟不是大国崛起之道。随着中国全面参与国际事务,相关议程在迅速扩展,与其他国家寻求共同利益的巩固和扩大是可能的,也是必要的。中国已经成为世界和东亚地区重要的利益攸关方,以强化和扩大共同利益作为国际战略指导原则有其可行性,符合中国的长远战略利益。

本文系作者2006—2007年在日本经济研究中心担任高级访问学者期间撰写的调研报告之一,完稿于2007年5月1日。

关于建立国家安全委员会的建议

冷战结束迄今，大国竞争加速，国际风云迭起，深深融入国际社会的中国逐渐位移至被关注的核心，国家安全迎来方方面面的考验。对中国而言，惟有重视国家安全，才能实现和平发展，这就需要有机制地应对世界风云变幻和国际斗争，确保在大国博弈中持续成长。

"运筹帷幄之中，决胜千里之外"。能否密切结合国内国际两个大局，实现国家安全一盘棋，在重大国家安全与外交问题上着眼现实与长远，在关键时刻、核心问题上集思广益，最终作出正确的战略决策，事关国家核心利益乃至生死存亡。放眼世界，大国分外重视国家安全，并纷纷建立全方位制定、协调和实施国家安全与外交决策的国家安全委员会，作为支撑国家安全与对外决策的中枢机构，并视之为国家制度建设走向成熟的标志。

中国国家安全和外交问题的重要性日益凸显，必须成章建制，整合外交、军事、经济、情报和宣传力量，建立国家主席主导下的国家安全委员会，聚焦于研究事关国家安全的领土、领海、外交、军事、资源、经济、民生等重大战略议题,制定相关重大战略决策,监督国家安全战略的实施,并对国内外突发事件作出高效、有力的反应。

建立国家安全委员会的紧迫性与必要性

大国兴衰,源自国家发展动力与态势,与战略谋划亦密切相关。大国竞争,以国家实力为基础条件,而战略上的运筹帷幄亦是决定性要素。国家安全,既是国家运作的核心,亦是大国外交折冲的焦点。为此,设立国家安全委员会已被视为强国走向成熟的标志。

随着中国国家实力的增强和国际地位的强化,中国需要完善决策机制,在重大战略议题上做出更为全面、系统而前瞻性的规划。另一方面,在领土、领海、资源、社会稳定、国家统一等战略议题上,中国国家安全均面临着方方面面的严峻挑战,而西方和某些周边国家往往利用这些议题图谋损害中国的核心国家利益,需要完善全球化条件下实现长治久安与持续成长的国家战略体系,强化国家全局谋划和战略决策的能力。

当前中国国家安全的突出现象是,国家声誉日隆,国际影响力日益扩大,而国家安全的显在和潜在威胁却日益突出,这明显表现在:国家发展路径遭受质疑,国家领土安全遭受威胁,国家政治体制遭受诟病,国家社会稳定遭受挑战,国家文化安全遭受渗透,传统安全与非传统安全问题交织而来,中国面临着巨大的国内外安全压力。与之相对照的,则是维护中国国家安全的战略体系尚不健全,职能不清、缺乏协调等问题突出,遇到突发情况时难以进行合理有效的危机管控,重大国家利益难以得到保障。

中国为维护国家安全做出了长期不懈的努力,中央国家安全领导小组是中国特色的国家安全委员会建制。2000年9月,中共中央组建"中央国家安全领导小组",与列入中共中央直属机构序列的"中央外事工作领导小组"合署办公,两块牌子、一套人马。中央国家安全领导小组(中央外事工作领导小组)是中共中央政治局领导国家安全和外事工作的议事、协调机构,其目标是整合军事、政治、情报、外交、宣传等各部门力量,共同维护国家安全。中央国家安全领导小组成员包括:组长为中共中央总书记、国家主席、中央军委主席,副组长为国家副主席,成员包括外交部部长、国防部部长、公安部部长、国家安全部部长、商务部部长、国台办主任、国侨办主任、港澳办主任、中联部部长、国务院新闻办主任、解放军副总参谋长、中宣部部长等。

但总体而言,中央国家安全领导小组不是实体,而是一个会议式的协调机制,其核心职能还是围绕外交的全局谋划,当然算不上强势的国家安全决策机制。由于军事、公共安全、情报、外交、宣传乃至能源、海关等部门互不隶属,术业各有专攻,专业性越来越强,部门利益亦日趋严重,而现有的中央国家安全领导小组在法律和实际运作上均缺乏整合上述职能部门的权力与能力,难以对国家安全危机隐患作出审慎全面的评估,提出最佳对策并迅速采取决断行动,在事后对危机处理进行深入反省和总结,难以切实有力地维护国家全局利益、长远利益。

当今世界围绕国家安全的角力复杂多变,由外交系统主导的国家安全架构不适应世界形势和中国国情。中共中央委员会明确意识到完善国家安全决策机制的必要性和紧迫性,2004 的年十六届四中全会决议就明确提出"抓紧构建维护国家安全的科学、协调、高效的工作机制"。我们认为,在国家安全问题上,必须密切结合国内国际两个大局,整合既有的安全体制,完善国家安全的顶层设计,建立具有国家安全决策中枢性质的国家安全委员会,确保国家安全决策的权威性,发挥集体领导的智慧,担负全局谋划、部门协调和危机管控的职能,实现国家安全事务的决断权和政策效率。

可资借鉴的国家安全委员会组成与决策模式

国家安全委员会是关涉国家安全的最高决策或咨询机构。世界诸大国均高度重视国家安全与外交决策,将其放到与国内问题同等重要甚至更重要的位置上。国家安全委员会的设立始于美国,目前所有大国的国家安全委员会建制(如俄罗斯、英国等)或筹建(如日本)均以美国为参照,智利、南非、土耳其、泰国和马来西亚等中小国家的相关建制亦明显体现出基于本国国情、借鉴美国经验的特征。当然,各国基本国情不同,国家安全考虑各异,国家安全委员会的组成与决策模式也各有特点。

美国国家安全委员会(National Security Committee)根据 1947 年《国家安全法》而设立。根据美国《国家安全法》的规定,国家安全委员会的主要功能是:就有关国内、外交和军事政策向总统提出建议,从而使各军兵种及其他政府部门更有效地合作;就与实际的和潜在的军事力量有关的国家目标、义务和风险做出评估,从而向总统推荐可行的选择;考虑涉及与国家安全有关的政府部门共同关心的事务和政策,并向总统推荐可行的方案。美国国家安全委员会是美国涉及内政、外交、军事等国家安全事务的最高决策辅助机构,负责向总统提供与国家安全有关的内政、外交和军事方面的总体政策,协助总统统一统筹、协调各有关部门的行动,监督国家安全战略的实施,并专注于危机处理和应对。

美国国家安全委员会的组成包含四个部分,即法定成员、法定顾问、总统安全事务助理及非法定成员。其中,总统、副总统、国务卿和国防部长为法定成员,总统担任国家安全委员会主席,拥有决策权,而其他三人拥有建议权和被咨询权;法定顾问包括中央情报局局长和参谋长联席会议主席,前者负责美国情报体系,后者负责制定军事战略和计划,协调各军种军事战略;总统国家安全事务助理负责国家安全委员会的日常工作,负责向总统呈报各种国际问题,监督各部门切实执行总统国家安全政策,并对跨部门行动予以协调,是总统在国家安全层面最重要的顾问;非法定成员包括财政部长、行政管理与预算局局长、总统办公厅主任、总统科学顾问、总统经济顾问委员会主席、美国贸易代表和美国常驻联合国代表等。

美国国家安全委员会的具体职能主要是:(1)从繁杂的问题中鉴别出哪些需要引起总统的注意;(2)协调和汇总向总统呈送的有关国际局势的文件、信息和情报报告;(3)就外交政策的制定和执行问题促成总统与内阁官员及其他高级官员的联络;(4)为国家安全委员会会议制订日程,预先向总统介绍有关情况,监管政策建议及决策文件的分发和输送,管理国家安全委员会下层机构的运作;(5)向行政部门传达总统的决定和指示;(6)监督各部门的行动以促进合作并确保总统决策的贯彻实施;(7)介入实际决策,包括危机事件发言人和外交使者等日常事务。

美国国家安全委员会的主要运行机制是:国家安全委员会部长级委员会,由总统国家安全事务助理主持,其成员包括国防部长、国务卿、参联会主席、中情局局长、白宫办公厅主任和其他受邀参加的政府部长;国家安全委员会副部长级委员会,负责审查和监督国家安全委员会部际间的工作,由总统国家安全事务副助理主持,成员包括主管政务的国防部副部长、主管政治事务的副国务卿、参谋长联席会议副主席、中情局副局长和其他相关部门政府副部长;国家安全委员会协调委员会,对地区性或专门性的国家安全政策制定和贯彻提出决策性意见和建议。

俄罗斯维护国家安全的建制颇有渊源,专事国内外情报收集和安全工作的苏联国家安全委员会(克格勃)声名远播,但其主要职能是传统性的。20世纪90年代,俄罗斯通过了《俄罗斯联邦国家安全构想》《俄罗斯联邦对外政策构想》《俄罗斯联邦安全法》《俄罗斯联邦对外情报法》《俄罗斯联邦国防法》等,确定了俄罗斯外交与安全问题的总体原则。以此为基础,俄罗斯1992年成立联邦国家安全会议,作为"在俄罗斯总统领导下保障国家安全的整个国家机制的核心"。

俄罗斯联邦安全会议的基本任务是:确定社会和国家至关重要的利益,阐明安全主体面临的内外威胁;确定俄罗斯安全战略的主要方向;向总统提供就保障个人、国家与社会安全的决策建议;制定协调各部门执行有关保障安全的活动措施并予以评估;完善安全保障系统。

俄罗斯联邦安全会议秉持综合安全的理念,与作为美国总统执行机构一部分的美国国家安全委员会不同,是不进入任何权力分支的跨部门机构,可以在更广泛的范围内集中国家政治资源解决外交与安全问题。

俄罗斯联邦安全会议主席由总统担任,安全会议秘书由总统直接任命并直接向总统负责,安全会议的常委和委员由总统根据安全会议秘书的建议任命。目前安全会议常委包括:总统、安全会议秘书、总理、外交部部长、国防部长和联邦安全局长。安全会议委员包括:国家杜马主席、联邦委员会主席、总统办公厅主任、俄罗斯武装力量总参谋长、对外情报局长、内务部长、联邦边防局长、司法部长、紧急情况部长、总统联邦通讯与信息局长、总统驻联邦区全权代表和俄罗斯科学院院长。其中,安全会议秘书负责安全会议的工作计划安排、议事日程制订、会议筹备,并负责与联邦国家权力机关和联邦主体国家权力机构协作,在对外决策机制中发挥重要的组织和协调作用。

俄罗斯联邦安全会议的活动体现在情报收集分析、部门立场协调、决策方案准备、采取最终决策和决策效果评估等各个方面,可以审议俄罗斯政治经济生活的几乎所有重大问题,并"在不干涉政府各部门的职权和具体活动的情况下"协调联邦执行权力机关的工作,是实现总统权力的"超部门机构"。俄罗斯联邦安全会议的日常决策程序是:总统领导安全会议的工作,每月必须召开一次会议,必要时举行非例行会议,安全会议决定由常委简单多数通过,重要决定以总统令的形式公布,普通决定以备忘录形式发布。

进入21世纪,面对世界格局变化,许多西方传统大国也纷纷建立具有本国特色的国家安全委员会。例如,2008年3月,英国在原有的内阁紧急状况委员会基础上,组建与之并行并发挥补充作用的国家安全委员会,由首相、副首相、财政部大臣、外交和联邦事务大臣、国土大臣、防务大臣、国际发展大臣和安全大臣担任成员,国家能源和气候变化大臣、防务参谋机构的首长、情报部门首脑等根据需要可参加委员会会议,相关领域的科学家亦可受邀参加,其主要职能是确定英国面临的安全威胁并全面考虑应急措施。

日本正在组建国家安全委员会。2006年11月,日本政府专门成立"国家安全问题强化官邸机能会议"专家小组,研究组建日本国家安全委员会,以统筹外交与安全政策。其基本构想是,首相、内阁官房长官、外务大臣、防卫大臣担任成员,在内阁官房设立国家安全保障局作为秘书处,任命首相国家安全保障问题辅佐官。日本国家安全委员会构想的基本特色是,以首相官邸为中心,负责制定中长期安全战略并即时处危机管理工作。2013年7月30日,日本政府决定在秋天临时国会上通过相关法案,力争在年内正式启动。①

中国国家安全委员会的组建路径、原则与结构

在中央国家安全领导小组基础上组建国家安全委员会,早有动议。2004年,中共十六届四中全会决议就提出"抓紧构建维护国家安全的科学、协调、高效的工作机制"。鉴于现有的领导小组体制的制度化水平不高,往往是针对特别问题的特定机制安排,实现领导小组制度化的呼声早已有之。随着中国国家实力的增强和国际地位的提升,国家安全议题进一步泛化,提高国家安全的制度化水平,实现权力集中、决策高效、管控畅通已是迫在眉睫,中央国家安全领导小组的实体化建制势在必行。

组建国家安全委员会,应严格按照《中华人民共和国宪法》的要求,置于中共中央政治局常委会的坚强领导之下,实现在国家安全问题上的党中央大权独揽、开放研究、各方协作。② 组建中国国家安全委员会,应充分利用既有的决策优势,积极吸收和借鉴现有国外国家安全委

---

① 2013年11月7日,日本众议院全体会议通过了创立日本国家安全保障会议的相关法案,常设由首相、官房长官、外相、防卫相组成的"4大臣会议",并在内阁官房新设国家安全保障局。2014年1月7日,日本正式成立国家安全保障局,辅助国家安全保障会议,负责各政府部门间的协调及企划制订、信息分析等工作。

② 毛泽东同志在论述工作方法时指出,"大权独揽,小权分散,党委决定,各方去办。"参见毛泽东:《工作方法60条(草案)》,《毛泽东文集》(第7卷),第355页。

员会的设置,创设符合中国基本国情的国家安全体制。国家安全委员会的设置,应密切结合国内国际两个大局,匹配且形成合力,并同国家发展中长期战略相契合,实现国家安全决策的统一。

在上述原则的基础上,实现中央国家安全领导小组的制度化、实体化、专职化、职能进一步扩大和完善是创立中国国家安全委员会的基本路径。中国国家安全委员会致力于将国家安全和外交事务提高到最高决策者的政治层面,作为党中央在国家安全领域行使领导权、决策权的强大工具,在国家安全的整体目标和框架之下,对政治、军事、外交、内政、经济、情报等职能领域和部门实施集中统筹协调,形成横向和纵向整合机制,担负统筹规划、战略协调、危机管控的核心职能,并最终实现国家安全咨询、决策、执行三位一体的统一,以维护国家安全、谋划国家长远利益。

基于中国现有的决策体制,我们建议:由中共中央总书记担任国家安全委员会主席,国家安全委员会副主席、秘书长由中共中央政治局常委会决定,外交部、发改委、国防部、公安部、国家安全部、商务部、中联部、国台办、中宣部等核心部门的部长以及总参谋部一名副总参谋长组成法定委员会成员,非法定成员由国家主席视具体情况邀请。中国国家安全委员会可组建如下所属机构:(1)部长级委员会,负责审查、协调、监督国家安全战略与政策的制定和实施,由委员会秘书长主持,法定成员及其他应邀机构负责人与会;(2)副部长级委员会,对制定和执行国家安全政策提出建议,负责审查和监督国家安全委员会的跨部门工作,由国家安全委员会常务副秘书长主持,有关机构的第一副部长与会;其中还应设立经济安全委员会、金融安全委员会、内政安全委员会、国际安全委员会等分支机构,由各领域的专业部门第一副部长与会,分别处理相关领域的安全事务;(3)政策协调委员会,建立全球性、地区性(如中美关系、中日关系、朝核问题等)或专门性(如重大传染性疾病、能源问题等)的政策协调委员会,就具体领域的国家安全政策制定与贯彻提出建议和意见,供决策参考。

国家安全委员会秘书长负责该机构的日常工作,作为国家主席的代表对安全战略与政策进行研究,监督各部门切实执行国家安全决策,统一对涉及应对安全危机的各部门提出建议、进行协调和监督。中国国家安全委员会可根据其战略目标设立战略规划局、政策协调局、危机管控局、秘书局等职能部门。

中国国家安全委员会的职能与工作重点

中国国家安全委员会定位为战略规划、统筹协调、危机管控机构，是中共中央政治局常委会领导下的跨部门国家安全决策咨询机构，是党和国家体制的关键部门，其基本职能是：

首先，承担战略谋划与咨询职能，负责国家安全战略和政策的长期规划。面对波诡云谲的世界，国家安全战略的系统规划至关重要。应在深入分析国内外安全趋势的基础上，对中国的长远利益和国家安全目标有更深层次的战略思考，确立大政方针，制定安全战略，就国家安全和外交政策向总书记提出建议，并负责制订国家安全中长期规划，与国家发展中长期规划相互匹配、相互支撑，负责拟定《中国国家安全报告》，针对中国国家安全领域的重要事务做出为期五年的战略评估与战略部署建议。

其次，履行沟通与协调职能，形成国家安全事务一盘棋的格局。以总书记安全咨询班子的身份协调、管理安全战略与政策的制定工作，并监督决策执行情况；负责统筹各有关部门的行动，在事关国家安全的重大问题上，统一意见与步调，保证国家各项安全决策的执行与落实；开放研究，各方协作，不定期提交战略分析报告，召开有相关官员及专家参与的开放型战略协调会议。

最后，发挥危机处理与管控职能，为危机决策提供应急机制和技术支持。中国面临的国家安全威胁具有多变性和突发性等特点，危机管控至关重要。中国国家安全委员会应负责总书记的信息需求、危机和其他特殊紧急情况的信息收集；对相关信息进行预警分析，制定应对突发事件的有效机制，为危机决策提供相关技术支持。协调各国家安全关涉机构，形成跨部门危机处理协同行动，共同关注危机处理进展情况，实现国家安全一盘棋，做到咨询到位、决策有力、落实迅速。

上述职能界定实际上确定了中国国家安全委员会的工作重点，这就是：制定国家安全中长期（10—15年）战略规划，定期发布《中国国家安全报告》（五年一度），不定期发布战略分析及相关报告，就国家利益和国家安全所涉重大议题提请决策注意，并提供明确的政策建议，协调和监督各关涉部门的相关工作处理安全应急问题，实现危机管控。

本文完稿于 2013 年 10 月 1 日。

后 记

自古以来,中国与世界的关系就是探究中国战略的主线,中国的天下情怀由此造就。改革开放以来,中国崛起与世界转型并行,赋予中国巨大的战略塑造空间。中国崛起进程加速,并逐渐位移至国际体系变革的中心,成为牵动国际关系变革的核心力量。同时,中国和平发展过程充满了变革性,这不仅体现在中国自身的变革上,而且体现在国际环境的变化上,体现在各国对中国崛起的认知上。随着中国和平发展及其国际战略空间的拓展,如何制定更具前瞻性的战略,优化国家战略体系,是摆在我们面前的重大议题。

本书以中国与世界的关系为主线,收录了作者2001—2015年所撰写的学术研究论文和国内外调研报告,立足理论建设、聚焦战略设计、积极建言献策。本书主要内容是剖析中国融入国际社会的路径、进程与面临的国际环境变化,国内外机遇与挑战,勾勒出中国战略谋划的基本轨迹,提出中国国家战略体系的顶层设计目标与核心路径,并就如何应对挑战提出颇具针对性的政策建议。作者强调,中国正走在由全球性大国(global power)迈向世界大国(world power)的征程之中,致力于抓住有利机遇,迎接艰难挑战,着力顶层设计。中国深刻认识到崛起给世界带来的震撼,坚持互利共赢的战略思路,在力所能及范围内承担更多国际责任,倡导"命运共同体"的理念和新型大国关系的路径,积极塑造国际环境。要实现上述战略目标,中国必须深入研究国际潮流、趋势和各大国战略取向,建构基于中国历史与经验、开放包容的国际关系理论体系,构建中国国家战略体系,面向世界大国的前景进行战略谋划。

感谢北京大学出版社社科编辑部诸位同仁,允我将2001年博士毕业至今撰写的百余篇学术论文中择其要者,以《中国与世界关系的逻辑建构:理论、战略与对策》为题编辑成书,纳入久负盛誉的"未名社科菁华"系列出版。

十五载岁月匆匆,体味人生,洗尽铅华,源于学术,归于学术,始感岁月静好。人生这部大书,正在慢慢展开,容我轻装向前。

门洪华
2015年11月15日